ÉTUDES D'HISTOIRE ET DE PHILOSOPHIE RELIGIEUSES
sous la direction de Matthieu Arnold
en collaboration avec Christian Grappe et Marc Vial
91

Foi et franchise

Ouvrage publié avec le soutien de l'association Semeurs de Liberté
à la mémoire d'Éric de Putter

Semeurs
de Liberté
À LA MÉMOIRE D'ÉRIC DE PUTTER

Hélène Wiener

Foi et franchise

Le témoignage de l'Église primitive à la lumière de Philodème de Gadara

PARIS
CLASSIQUES GARNIER
2022

Hélène Wiener a soutenu une thèse de doctorat en théologie protestante portant sur « Le *Péri Parrhêsias* de Philodème de Gadara et la *parrhêsia* dans les Actes des apôtres ». Elle l'a entièrement réécrite pour en faire un ouvrage d'une grande lisibilité tout en restant scientifique. Cette étude sur la *franchise* constitue un apport de premier plan à l'étude des Actes des apôtres.

ISBN 978-2-406-12394-1 (livre broché)
ISBN 978-2-406-12395-8 (livre relié)
ISSN 0992-6488

ABRÉVIATIONS

ALUB	Annales littéraires de l'Université de Besançon
AncB	Anchor Bible
ANRW	*Aufstieg und Niedergang der Römischen Welt. Geschichte und Kultur Roms im Spiegel der neueren Forschung*
BECNT	Baker Exegetical Commentary on the New Testament
BSA	Biblioteca di studi antichi
CEv	Cahiers Évangile
CNT(N)	Commentaire du Nouveau Testament. Deuxième série
CErc	*Cronache Ercolanesi*
CP	*Classical Philology*
ICC	International Critical Commentary on the Holy scriptures of the Old and New Testaments
LecDiv	Lectio Divina
NT.S	Supplements to Novum Testamentum
OBT	Overtures to biblical theology
ParPassB	Biblioteca della Parola del Passato
RTP	*Revue de théologie et de philosophie*
SC	Sources chrétiennes
NT.S	Supplements to Novum Testamentum
TDNT	KITTEL, Gerhard et FRIEDRICH, Gerhard (éd.), *Theological dictionary of the New Testament*, trad. Geoffrey W. Bromiley, Grand Rapids, OakTree Software (Accordance) – Wm. B. Eerdmans Publishing, 1964.
WUNT	Wissenschaftliche Untersuchungen zum Neuen Testament

À PROPOS DE LA FRANCHISE

Le livre que vous tenez entre les mains est le fruit de plusieurs années de travail[1]. En premier lieu, il s'agissait de voir s'il y avait un lien même diffus entre la *franchise* de Philodème de Gadara et celle des Actes des apôtres. J'avais en effet eu connaissance de l'existence du papyrus contenant le manuel *Sur la franchise* de Philodème de Gadara (Ier s. avt J.-C.). Il m'a alors semblé intéressant de l'étudier et de le comparer à la manière dont Luc utilise le vocabulaire de la *franchise* dans les Actes (Ier s. ap. J.-C.) : y a-t-il des similitudes, des variations ou, carrément, des différences telles que l'on ne peut les comparer ? Cette entreprise a été rendue possible grâce à la découverte du papyrus *PHerc.* 1471, contenant le *Sur la franchise*, au XVIIIe s. et à son exploitation à partir de la fin du XIXe s. Ces travaux rendaient désormais possible de penser que la définition antique de la *franchise* pouvait encore être étoffée. Mais avant d'examiner le sens classique de la *franchise*, l'enjeu de la thèse, puis les moyens que j'ai mis en œuvre pour comprendre comment Philodème et Luc utilisent la notion, commençons simplement par parler de la traduction du terme.

LE TERME ΠΑΡΡΗΣΊΑ – *FRANCHISE*

Le mot παρρησία est composé de l'adjectif πᾶς – *pas* qui signifie *tout* et du nom ῥῆσις – *rhêsis*, *parole*. Il « désignait la franchise, le franc-parler, le fait de dire tout ce qui venait à l'esprit, que ce soit blessant

1 Ce livre est en rapport direct avec ma thèse de doctorat en théologie protestante (université de Strasbourg) dont le sujet était « Le *Péri parrhêsias* de Philodème de Gadara et la *parrhêsia* dans les Actes des apôtres ». Le *Sur la franchise* (titre français du *Péri parrhêsias*) est traduit en annexe de ma thèse, et reproduit en fin de cet ouvrage-ci.

ou non, en opposition à la dissimulation, à l'hypocrisie, aux prétextes, à la flatterie, à l'adulation, à l'assentiment servile et à d'autres choses semblables. Cependant, il n'était pas opposé, d'une part, à la vantardise ou à l'exagération et, d'autre part, à l'auto-dépréciation, le juste milieu qu'Aristote dit clairement être sans nom, bien qu'ailleurs il l'appelle *vérité*[2] ».

Dès lors, la question du titre du traité se pose : faut-il traduire le titre grec Περὶ παρρησιας – *Péri parrhêsias*, et, si oui, comment ? La traduction la plus fidèle au sens des mots consisterait à parler tout simplement du *Sur la liberté de parole*, ou du *Sur le franc-parler*. Quelques-uns utilisent un titre en latin *De libertate dicendi* (en français *Sur la liberté de parole*) ou le titre anglais *On Frank Criticism* (en français *Sur la critique franche* ; mais ce titre est déjà une interprétation du manuel en introduisant la notion de critique). Le français Delattre, quant à lui, parle du papyrus nommé *Franc-Parler*[3]. White cite surtout le papyrus lui-même, le *PHerc.* 1471, abréviation pour désigner le « papyrus d'Herculanum numéro 1471 ».

Pour ma part, j'ai fait le choix pour cet ouvrage de ne pas utiliser de vocabulaire ou d'écriture grecs (dans ma thèse, je parle du *Péri Parrhêsias*). J'ai donc appelé le manuel le *Sur la franchise*. Et je mets toujours en lettres italiques ce qui est une traduction. Ainsi, lorsque j'écris *franchise*, c'est que je fais référence à un mot grec qui se traduit par « franchise ».

LA FRANCHISE DANS LE *SUR LA FRANCHISE*

Trois sens de la *franchise* se côtoyaient dans le monde grec ancien. Ils étaient les fruits de l'évolution d'un mot dans les différentes couches de la société et au cours du temps.

Le premier sens concernait la sphère politique, en ce que la *franchise* était la marque de la démocratie et, avant tout, l'un des privilèges du citoyen de la cité grecque, excluant, par là même, l'étranger et l'esclave. Par conséquent, être privé de *franchise* entraînait une sanction très sévère.

2 Norman W. De Witt, « Parresiastic Poems of Horace », in *CP*, 30/4, 1935, p. 312-313.

3 D. Delattre, « Le *Franc-Parler de Philodème (PHerc. 1471) : reconstruction* bibliologique d'ensemble du rouleau », *CErc* 40 (2010), p. 271-291.

Dans ce domaine public, trois nuances ont coexisté. D'abord, la *franchise* comportait le droit de tout dire. Ensuite, elle avait aussi un lien avec la vérité, en luttant pour que soit révélé ce qui est caché, à la fois des choses et des hommes. Enfin, elle prenait en compte le fait qu'elle pouvait rencontrer une certaine résistance de la part de ceux qu'elle débusquait. La *franchise* consistait alors en une forme de courage et de sincérité, avec, pour contraires, la flatterie et le laisser-aller, dont les conséquences étaient dangereuses pour la cité.

La deuxième signification du terme *franchise* concernait la sphère privée et découlait de sa présence dans la sphère politique. En relation avec l'amitié, l'exercice de la *franchise* permettait de reprendre son ami, sans avoir peur de la honte ni pour l'un ni pour l'autre. Il y avait même une certaine gloire à agir de la sorte, d'autant plus que l'on était alors au service de la vérité. La *franchise* avait aussi un rôle dans la sincérité des relations. Cependant, l'on pouvait abuser de la *franchise* et glisser vers l'insolence et, si une telle attitude concernait les dieux, il s'agissait ni plus ni moins que d'une expression blasphématoire de l'impiété.

Le troisième sens de la *franchise* dans la Grèce antique a résulté de l'entrée du concept dans la sphère privée et s'appliquait désormais au domaine moral. Ainsi, l'homme qui était moralement libre possédait aussi la *franchise*. Mais, s'il était dominé par ses passions, sa *franchise* était simplement l'équivalent de l'impudeur et pouvait devenir injurieuse. Qui plus est, bien qu'appartenant toujours au domaine de la vie politique, la *franchise* était aussi devenue la caractéristique d'un homme qui avait une vie publique, l'exemple typique étant Diogène, le philosophe cynique.

Les exégètes ont ainsi interprété les textes du Nouveau Testament à partir de ces trois aspects de la *franchise* dans la Grèce antique, s'intéressant en particulier à l'usage que les cyniques en ont fait. Néanmoins, malgré les informations jusque-là disponibles, certains exégètes ont rencontré des difficultés quant à la traduction de *franchise*. Bouttier par exemple commence son étude du terme par le constat suivant : « Tout a commencé le jour où, à propos de je ne sais plus quel passage, je me suis heurté à un problème de traduction. Je constatais avec surprise que ce mot était rarement rendu par une tournure identique en français, non seulement à travers les diverses versions, mais encore au sein d'une même traduction. Si bien que seule une concordance grecque permettait de retrouver les traces d'un vocable qui jouait à cache-cache sous mille déguisements.

Une rapide enquête, qui est loin d'être exhaustive, rapporta en quelques instants un inventaire impressionnant[4]. »

En d'autres termes, alors que les spécialistes de l'Antiquité semblent dégager des sens bien définis pour la *franchise*, il en va autrement de certains exégètes du Nouveau Testament, qui ne se satisfont ni des traductions proposées, ni des définitions jugées parfois difficiles à mettre en œuvre dans le contexte biblique.

Enfin, il est un point extrêmement important à prendre en considération. Le lecteur contemporain peut aborder cette question en pensant savoir ce qu'est la franchise. C'est absolument exact… pour la franchise du XXIe s. ! Mais, avec le *Sur la franchise* (et ensuite avec les Actes), nous examinons une manière de faire, la « franchise », non pas de nos jours, mais aux Ier s. avant et après Jésus-Christ. Le premier point à souligner est que la « franchise » de Philodème n'a que très peu à voir avec la franchise actuelle. Le second point consiste à prendre en considération le fait que le papyrus du *Sur la franchise* est incomplet. Or, en tant que chercheuse, je ne peux prendre en compte que ce qu'il y a dans le texte qui nous est parvenu. Le reste serait pure invention. Le lecteur pourrait remettre en cause telle ou telle de mes affirmations à propos de l'ouvrage de Philodème de Gadara, ou vouloir la compléter, en partant de sa connaissance de la franchise de notre siècle. Mais tout ce que j'avance concernant le *Sur la franchise* est limité par le texte actuel ; c'est donc une *franchise* de l'Antiquité qui vous est présentée, avec pour limite le fait que le papyrus est incomplet. Néanmoins, il nous reste suffisamment de texte pour que l'étude en vaille la peine.

---

4 M. Bouttier, « Sur la *parrhesia* dans le Nouveau Testament », in *Parola e spirito. Studi in onore di Settimio Cipriani*, sous la dir. de Cesare Casale Marcheselli, t. 1, Brescia, Paideia, 1982, p. 611.

L'INTÉRÊT ET L'ENJEU DE L'ÉTUDE DE LA FRANCHISE DE PHILODÈME DE GADARA, EN RAPPORT AVEC LES ÉCRITS DU NOUVEAU TESTAMENT

Une fois la découverte du traité *Sur la franchise* de Philodème de Gadara effectuée, la question s'est posée de savoir si la notion de la *franchise* pouvait aussi avoir un autre sens que celui habituellement défini. Et, si oui, si l'on pouvait en trouver les traces, par exemple, dans les écrits du Nouveau Testament[5].

EXPLOITATION DU *SUR LA FRANCHISE* JUSQU'ICI

Dès les années 1930, De Witt soulignait l'intérêt du *Sur la franchise*[6]. Cette notion importante n'est en effet jamais expliquée ni problématisée, même si certains livres du Nouveau Testament contiennent à plusieurs reprises les mots *franchise* et *parler franchement.* Comme si le sens était évident pour tous.

Certains scientifiques contemporains considèrent que le *Sur la franchise* est un « traité fascinant[7] ». Ils y voient un portrait de la psychagogie. Cette dernière est une « attention constante que les philosophes portaient à la croissance intellectuelle, spirituelle et morale de leurs suiveurs, ce qui a eu pour résultat un système bien développé de soin, connu sous le nom de psychagogie. Ce système incluait ce qu'on appelle aujourd'hui exercices spirituels, psychothérapie et conseils psychologiques et pastoraux[8] ». Un tel soin s'avérait nécessaire, car « la conversion à la philosophie requérait une réorientation radicale entraînant une transformation ou un ajustement intellectuel et moral qui résultait souvent en confusion, en perplexité et parfois

5 Pour ce qui est du texte biblique, j'utilise la TOB 2010 lorsque je ne fais pas ma propre traduction (je le signale lorsque je le fais).

6 N. W. De Witt, « Organization and Procedure in Epicurean Groups », in *CP* 31/3, 1936, p. 205.

7 Par exemple D. Clay, « Philodemus on the Plain Speaking of the Other Philo sophers », in J. T. Fitzgerald, D. Obbink, G. S. Holland (dir.), in *Philodemus and the New Testament World*, Brill, Leiden and Boston (NT.S CXI), 2004, p. 63.

8 Abraham J. Malherbe, « Hellenistic Moralists and the New Testament », in *ANRW*, vol. 26.1, Walter de Gruyter, Berlin et New York, 1992, p. 301.

en dépression[9] ». La notion de *franchise* est apparue ainsi comme étant à la fois un pan de la psychagogie et une manière devenue autonome d'avoir des relations avec les autres, hors du contexte communautaire de l'école philosophique où la psychagogie était utilisée.

Bien que De Witt ait reconnu l'état incomplet du manuel et la difficulté à comprendre ce qu'il dit, des spécialistes actuels de l'Antiquité et des sciences religieuses, avec des papyrologues et des théologiens, ont commencé à intégrer le *Sur la franchise* dans leurs travaux. Leur approche consiste à analyser les textes bibliques pour y découvrir les traces de la psychagogie, Philodème de Gadara étant présenté comme l'un des promoteurs de la méthode. Puis, une fois le texte biblique analysé, ils comparent leurs résultats à des textes de l'Antiquité, notamment philodémiens, qui peuvent étayer l'hypothèse de la présence de notions psychagogiques dans le Nouveau Testament. Mais aucun de ces ouvrages ne s'est penché sur la signification du *Sur la franchise* en lui-même, sans autre enjeu interprétatif que de savoir ce que Philodème a voulu communiquer. Il m'a semblé intéressant (indispensable, à vrai dire) de faire le chemin inverse, c'est-à-dire de partir du *Sur la franchise.* C'est la condition incontournable pour comprendre si la *franchise* mise en œuvre par l'auteur biblique peut être comparée à celle que promeut ce traité. Ainsi, plus qu'un concept philosophique, j'allais découvrir les éléments qui constituent le geste de la *franchise* épicurienne.

NOUVELLES PERSPECTIVES CONCERNANT L'EXPLOITATION DU *SUR LA FRANCHISE*

De Witt reconnaissait l'état fragmentaire du *Sur la franchise* et la difficulté à le comprendre. Néanmoins, la première traduction du manuel en langue moderne, précisément en anglais, a été publiée en 1998. Autant dire avant-hier ! On aurait pu penser que cela faciliterait l'accès à l'œuvre philodémienne, mais il n'en a rien été. Il a fallu l'apport de la reconstruction bibliologique en 2009-2010 (autant dire hier) et le travail d'édition critique, selon les standards scientifiques actuels, d'Henry en 2014 pour commencer à envisager une compréhension plus assurée du traité[10].

9 Abraham J. Malherbe, « Hellenistic Moralists and the New Testament », *op. cit.*, p. 323.

10 Le *Sur la franchise* tel qu'il nous est parvenu est composé de 154 fragments. Pour s'y retrouver, plusieurs numérotations différentes existent, chacune ayant sa raison d'être

Ma première hypothèse consiste à envisager qu'il soit possible de comprendre de façon suffisamment sûre le *Sur la franchise* pour ensuite comparer les notions découvertes avec d'autres ouvrages. Si tel devait être le cas, de nouvelles perspectives s'ouvriraient. Nous pourrions alors dessiner les contours que Philodème donne à la *franchise* épicurienne (puisque Philodème de Gadara est un épicurien), et compléter valablement la définition de la *franchise* antique, qui jusqu'ici ne tient pas compte du *Sur la franchise.* Ce faisant, nous aurions entre les mains un modèle que nous pourrions confronter à la *franchise* des Actes des apôtres.

Partant de là, il est possible d'émettre deux autres hypothèses, et cela en fonction des résultats de la première phase de mon enquête. Dans le premier cas de figure, je pourrais montrer qu'il y a un rapport entre les deux *franchises*, celle du *Sur la franchise* et celle des Actes. Je devrais alors déterminer comment Luc s'en sert pour mener à bien son projet littéraire et théologique : adhère-t-il totalement à la définition de Philodème ? Change-t-il certains aspects et, si oui, dans quel but ? Enfin, peut-être faudrait-t-il envisager une traduction du texte biblique qui rende mieux compte de la présence du vocabulaire de la *franchise* dans le Nouveau Testament. Dans le second cas de figure, les deux franchises n'auraient rien à voir, l'une pouvant carrément être le contraire de l'autre. Là encore, pourquoi Luc tiendrait-il une telle position, et quel en serait l'intérêt pour son propos ? Se poserait alors la question de la place de la *franchise* épicurienne à l'époque du Nouveau Testament et, en particulier, dans le milieu où évolue Luc. Plusieurs questions affleureraient : si Luc n'a pas eu connaissance d'un pan de la *franchise*, quelle a été son intention en utilisant cette terminologie ? Ou, s'il a choisi délibérément une autre manière d'articuler la *franchise* avec les différents éléments de son œuvre, quel but poursuivait-il en utilisant un vocabulaire qui pouvait prêter à confusion ?

Avant de pouvoir envisager de vérifier l'une ou l'autre de ces hypothèses qui s'opposent, il m'a fallu étudier avec attention chacune des deux œuvres concernées.

---

et son histoire. Pour alléger le propos, je n'ai cité qu'une seule numérotation. Chaque fois que je cite le texte du *Sur la franchise*, la traduction des termes intéressants pour le sujet traité sont mis en italiques. C'est une manière de montrer que ce que j'avance ne correspond pas à mon avis ou à mes idées, mais est bel et bien le reflet du manuel de Philodème de Gadara.

DEUX OUVRAGES EN VIS-À-VIS

LE MANUEL DU *SUR LA FRANCHISE* DE PHILODÈME DE GADARA

La première étape en vue de l'utilisation du manuel *Sur la franchise* est de connaître l'histoire du papyrus qui le contient. J'ai privilégié des historiens spécialistes d'Herculanum, la ville où le manuel a été trouvé, et des auteurs qui ont été, pour un bon nombre d'entre eux, des contemporains des découvertes. Je vais ainsi pouvoir élaborer un récit aux saveurs historiques, où nous ressentirons l'enthousiasme et l'étonnement de ceux qui ont fait ces découvertes.

L'étape suivante consiste à s'intéresser au contenu du *Sur la franchise.* Étant donnée la relative nouveauté du papyrus, j'ai pu parfois prendre directement contact avec l'un ou l'autre chercheur, en France et ailleurs, pour obtenir des éclaircissements ou certains résultats de leurs recherches encore en cours. Lorsque ce n'était pas possible, j'ai mis en place des critères pour ne pas prendre en compte les éléments trop incertains. J'ai ainsi élaboré un code pour représenter les différents degrés de fiabilité des différentes parties du traité[11]. Une fois le matériau mieux assuré, j'ai enfin[12] pu m'atteler à la traduction du traité (consultable en fin d'ouvrage). En parallèle, j'ai relevé le vocabulaire récurrent dans le manuel, ce qui m'a permis de dégager les différents thèmes qui le constituent. Avec tout cela (la traduction en français du manuel remis en ordre, et une liste du vocabulaire employé), j'ai analysé le *Sur la franchise*, d'abord de façon thématique puis, après un détour par la grammaire, d'une façon plus globale.

11 Ce code n'est pas utilisé dans cet ouvrage, pour alléger le propos.

12 Les aléas de la recherche sont beaucoup moins fluides qu'il ne peut sembler de prime abord, lorsqu'on les décrit. Ainsi, en septembre 2010, je pensais (peut-être un peu naïvement) qu'il était judicieux de commencer la traduction à partir de l'ouvrage le plus récent qui contenait une édition du *Sur la franchise.* Mais, en juin 2013, j'ai appris que Delattre et White, chacun pour sa part, avaient remis en 2010 les fragments dans leur ordre originel (j'y reviendrai plus loin). J'ai donc recommencé tous mes travaux à la lumière de cette avancée, qui s'est révélée décisive. Pourtant, ce n'est qu'en avril 2014 que j'ai finalement eu l'accord d'Henry pour utiliser son ébauche d'édition d'une soixantaine de fragments, avec en plus l'information que l'édition que j'avais utilisée jusque-là était bien moins fiable qu'espéré. J'ai alors révisé et recommencé ce qui devait l'être. D'où mon « enfin » pour parler de la traduction finale du manuel.

Je commencerai donc par présenter le papyrus : son lieu de production (Herculanum au Ier s. avt J.-C.), son auteur, sa place dans l'œuvre de Philodème et son histoire mouvementée[13]. Ensuite, je conduirai une analyse thématique du *Sur la franchise* grâce à l'étude du vocabulaire qui se répète dans le manuel.

Ainsi j'identifierai les deux acteurs principaux de la *franchise* : celui qui l'exerce (le parrhêsiaste[14]) et celui qui en est l'objet (l'auditeur). Ensuite, je mettrai en évidence que Philodème pose le contexte dans lequel cette relation doit prendre place pour qu'elle se déroule dans les meilleures conditions possibles. Ce sera aussi l'occasion de montrer le type de résultat que l'on peut attendre avec, en ligne de mire, l'objectif qui est recherché. À ce stade, tout est en place pour que la *franchise* puisse être mise en œuvre. Commence alors l'exercice de la franchise.

Tout d'abord, je m'intéresserai à l'analyse préalable des événements, notamment grâce à la présence importante, dans le traité, du vocabulaire lié à la vision et à la connaissance. Nous remarquerons que cette manière de considérer les situations est présente à toutes les étapes qui jalonnent le processus, soit avant pour inspirer une action, soit après pour en vérifier l'efficacité. Lors de cette première étape, fondamentale, nous constaterons qu'il arrive fréquemment qu'une faute soit mise en lumière. Ce qui nous amènera aux étapes suivantes, à savoir la réaction à ce qui a été perçu, puis la correction de ce qui doit l'être, sachant qu'il y aura forcément des réactions.

Ainsi, malgré l'état incomplet du manuscrit, le fait que ce soit un manuel permet que ce qui est conservé s'articule de façon suffisamment autonome pour donner une idée assez précise du mouvement parrhêsiastique préconisé par Philodème. C'est ce qui permettra à cette étude de

13 Les écrits de Philodème ont été perdus en 79 après Jésus-Christ, lors de l'éruption du Vésuve. Sa bibliothèque se trouvait à Herculanum et a été totalement ensevelie à cette occasion (Herculanum se trouve à côté de Pompéi). Ce n'est que que bien plus tard, au XVIIIe s., que sa bibliothèque a été retrouvée. Et ce n'est donc que tout récemment que les chercheurs ont pu commencer à exploiter les papyrus. Leur ouverture a permis de lever le voile non seulement sur des écrits, mais aussi sur un important philosophe épicurien, Philodème de Gadara. C'est tout un pan de l'épicurisme tardif qui s'est trouvé ainsi révélé avec, notamment, un aperçu sur la notion de la *franchise*.

14 J'utiliserai le terme de « parrhêsiaste » pour désigner celui qui exerce la *franchise* et l'adjectif « parrhêsiastique » pour qualifier ce qui relève de la *franchise*. Ces mots dérivent directement du terme désignant la *franchise*, qui se dit *parrhêsia* en grec.

servir de mètre étalon auquel nous comparerons le monde déployé dans les Actes, où Luc utilise le vocabulaire de la *franchise*. Nous pourrons ainsi mesurer les écarts ou, au contraire, apprécier les convergences.

LE RÉCIT DES ACTES DES APÔTRES

Le choix de cet ouvrage s'est fait naturellement car un tiers des occurrences du vocabulaire de la *franchise* dans le Nouveau Testament s'y trouve[15]. De plus, si les livres de Paul ou de Jean présentent presqu'autant d'emploi de ce vocabulaire que les Actes, ce sont en fait des écrits de styles différents et de tonalités variées. L'œuvre de Luc a l'avantage de former un tout homogène qui permettra d'avoir une vision d'ensemble quant à la manière dont Luc utilise la *franchise*.

La seconde partie de l'œuvre de Luc est le récit des débuts de l'Église. Elle raconte l'expansion de l'évangile d'abord à Jérusalem, puis de plus en plus loin, pour finir à Rome, la capitale de l'Empire d'alors. La *franchise* est présente au début et à la toute fin du livre des Actes (Ac 2,29 ; 28,31), et régulièrement tout au long du récit. Nous voulons non seulement analyser la *franchise* dans chacun des récits, mais aussi arriver, à terme, à une compréhension de sa place dans l'ensemble de l'œuvre.

Étant donné que les Actes sont un récit, nous ne pouvons pas être sûrs de ce que Luc comprend lui-même par *franchise*. Peut-être y voit-il en effet davantage que ce qui ne transparaît déjà dans l'œuvre, sans avoir cependant eu l'occasion de l'exprimer, le récit ne s'y prêtant pas. Nous sommes ainsi devant deux œuvres incomplètes, chacune à sa manière, en relation avec la *franchise* : la première, le *Sur la franchise*, du fait de l'état du papyrus ; la seconde, les Actes des apôtres, parce qu'il s'agit d'un récit qui n'est pas consacré à la *franchise* et dans lequel l'auteur n'a pas forcément pu faire figurer toutes les représentations qu'il pouvait avoir de la *franchise*. Cela étant, l'œuvre de Luc est, quant à elle, entière, avec

15 Sur les quarante-deux occurrences dans le Nouveau Testament, – les Actes en contiennent quatorze (Ac 2,29 ; 4,13.29.31 ; 9,27.28 ; 13,46 ; 14,3 ; 18,26 ; 19,8 ; 26,26 ; 28,31) ; nous ne prenons pas en compte 6,10 et 16,4 qui présentent le vocabulaire de la franchise dans un seul manuscrit, le Codex de Bèze, ce dernier étant par ailleurs trop différent pour entrer dans cette étude ; – les écrits de Jean (Évangile et première épître) en comportent treize (Jn 7,4.13.26 ; 10,24 ; 11,14.54 ; 16,25.29 ; 18,20 ; 1 Jn 2,28 ; 3,21 ; 4,17 ; 5,14) ; – les lettres de Paul en comptent dix (2 Cor 3,12 ; 7,4 ; Eph 3,12 ;6,19.20 ; Ph 1,20 ; Col 2,15 ; 1 Thess 2,2 ; 1 Tim 3,13 ; Phm 8) ; – l'épître aux Hébreux en contenant quatre (He 3,6 ; 4,16 ; 10,19.35) – et l'évangile de Marc une seule (Mc 8,32).

un début et une fin bien identifiés, et des développements sans lacunes autres que celles voulues par l'auteur.

Pour étudier les passages des Actes, je ne vais pas écrire un nouveau commentaire car d'autres l'ont déjà très bien fait. J'effectuerai une étude approfondie des thèmes déjà repérés dans le *Sur la franchise.* Avancer ainsi dans la compréhension des différents épisodes des Actes permettra de mieux percevoir comment la *franchise* est utilisée. Il m'est parfois arrivé de rencontrer des difficultés d'ordre exégétique, auxquelles je ne trouvais pas immédiatement de réponses. C'est alors que les commentaires classiques m'ont été utiles pour me mettre parfois sur une nouvelle piste ou, d'autres fois, m'apporter directement des éléments de réponse.

Puisque nous arriverons à la conclusion que chaque récit des Actes comporte quasiment les mêmes thèmes que ceux qui définissent la *franchise* de Philodème, nous pourrons aussi mesurer les variations, plus ou moins conséquentes, entre la façon dont l'un et l'autre considèrent la *franchise.* Enfin, nous examinerons les Actes dans leur globalité, pour mettre en valeur la couleur particulière qu'y prend la *franchise.*

Mais avant l'analyse thématique, partons à la découverte du *Sur la franchise* de Philodème de Gadara.

Je tiens à remercier M. Christian Grappe qui a été mon directeur de thèse, Mme Suzanne Deleuze-Loverini pour son apport précieux pour la traduction en français du Sur la franchise *(voir en fin d'ouvrage), ceux et celles qui m'ont accompagné durant ce temps d'écriture, et merci bien sûr à l'association « Semeurs de liberté » qui en a permis l'édition que vous tenez entre vos mains.*

HISTOIRE ET CONTENU DU PAPYRUS À GRANDS TRAITS

HISTOIRE DU PAPYRUS

L'histoire du papyrus contenant le *Sur la franchise* de Philodème de Gadara commence au premier siècle avant Jésus-Christ. À cette époque, Lucius Calpurnius Pison est un homme qui a probablement une certaine importance dans la société romaine, puisqu'il est le beau-père de l'empereur Jules César. Il n'est donc pas étonnant qu'il se bâtisse une grande villa à Herculanum, un lieu privilégié, encore préservé des bruits de l'activité économique intense que connaît la grande ville voisine, Pompéi. Même si l'on est en plein dans l'Empire romain, Pison et d'autres avec lui aiment ce qui vient de Grèce, les idées, les gens, la culture… Herculanum devient alors un endroit où les riches Romains peuvent se livrer « à leur passe-temps favori en s'adonnant aux arts et aux sciences[1] ». Pison, lui, décide de laisser sa nouvelle villa à son protégé, Philodème de Gadara, un philosophe qui est passé par la Grèce. Ce dernier a ainsi pu ouvrir une école pour recevoir ses disciples et, surtout, être au bénéfice de la bibliothèque qu'avait installée Pison. S'y ajouteront les écrits du philosophe, notamment le *Sur la franchise*, qui n'est pas un écrit philosophique en tant que tel, mais un manuel à l'usage des épicuriens.

Philodème est en effet un épicurien. Ce titre provient du fait qu'il se considère comme un disciple d'Épicure, qui a vécu deux siècles avant lui. L'épicurisme ne prône pas un hédonisme permissif. En d'autres termes, il ne s'agit pas de faire ce que l'on veut pourvu que l'on éprouve du plaisir.

1 E. C. Corti, *Vie, mort et résurrection d'Herculanum et de Pompéi*, Paris, Payot et Rivages, 1995, p. 45.

Cette manière de définir l'épicurisme est bien plus tardive et provient de ses opposants, pour en salir l'image. À l'époque de Philodème de Gadara, être épicurien signifiait suivre la doctrine d'Épicure et, surtout, poursuivre le même but que lui, qui était d'atteindre l'ataraxie, c'est-à-dire la tranquillité de l'âme.

Épicure lui-même était un homme souvent malade. Point question pour lui de déambuler pour dispenser ses réflexions. Plutôt un mûrissement sur le sens de la vie, malgré la souffrance. Et, souvent, l'imagerie médicale pour illustrer le propos, puisque le médecin faisait partie du quotidien !

Deux siècles plus tard, Philodème est un maître épicurien, c'est-à-dire qu'il a ouvert une école pour des disciples nouvellement convertis à cette philosophie. Ils apprennent tous une nouvelle manière de vivre et de penser, comme s'ils étaient réellement sous le regard d'Épicure lui-même. La transmission de la philosophie s'est en effet faite de génération en génération en prenant soin de ne pas trahir la pensée du fondateur. Le maître était donc le fidèle héritier et porte-parole d'Épicure. Et devenait « maître » celui dont la connaissance de l'épicurisme était reconnue et dont la vie démontrait jour après jour une mise en pratique réelle de cette philosophie. Philodème était un tel homme, reconnu par Pison, dont il est aussi devenu l'ami et le confident.

Des hommes de bon sens, parmi les privilégiés de l'Empire, dans une ville tranquille, entourés de leurs semblables... Tout cela aurait pu rester une belle tranche de vie parmi d'autres, évaluée par les générations futures, puis assimilée ou au contraire rejetée en fonction des valeurs de chaque période. Mais, après la mort de tous ces premiers utilisateurs de la Villa des papyrus (puisque c'est désormais le nom que l'on donne à la villa que Pison a donnée à Philodème), un événement tragique va mettre sous le boisseau tout ce qui a été vécu à Herculanum et le contenu de la bibliothèque de Philodème va devenir inaccessible, au point que l'on ne saura plus où situer la ville.

UN CATACLYSME EN 79 DE NOTRE ÈRE

En effet, en l'an 79 de notre ère, le Vésuve, situé à sept kilomètres à vol d'oiseau d'Herculanum, entre en éruption. La ville est rayée de la carte, tout comme sa voisine, Pompéi, à peine plus éloignée (onze kilomètres). Les dégâts occasionnés aux papyrus ne sont néanmoins pas de la même nature dans les deux villes, même si le résultat est tragiquement le même pour ce qui est des pertes humaines considérables. Pompéi a en effet été ensevelie sous une pluie de pierres et de cendres ardentes ; aucun papyrus n'a donc pu y être retrouvé. En revanche, Herculanum n'a subi « qu' »une succession de nuées pyroclastiques, ce qui a eu pour effet de « fossilis[er] par une "cuisson" brutale (sans oxygène et donc sans flamme) à une température de 315-330°C » les papyrus, sans les détruire complètement[2]. Mais, de cela, personne n'en a aucune idée pendant les siècles qui ont suivi le cataclysme. Herculanum est en effet ensevelie sous une vingtaine de mètres de cendres et de débris, et n'est pas reconstruite. En 1841, après bien d'autres éruptions d'importance variable, Boot constate que plus de trente mètres d'une « masse dure » recouvrent le site d'Herculanum[3].

DÉCOUVERTE DU SITE ARCHÉOLOGIQUE AU XVIIIe S.

Il faudra attendre un heureux hasard pour sortir de l'oubli les restes, désormais archéologiques, d'Herculanum. C'est en 1713 que le comte d'Elbeuf s'installe à Naples, à neuf kilomètres du site d'Herculanum. Quelques débris archéologiques sont trouvés sur l'une de ses propriétés, notamment lors du creusement d'un puits. Fréville, sous le pseudonyme de Driou, en fait le récit suivant : « Un homme de Resina, un boulanger, je crois, creusant un puits pour son usage, ramena, parmi les laves qu'il en tirait, un bras en marbre d'une grande beauté de travail. Notre individu, en homme sensé, ayant compris qu'il ne devait pas y avoir de bras sans corps, descendit avec les plus grandes précautions dans la bouche béante du puits, et découvrit, à moitié ensevelie encore, une statue admirable. Heureux de sa trouvaille, il en fit part au prince d'Elbeuf, qui explora les lieux, paya fort cher la maison et commença des fouilles qui rapportèrent des merveilles. Pendant l'espace de cinq ans, le prince recueillit des objets d'art de toutes sortes[4] ».

---

2 D. Delattre, « Reconstruire virtuellement les livres carbonisés d'Herculanum : premier bilan d'une orientation prometteuse de la recherche », *CErc* 40 (2010), p. 192.

3 J. C. G. Boot, *Notice sur les manuscrits trouvés à Herculanum*, Amsterdam, Johannes Müller, 1841, p. 1.

4 V. Fréville (pseudonyme d'A. Driou), *Herculanum et Pompeia*, Limoges, Barbou Frères, 1872, p. 10.

Les travaux cessèrent du fait de conflits dans la région, puis ils reprirent une quinzaine d'années plus tard et l'on découvrit une inscription qui confirma qu'il s'agissait bien de la ville d'Herculanum. Vers 1748, Pompéi est à son tour identifiée et les fouilles s'orientent vers elle, d'une part parce que le déblaiement en est plus rapide du fait du matériau composé de cendres accumulées, d'autre part parce que l'accès aux fouilles d'Herculanum était loin d'être commode, dès lors qu'il se fait par le puits du boulanger, puis par des galeries souterraines[5].

« Toutefois on ne perdit pas de vue Herculanum. Une grande maison de campagne, située jadis sur le bord de la mer, fut mise à découvert, et c'est là qu'on trouva en 1752 une petite chambre ou cellule, détachée de l'édifice principal. Le pavé, comme à l'ordinaire, était en mosaïque. Le long des parois étaient disposées des armoires en marqueterie, et une autre armoire, placée au milieu de la pièce, était garnie des bustes de Démosthène, Épicure, Zénon et Hermarque[6]. Des rouleaux, longs d'un palme et de deux à trois pouces de diamètre[7], étaient entassés sur les rayons. À première vue, on prit ces rouleaux pour du charbon de bois, et les ouvriers désignèrent cet endroit par le nom de *bottega del carbonaro*[8] ; mais bientôt on reconnut l'erreur, quand un morceau tombé à terre montra des caractères lisibles[9]. » La majorité des 1800 papyrus étaient écrits en grec, quelques-uns en latin. Immédiatement, on chercha à en connaître le contenu.

OUVRIR LES ROULEAUX

Camillo Paderni est le premier à, littéralement, s'attaquer aux rouleaux. Dès 1753, il « eut recours au seul remède qui semblât offrir quelque chance favorable : celui de tailler le volume en deux dans toute sa longueur. [...] Sa curiosité se bornait à connaître dans quelle langue ces volumes étaient écrits, et il se contenta de la gloire déplorable d'avoir découvert, ou, pour mieux dire, d'avoir détruit en peu de tem[p]s

---

5 V. Fréville, *Herculanum*, *op. cit.*, p. 11-12.

6 Le premier est un grand orateur grec qui a vécu un peu avant Épicure (quand il est mort, Épicure avait une vingtaine d'années, mais il semble qu'ils ne se soient pas croisés), le deuxième est évidemment le fondateur de l'épicurisme, le troisième est celui qui a enseigné Philodème de Gadara et le dernier est le successeur d'Épicure.

7 Donc un diamètre d'environ 5,4 cm à 8,1 cm (pour 1 pouce de 2,7 cm environ).

8 C'est-à-dire « la boutique du charbonnier ».

9 J. C. G. Boot, *Notice sur les manuscrits trouvés à Herculanum*, p. 4-5.

337 volumes grecs et 18 volumes latins[10]. » Boot, qui relate les faits, est navré de devoir les rapporter. Il est cependant soulagé de constater que les employés qui travaillaient avec Paderni ont sauvé des fragments de la destruction. L'on ne pouvait pas laisser se perdre un tel trésor.

C'est ainsi que, une fois le forfait de Paderni découvert, il fut finalement remplacé au bout d'un an par Antonio Piaggio, qui inventa une machine pour ce travail si particulier. En effet, dérouler des papyrus carbonisés, donc durcis et friables, n'était pas une mince affaire. L'idée était, somme toute, simple, bien que longue à mettre en œuvre : « Après avoir choisi une pièce qui, à en juger par l'extérieur, offre le plus de chances favorables, on commence par chercher la marge du papier, qu'il est souvent assez pénible de découvrir. Ensuite on suspend le rouleau sur deux rubans, et on l'appuie sur un morceau de laine, qui repose sur un carton. Ce carton est soutenu par deux croissan[t]s de cuivre, qu'on monte et descend au moyen d'une vis. Après ces travaux, on attache au papier des parcelles de vessie mince, dont se servent les batteurs d'or. Ceci se fait avec de la colle de poisson, appliquée au moyen d'un pinceau. Quand le dos du papier est doublé et renforcé de cette manière à la largeur d'un pouce, on y attache des fils de soie, et tandis qu'on ouvre la feuille par la pointe d'une aiguille, on tourne doucement le cylindre, auquel ces fils de soie sont accrochés. En renouvelant cette opération, on parvient à dérouler une partie du volume ; mais avant de la poursuivre, les employés donnent leur avis, s'ils jugent convenable de pousser plus loin l'entreprise ou de l'abandonner. Il faut quatre à cinq heures pour dérouler un seul pouce [2,5 cm], lors même qu'aucun inconvénient extraordinaire ne vient entraver le travail[11]. » Corti explique la suite du processus et en souligne toute la difficulté : « Développé avec mille précautions, le papyrus était ensuite déposé sur une feuille de papier ; la cendre s'y fixait et les lignes d'écriture apparaissaient par transparence ; avec de la chance, un mois de travail était nécessaire pour sauver une simple page[12]. » Efforts, donc, longs et laborieux, mais couronnés de succès, au point que la machine de Piaggio a été utilisée jusqu'au XXe s.

Elle comporte en bas un rouleau, posé sur un support. Le bord du volume est percé de fils de soie qui sont attachés à la partie supérieure

10 J. C. G. Boot, *Notice*, *op. cit.*, p. 43-44.
11 J. C. G. Boot, *Notice*, *op. cit.*, p. 45-46.
12 E. C. Corti, *Vie, mort et résurrection d'Herculanum et de Pompéi*, p. 174-175.

de l'appareil. Ainsi, au fur et à mesure du déroulement, on pouvait garder tendus les fils de soie pour maintenir une traction constante et adaptée à l'état du rouleau. Les morceaux étaient ensuite découpés et collés sur des renforts pour permettre leur conservation.

ÉDITIONS ET PREMIÈRES TRADUCTIONS

Une fois ce travail de conservation du matériel effectué, des dessinateurs recopient les fragments avec soin. Ils ne connaissent pas la langue employée dans le papyrus, pour ne pas faire d'erreur par mégarde ou par excès de confiance, qui s'appuierait sur leurs connaissances linguistiques. Leur travail est uniquement de reproduire tous les traits qu'ils voient. C'est seulement ensuite que des spécialistes vérifient la correspondance entre l'original et la copie. Puis les éditeurs déterminent à quelles lettres grecques correspondent les traits manuscrits du papyrus et ils s'efforcent de combler les vides pour éclaircir le texte – « liberté » que les chercheurs du XXIe s. ne se permettent plus ! Enfin, ils proposent une traduction en latin. Ces trois versions (dessin, édition en grec et traduction en latin) sont ensuite gravées et imprimées sous l'égide d'une section de la société royale de Naples, connue sous le nom d'*Academia Ercolanese*. Commencent alors à paraître les *Volumina Herculanensia*.

Cependant, avant que l'on ait pu s'intéresser au papyrus *Sur la franchise*, le sort s'acharne sur les fragments à peine découverts. En effet, en 1798, la cour napolitaine fuit à Palerme, menacée par l'armée française conduite par le général Championnet. Les documents sont « dispersés ou même égarés lors de la fuite hâtive. Ainsi se perdit jusqu'au souvenir du lien les unissant autrefois[13] ». Non seulement le papyrus *Sur la franchise* est incomplet (avec des trous) et fragile, mais en plus les fragments sont désormais dans le désordre. Pire, l'on va oublier cet épisode et penser que « l'ordre » dans lequel ils se trouvent désormais est « le bon ordre ». Il faudra attendre 2010 pour qu'enfin l'on ait à nouveau le papyrus dans sa continuité originelle.

Mais, avant d'arriver à 2010, plusieurs chercheurs se sont penchés sur le *Sur la franchise*. Pour un tel papyrus, l'enjeu – si l'on met de côté

13 D. Delattre, « Reconstruire virtuellement les livres carbonisés d'Herculanum : Premier bilan d'une orientation prometteuse de la recherche », *CErc* 40, p. 193.

l'inimaginable, savoir que les fragments sont dans le désordre – se situe au niveau de l'édition. Éditer un texte, c'est d'abord s'intéresser à l'original qui est écrit à la main, tout en majuscules et sans espace. En plus de cela, le papyrus est très abîmé et comporte des trous. Enfin, le texte est retranscrit en caractères d'imprimerie. Tel est le travail de l'éditeur, qui n'est pas forcément le traducteur. Ce dernier propose une traduction, généralement dans une langue moderne, après un travail d'édition fait par lui-même ou par d'autres.

Le premier à s'atteler à la tâche d'éditer l'ensemble du traité a été Alessandro Olivieri, qui publie son travail en 1914. Avant lui, Alfred Koerte, Hermann Usener et Wilhelm Crönert avaient fait des éditions partielles, au gré de leurs intérêts scientifiques. Philippson, en 1916, proposera d'améliorer le texte d'Olivieri. Pour ce faire, il va ajouter des mots et des lignes, d'après ce qu'il pense être plausible, pour permettre – pense-t-il – une meilleure compréhension. En 1994, David Konstan et ses collaborateurs continuent d'utiliser les propositions de Philippson, malgré les règles de traduction de la fin du XXe s. qui excluent de remplir les trous de façon non fondée. C'est l'une des raisons qui poussent à ne pas se fier à leur traduction[14]. Au cours de ce XXe siècle, d'autres proposeront leurs propres éditions d'un plus petit nombre de fragments, parce qu'ils s'intéressaient soit à un personnage cité dans le papyrus (c'est le cas d'Adele Tepedino Guerra en 1991, d'Anna Angeli en 1981 et en 1985, avec Maria Colaizzo en 1979, et de Francesca Longo Auricchio en 1998), soit à une de ses thématiques (ainsi les travaux de Julie Giovacchini en 2010, de Dino Di Sanctis en 2010 et de Marcello Gigante entre 1974 et 1983). Enfin, pour vérifier leurs hypothèses de reconstruction du papyrus, Michael L. White et Daniel Delattre proposent à leur tour l'édition de suites de fragments assez conséquentes en 2010. Pour ce qui est de la qualité de ces différentes éditions, celle d'Olivieri sert de point de repère, puisque c'est la première (hormis celle parue dans les *Volumina Herculanensia*).

Néanmoins, si nous prenons en compte toutes les rééditions depuis celle d'Olivieri, seuls 53 fragments ont été réédités, certains éditeurs ayant travaillé à des périodes distinctes et pour des raisons différentes sur les mêmes fragments. Or 154 fragments du *Sur la franchise* ont été conservés. C'est pourquoi une nouvelle édition est attendue, qui tienne

14 L'autre raison concerne le désordre des fragments, voir plus loin.

compte de la reconstruction du papyrus et des exigences actuelles de la communauté scientifique en matière papyrologique. C'est ainsi que j'ai eu connaissance des travaux de W. Benjamin Henry : j'ai pu prendre contact avec lui et j'ai eu le privilège de me voir confier en 2014 son édition provisoire de 61 fragments.

Une fois les travaux d'édition effectués, c'est-à-dire une fois que l'on a devant soi un texte grec lisible et ponctué, l'on peut commencer à traduire le papyrus. Nous l'avons vu, la première traduction date du milieu du XIXe s. et était en latin. Puis, il a fallu attendre 1994 pour avoir l'ensemble du manuel dans une langue moderne, en l'occurrence l'américain, grâce au travail de Konstan et ses collaborateurs (Olivieri n'a pas proposé de traduction, il n'a « que » fait une édition). À cela s'ajoutent quelques fragments traduits par leurs rééditeurs – en italien, en français ou en anglais – ou par Daniel Delattre et Jacqueline Pigeaud, en français, pour l'ouvrage de la Pléiade consacré aux épicuriens[15].

RECONSTRUCTION DU PAPYRUS *SUR LA FRANCHISE*

Jusqu'en 2010, les différentes traductions suivent l'ordre des fragments, mais les travaux de Daniel Delattre et de L. Michael White vont complètement bouleverser cet « acquis ». Ils vont en effet se livrer à un travail de bibliologie. Tout comme la biologie (« bio » vient du grec *bios* qui veut dire « vie ») s'intéresse à la vie et la géologie (« géo » vient du grec *gê* qui veut dire « terre ») étudie la terre, la bibliologie est la science des livres (*biblio-* vient du grec et veut dire « livre »). Science qui s'intéresse à leur structure matérielle, et non à leur contenu. Ici, comme le papyrus est un rouleau, les parties les plus à l'intérieur étaient roulées de façon plus serrée que celles qui se trouvaient à l'extérieur. Le papyrus en porte les marques et les fragments peuvent ainsi être classés, en fonction de leur proximité avec l'intérieur ou l'extérieur du rouleau. Ils les ont donc remis dans l'ordre originel, sans tenir compte du contenu des fragments. Ce qui est remarquable, c'est que White et Delattre ont chacun travaillé de leur côté, sans savoir que l'autre avait entrepris la même recherche, et ils sont arrivés en 2010 à des résultats extrêmement proches, dont j'ai pu bénéficier.

---

15 D. Delattre, J. Pigeaud, *Les Épicuriens*, Paris, Gallimard (Bibliothèque de la Pléiade), 2010.

Ma recherche a donc pu s'appuyer sur les travaux les plus récents d'éminents papyrologues (Delattre et White pour la reconstruction du papyrus, et Henry pour l'édition de 61 fragments). J'ai pu alors proposer la première traduction en français de l'ensemble du manuel *Sur la franchise*, avec les fragments remis dans l'ordre originel[16]. Elle est consultable en annexe.

Cette première étape franchie, j'ai pu analyser le manuel et en dégager les principales thématiques.

CONTENU DU PAPYRUS

Mais, avant d'aller plus loin, un mot sur le vocabulaire que je vais employer tout au long de cet ouvrage.

En grec, la franchise se dit *parrhêsia* et « parler franchement » se dit *parrhêsiazomai*. Pourquoi en revenir au grec ? Parce que, redisons-le, la franchise de Philodème de Gadara n'est pas la même que celle à laquelle nous pensons quand nous disons « franchise » au XXIe siècle. C'est pourquoi, pour ne pas semer la confusion, je utiliserai « parrhêsiaste » pour désigner celui qui parle franchement, et je qualifierai, par exemple, un message comme étant « parrhêsiastique » pour signifier qu'il y a un rapport avec la franchise. En utilisant des termes se référant au grec, j'indique par là que je me situe dans le contexte des premiers siècles avant et après Jésus-Christ, c'est-à-dire aux époques où vécurent Philodème de Gadara et les protagonistes des Actes des apôtres. Pourtant, pour alléger le texte, j'utiliserai malgré tout le terme franchise en lieu et place de *parrhêsia*. Mais, la franchise dont il est question ici est bien complexe, nous le verrons.

LA FORME DU MANUEL

Abordons maintenant la forme du manuel. Et tout d'abord, parlons de ce qu'il n'est pas : il ne s'agit pas d'une réflexion philosophique sur la franchise, contrairement à ce que l'on pourrait attendre de la part

16 Voir l'annexe 2a, point 1.4 de ma thèse. D'autres traductions seront faites, à partir de meilleures éditions et dans un meilleur français, des chercheurs s'y sont déjà attelés.

d'un philosophe comme Philodème de Gadara. Le but de l'auteur est de faire part de son expérience de maître, qui a des disciples, et de montrer comment la franchise peut être utile et utilisée pour aider ses auditeurs à croître en maturité, du point de vue de la philosophie. Il faut bien comprendre que, devenir épicurien, c'était une véritable conversion, qui exigeait de changer radicalement de manière de penser, de faire, d'agir, de se comporter, etc. Pour apprendre cette nouvelle vie, le converti se joignait à d'autres disciples, dans une école de philosophie, autour d'un maître qui était plus avancé qu'eux. La méthode épicurienne pour accompagner les disciples incluait l'usage de la *franchise* au sein d'une vie communautaire.

LES DIFFÉRENTES THÉMATIQUES DU *SUR LA FRANCHISE*

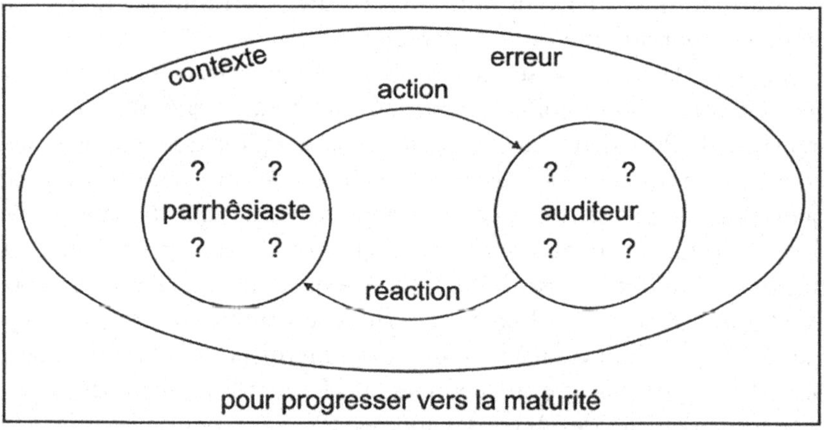

FIG. 1 – Le monde de la franchise
d'après le manuel *Sur la franchise* de Philodème de Gadara.

Pour que la franchise puisse avoir lieu, il faut deux interlocuteurs, le **parrhêsiaste** et ses **auditeurs**, qui vivent en **communauté**. Cette dernière cultive certaines particularités pour permettre l'émergence d'un **contexte** propice à la franchise. Mais, avant cela, les différents protagonistes se livrent à l'**analyse** de la situation (signalée sur le dessin par des points d'interrogation « ? »). Lorsque le parrhêsiaste met en lumière une **erreur**, il met en œuvre une **action** parrhêsiastique, qui provoquera toujours une **réaction** de la part des auditeurs. Tout ce processus a pour but de **progresser vers la maturité**.

Après ce survol en très grandes lignes du contenu du manuel *Sur la franchise*, nous allons maintenant entrer dans les détails. Pour chacun des thèmes, nous prendrons d'abord en compte ce qu'en dit Philodème. Puis nous examinerons les données des Actes des apôtres.

LE PARRHÊSIASTE

CHEZ PHILODÈME DE GADARA

Dans le *Sur la franchise*, il y a six manières relativement courantes de désigner le parrhêsiaste, et même dix si l'on tient compte de quelques mentions dans des contextes où peu de texte nous a été conservé. Nous allons examiner ce vocabulaire pour dessiner peu à peu le portrait de celui qui parle avec franchise, le parrhêsiaste.

LE SAGE

La façon la plus habituelle de parler du parrhêsiaste consiste à le confondre avec celui qui dirige l'école philosophique, et donc à le désigner comme étant un sage. Ce n'est guère étonnant, puisqu'une école épicurienne, dans sa nature même, enseigne la sagesse venue d'Épicure. Celui qui la dirige se doit donc d'être lui-même un sage. Ainsi, l'*homme sage et philosophe* (*sophos kai philosophos anèr*) est celui qui *parle avec franchise*, non pas de temps en temps, mais *en général* et de façon constante (73b).

Il interagit avec la *jeunesse* et peut être amené à prendre sur lui une faute sans retenue parmi cette catégorie de personnes (106b). Cette action, décrite comme étant un transfert de l'erreur sur le parrhêsiaste, semble correspondre au fait que ce dernier a une compréhension de ce qu'ont fait les jeunes. Cela doit lui permettre d'agir avec pertinence. L'interaction peut prendre l'apparence d'une soumission lorsque le sage est en situation de dépendance à l'égard de ceux qui ont été l'objet de sa franchise[1]. Pourtant la franchise est « l'unique méthode éducative

1 Dans l'antiquité, le sage pouvait être un esclave qui enseignait celui à qui il appartenait, d'où cette notion tout à fait concrète et réelle de dépendance. Tel n'était pas le cas pour Philodème de Gadara, mais il envisage cette situation dans son manuel *Sur la franchise*.

qui convienne[2] », méthode qui est comparée à une *nourriture appropriée* (122b). Cette dépendance souligne l'ambivalence de la franchise pour le sage : il n'a pas le contrôle de ses interlocuteurs ; il arrive même que ces derniers aillent jusqu'à l'*injurier* et l'*outrager*, bien qu'ayant eux-mêmes été l'objet de toutes ses attentions (122b).

Le paysage se complexifie lorsque les termes *sage* (*sophos*) et *philosophe* (*philosophos*) sont associés dans un fragment où apparaît la première personne du pluriel « nous » pour inclure dans le propos soit Philodème soit l'école épicurienne tout entière (141b). Il est ici question d'une manière d'avertir qui diffère de celle du *sage* et du *philosophe*. Autrement dit, ces derniers sont autorisés à lancer des avertissements, mais ils ne sont pas les seuls.

Plus loin, le *sage* est associé à *celui qui sert de guide* pour dire que tous deux peuvent provoquer le *soupçon* : ce qui, dans leur vie, en est la cause a alors besoin de *purification* (152b). C'est dire l'ouverture d'esprit que le sage et celui qui sert de guide doivent avoir pour accepter d'être eux-mêmes repris sur leurs agissements ou leurs propos. Il faut donc admettre que celui qui pratique la franchise n'est pas au-dessus de la mêlée et peut lui-même être désapprouvé dans un domaine. Philodème donne en exemple une situation dans laquelle le sage raisonne mal suite à la perception faussée qu'il a de son interlocuteur, et qu'il lui parle franchement alors même que son vis-à-vis ne s'est trompé en rien (169b).

Il semblerait donc que le sage puisse avoir lui-même besoin que l'on soit franc avec lui. Encore faut-il savoir s'il peut confier avec franchise à ses amis des éléments le concernant. La réponse à cette question ne nous est pas parvenue de façon précise parmi les fragments conservés. Il est cependant souligné que ceux qui veulent s'informer sur la possibilité ou la nécessité qu'aurait un sage à parler franchement de lui-même à ses amis le font de manière inappropriée (162b). De plus, la question est générale et n'aborde pas forcément l'erreur que le sage aurait commise et dont il parlerait à ses amis.

Néanmoins, placée dans le contexte de la franchise, nous ne pouvons exclure une telle hypothèse, d'autant plus que le sage peut mal raisonner (169b). Cependant, celui qui n'a jamais fait preuve de folie n'est pas pour

2 M. Gigante, « Philodème : Sur la liberté de parole », *Actes du VIIIe congrès de l'association Guillaume Budé. Paris, 5-10 avril 1968*, Les Belles Lettres (Actes du congrès 8), 1969, p. 209.

autant disqualifié pour y remédier, si les fautes qu'elle provoque sont visibles chez d'autres (162b). Autrement dit, la valeur de la correction d'une faute particulière ne dépend pas de l'expérimentation – passée, il va sans dire – de ladite faute par celui qui corrige. Il semble donc que la règle de conduite à tenir en la matière se résumerait ainsi : le *sage* peut parler de ses propres errements ou de lui-même, non *pas à tous, mais* seulement *à quelques-uns*[3] (163a).

C'est que le sage doit aussi gérer les effets de sa franchise sur ceux qui en sont les bénéficiaires. Ainsi, la réaction de celui qui est *confronté* à la franchise est décrite comme pouvant mener à se détourner de la philosophie, voire jusqu'à détester le sage (166b). Certes, la personne peut avoir décidé de supporter ce que le sage lui propose de vivre mais, parfois, cela ne lui est d'aucun secours. Le sage se trouve dès lors dans une position inconfortable, puisque les effets de son action semblent négatifs, bien qu'il soit en train d'exercer la franchise, action valorisée par ailleurs. De même, la franchise du *sage* peut provoquer la colère de la personne à qui elle s'adresse (177b). En retour, le sage est lui-même en colère, mais dans les limites qu'il s'est fixées. En effet, son but est de dénoncer les sottises, sans toutefois aller jusqu'à la haine (178a). Une telle maîtrise s'enracine dans sa connaissance des conséquences de la franchise. Il sait donc qu'il est *naturel* que, tel un animal *secouant le joug*, le jeune réagisse de façon colérique (178b).

Plus loin dans le traité, l'auteur pose la question du discernement de l'origine de la franchise à partir d'une manière d'être bonne ou mauvaise, voire perverse (182a). Puis il établit une liste des comportements attestant qu'un sage agit de façon convenable : il est alors bienveillant et intelligent ; il s'applique à la philosophie ; il a de grandes qualités d'âme ; il est indifférent à la gloire, sans inclination au populisme, pur de toute jalousie, ne disant à chacun que ce qui est approprié ; il ne s'emporte pas au point d'injurier ou de prendre de grands airs ou de déprécier ou de faire du tort ; il maîtrise sa langue, sans se plaindre, sans s'irriter même si quelqu'un lui fait un peu de tort ; il n'est ni susceptible, ni dur, ni cruel ; l'inverse prouverait que la perversité l'inspire (182b-183a). Enfin, Philodème montre qu'il est évident que le sage préfère s'appuyer sur ce qui mérite la considération, qu'il pratique avec un très grand plaisir, plutôt que sur la perversité, qu'il supporte comme si c'était de l'absinthe.

3 Nous nous exprimons au conditionnel, parce que le fragment est incomplet.

Néanmoins, loin d'exclure l'un ou l'autre, ce qui importe au sage, c'est de pratiquer la franchise (183b), y compris avec ceux qui semblent ne pas en être les auditeurs idéaux. Autrement dit, quelles que soient les circonstances rencontrées ou les qualités ou motivations des personnes concernées, le sage *ne perd pas de vue son devoir de franchise dans tous les cas* (183b). Le sage est donc décrit comme un parrhêsiaste à part entière.

Immédiatement après se pose la question de savoir si tous les *sages* se ressemblent en ce qui concerne la franchise (184a). La réponse se trouve à la suite de la description de différents comportements d'auditeurs, auxquels les sages s'adressent de façon nuancée : *entre mille, ils différeront à la fois les uns des autres et d'eux-mêmes à un moment ou à un autre* (185a). Plus loin, le propos est résumé lorsque Philodème affirme que *tous* sont *différents, l'un beaucoup, l'autre peu, chacun en particulier, comme un jeune garçon est différent d'une femme en toute occasion et des vieillards seront pareillement différents des jeunes hommes* (187a). Ces différences entre sages se situent dans leurs réactions colériques qui les rendent maladroits, leur mollesse, leur bienveillance trop grande ou leur manque de limites dans les domaines concernés par la franchise. Ils *éprouvent* néanmoins *tous de l'amitié selon le mérite de chacun* et savent discerner les *fautes* (184b). Ils ont ainsi la compétence pour interagir aussi avec celui qui est *troublé, diminué, écarté avec persistance, très discret* ou *très inflexible.* Dans cette diversité de situations, les sages sont en relation chacun à leur manière avec chaque personne rencontrée (185a). Cette manière d'être en relation peut être plus ou moins *amicale, agréable* ou *digne de foi* (187a). D'ailleurs, l'aptitude de chacun à recevoir une parole franche implique une maturité différente, celui qui pense avoir été sauvé par la franchise étant plus mûr à cet égard que celui qui pense en avoir peu bénéficié (187b). Enfin, les *attaques verbales* appartiennent à l'inventaire des outils de certains *sages* (188a). Nous avons donc une description des différences de personnalité entre sages, *alors que les agissements sont les mêmes* (187b). Néanmoins, la distinction entre le sage et d'autres (les hommes plus âgés, les maîtres et les pères) est aussi affirmée, tout du moins pour ce qui est de l'utilisation d'une forme particulière de discours, puisque les *attaques verbales* ne devraient être utilisées que par les *sages* (188a).

Mais ce qui fait que le *sage* est sage, c'est qu'il est arrivé à la perfection (189a). Cette dernière a pour effet que d'autres personnes, elles aussi sages et parfaites, le reconnaîtront pour ses qualités, même s'il est *méconnu*, bien que désigné comme *philosophe* et *lettré*. Cette reconnaissance des sages les uns par les autres les amène à exercer la franchise de façon réciproque. Ainsi, ils s'avertissent les uns les autres par le souvenir de ce qu'ils ont en commun, tout en pratiquant la franchise comparée à une *piqûre*. Alors que ces actions sont parfois mal ressenties par des auditeurs, les sages se les prodiguent entre eux *avec plaisir* (189b). Ce n'est probablement pas uniquement du fait des égards qu'ils ont les uns pour les autres, mais aussi parce qu'ils connaissent la valeur et les conséquences de telles actions.

Une autre qualité du sage concerne sa capacité à comprendre d'un seul coup d'œil une situation et ses causes jusqu'à pouvoir les expliquer pour mieux exercer la franchise. Cette perception d'ensemble est d'ailleurs vue comme un signe de maturité (190a). Néanmoins, Philodème alerte le lecteur sur le fait que le sage peut ne pas percevoir la motivation de telle ou telle action, à savoir si elle s'explique par des raisons blâmables ou non. De plus, il peut être induit en erreur par des *généralités*. Pareillement, celui qui subit un reproche peut se méprendre sur qui est sage. Certaines situations sont donc ambiguës et génèrent des interprétations douteuses, parce les causes qui les ont suscitées sont mal déterminées (190b), malgré la recherche qui aura pu être effectuée à leur propos (195b).

D'autre part, l'aura du sage n'est pas sans conséquence sur les attitudes de ceux qu'il instruit. Ainsi, le jeune peut vouloir se détourner du sage, parce qu'il a peur d'avoir honte devant la réaction de ses amis et celle du sage (194a). Pourtant, il peut aussi aller jusqu'à essayer d'instruire le sage, et aimer ce style de vie (199a).

Ce portrait du sage est riche et a pris de la profondeur au fur et à mesure que nous avons avancé dans le manuel *Sur la franchise*. Nous savons désormais que le sage est celui qui *parle avec franchise* (73b). Cela le met en interaction avec d'autres (92b, 106b), voire en situation de désagréable dépendance (122b). Cependant, il n'a pas le monopole de la franchise (141b) et peut même se tromper (190b), et avoir du coup besoin de devenir lui-même l'objet de la franchise (152b, 169b, 189b). Néanmoins, sa manière d'être produit des effets, qu'il doit gérer (166b, 177b, 178a, 194a). Force est aussi de constater que la franchise a des origines variées (162b, 182a, 182b, 183a, 183b) et qu'elle s'exprime différemment en fonction des sages concernés (184a, 185a, 187a, 184b).

Toujours est-il qu'être *sage*, c'est être mûr et capable de discernement (187b, 189a, 190a), jusqu'à se rendre compte que d'autres deviennent, avec plus ou moins de bonheur, imitateurs de soi (199a). D'autres aspects vont donner une dimension encore plus complexe à celui qui exerce la franchise, le parrhêsiaste.

CELUI QUI SERT DE GUIDE

Une autre façon de désigner celui qui exerce la franchise est de parler de *celui qui sert de guide* (*kathègoumenos*). Cette façon imagée de désigner celui qui exerce la franchise laisse entrevoir qu'il s'agit d'un processus qui nécessite une aide extérieure à soi et qu'il y a une manière appropriée et transmissible de faire.

C'est de façon négative que *ceux qui servent de guide* sont mentionnés pour la première fois dans ce qu'il reste du *Sur la franchise* : il s'agit de dire que l'on ne doit pas se livrer à qui ne fait pas office de guide et que certains font des reproches alors qu'ils ne sont pas guides (145b). Nous pouvons en déduire que celui qui sert de guide est a contrario l'interlocuteur privilégié pour recevoir les confidences concernant l'âme (145b), et qu'il est celui qui est amené à faire des reproches tout autant que le sage (146a). D'ailleurs, *celui qui sert de guide* est d'autant mieux placé pour réprimander qu'il est celui à qui les *amis intimes* se confient volontiers (148b). Il n'est donc pas étonnant que se pose la question de savoir si ceux qui sont en train de s'instruire exposent leurs propres fautes avec franchise à *ceux qui servent de guide* (151a), puisque ces derniers sont capables de traiter les erreurs ainsi exposées.

Pourtant, *celui qui sert de guide* est associé au *sage* pour dire que tous deux peuvent provoquer de la méfiance, c'est-à-dire rendre soupçonneux : ce qui dans leur vie en est la cause a besoin de purification (152b). Par ailleurs, *celui qui sert de guide* peut ne pas remarquer un succès lié à la franchise, peut-être parce que la réussite de la franchise a pris une forme à laquelle il ne s'attendait pas, alors que d'autres l'ont pourtant constatée (168b).

Malgré l'éventuel besoin de purification (152b) et la possibilité de malentendu quant à la reconnaissance du succès (168b), *celui qui sert de guide* peut être caractérisé par le fait qu'il est *poli* et *tendrement attaché aux amis*. Le premier aspect donne l'impression qu'un travail de maîtrise de soi a été effectué avant que *celui qui sert de guide* ne le soit vraiment ;

cette impression est renforcée par le terme grec utilisé qui insiste sur la qualité des liens développés (174a). Peut-être est-ce une des raisons qui conduit certains à vouloir être ses exacts imitateurs (186a).

De l'ensemble des observations concernant *celui qui sert de guide*, nous concluons que le *sage* et *celui qui sert de guide* désignent une seule et même personne, aux mêmes attributions et avec les mêmes qualités (152b).

LE PHILOSOPHE

La troisième manière de désigner le parrhêsiaste coule de source, puisqu'il s'agit du « philosophe ». Quoi de plus naturel en effet que d'en parler, dans le cadre d'une école justement philosophique ! Elle ne vient qu'en troisième place, parce que nous abordons ce vocabulaire par ordre décroissant d'importance en termes de nombre d'apparitions dans le texte tel qu'il nous est parvenu.

Le *philosophe* (*philosophos*), cité en même temps que le sage, est décrit comme un *homme* qui a l'habitude de parler avec franchise (73b). De même, tous deux avertissent les autres (141b). En réaction, celui qui s'éloigne de la *philosophie* peut aller jusqu'à détester le sage (166b). Néanmoins, *ceux qui pratiquent la franchise à partir d'une manière d'être de bon aloi*, c'est-à-dire en étant bien intentionnés, sont notamment aussi ceux qui *s'appliquent sans cesse à vivre selon la philosophie* (182b), ce qui dénote un désir d'imitation comparable à ce que nous avons déjà rencontré à propos de *celui qui sert de guide* (186a) et du *sage* (199a). Inversement, le *sage* est aussi reconnu comme étant un *philosophe* (189a).

À partir de cet ensemble de considérations, nous pouvons dire que le terme de *philosophe* désigne aussi le personnage du *sage*.

Il est une dernière apparition du terme *philosophe*, où il est mis sur le même plan que le *lettré*, pour reconnaître à tous deux la capacité de parler franchement avec mesure (191a). Examinons de plus près ce terme pour voir s'il se construit aussi en compagnie du *sage* ou si, au contraire, il s'en éloigne.

LE LETTRÉ

Le terme *lettré* (*philologos*) n'apparaît que trois fois. Les lettrés sont d'abord dénoncés comme des exemples à ne pas suivre en ce qui concerne leur façon de traiter leur *propre tort*, parce qu'ils s'en servent comme point de départ pour avertir autrui (143b). Puis le *sage* est néanmoins reconnu comme étant aussi un *lettré* (et un *philosophe*, 189a). Enfin, le *philosophe* et le *lettré* sont mis sur le même plan quant à leur capacité à parler franchement avec mesure (191a).

De ces trois extraits se dégage une impression équivoque. Gigante a peut-être levé cette ambiguïté en affirmant que « les [*lettrés*] sont en dehors de l'école épicurienne : [ils] sont assimilables aux vulgaires pédagogues, dépourvus de formation philosophique, qui traitent les élèves de façon méprisante et orgueilleuse[4] ». Telle pourrait être une des raisons qui permettrait, à certains moments, de les identifier aux sages épicuriens et, à d'autres, de les voir comme agissant de façon contraire à ce qui est préconisé au sein de l'école.

LE MAÎTRE

Un autre terme est encore utilisé pour désigner une personne ayant autorité. Il s'agit du *maître* (*kathègètès*). Il est décrit comme quelqu'un vers qui certains voudraient courir pour lui dénoncer ce qu'un autre a dit ou fait contre eux, sous le couvert d'une pseudo-bienveillance (159b). Le contexte soulève la question de savoir comment il faut traiter une faute, en présence de la personne concernée ou non (155a-160b). Dès lors, nous comprenons qu'en 159b est dénoncé un empressement à l'accusation. Néanmoins se dégage l'idée que le maître a les qualités requises pour être le récepteur de tels propos.

À peine plus loin, il est question de certaines personnes qui ressemblent aux *maîtres* et qui sont bienveillantes après avoir observé ce qu'il fallait faire (161a).

Pourtant, le *maître* est mis sur le même plan que l'*homme plus âgé* ou que le *père* qui, tous, ne doivent pas utiliser dans leurs discours certains des outils réservés au *sage* (188a).

Le portrait prend de l'épaisseur à la fin du *Sur la franchise*, où ceux qui sont plus intelligents parmi ceux qui sont les objets de la franchise sont assimilés à des *maîtres* (201a).

Il nous faut maintenant prendre du recul pour discerner ce que ces extraits décrivent du *maître*. Plutôt qu'un *sage* tel que Philodème l'entend dans le *Sur la franchise*, le *maître* semble être un homme qui a

4 M. Gigante, « Philodème : Sur la liberté de parole », *op. cit.*, p. 215.

été objet de la franchise et qui en a retiré tous les bénéfices, au point d'être un modèle pour ses condisciples et un appui pour le sage dans l'exercice de la franchise.

LE MÉDECIN

Abordons maintenant le fait que la personne qui exerce la franchise est comparée à un thérapeute ou à un médecin. De façon plus précise, celui qui exerce la franchise, après avoir posé le diagnostic de ce qui nécessite une intervention de sa part en mettant au jour les faux pas et autres maux, *prend soin* (*therapeuei*) de celui qui est averti (127b). Philodème utilise ainsi le vocabulaire de l'action du médecin pour décrire ce que fait le sage. La finalité est la « guérison », avec des similitudes entre les actions des sages et des médecins (137b).

Philodème affirme par ailleurs catégoriquement qu'il est tout à fait honteux d'aller voir un médecin pour ce qui est du soin du corps et de ne pas essayer, pour son âme, une action efficace. Autrement dit, aller voir des personnes qui ne servent pas de guide pour obtenir d'elles ce que seuls *ceux qui servent de guide* pourraient apporter relève du non-sens (145b). Le parrhêsiaste est ainsi vu comme un médecin qui *soigne.* Il est aussi considéré à la fois comme *seul guide* (*ena odègon*) et comme le *seul sauveur* (*sôtèra monon*) capable d'accompagner celui qui en a besoin pour qu'il se soigne. En d'autres termes, il faut s'en remettre à la droiture du sage, comme lorsque l'on suit les directives d'un médecin, qui sait ce qu'il fait (146b).

Ainsi, le soin se fait par *celui qui est pur, qui aime tendrement, qui est meilleur et qui sait prendre soin d'eux*, et non par ceux qui sont *tels un feu*, qui en plus détruit tout. Nous avons là autant de qualités que doit avoir le parrhêsiaste. Ces qualités sont certes morales, mais aussi semblables à celles du médecin : c'est ainsi qu'il a été amené à montrer quelles *maladies* concernent quels sujets (155a).

De plus, s'il est a priori néfaste pour soi-même de cacher une faute au sage, il serait néanmoins *insensé* de ne pas être prudent dans sa manière de s'adresser à *celui qui sauve*, c'est-à-dire au sage (159a). En effet, le risque d'être calomnié existe bel et bien (158b). Là encore, pour inciter à quand même s'ouvrir au sage, l'image médicale sert à souligner que le médecin s'occupe des maux du corps, tout comme le sage de ceux de l'âme.

Cela étant, il faut être conscient que, tout comme les plus grands médecins peuvent commettre une erreur, le parrhêsiaste aussi peut se tromper (164a). Ainsi, l'erreur de diagnostic est envisagée pour souligner que l'on ne doit pas pour autant remettre en question l'efficacité du remède, malencontreusement administré au mauvais moment, mais utile en d'autres circonstances, y compris pour le même patient (170b).

De même, la persévérance du médecin face à la maladie apparemment incurable doit être *imitée* par celui qui exerce la franchise, puisqu'il arrive que *les docteurs guérissent celui dont on pense raisonnablement qu'il ne sera pas délivré de la maladie* (176b).

Enfin, tout comme certaines techniques sont affaires de spécialistes, telles que l'utilisation d'un scalpel, ainsi l'avertissement peut-il s'apparenter à une solution devant être appliquée par un expert, car la situation l'exige (198a).

La comparaison entre celui qui exerce la franchise et le médecin est donc complète, couvrant les domaines allant du diagnostic au remède, en passant par l'erreur médicale et la persévérance nécessaire dans la pratique pour arriver à la guérison.

AUTRES MANIÈRES DE DÉSIGNER LE PARRHÊSIASTE QUI DIRIGE L'ÉCOLE PHILOSOPHIQUE

Nous avons abordé jusqu'à présent les manières de désigner celui qui exerce la franchise qui reviennent de manière conséquente. Mais d'autres formules émaillent le texte. Dans les fragments incomplets, c'est-à-dire où il ne reste que des mots sans que l'on puisse déchiffrer de phrase, il est question d'*enseigner* (*didaskô*), ce qui pourrait laisser penser que le sage est un enseignant (179a et 194b). Une notion étrange est aussi présente, celle du domptage de poulain (*pôlodamnas*) avec, en parallèle, l'invention d'un terme pour parler du domptage d'êtres humains (172a). Cette image particulière sert peut-être à décrire l'action franche du sage. Mais le contexte est beaucoup trop incertain pour que l'on puisse en dire davantage, que ce soit dans un sens positif, qui verrait le travail du sage comme une éducation-domestication, ou dans un sens négatif, qui critiquerait la façon d'être de certains qui seraient trop autoritaires.

Dans des fragments avec davantage de contenu, il est question de *celui qui éduque* (*paideuonta*), tout comme l'*enfant* (*pais*) est aussi interpellé par ailleurs (131b et 122b). Bien que cela ne soit pas développé outre mesure, une relation de père à fils est ainsi ébauchée, sans qu'il y ait toutefois entière similitude (188a). Enfin, notons que Philodème souligne que celui qui a accumulé des connaissances variées pratique une franchise remarquable (186b), ce qui est, à n'en pas douter, une des qualités du sage.

QUAND CELUI QUI EST L'OBJET DE LA FRANCHISE DEVIENT LUI-MÊME UN PARRHÊSIASTE

Nous avons vu jusqu'ici un vocabulaire qui concerne celui qui dirige l'école philosophique. On attend de lui qu'il soit un parrhêsiaste. Or une des particularités de l'épicurisme, c'est que tout le monde est sur le même chemin de progression à différents stades. Il peut donc arriver qu'un disciple, qui est à l'écoute du parrhêsiaste-philosophe-sage-lettré, se considère comme étant lui-même suffisamment mûr pour avoir un comportement de parrhêsiaste.

Celui qui est l'objet de la franchise peut avoir conscience de sa proximité avec le parrhêsiaste. Dès lors, *celui qui est instruit* peut se croire autorisé à s'essayer lui-même à la franchise à l'égard du parrhêsiaste, bien que ce dernier ne s'y résigne pas (193b). Nous retrouvons la même idée lorsque celui qui est l'objet de la franchise *se met à instruire* le *sage* et à aimer ce *genre de vie* (199a). Nous observons donc que celui qui est l'objet de la franchise peut devenir à certains moments celui qui l'exerce. Un tel renversement des rôles n'est cependant pas total, puisque ceux qui se mettent à instruire manquent de maturité et deviennent *irritants*. Ils s'éloignent ainsi du modèle qu'ils voulaient suivre et qu'ils *louaient*, à savoir celui du parrhêsiaste qu'ils sont justement en train d'essayer d'instruire. Ainsi, bien que voulant « faire les philosophes » en s'habillant comme eux, les *jeunes* sont malgré tout sujets aux reproches et s'en trouvent irrités, eux qui pensaient avoir atteint le stade – imaginaire[5] – du sage sans reproche (136b).

Un autre phénomène se produit : plutôt que de trop se dévoiler, chacun essaie de remédier par lui-même à ce qu'il sait nécessiter un soin. À moins que, de peur de se confier au parrhêsiaste et de s'en

5 Nous parlons de « stade – imaginaire – du sage sans reproche » parce que, nous le verrons plus loin, Philodème envisage le fait que le parrhêsiaste soit bel et bien l'objet de reproches, s'étant trompé, et qu'il soit alors lui-même l'objet de la franchise de la part d'autres.

trouver insécurisé, chacun préfère agir *avec douceur* (*cf.* 158b), sans que *celui qui sauve* ne soit au courant (159a). Cela n'empêche néanmoins pas de participer activement à la franchise exercée à l'égard d'autres que soi-même, notamment pour témoigner de sa propre guérison et inciter d'autres à suivre le même chemin que soi (146b).

Il se peut que celui qui est l'objet de la franchise soit reconnu comme *celui qui a aussi offert de grandes choses au genre <de la franchise>*, le rendant *délibératif* (194b). Sa propre progression lui permet à son tour de faire évoluer la façon de pratiquer la franchise et la manière d'intervenir auprès de ceux qui sont l'objet de la franchise.

Néanmoins, les *plus intelligents d'entre eux*, qui sont alors aussi des *maîtres*, peuvent se tromper quant à leur capacité réelle à exercer la franchise ou, tout du moins, à discerner la situation qui se présente à eux et leur propre degré de maturité. Ainsi, ils peuvent penser être dominés pour ce qui est du style oratoire, mais se percevoir comme étant bien supérieurs en ce qui concerne la manière d'être et la capacité de discernement (201a). D'autres sources d'erreurs concernent certains auditeurs : parce qu'ils *raisonnent mal*, ils en arrivent à faire un reproche à qui n'en mérite pas, ou ils cherchent à imiter le parrhêsiaste jusque dans ce que ce dernier néglige. De même, quoique plutôt intelligents, ils peuvent en venir à ne pas éprouver d'amitié, voire à haïr ou à jalouser (202a), toutes choses qu'un parrhêsiaste sait éviter. De plus, qualifier de *plus intelligents* et de *sages* ceux qui pratiquent une franchise d'esquive *ne mène à rien.* Ils cherchent en effet avant tout à éviter les risques liés à la franchise, à savoir les réactions blessantes (202b). Ce faisant, ils échouent dans leur tentative de devenir comme le parrhêsiaste et ils conservent leur statut de personnes devant faire l'objet de la franchise.

On le voit, être parrhêsiaste n'est pas si simple que cela. Même ceux qui le côtoient ont du mal à le devenir. Néanmoins, Philodème en a dressé le portrait de façon assez précise.

LE PARRHÊSIASTE PHILODÉMIEN

De notre analyse concernant celui qui exerce la franchise, nous avons conclu que le *sage*, *celui qui sert de guide* et le *philosophe* désignent le même personnage. Il est en effet celui qui s'appuie en général sur un langage de franchise, sans pour autant être astreint à une manière particulière de l'exercer. En d'autres termes, il est libre d'utiliser la méthode qui convient le mieux, la franchise étant souvent sa préférée. Chaque *sage* ou *philosophe* a ainsi sa façon de procéder, avec pour garantie sa maturité que beaucoup envient. Il est un guide pour ceux qui l'entourent et, tel un médecin, il se préoccupe de leurs erreurs, tout en étant conscient de son propre besoin de purification (contrairement aux *lettrés* qui semblent ne pas savoir comment s'y prendre).

Par ailleurs, le *maître* désigne un homme qui a été objet de la franchise et qui en a retiré tous les bénéfices, au point d'être un modèle pour ses condisciples et un appui pour le parrhêsiaste dans l'exercice de la franchise.

Maintenant que nous avons une idée plus précise du portrait du parrhêsiaste dans le *Sur la franchise* de Philodème de Gadara, examinons ce qu'il en est dans le livre des Actes des apôtres.

DANS LES ACTES, À PROPOS DES PARRHÊSIASTES PIERRE ET JEAN ET…

Nous allons maintenant nous mettre en quête du parrhêsiaste dans chacun des passages des Actes qui comportent le nom grec « franchise » (*parrhêsia*) ou le verbe grec « parler franchement » (*parrhêsiazomai*). Notre but est de définir les contours du parrhêsiaste dans les Actes. Puis nous mettrons en évidence quelques caractéristiques qui lui sont propres.

Avant d'aller dans le détail de chaque passage, voici la liste de ceux qui endossent le rôle de parrhêsiaste dans le livre des Actes des apôtres, suivant l'ordre d'apparition dans le récit[6] : Pierre, d'abord seul (2,29, *cf.* v. 14) puis associé à Jean (4,13), les deux rejoignant tout ou partie d'une communauté croyante (4,29.31, *cf.* v. 23), Saul (9,27.28, *cf.* v. 24), qui devient Paul, accompagné de Barnabas (13,46 ; 14,3, *cf.* v. 1), Apollos (18,26, *cf.* v. 24) et enfin Paul tout seul (19,8 ; 26,26, *cf.* v. 25 ; 28,31, *cf.* v. 30).

6 Nous indiquons entre parenthèses le ou les versets où apparaissent le nom *franchise* ou le verbe *parler franchement*, avec un renvoi au verset où est clairement dit qui exerce la franchise, quand il s'agit d'un autre verset.

La diversité des intervenants correspond au changement de personnage principal dans les différentes grandes sections du récit. Qui plus est, il faut noter que l'ensemble du livre des Actes des apôtres est concerné. La franchise n'est donc pas un élément anecdotique.

Le premier parrhêsiaste des Actes est Pierre, seul ou accompagné. Dans trois types différents de discours – une harangue, une réponse lors d'un interrogatoire et une prière –, il va poser les jalons d'une nouvelle ère. Ce faisant, le parrhêsiaste n'acquiert néanmoins pas une réputation particulièrement enviable.

AC 2,29[7] : PIERRE PARLE À LA FOULE LORS DE LA PENTECÔTE

Après que l'Esprit a été répandu à la Pentecôte, Pierre prend la parole (Ac 2,14-36) et s'adresse à la foule jusqu'alors mi-dubitative, mi-railleuse (v. 7-13). Au cours de son discours, il demande la permission de *dire franchement* (v. 29) ce qu'il en est de David et de sa tombe. S'il peut s'autoriser un tel langage, c'est qu'il a déjà posé son diagnostic sur la situation et qu'il s'est déjà placé dans une filiation de pensée qui donne de la légitimité à son propos. Son argumentation prend alors de l'épaisseur et son positionnement en tant que parrhêsiaste face à ses auditeurs devient cohérent avec le contexte du récit.

Avant ce discours, Luc précise l'origine de ceux qui ont reçu l'Esprit, à savoir des Galiléens (Ac 2,7), mention qui a une connotation péjorative, nous le verrons plus loin. Mais Luc contrebalance largement cette possible mauvaise impression par la qualité du discours qui suit, et dont les fruits se compteront en milliers de conversions (v. 41). Pierre est alors un parrhêsiaste à qui tout réussit, ne semblant pas rencontrer d'obstacle, alors que, pour celui qui mesure la nouveauté de l'annonce que Jésus est Christ et Seigneur (v. 36), son message pourrait au moins devenir source de débat, et même d'opposition.

---

7 Dans les titres, je désignerai les passages par le (ou les) verset(s) où se trouve(nt) *franchise* ou *parler franchement*. Dans le corps du texte, je prendrai soin de citer les versets correspondants aux différents développements.

AC 4,13 : PIERRE ET JEAN SE DÉFENDENT DEVANT LES RESPONSABLES DU PEUPLE

Plus loin, Pierre et Jean sont présentés ensemble comme ayant parlé avec franchise (Ac 4,1-22). La scène se déroule après la guérison miraculeuse du boiteux qui mendiait à la porte du Temple (ch. 3). Pierre et Jean ont été arrêtés et se sont défendus lors de leur interrogatoire par les chefs juifs.

C'est alors que les responsables de leur arrestation *constatent*[8] leur franchise, ce qu'ils trouvent étonnant. Pierre et Jean sont en effet loin de l'image traditionnelle du parrhêsiaste, car ils sont *sans instruction* et *quelconques* (Ac 4,13). En d'autres termes, rien ne semble les qualifier pour le rôle qu'ils endossent en s'exprimant avec franchise. Pourtant, ceux qui les observent n'ont aucun doute ; c'est bien de cela qu'il s'agit. Preuve en est leur étonnement devant cette incongruité : des ignorants qui s'expriment franchement.

AC 4,29.31 : UNE PRIÈRE POUR AVOIR DE LA FRANCHISE

Une fois libérés, Pierre et Jean retrouvent la communauté croyante ou, plus précisément, *leurs leurs* (Ac 4,23). L'identité des membres de cette communauté reste incertaine.

Le premier élément intéressant à propos du parrhêsiaste, dans ce passage, concerne le fait que, à première lecture, il s'agit d'un groupe qui souhaite devenir parrhêsiaste, comme s'il s'agissait d'une « entité-parrhêsiaste ». À y regarder de plus près, la demande – *accorde à tes serviteurs de dire la parole en toute franchise* (Ac 4,29) – concerne chacun de ceux qui la formulent.

Le second élément, qui revêt une certaine importance dans le contexte, est rattaché à la façon dont Pierre, Jean et les leurs se désignent eux-mêmes, à savoir comme les *esclaves/serviteurs* (*doulos*) de Dieu. Or un autre terme signifiant *enfant/serviteur* (*pais*) est employé dans la prière qui nous est parvenue, à propos d'abord de David (Ac 4,25) puis de Jésus

---

8 Le verbe utilisé peut comporter l'idée de percevoir « quelque chose d'inhabituel » (J. P. Louw, E. A. Nida [éd.], *Greek-English Lexicon of the New Testament Based on Semantic Domains*, OakTree Software (Accordance); United Bible Societies, 1989, p. 279), au point que l'attention s'y porte avec insistance, jusqu'à ce que l'on ait l'impression d'avoir compris ce que l'on a perçu. Ici, l'événement de la franchise exercée par des Galiléens dépasse l'entendement, d'où l'étonnement suscité.

(v. 27)[9]. Du point de vue des disciples de Jésus, nulle fanfaronnade. Ils savent quelle est leur place : la moindre, celle d'*esclaves/serviteurs*, certainement pas équivalente à celle des *enfants/serviteurs* que sont David, qu'ils mentionnent dans leur prière[10], et Jésus. Le fait de se désigner en tant qu'esclave de Dieu est donc un signe de déférence à l'égard à la fois de Dieu et du Christ. L'enjeu ici n'est pas tant de se considérer soi-même comme honoré ou non que d'affirmer la suprématie de Dieu et la supériorité de ceux qui ont précédé.

La différence entre *serviteur/esclave* et *enfant/serviteur* pourrait en effet se situer dans le rapport entretenu avec Dieu. Être *serviteur/esclave* implique une dépendance totale vis-à-vis du maître qui est propriétaire comme il le serait d'un objet, alors qu'être *enfant* sous-entend davantage une relation familière dans une proximité personnelle de service, jusqu'à représenter le maître, comme un enfant peut être le reflet de son père. Outre les répercussions différentes en termes d'honneur que ces termes génèrent, notons simplement ici que l'auteur, en les utilisant, s'attache à faire la distinction entre la première communauté chrétienne et le Christ, utilisant un titre se référant au Christ/Messie (*enfant/serviteur*) qui ne prête pas à confusion. Autrement dit, ceux qui prient pour recevoir la capacité de parler en toute franchise sont dans une nouvelle économie où, à la différence du Jésus de Luc qui n'y a jamais eu recours, la franchise est une condition pour que ses *esclaves/serviteurs* continuent de porter haut le message, dont ils sont les détenteurs.

Dans cette première partie des Actes qui concerne Pierre et ceux qui lui sont associés, la réputation du parrhêsiaste qui exerce la franchise

9 En français, la TOB traduit le terme grec *enfant* par « serviteur ». Le terme grec veut effectivement aussi dire cela, un enfant pouvant être considéré comme un serviteur car n'ayant pas de statut semblable dans l'Antiquité à celui que nous lui connaissons aujourd'hui.

10 Dupont voit dans le titre *enfant/serviteur* attribué à David « une résonance royale » (J. Dupont, *Nouvelles études sur les Actes des apôtres*, Paris, Cerf [LecDiv 118], 1984, p. 96 n. 97). C'est probablement la raison pour laquelle « ils n'osent revendiquer le même titre et se donnent celui "d'esclaves", renouant avec l'expression de Joël (*cf.* 2,18) » (C. L'Eplattenier, *Les Actes des Apôtres*, Genève, Labor et Fides [La Bible, porte-Parole], 1987, p. 63). Au-delà de la citation de Joël en Ac 2,17-21, la Septante a l'habitude de désigner certains personnages par le terme d'*enfant*, que ce soit le serviteur souffrant d'Ésaïe ou encore, par exemple, Abraham, Moïse ou David (*cf.* L. T. Johnson, *The Acts of the Apostles*, Collegeville, The Liturgical Press (Sacra Pagina Series 5), 1992, p. 67 ; J. A. Fitzmyer, *The Acts of the Apostles. New Translation with Introduction and Commentary*, New York et al., Doubleday [AncB 31], 1998, p. 285).

– qui est toujours Pierre, soit seul, soit accompagné – est flétrie, voire carrément mauvaise. Que l'on ait le point de vue de leurs auditeurs – qu'ils leur soient favorables (Ac 2,37-41) ou plus ou moins ouvertement opposés (4,13.18-21) – ou un aperçu de leur image d'eux-mêmes (v. 29), il ressort que celui ou ceux qui exercent la franchise se distinguent soit par leur inculture notoire, soit par leur dette envers leurs devanciers – ce qui, de fait, les situe dans une position d'humble dépendance, voire d'allégeance.

DANS LES ACTES, À PROPOS DES PARRHÊSIASTES PAUL ET BARNABAS ET APOLLOS

Bien que Pierre soit au centre d'Ac 9,32-12,24, il n'y est plus décrit comme un parrhêsiaste. En revanche, Paul et certains personnages en rapport avec lui vont l'être et, de ce fait, revêtir ce rôle. Ainsi, dès sa conversion (9,27), Saul[11] parle avec franchise à Damas, et il continue à Jérusalem où il se rend juste après (v. 28). À Antioche de Pisidie, ce sont Paul et Barnabas qui prennent la parole avec franchise (13,46), de même qu'à Iconium (14,3). Ils n'ont néanmoins pas le monopole d'une telle manière de faire, puisqu'en 18,26, c'est Apollos qui exerce la franchise. Sa présence en tant que parrhêsiaste dans ces chapitres concernant surtout Paul n'est pas étrange. Luc souligne en effet ainsi la diversité des intervenants et des approches. À partir de là, Paul est désormais seul à parler franchement, d'abord en prenant le relais d'Apollos à Éphèse (19,8), puis devant Festus et Agrippa (26,26) et enfin à Rome, où son action est décrite par le verset qui clôt l'ensemble du livre des Actes (28,31).

Ainsi, du début à la fin de l'apostolat de Paul, de son lieu de conversion dans une province orientale à la capitale de l'Empire, qu'il soit seul, accompagné ou remplacé, la franchise est bien présente dans le récit de Luc quand celui-ci raconte l'expansion de l'Évangile à partir de la

11 Saul et Paul sont un seul et même personnage. Saul est son nom juif, utilisé pour le désigner juste après sa conversion. Paul est son nom romain d'usage lors de ses voyages missionnaires.

conversion de Saul (Ac 9). Commençons par identifier la façon qu'a Luc de présenter Saul/Paul (et Apollos) dans chaque récit.

AC 9,27.28 : SAUL, LE NOUVEAU CONVERTI

Luc utilise d'abord une analepse : il raconte l'attitude de Saul[12] à Damas, le lieu de sa conversion, puis revient au temps du récit pour le décrire à Jérusalem (Ac 9,26-31). Ainsi la mise en parallèle de ces deux épisodes permet-elle de faire ressortir que Saul a parlé de la même manière où qu'il se trouve et quel que soit son entourage – avec les apôtres (à Jérusalem) ou non (à Damas).

Nous pourrions poser la question de savoir ce qui qualifie Saul pour être un parrhêsiaste, alors qu'il vient de se convertir. La réponse n'est pas apportée directement dans le contexte proche. Néanmoins, tout comme Pierre inaugurait un nouveau temps à la suite de l'effusion de l'Esprit, Saul est lui aussi à l'orée d'une vie nouvelle, après son expérience sur le chemin de Damas. Qui plus est, il a lui aussi reçu l'Esprit saint (Ac 9,17), ce qui renouvelle la compréhension qu'il a de lui-même, des autres et de l'évangile.

AC 13,46 ET 14,3 : PAUL ET BARNABAS, UNE ÉQUIPE DE PARRHÊSIASTES

Que ce soit à Antioche de Pisidie (Ac 13,14-50) ou à Iconium (14,1-5), Paul et Barnabas parlent franchement à leurs interlocuteurs. C'est dans le premier épisode que nous avons le plus d'informations concernant ce duo de parrhêsiastes. Le second se présente lui-même comme une répétition du premier (Ac 14,1a). La parole est en effet donnée à Paul et Barnabas, parce qu'ils sont vus comme des *frères* (13,15), c'est-à-dire comme à la fois des individus mûrs (*hommes*) et des égaux (*frères*). Cette appellation correspond au contexte de prise de parole dans la synagogue, où « il était coutumier d'offrir la parole à des “frères” de passage, qui viennent sanctifier le jour du Seigneur avec leurs coreligionnaires », pour leur donner l'occasion d'« “exhorter” l'assistance[13] ». Leur confier une telle responsabilité implique qu'ils ont été d'emblée considérés comme

12 Bien que jamais nommé dans le texte, il s'agit bien de Saul, cité en Ac 9,24, puis de nouveau en 11,25.

13 C. L'Eplattenier, *Les Actes des Apôtres*, Genève, Labor et Fides (La Bible, porte-Parole), 1987, p. 162.

suffisamment expérimentés pour que leur prédication soit d'un apport significatif pour la communauté.

Paul et Barnabas sont donc qualifiés, de par ces invitations à prendre la parole à Antioche de Pisidie puis à Iconium, pour endosser le rôle de parrhêsiastes, ce qu'ils font sans se faire davantage prier.

AC 18,26 : APOLLOS, L'ÉGYPTIEN INSTRUIT, MAIS NE CONNAISSANT PAS ENCORE TOUTE LA DOCTRINE

En plein milieu du cycle concernant surtout Paul – même s'il est aussi associé, au début, à Barnabas –, Luc présente Apollos, qui parle avec franchise dans la synagogue (Ac 18,26). Sa présence dans ce récit permet de mettre en évidence une diversité de parrhêsiastes, tant du point de vue de leur arrière-plan que de leurs compétences. Ce faisant, Luc s'emploie à étoffer l'aperçu que nous avons de ceux qui sont en train d'œuvrer pour que la *Voie* (v. 25.26) soit connue, et à enrichir l'image que nous avons des parrhêsiastes des Actes[14].

En effet, Apollos est décrit avec moult détails, de telle manière que chaque information renforce la précédente (Ac 18,24-25) : il y a d'abord son nom, diminutif d'Apollonios, qui le désigne pour tous et sans l'ombre d'un doute comme un Égyptien. Vient ensuite la mention de sa ville de naissance, Alexandrie, cité de première importance à l'époque. Cela permet d'asseoir sa réputation en tant que personne « éduquée et raffinée[15] ». Après quoi sont déclinées ses qualités dans le domaine intellectuel : *savant* et *versé dans les Écritures*. Enfin, sa spécialisation est précisée – puisqu'il a été *enseigné à propos de la Voie du Seigneur*, même si sa connaissance doctrinale est incomplète –, à laquelle est adjointe une qualité spirituelle (*bouillonnant d'Esprit*).

Une telle présentation fait penser à celle des hommes qu'a choisis Éléazar pour les envoyer au roi Ptolémée Philadelphe à… Alexandrie, pour qu'ils traduisent… justement les Écritures, en grec ! L'objet de la *Lettre d'Aristée*, où se situe ce récit, est de présenter le fruit de leur travail, à savoir la Septante. La qualité de leur œuvre sera en rapport direct avec

14 Philodème aussi prend le temps de décrire des parrhêsiastes qui différeront à la fois les uns des autres et d'eux-mêmes à un moment ou à un autre (185a).

15 B. J. Malina, J. H. Neyrey, « First-Century Personality : Dyadic, not Individual », in J. H. Neyrey (éd.), *The Social World of Luke-Acts. Models for Interpretation*, 3e éd, Peabody, Hendrickson Publisher, 2008, p. 87 ; *cf.* D. Marguerat, *Les Actes des apôtres (13-28)*, vol. 2, Genève, Labor et Fides (CNT[N] Vb), 2015, p. 188.

leurs compétences personnelles et leurs origines (*Lettre d'Aristée* 125) : ce sont des *hommes du plus grand mérite, d'excellente éducation, vu la distinction même de leurs parents, et qui non seulement étaient passés maîtres dans les lettres judaïques, mais s'étaient, de plus, adonnés sérieusement à la culture hellénique*[16]. Forts de tous ces atouts, ils seront des *amis*[17] du roi et auront notamment pour tâche de *lui donner en toute franchise des avis utiles.*

Telle ne sera pas exactement la tâche d'Apollos. Néanmoins, pour l'instant, nous avons avec la *Lettre d'Aristée* l'exemple de parrhêsiastes qui sont présentés d'une manière similaire à ce que Luc fait pour Apollos. Les coïncidences sont remarquables (lieu, centres d'intérêts, type d'éducation) et font de ces hommes des parrhêsiastes dignes d'être écoutés. Pour ce qui est d'Apollos en particulier, étant donné son rôle relativement peu étendu dans le livre des Actes, Luc lui donne ainsi d'emblée de l'importance en le présentant de cette manière dans le récit.

AC 19,8 : PAUL, SEUL MAÎTRE À BORD

Alors qu'Apollos a quitté Éphèse, Paul y arrive et se met à parler avec franchise, lui aussi dans la synagogue. Il endosse une nouvelle fois le rôle de parrhêsiaste. Rien d'autre n'est signalé à ce propos. Nous ne pouvons que souligner les écarts avec les autres passages mentionnant jusqu'ici Paul comme parrhêsiaste :

- contrairement à Ac 9,27, il n'est plus un converti récent, mais a déjà vécu le concile de Jérusalem (ch. 15), et il en est à ce que l'on a coutume d'appeler son troisième voyage missionnaire : c'est donc désormais un parrhêsiaste expérimenté ;
- et, contrairement à 13,46, où il était accompagné de Barnabas, Paul est maintenant présenté comme seul parrhêsiaste.

Paul est seul, mais il s'inscrit dans une continuité : il prend effectivement « le relais d'Apollos[18] ». Il est intéressant de noter à ce propos que l'idée de parrhêsiastes qui se succèderaient dans un même lieu ne

16 Traduction de Pelletier (Aristée, *Lettre d'Aristée à Philocrate*, trad. A. Pelletier, Paris, Cerf [SC. Série annexe de Textes non-chrétiens 89], 1962, p. 166-167).

17 Il s'agit ici sans doute d'une fonction auprès du roi, plutôt que de la description d'une relation de particulière proximité entre le roi et ces hommes.

18 L'expression est de L'Eplattenier (C. L'Eplattenier, *Les Actes des Apôtres*, Genève, Labor et Fides [La Bible, porte-Parole], 1987, p. 204).

se rencontre pas dans le *Sur la franchise*, pas plus d'ailleurs que celle du parrhêsiaste prisonnier.

AC 26,26 : PAUL, UN PRISONNIER EN TOUTE LIBERTÉ !

Alors que le récit des Actes progresse, Paul affirme lui-même parler avec franchise (Ac 26,26), s'auto-proclamant parrhêsiaste, dans son discours devant Festus, Agrippa et Bérénice. Le contenu de son propos concerne essentiellement le récit de sa propre vie. D'ailleurs, le contexte tout entier est centré sur l'apôtre. C'est l'occasion d'en apprendre beaucoup sur ce qui constitue une figure parrhêsiastique, notamment par le biais de différents points de vue.

De celui du narrateur, Paul est juste appelé par son nom. Pas de qualités soulignées. Simplement un nom, c'est-à-dire une identité qui se suffit à elle-même.

Pour ce qui est de Festus, quand il parle de Paul à Agrippa, son invité, il évoque d'abord un homme, même pas nommé comme tel, juste montré en disant *cet* (*homme* est sous-entendu), à la troisième personne du singulier, sans autre qualificatif (Ac 25,24.25)[19]. Ce n'est qu'au v. 27 qu'il emploie le terme générique de *prisonnier*, en l'appliquant à Paul étant donné le contexte, quand il dit à Agrippa qu'il n'est pas concevable d'envoyer une personne dans ce cas à l'empereur *sans même spécifier les charges qui pèsent sur* elle. Plus tard, Festus interrompt Paul – à qui la parole a été laissée pour qu'il présente sa défense –, parce qu'il le voit désormais d'un tout autre œil : pour oser parler comme il le fait, il est certainement *fou*. Et, d'après Festus, ce n'est pas son *grand savoir*, pourtant ainsi reconnu, qui l'empêche d'être conduit *vers la folie*, bien au contraire (26,24) ! En d'autres termes, il renvoie le Paul qu'il a devant lui à la personne, littéralement *enragée* (v. 11), qu'il dit avoir été avant sa conversion. Ainsi Festus ne discerne que la répétition d'un comportement problématique et il entend bien faire entendre raison à Paul ou, au moins, le faire changer de discours, dût-il élever la voix pour y parvenir (v. 24a). A-t-il du succès dans son effort pour montrer que Paul est fou ? Le discours de Paul a-t-il changé ? Ou bien Festus a-t-il adopté les idées de Paul ? Quoi qu'il en soit, d'une même voix avec

19 Formules utilisées dans la TOB : *cet* [homme] et *il* en Ac 25,24 ; *lui-même* et *cet [homme]* au v. 25 ; *sur le compte duquel* et *le* au v. 26. Aux v. 24.25, on aurait aussi pu traduire par le pronom démonstratif *celui-ci*.

Agrippa et Bérénice, il désigne Paul pour la première fois comme un *homme*, une fois que ces « grands » se sont retirés pour se retrouver entre eux (v. 31). Ainsi, pour Festus, Paul est-il loin d'être un parrhêsiaste de prime abord. Mais, s'il a de sérieux doutes en cours d'entretien jusqu'à penser qu'il est fou, il semble finalement gagné par le respect que lui inspire *cet homme*.

Pour sa part, Agrippa semble ne pas avoir d'a priori sur Paul et il ne varie presque pas dans son appréciation : c'est bien un *être humain*, du début (Ac 25,22) à la fin (26,32). Mais l'*homme* est d'abord complément du verbe avant d'être sujet. Cette gradation est instructive. En effet, quand Agrippa déclare d'abord vouloir *entendre* [cet] *homme* (25,22), il exprime le souhait d'être en présence de sa voix. En d'autres termes, « tout se passait comme si la voix d'une personne était considérée comme une partie d'elle-même, mais qui ne la livrait pas *tout entière*[20] ». En revanche, le fait de mettre *cet homme* comme sujet d'un verbe revêt une tout autre signification. En l'occurrence, dire que Paul est *cet homme* (26,31.32) revient à lui reconnaître une certaine autonomie, renforcée par l'adjectif démonstratif (*cet*), qui le met à une certaine distance. De plus, Agrippa positionne *cet homme* comme ayant un pouvoir (v. 32). Non seulement il reconnaît à Paul une identité entière, mais il dote aussi sa personne d'une capacité d'action propre, tout en puissance, même si elle n'est pas réalisée. L'évolution d'Agrippa par rapport à cet *homme* va ainsi de la reconnaissance partielle à la désignation pleine, d'une écoute forcément réductrice à une mise à distance, par adjectif démonstratif interposé, de l'individu dans son entier, de l'expression de sa volonté à l'abdication au profit de Paul en puissance. Paul, qui se présente comme un parrhêsiaste pour Agrippa, acquiert alors une stature, que finalement Festus lui-même reconnaîtra (v. 26,31).

En dernier lieu, que dit Paul de lui-même, hormis le fait qu'il s'auto-proclame parrhêsiaste (Ac 26,26) ? Le contenu de son discours est autobiographique et simplement chronologique. L'évolution de la perception qu'il a de lui-même est ainsi facile à déceler. C'est d'abord le Paul avant sa conversion qu'il décrit. La plupart des qualités ici mentionnées lui restent acquises plus tard, puisqu'elles sont essentiellement

20 J. Humbert, *Syntaxe grecque*, Paris, Klincksieck (Collection de philologie classique II), 1960, p. 272 § 450, les italiques sont de l'auteur. Cette manière de s'exprimer est propre au grec.

identitaires. Sont ainsi cités sa nation, la ville de Jérusalem (v. 4), sa pratique de Pharisien (v. 5), ses pères (v. 6) et les douze tribus (v. 7). L'adjectif possessif à la première personne du pluriel, adjoint aux trois dernières spécificités, permet à Paul de souligner son appartenance au peuple d'Israël. Contrairement à Apollos (18,24) ou aux soixante-douze hommes envoyés par Éléazar au roi Ptolémée Philadelphe (*Lettre d'Aristée* 125), Paul ne fait ici aucune mention explicite de capacités intellectuelles particulières – à l'exception de son inscription parmi les Pharisiens, qui le place parmi l'élite de sa nation…, mais il n'insiste pas sur cet aspect-là ! Au contraire, il souligne sa rage (v. 11) contre les *saints* (v. 10-11), ce qui est une forme de folie qu'il aurait dû cacher s'il avait voulu impressionner ses interlocuteurs. Mais le plus intéressant se trouve ailleurs : lors de sa conversion, après avoir été appelé par deux fois *Saoul* par Jésus (26,14) – ce qui est une manière de souligner à quel point son être le plus profond a été atteint à ce moment-là[21] –, Saul se trouve face à Jésus qui dit : « *je suis* » (*egô eimi*, v. 15). Paul avait auparavant dans son discours déjà dit *moi* (*egô*, v. 9.10), pour reconnaître que c'est bien lui, personnellement, qui a combattu le nom de Jésus et incarcéré ses disciples. Mais, maintenant, au moment de la rencontre qui va changer le cours de sa vie, le voici en présence d'une personnalité qui non seulement s'exprime de telle façon qu'on peut la prendre pour Dieu lui-même (*cf.* Ex 3,14)[22], mais s'appuie aussi sur cela même pour réorienter la vie du persécuteur. Si Paul souligne que c'est bien lui-même qui répond (*egô*, Ac 26,15a), manière aussi de dire qu'il était pleinement présent, il se trouve bel et bien face à un « je suis » de Jésus (*egô eimi*, v. 15b). Force est de constater que les ego se bousculent ! Mais nous pouvons aussi remarquer qu'il n'y a que deux *je suis*, le premier attribué à Jésus (v. 15), le second assumé par Paul (v. 29) et qui pointe vers un troisième « je suis », celui que doivent pouvoir dire tous ses interlocuteurs, si seulement

21 *Cf.* par exemple N. Guéguen, *Psychologie des prénoms pour mieux comprendre comment ils influencent notre vie*, Paris, Dunod (100 petites expériences de psychologie), 2008, p. 45-47, qui souligne l'importance pour un individu d'être appelé par son prénom. Voir aussi Jn 20,16, pour un autre exemple biblique où l'appellation par le prénom bouleverse la personne concernée.

22 Quand Marguerat commente le premier récit de la conversion de Saul où se trouve la même expression (Ac 9,5), il souligne que la formule *je suis* est dérivée de l'Ancien Testament (Marguerat parle de « jeu de mots ») et est aussi une formule de révélation divine ; il renvoie ensuite à Luc 24,39 (D. Marguerat, *Les Actes des apôtres [1-12]*, vol. 1, Genève, Labor et Fides [CNT[N] Va], 2007, p. 329).

ils acceptent son message. En d'autres termes, Paul, le parrhêsiaste qui exerce la franchise, se donne en exemple. Sa personne même sert de faire-valoir à la fois à celui qui l'a envoyé – Jésus – et à ceux à qui il s'adresse, puisqu'il ne leur souhaite rien de moins que de devenir comme lui, *hormis ces liens* (v. 29). Paul se présente ainsi avec une stature qui dépasse ce qu'il paraît, alors qu'il n'est qu'un prisonnier devant passer en jugement. Même si ses « "liens" sont ici figuratifs du statut de prisonnier – Paul n'est pas enchaîné (voir sa gestuelle au v. 1)[23] » –, il est néanmoins, humainement parlant, dans une situation peu enviable, ce qu'il reconnaît volontiers. Mais il y a autre chose qui l'habite et qui lui permet de se soustraire à sa condition, au point non seulement de parler franchement, mais aussi d'oser souhaiter que chacun devienne comme lui. Probablement trouvera-t-on dans son chemin de conversion et de maturation apostolique, qu'il décrit dans son discours, des éléments qui nous permettront de comprendre un tel aplomb.

Finalement, que l'on adopte le point de vue de Festus, d'Agrippa ou de Paul lui-même, le parrhêsiaste est un homme remarquable par sa force de persuasion qui met en valeur sa personne, puisque tous finissent par exprimer une appréciation valorisante. De prisonnier qu'il est réellement, il se révèle en fait n'être diminué en rien, et il apparaît bien plus libre que ses illustres interlocuteurs. Qui plus est, il n'est pas particulièrement intelligent, et il ne sort pas du lot par rapport à ceux qui sont de la même origine que lui, sauf peut-être par sa rage d'autrefois contre les *saints*. Reste à savoir comment Paul arrive à provoquer un changement de perception, qui, s'il n'est pas encore une conversion, est néanmoins un infléchissement positif à l'égard du porteur du message – voire du message lui-même.

AC 28,31 : PAUL, « L'ÉVANGÉLISTE IDÉAL[24] » OU LE PARRHÊSIASTE PAR EXCELLENCE

En comparaison du récit précédent, les informations sont ici beaucoup plus succinctes : Paul est celui qui exerce la franchise, nous n'en savons guère plus, sauf qu'il est toujours *prisonnier* (Ac 28,17), cette fois à Rome. À croire qu'au terme du parcours tracé par Luc, seul l'essentiel demeure pour dire l'idéal ou l'excellence.

---

23 D. Marguerat, *Les Actes des apôtres (13-28)*, vol. 2, Genève, Labor et Fides (CNT[N] Vb), 2015, p. 341, fin de la note 57.

24 L'expression est de Marguerat, *Les Actes des apôtres (13-28)*, *op. cit.*, p. 381.

LE PARRHÊSIASTE DES ACTES PAR RAPPORT AU PARRHÊSIASTE DE PHILODÈME

Nous venons de voir Paul, avec Barnabas ou seul, Apollos, et encore avant eux, Pierre tout seul, ou avec Jean, ou avec Jean et les leurs. Tous endossent le rôle de parrhêsiaste.

Contrairement au *Sur la franchise* où Philodème utilise un vocabulaire spécifique pour désigner le maître de l'école épicurienne, Luc ne nomme jamais le parrhêsiaste autrement que par son nom (Pierre, Jean, Paul, etc.), et encore Saul n'est-il même pas explicitement cité.

Nous pouvons déjà dire que, puisque les deux auteurs utilisent deux genres littéraires qui n'ont rien à voir l'un avec l'autre – le manuel et le récit –, cela génère une transmission de l'information plus ou moins complète. Nous pouvons aussi pointer une raison de fond qui explique une telle différence.

Le point important pour Philodème semble être en effet de discerner qui a la capacité d'être parrhêsiaste, puisque la qualité de tout le processus parrhêsiastique en dépend. Ainsi, par exemple, le *lettré* est-il décrit de façon ambiguë, tantôt parrhêsiaste, tantôt au contraire donnant un mauvais exemple.

En revanche, Luc ne montre jamais un parrhêsiaste qui est à proprement parler défaillant. Probablement parce que, pour lui, l'essentiel est le contenu du message transmis. Il n'est donc pas gênant que les parrhêsiastes Pierre et Jean soient peu valorisés en Ac 4,13. Le fait qu'ils soient dénigrés n'influence en rien la qualité de leur franchise et de leur message.

En plus de cette différence de taille entre Philodème et Luc, le parrhêsiaste des Actes a d'autres particularités qui lui sont propres.

QUELQUES CARACTÉRISTIQUES PROPRES AU PARRHÊSIASTE DES ACTES

RÔLE DU SAINT-ESPRIT

Que ce soient Pierre et Jean, vus comme des hommes *sans instruction* et *quelconques* par les chefs juifs devant lesquels ils comparaissent (Ac 4,13), ou Paul, prisonnier apparemment sans compétences intellectuelles particulières – hormis le fait qu'il dit avoir été Pharisien, ce qui laisse entendre un certain niveau d'éducation (26,5) –, le décalage entre la manière dont ils sont perçus et leur audace langagière est frappant.

La présence de l'Esprit saint est certainement une des raisons expliquant que des hommes qui ne semblaient pas, humainement parlant, destinés à être parrhêsiastes le deviennent. D'ailleurs, plus largement, l'Esprit est présent de façon massive dans les premiers récits du livre des Actes faisant état de la franchise, puis s'estompe peu à peu, sans disparaître néanmoins complètement : on en trouve des traces, pour autant que l'on veuille bien y prêter attention. De plus, soit il qualifie explicitement la plupart des parrhêsiastes, soit le lien entre lui et la franchise est remarquable.

Ainsi, en Ac 2,33, peu après s'être réclamé de la franchise (v. 29), Pierre souligne-t-il que Jésus *a reçu du Père l'Esprit saint promis et* [qu'] *il l'a répandu, comme vous le voyez et l'entendez*. En d'autres termes, il est évident non seulement pour Pierre, mais aussi pour la foule qui l'écoute, que son discours, caractérisé notamment par sa franchise, découle de l'effusion de l'Esprit à la Pentecôte.

Il en va de même lorsque Pierre et Jean sont devant les chefs du peuple (Ac 4,1-22), après avoir été les instruments de la guérison de l'infirme à la porte du Temple (ch. 3). C'est *rempli d'Esprit saint* (4,8) que Pierre prend la parole[25]. Ses interlocuteurs sont devant le fait accompli, même si cela leur semble étrange et improbable : Pierre et Jean sont dotés d'une liberté de parole qui cadre mal avec la mauvaise réputation des gens de Galilée (v. 13). Pourtant, aucun doute quant au fait que Pierre et Jean

25 *Cf.* S. J. Kistemaker, *Exposition of the Acts of the Apostles*, Grand Rapids, Baker Book House (New Testament Commentary), 1990, p. 157, qui souligne que les auditeurs de Pierre ne pouvaient pas connaître cette information, d'où aussi leur étonnement.

sont des parrhêsiastes. Et, à nouveau, l'Esprit semble avoir rebattu les cartes et leur avoir permis d'accéder à ce statut.

Lorsque Pierre et Jean retournent vers *les leurs* (Ac 4,23), tous sont unanimes dans la prière, notamment pour demander de pouvoir dire la Parole du Seigneur avec une entière liberté de parole (v. 29). La réponse ne se fait pas attendre, et les parrhêsiastes sont remplis de l'Esprit, avec leur liberté de parole retrouvée (v. 31).

Pour leur part, Paul et ses associés ne manquent pas d'expérimenter ce lien entre Esprit saint et franchise. Ainsi, lorsque Saul est à Jérusalem, et qu'il est présenté par Barnabas à l'église, il est montré parlant franchement d'abord à Damas, lieu de sa conversion, puis à Jérusalem (Ac 9,26-28). Son périple se poursuit via Césarée, jusqu'à Tarse (v. 30). En conséquence de quoi – même si l'on ne peut probablement pas tout faire découler de la seule action de Saul le parrhêsiaste –, *grâce à l'appui du Saint Esprit*, l'Église *s'accroissait* (v. 31). En d'autres termes, dans le récit de 8,4-9,30, Luc mentionne la franchise en 9,27.28. Mais quand il s'agit pour lui de synthétiser son propos dans son sommaire de 9,31, il en revient à l'action de l'Esprit. Il y a dès lors un lien fort entre la mise en œuvre de la franchise et l'Esprit agissant.

Le phénomène se reproduit pour le récit concernant Paul et Barnabas, d'abord à Antioche de Pisidie (Ac 13,44-47), puis à Iconium (14,1-6). Par la ponctuation de mini-résumés[26] (13,48.52 ; 14,7), Luc entremêle franchise mise en œuvre – par le biais du récit – et explication de l'action qui précède ou qui suit – grâce aux sommaires. Ainsi, la *parole du Seigneur* est-elle la cause de troubles à Antioche, ce qui fait réagir Paul et Barnabas avec liberté de parole (13,44.46). Elle est néanmoins sujet de joie et de glorification pour les païens (phrase conclusive de 13,48), eux-mêmes nouveaux disciples désormais *remplis de joie et d'Esprit saint* (phrase conclusive de 13,52). À Iconium, même scénario qu'à Antioche (14,1), avec comme conclusion que, *là aussi, ils annonçaient la Bonne Nouvelle* (phrase conclusive de 14,7) ou, pour le dire autrement, là aussi, il y a des disciples, de la joie, de la glorification et, forcément dans les Actes, l'Esprit. L'énoncé est moins clair que dans les passages précédents, mais il n'y a pas de raison de penser que Paul et Barnabas, en tant que parrhêsiastes à Antioche

26 Le terme technique pour « résumé » est « sommaire ». Il s'agit en général d'un ou deux versets qui condensent en quelques mots ce qui a été dit avant.

de Pisidie et à Iconium, ne soient pas eux aussi, et là aussi, dans une proximité avec l'Esprit saint.

Pour ce qui est d'Apollos à Éphèse (18,24-26), tout est dit, puisqu'il est *bouillonnant d'Esprit* (v. 25)[27]. Une telle lecture a plusieurs arguments en sa faveur, d'autant plus que l'expression n'apparaît qu'une seule autre fois dans le Nouveau Testament en Rm 12,11, avec le même sens. Dès lors, il nous est possible d'affirmer qu'Apollos, au même titre que les autres parrhêsiastes des Actes, est en étroite relation avec l'Esprit pour l'exercice de la franchise.

Les trois textes suivants (Paul à Éphèse en Ac 19,8-10 ; devant Festus et Agrippa au ch. 26 et à Rome en 28,30-31) ne mentionnent pas directement l'Esprit en relation avec Paul, le parrhêsiaste. Mais différents éléments laissent penser qu'il n'est pas totalement absent des événements.

Ainsi, quand Paul est à Éphèse, l'épisode est immédiatement suivi par la mention d'actes de puissance effectués par les mains de Paul (Ac 19,11-12). Puis une anecdote à ce propos, avec les fils de Scéva comme personnages principaux, est racontée (v. 13-19) et Luc insère de nouveau une phrase conclusive, qui cette fois insiste sur *la force du Seigneur* (Ac 19,20). S'il se peut qu'il ne s'agisse là que de la conclusion à ce qui vient d'arriver aux fils de Scéva, nous pouvons aussi remonter plus haut et y voir l'expression d'une autre facette de la franchise exercée en 19,8-10, c'est-à-dire les actes qui accompagnent la parole, selon la compréhension ancienne et traditionnelle de toute parole d'origine divine, qui s'accompagne forcément d'une mise en œuvre concrète. Ce n'est certes pas directement l'Esprit qui est mentionné. Néanmoins le parrhêsiaste Paul acquiert une stature d'homme de Dieu, dont personne ne peut ignorer la spiritualité.

Ensuite, quand Paul est devant Festus et Agrippa (Ac 25,13-26,32), l'Esprit est aussi présent en filigrane, de deux manières. La première se trouve en 26,22, lorsque Paul mentionne la *protection* (*epikouria*) de Dieu. Cette expression, formulée en grec par un mot unique dans le Nouveau Testament, désigne une aide, une assistance, voire un soutien militaire et revêt certaines des caractéristiques attribuées dans le corpus johannique au Paraclet, terme technique y désignant l'Esprit. La seconde manière d'entrevoir l'Esprit dans ces chapitres fait appel au

27 Traduction de Marguerat (D. Marguerat, *Les Actes des apôtres (13-28)*, vol. 2, Genève, Labor et Fides [CNT[N] Vb], 2015, p. 184).

premier récit de conversion de Paul, en 9,17, où il est *rempli d'Esprit saint* immédiatement après l'événement. En d'autres termes, dans son discours de parrhêsiaste à Festus et Agrippa, Paul ne juge pas utile de citer l'Esprit. Mais le lecteur sait le discerner entre les lignes et se souvient qu'il accompagne Paul depuis sa conversion, donc forcément aussi lors de cet épisode.

Le lecteur n'est pas davantage ému de ne pas trouver de référence à l'Esprit dans le tout dernier sommaire qui conclut aussi l'ensemble du livre (Ac 28,30-31)[28]. Il en sait désormais suffisamment pour comprendre que la proclamation du *Règne de Dieu* et l'enseignement de *ce qui concerne le Seigneur Jésus Christ* ne peut avoir lieu qu'avec le soutien de l'Esprit saint.

Force est de constater que, de manière nette ou indirecte, chaque fois qu'il y a de la franchise dans le livre des Actes, il y a présence de l'Esprit. Est-ce à dire que ce dernier est constitutif de l'identité du parrhêsiaste ? Ou qu'il inspire son discours et ses actions ? Toujours est-il que parrhêsiaste et Esprit sont étroitement liés. Il va sans dire que l'inverse n'est pas vrai : chaque fois qu'il est question de l'Esprit, il n'y a pas forcément de franchise. Néanmoins, cela valait la peine d'être souligné : une des spécificités du parrhêsiaste des Actes est de collaborer avec l'Esprit saint. Une telle caractéristique surnaturelle ne se retrouve pas dans le *Sur la franchise* du Philodème.

SURTOUT DES APÔTRES, MAIS PAS DES PHILOSOPHES

Une autre spécificité devient particulièrement visible si l'on compare la façon dont le parrhêsiaste est nommé dans le *Sur la franchise* et dans les Actes des apôtres.

Dans l'écrit philodémien, le parrhêsiaste est désigné de bien des manières. Aucune de ces appellations n'est reprise dans le livre des Actes pour désigner celui qui exerce la franchise.

---

28 Les exégètes sont allés dans ce sens. Ainsi, malgré l'absence de référence explicite à l'Esprit dans les derniers versets des Actes, Bock s'autorise-t-il à dire que, au terme du parcours des Actes, « l'Esprit de Dieu a dirigé la manœuvre et l'Esprit a été un esprit propice à la franchise » (D. L. Bock, *Acts*, Grand Rapids, Baker Academic [BECNT], 2007, p. 759). Zumstein souligne quant à lui que la fin abrupte du livre des Actes contribue justement à « décrire l'avance de la Parole à travers les témoins remplis de l'Esprit » (J. Zumstein, « L'apôtre comme martyr dans les actes de Luc : essai de lecture globale », *RTP* 112 [1980/4], p. 388). En d'autres termes, ces derniers versets du livre des Actes sont à interpréter en tenant compte du contexte de l'ensemble de l'œuvre qu'ils concluent.

En revanche, Pierre, Jean, les leurs, Barnabas, Apollos, et Paul sont tous des apôtres reconnus comme tels ou en puissance, hormis Apollos. Outre la particularité que cela implique en termes de légitimité, le titre d'*apôtre* donne au parrhêsiaste une autorité certaine. À l'inverse, l'autorité chez Philodème n'est pas particulièrement soulignée ni valorisée[29].

Néanmoins, dans les Actes, tous ne sont pas apôtres. De plus, redisons-le, aucun des vocables utilisés pour le parrhêsiaste philodémien n'est utilisé pour le parrhêsiaste des Actes. Ce qui définit ce dernier, c'est avant tout qu'il exerce la franchise. Pour le reste, ses qualités et attributs sont très variés.

CONVERTI RÉCENT ET PARRHÊSIASTE ?

Le terme même de « parrhêsiaste » laisse entendre que la personne ainsi désignée possède une certaine maturité, qui lui permet d'être ainsi reconnue. Dans le *Sur la franchise*, le parrhêsiaste doit connaître les enseignements d'Épicure pour pouvoir s'y référer. De plus, si un auditeur peut à son tour devenir parrhêsiaste, c'est seulement s'il a acquis certaines qualités pour se lancer à son tour dans l'exercice de la franchise, que le résultat soit finalement atteint ou non.

Or Pierre, dès l'effusion de l'Esprit, se fait parrhêsiaste devant la foule à Jérusalem (Ac 2,29). Il n'est certes pas un converti au sens traditionnel du terme, mais il vient de vivre des bouleversements, qui l'ont profondément affecté et dont il ne mesure certainement pas toutes les implications. Pourtant, son discours est tel que Luc s'en sert, parmi d'autres éléments, pour orienter toute la seconde partie de son œuvre.

De même, en Ac 9,26-31, nous avons Saul, un converti récent à une nouvelle « philosophie », a priori un auditeur en puissance, éventuellement un parrhêsiaste en devenir, mais – du point de vue philodémien – pas un parrhêsiaste à proprement parler. Or il parle franchement tout autour de lui, où qu'il soit et quelle que soit la communauté qui l'accueille. Il semblerait que ses qualifications – puisque Luc ne dit rien qui permette de penser qu'il aurait suivi un enseignement approfondi, contrairement à Apollos par exemple (*cf.* 18,24-26) –, soient dues à sa réception de l'Esprit saint (9,17).

29 Dans le *Sur la franchise*, le parrhêsiaste, de temps en temps désigné comme *maître*, est ainsi revêtu d'une certaine autorité. Mais celui qui exerce la franchise est surtout face à des autorités auxquelles il se soumet : celle d'hommes illustres, celle de ses pairs et celle d'Épicure.

Nous avons alors un nouveau type de parrhêsiaste, récemment rallié à la culture de l'Évangile et qui peut pourtant exercer la franchise en se référant aux valeurs nouvellement adoptées.

L'auteur des Actes lui-même a d'ailleurs pris soin de mettre en scène l'opposition violente de Saul contre les nouveaux adeptes du christianisme. Il souligne ainsi combien sa conversion est extraordinaire et, par là même, sa franchise, étonnante.

À l'inverse, dans le manuel de Philodème, certains parrhêsiastes sont décriés spécifiquement à cause de leur apparente inculture.

LE PARRHÊSIASTE, INCULTE OU CULTIVÉ ?

Dans le *Sur la franchise*, le parrhêsiaste est un homme philosophe, qui sait se référer à Épicure, vivre selon ses préceptes et qui, de ce fait, sert de modèle à ses auditeurs. En d'autres termes, il est une figure importante au sein de la communauté à laquelle il appartient, parce qu'il a à la fois une connaissance reconnue de ce qu'il enseigne et une vie qui est cohérente avec ce qu'il dit. Il démontre aussi des qualités qui lui permettent de mener à bien sa mission, qui est de faire progresser ses auditeurs vers davantage de maturité.

Dans les Actes, après l'effusion de l'Esprit, la foule est témoin du parler en langues étrangères des premiers disciples et apôtres. Le peuple est déconcerté et émerveillé de ce qui arrive, d'autant plus qu'il sait que ceux qui parlent ces langues sont *des Galiléens* (Ac 2,5-13). Cette appellation n'est pas reprise dans ce passage à propos de Pierre en particulier. Son discours ne s'en trouve donc pas entaché, probablement parce que Luc souhaite décrire un début flamboyant, où toute opposition ou résistance est estompée.

Plus loin, Pierre et Jean, d'une part, et Apollos, d'autre part, sont qualifiés en termes de compétences intellectuelles. Les premiers sont considérés par leurs auditeurs comme étant des hommes *sans instruction et quelconques* (Ac 4,13). Pourtant, l'assistance est forcée de constater la réalité de leur franchise. Le second, tout au contraire, est décrit par le narrateur comme étant *savant* et *versé dans les Écritures* (18,24). Autant dire que, d'un point de vue intellectuel, tout oppose le binôme Pierre et Jean et Apollos, et la perception qui est exprimée à propos de chacun en rend bien compte.

Il nous faut cependant nuancer le propos. Pierre en effet est présenté par Luc comme l'orateur de plusieurs discours, au cours desquels il ne manque pas de citer l'Ancien Testament – les fameuses Écritures dont Apollos serait le spécialiste – et de réinterpréter les textes. Pour ce qui est d'Apollos, nous n'avons aucune trace du contenu de son enseignement et nous devrions croire sur parole l'auteur des Actes quant à ses compétences de base – et la suite du récit souligne ses limites. Avant d'aller plus loin, remarquons que chacune des présentations s'appuie sur le lieu d'origine des protagonistes[30] : Pierre et Jean viennent de Galilée (Ac 4,13)[31] ; Apollos, d'Alexandrie. Or une réputation est attachée à chacun de ces lieux, notamment en ce qui concerne les capacités intellectuelles : ce sont justement celles attribuées à Pierre et Jean, puis à Apollos. En d'autres termes, ce ne sont peut-être pas tant les capacités intellectuelles des uns et de l'autre qui sont soulignées que la diversité de leurs origines géographiques – avec tout ce que cela implique quant à leur réputation.

30 La mention de l'origine est un trait typique d'une culture de la honte et de l'honneur, telle que celle de la société dans laquelle se déroulent ces événements. Il semble en effet qu'il était habituel d'évaluer la réputation s'attachant à quelqu'un en fonction de son lieu d'origine (*cf.* Jn 1,46, quand Nathanaël met en doute la valeur de Jésus, puisqu'il vient de Nazareth : « De Nazareth, lui dit Nathanaël, peut-il sortir quelque chose de bon ?' Philippe lui dit : "Viens et vois." »).

31 Le fait que « Pierre et ses compagnons sont de Galilée nourrit la présomption qu'ils sont "non éduqués, hommes du peuples" » (B. J. Malina, J. H. Neyrey, « First-century personality : Dyadic, not individual », in J. H. Neyrey [éd.], *The Social World of Luke-Acts. Models for Interpretation*, p. 87). L'expression signifie « littéralement "peuple du pays". Dans l'usage rabbinique, elle tend à transmettre une évaluation péjorative de la majorité des Juifs, qui sont incultes ou résistants aux coutumes rabbiniques. » (C. E. Fonrobert, M. S. Jaffee, « Frontmatter », in C. E. Fonrobert et M. S. Jaffee [éd.], *The Cambridge Companion to the Talmud and Rabbinic Literature*, Cambridge, Cambridge University Press [Cambridge Companions to Philosophy, Religion and Culture], 2007, p. I-XXVI). Une telle affirmation repose sur l'idée que, « dans la Palestine du premier siècle, avant la destruction de Jérusalem, les Galiléens sont simplement perçus comme des paresseux grossiers (voir Jn 7,15 ; Ac 4,13) » (B. J. Malina, J. H. Neyrey, « Conflict in Luke-Acts : Labelling and Deviance Theory », in J. H. Neyrey [éd.], *The Social World of Luke-Acts. Models for Interpretation*, 3e éd, Peabody, Hendrickson Publisher, 2008, p. 104). Cette manière de citer les qualités de ces hommes rappelle la distinction entre honneurs acquis et attribués. Les premiers, dits « acquis », concernent le courage ou tout acte qui est reconnu comme étant honorable par la société. À l'inverse, les honneurs attribués sont attachés à un individu de par sa naissance, son origine géographique, son nom, son genre, son éducation, etc. (J. H. Neyrey, *Honor and Shame in the Gospel of Matthew*, Louisville, Westminster John Knox Press, 1998, p. 15-16, 52, 55, 85-86, 102, 127).

Néanmoins, puisque ces parrhêsiastes sont ainsi présentés en fonction de leurs connaissances, la question mérite d'être posée : le parrhêsiaste des Actes se distingue-t-il par sa culture ? Le fait que Pierre et Jean sont bien différents d'Apollos, voire aux antipodes de lui, pourrait laisser penser que le fait de se conduire comme un parrhêsiaste n'est pas réservé à une élite[32].

Avant de conclure ce point, évoquons Paul devant Festus et Agrippa. Paul dit, en passant, qu'il est Pharisien, ce qui le situe parmi un groupe ayant un idéal de vie élevé, avec une éducation poussée. Mais Paul n'en tire aucun profit. En revanche, Festus – sur le fondement de cette appartenance aux Pharisiens ou sur un autre critère ? Le texte ne le dit pas – lui reproche que son grand savoir le conduise à rien de moins que la *folie* (Ac 26,24) ! Là encore, de quelle folie s'agit-il ? De celle, persécutrice et enragée, mentionnée au v. 11 ? Ou de celle que provoque l'Évangile[33] ? Le texte semble pointer vers la première hypothèse, étant donné l'utilisation du même vocabulaire lié à la folie quand Paul raconte sa vie avant sa conversion (v. 11) et quand Festus pense que Paul est fou (v. 24). Le savoir de Paul est donc tourné en dérision par Festus, qui s'entend répondre par Paul qu'il n'a pas qu'une connaissance scolaire de la vie, mais carrément la clé d'accès à l'idéal grec, le *langage de la vérité et du bon sens*. Ainsi, Paul, en tant que parrhêsiaste, ne se vante pas de quelconques qualités intellectuelles. Cependant, quand on lui demande d'en rendre compte, il n'hésite pas à employer un langage qui certes le valorise, mais surtout rehausse le contenu même de son message.

Car, pour Luc, l'essentiel ne réside pas dans les capacités du parrhêsiaste, mais dans le fait que tous œuvrent avec le concours de l'Esprit saint. Or, le rôle de l'Esprit dans les Actes est justement de rendre possible, entre autres choses, une prophétie qui permet la communication de la Parole. Autant dire que l'Esprit comble les éventuelles lacunes – il n'y a qu'à lire les discours de Pierre, si tant est qu'il y ait eu des lacunes à combler –, et permet notamment aux parrhêsiastes d'accéder à une qualité de parole que tous reconnaissent comme étant franche.

Sont-ils pour autant des solitaires, chacun avec son groupe de disciples ?

---

32 Bauerfeind souligne qu'en Ac 4,13, « il est aussi encore une fois rappelé explicitement au lecteur qu'aucune formation particulière dans un domaine littéraire ou général n'est une condition pour qu'une personne faible devienne l'outil du Saint-Esprit » (O. Bauernfeind, *Kommentar und Studien zur Apostelgeschichte*, Tübingen, J.C.B. Mohr [WUNT 22], 1980 p. 77).

33 *Cf.* 2 Co 5,13a : en effet, si nous avons été hors de sens, c'était pour Dieu.

UN OU DES PARRHÊSIASTES ?

Dans le *Sur la franchise*, le parrhêsiaste est un personnage a priori solitaire, qui exerce la franchise envers un ou plusieurs auditeurs. S'il lui arrive de croiser d'autres parrhêsiastes, il semble qu'il s'agisse toujours de rencontres d'individu à individu.

En Ac 2,32, Pierre est le représentant du groupe auquel il appartient.

Plus tard, il est associé à Jean dans l'exercice de la franchise (Ac 4,13).

En Ac 4,23-31, lorsque Pierre et Jean sortent de prison, ils rejoignent les leurs. Ce sont eux tous qui prient pour être capables d'exercer la franchise – et eux tous qui sont exaucés.

La situation se reproduit encore plusieurs fois. Ce n'est en effet que par abus de langage que l'on parle de « Pierre », alors que Jean est avec lui, ou de « Paul », quand le récit concerne en fait Paul et Barnabas.

Ainsi, si Saul est décrit comme un parrhêsiaste solitaire lors de sa conversion à Damas (Ac 9,19b-22), le récit effectué a posteriori par Barnabas accrédite ce fait (Ac 9,27). De plus, une fois arrivé à Jérusalem, s'il est toujours explicitement seul à parler librement, il le fait *avec eux* (v. 28, c'est-à-dire « sans se confondre avec les autres apôtres, mais en s'associant à leur prédication[34] »).

De façon plus explicite, ce sont Paul et Barnabas qui sont à l'œuvre en Ac 13,46[35] et en 14,1.

La description d'une pratique de la franchise « en groupe » n'est pas inédite. Elle se rencontre par exemple dans un manuscrit du Ps 30,13 où *plusieurs* parlent franchement contre le psalmiste. De même, les parrhêsiastes cités dans la *Lettre d'Aristée* sont au nombre de soixante-dix, avec pour seul interlocuteur le roi Ptolémée Philadelphe.

Ainsi, la pratique des parrhêsiastes des Actes de s'exprimer franchement en binôme n'est pas incongrue dans le contexte d'alors, quand bien même nous n'en trouvons pas trace dans le *Sur la franchise* tel qu'il nous est parvenu.

---

34 D. Marguerat, *Les Actes des apôtres (1-12)*, vol. 1, Genève, Labor et Fides (CNT[N] Va), 2007, p. 343.

35 Nous pouvons souligner à la fois que la pratique de Paul et Barnabas est différente de celle préconisée par Philodème – pour qui le parrhêsiaste est un solitaire – et qu'elle contribue à un apport théologique, en mettant en exergue un exercice au moins à deux voix, où la collégialité est bien vécue.

ITINÉRANCE OU SÉDENTARITÉ DU PARRHÊSIASTE ?

Pourquoi autant de villes différentes sont-elles citées dans les cinq versets qui racontent comment Saul a été présenté par Barnabas aux apôtres et ce qu'il faisait (Ac 9,26-30) ? Ce ne sont en effet pas moins de quatre villes qui sont ainsi énumérées[36]. Pourtant, leur mention ne semble pas de prime abord être pertinente. Quel est en effet l'intérêt pour Luc de dire que Saul fait étape à Césarée, sans autre détail sur ce séjour (v. 30) ?

À cela nous voyons deux raisons, en rapport d'abord avec la philosophie, puis avec la théologie. En premier lieu, il était courant que « les grandes écoles [philosophiques] attirent de partout, et même de Rome, les jeunes gens en quête d'une formation philosophique[37] ». En revanche, « il n'y a guère que le paysan qui ne circule pas, [ce qui] le frustre d'entrer dans la culture hellénistique grecque[38] ». À cet égard, le christianisme naissant agit de manière foncièrement différente : ce sont les parrhêsiastes qui se déplacent, se rendant disponibles à ceux qu'ils rencontrent. Il n'y a plus de fatalisme lié à la terre d'appartenance – contrairement, par exemple, à la manière dont Pierre et Jean ont été stigmatisés en Ac 4,13. Le savoir devient ainsi accessible à tous ceux qui voudront bien se laisser interpeller.

En second lieu, le fait que le parrhêsiaste voyage – ainsi que d'autres que lui, il n'est pas le seul – a une portée théologique. Les nouveaux croyants ont en effet reçu pour mandat de conquérir les extrémités de la terre (Ac 1,8). Il ne leur est pas demandé d'attendre qu'elles se présentent à eux, mais de s'y rendre eux-mêmes. Dès lors, la mention de toutes ces villes, même si elle semble insignifiante, « atteste cette revendication de territoire. Manifestement, l'instrument de propagande que représente le réseau routier et maritime de l'Empire ne laisse pas indifférent l'auteur des Actes. Se déplacer, c'est revendiquer le territoire pour la Parole. Voyager, s'adresser à tous, concrétise la révélation faite à Pierre : “Dieu ne fait pas acception de personne” (10,34)[39] ».

---

36 Il est question de Jérusalem (Ac 9,26.28), de Damas (v. 27), de Césarée et de Tarse (v. 30). Et c'est sans compter les trois régions (la Judée, la Galilée et la Samarie) du mini-sommaire qui suit (v. 31).

37 C. Préaux, *Le monde hellénistique : la Grèce et l'Orient de la mort d'Alexandre à la conquête romaine de la Grèce 323-146 av. J.-C*, Paris, Presses Universitaires de France (Nouvelle Clio. L'histoire et ses problèmes 6 bis, vol. 2), 1978, p. 557.

38 C. Préaux, *Le monde hellénistique*, *op. cit.*, p. 557.

39 D. Marguerat, *La première histoire du christianisme*, Genève – Paris, Labor et Fides – Cerf (LecDiv 180), 1999, p. 365.

Cela n'empêchera pas pour autant Paul, contraint par les circonstances, de rester en un seul lieu quand il est prisonnier et de continuer à y être parrhêsiaste (Ac 28,31). Cette fin différente du reste des Actes pourrait annoncer comment l'Église continuera de s'étendre, de façon plus localisée. À moins que Luc tienne à montrer que l'apôtre sait s'adapter aux circonstances ou que soit ici souligné que l'essentiel est que la Parole continue d'être propagée. Toujours est-il que nous avons un portrait de parrhêsiaste qui a bien des facettes, en tout cas en ce qui concerne sa manière d'exercer, allant volontairement d'une ville à l'autre ou demeurant là où on l'a conduit.

UN PARRHÊSIASTE PEUT-IL ÊTRE UN PRISONNIER ? OU UN ESCLAVE ? OU UN EXILÉ ?

Dans les Actes, le ou les parrhêsiastes sont plusieurs fois prisonniers. Pierre et Jean ne sont pas dit explicitement « prisonniers », mais ils sont *en prison* (Ac 4,3). Paul exerce la franchise par deux fois, étant *prisonnier* et *dans les liens*[40].

La figure du parrhêsiaste prisonnier, c'est-à-dire physiquement entravé, n'est pas prise en compte dans ce qui nous reste du *Sur la franchise*. En revanche, des situations approchantes se retrouvent dans d'autres écrits à propos de celui qui exerce la franchise.

Ainsi, le Pseudo-Longin aborde la question de l'*esclave* qui, à son avis, ne peut jamais arriver à exercer la franchise, car le souvenir des brutalités endurées continue de l'enfermer dans une attitude qui ne l'autorise pas à parler librement. Il renchérit en faisant parler Homère, pour dire que *toute servitude, fût-elle la plus juste, pourrait être déclarée la cage et la prison publique de l'âme*[41]. En d'autres termes, pour le Pseudo-Longin, la contrainte physique a un impact sur la liberté mentale.

Il n'en va pas de même dans le Nouveau Testament. Ainsi, en Ac 4,29, la communauté priante se déclare-t-elle elle-même formée d'*esclaves* du Seigneur. Mais cela ne l'empêche nullement d'exercer la franchise, qu'elle demande et obtient (v. 29 et 31). L'« esclavage », tel qu'il est vécu dans ce type de contexte, a en effet une signification métaphorique, qui exprime la totale soumission et dépendance du croyant par rapport à Dieu ou

40 Devant Festus et Agrippa (Ac 25,27 et 26,29.31) et à Rome (28,17).

41 Longin (Pseudo-), *De sublimate* XLIV,5.

au Christ. Dès lors, ce qui pourrait apparaître comme une contrainte devient en réalité un nouvel espace de liberté[42].

Une autre situation contraignante est évoquée par Gaius Musonius Rufus : celle de l'exilé qui, malgré son état, conserve sa liberté de parole[43]. Il démontre que, bien plus que la situation d'exil, c'est la peur qui pourrait entraver[44]. Cependant, l'exil n'est pris en compte dans aucun des écrits du Nouveau Testament où la franchise est évoquée. Probablement parce que le croyant, qu'il soit spécifiquement parrhêsiaste ou non, ne considère pas que le fait d'être dans tel ou tel lieu a de l'importance quant à sa propre personne, mais que ce lieu représente un territoire à conquérir pour l'Évangile. Preuve en est l'attitude étonnante de Paul devant ses illustres juges en Ac 25-26 où le fait d'être prisonnier ne l'empêche pas de parler franchement. De même, à Rome (Ac 28,30-31), Paul semble continuer son activité comme si de rien n'était. Sans compter que Luc rapporte que Jésus a prévu la situation où la peur pourrait faire obstacle à la libre parole, tout en affirmant que la crainte ne devra pas prédominer, puisque l'Esprit saint sera là pour enseigner ce qui sera nécessaire[45].

Il est un peu tôt pour tirer des conclusions quant au type de parrhêsiaste que propose le texte des Actes. Nous sommes partie de la définition philodémienne et nous avons souligné les différences. Parce que les Actes sont formés de récits, la description est, d'une part, complexifiée et, d'autre part, probablement partielle : peut-être Luc a-t-il d'autres conceptions de la franchise, qui n'apparaissent néanmoins pas, parce que le récit ne lui permet pas d'en faire état. Toujours est-il que la franchise est bien exercée par quelqu'un, que ce soit chez Philodème, comme nous l'avons vu, ou chez Luc, comme nous venons de le voir. Notons toutefois que les contours des parrhêsiastes ne sont pas identiques. Il y a d'ailleurs des variations au sein des deux ouvrages.

Ainsi, le parrhêsiaste est forcément en relation avec un vis-à-vis. Cet autre personnage, dont il est parfois difficile de dire s'il est acquis ou non au message parrhêsiastique, est celui qui est l'objet de la franchise.

---

42 *Cf.* B. Rapske, *The Book of Acts in its First Century Setting. The Book of Acts and Paul in Roman Custody*, vol. 3, Grand Rapids – Carlisle, William B. Eerdmans – The Paternoster Press, 1994, p. 310-312, où l'auteur met en évidence que la honte généralement associée au statut de prisonnier ne s'applique ni à Paul dans les Actes, ni d'ailleurs à Pierre et Jean.

43 Gaius Musonius Rufus, *Dissertationum a Lucio digestarum reliquiæ* IX,86.90.97.

44 Gaius Musonius Rufus, *op. cit.* IX,100.

45 Lc 12,11-12 ; *cf.* 21,12-15.

LES AUDITEURS

CHEZ PHILODÈME DE GADARA

Les auditeurs sont ceux qui écoutent le parrhêsiaste, ou en tout cas qui le devraient ! Dans l'école épicurienne, le maître est un parrhêsiaste. Il est entouré de disciples venus apprendre de lui une nouvelle manière de vivre, conforme à la philosophie qu'ils ont tous choisie comme norme pour leur vie. Pour ce faire, avant la mise en pratique, le parrhêsiaste est avant tout un orateur entouré d'auditeurs. Pour ce qui est du vocabulaire utilisé pour désigner les auditeurs, il est aussi varié que celui employé pour décrire celui qui parle franchement. Cela s'explique aisément si l'on considère que le parrhêsiaste est à la fois en contact avec sa propre communauté épicurienne et avec celle – plus large – dans laquelle cette dernière s'inscrit. En conséquence, celui qui est l'objet de la franchise prend des visages divers.

Ainsi, le parrhêsiaste peut être entouré de certains plus forts parmi les sensibles, d'autres qui ont besoin de bien plus d'attention, voire de certains qui sont forts et qui auraient de la peine à changer, même si l'on criait contre eux (97b) ! C'est en partie probablement à partir de ces différences que l'on peut comprendre que l'un supporte avec bonheur la franchise, alors qu'un autre fait semblant (181a). Le portrait de celui qui est l'objet de la franchise continue de se complexifier lorsque Philodème dresse une liste comprenant celui qui a été troublé, celui qui est diminué, celui qui est écarté avec persistance, celui qui est très discret ou très inflexible (185a).

Néanmoins, malgré la variété des termes employés, il se dégage quelques lignes de force. En effet, certains termes et thèmes sont récurrents, ce qui leur donne de l'importance. Nous allons les passer en revue.

CELUI QUI EST FORMÉ…
COMME UN NAVIRE QUE L'ON ÉQUIPE

Un des termes employés pour désigner l'auditeur était utilisé, dans le langage courant, pour décrire l'action d'appareiller un bateau (*[sug]kataskeuazô*). Appliqué à une personne qui est l'objet de la franchise, il permet de parler d'elle comme étant *formée*, c'est-à-dire « équipée » par l'instruction du parrhêsiaste pour mieux vivre sa vocation de disciple de l'épicurisme.

Ce faisant, la pratique du parrhêsiaste produit une tension particulière. Il voudrait en effet savoir comment augmenter la bienveillance de *celui qui est formé* à son égard. Cela permettrait une meilleure réceptivité. Cependant, parce que l'instruction s'effectue *par le moyen même du parler franc* (130b), l'action du maître est parfois difficile à supporter.

Par ailleurs, se pose aussi la question de savoir si *celui qui est en train d'être formé* doit s'adresser avec franchise à ceux qui servent de guide pour exposer ses propres fautes (151a). La même question se pose par rapport à *ceux qui sont formés avec* lui (160b). Ici, la réponse est nuancée, puisqu'il faut user de *précautions* pour leur dévoiler leurs erreurs. Dans les deux cas, le thème est donc abordé sous la forme interrogative. Un élément de réponse est apporté par l'affirmation que l*e plus important, c'est d'obéir à Épicure* (151b). En d'autres termes, la peur ou la honte liée à l'exposition de ses propres fautes au parrhêsiaste (*cf.* 151a) devrait s'estomper devant le but ultime, qui est l'ataraxie, c'est-à-dire la tranquillité de l'âme obtenue par la mise en œuvre du style de vie épicurien.

Philodème explique d'ailleurs que, lorsque ce qui concerne *ceux qui sont formés* est dévoilé devant d'autres, tout se passe comme si l'on prenait place devant Épicure pour être corrigé (162b). En effet, la correction fait partie de la franchise exercée par le parrhêsiaste. Se soumettre à lui revient à suivre les enseignements d'Épicure et donc à s'approprier pleinement sa philosophie. Autrement dit, une relation particulière entre le parrhêsiaste et *celui qui est formé* se met en place, comme si celui qui est l'objet de la franchise était directement en contact avec Épicure.

CELUI QUI EST FORMÉ… COMME UN ENFANT QUE L'ON ÉDUQUE

La relation entre le parrhêsiaste et celui qui est l'objet de la franchise est aussi décrite à deux reprises à l'aide du vocabulaire de l'enfance. D'abord, on parle d'*enfant* (*pais*) pour décrire une relation nourricière (122b). L'auteur exhorte là l'*enfant* à rejeter toute *nourriture étrangère* pour obtenir une *nourriture appropriée*, c'est-à-dire à adhérer « à l'unique méthode éducative qui convienne[1] ». Plus loin, avec la désignation du parrhêsiaste comme *celui qui éduque* (*paideuonta* ; 131b), nous comprenons que celui qui est l'objet de la franchise est instruit tel un enfant le serait. Ainsi, la relation entre celui qui exerce la franchise et celui qui en est l'objet est aussi étroite que celle d'un maître avec son élève, voire d'un père avec son fils. En tout cas, ce n'est pas celle d'un esclave qui devrait obéir à son jeune maître[2].

CELUI QUI EST FORMÉ… COMME UN ÊTRE QUI PEUT OBÉIR

Loin d'être face au parrhêsiaste dans une relation servile, l'auditeur se trouve devant le choix d'obéir ou non aux franches injonctions. Dans les fragments qui ont été conservés, celui qui est l'objet de la franchise est par deux fois désigné comme pouvant *désobéir* (*apeithèsas* ; 172b). Dans le premier cas, on se situe dans un contexte où sont opposées une première désobéissance et une phase ultérieure de retour. Dans le second, qui prend place juste après, mais dans un contexte malheureusement incomplet, l'idée d'une obéissance différée est aussi présente puisque l'auditeur renonce à son erreur et obéit *plus tard* (173b).

Ainsi celui qui est l'objet de la franchise peut-il être amené à avoir une réaction, qui lui est propre, de désobéissance, mais qui est appelée néanmoins à se transformer en obéissance[3].

1 M. Gigante, « Philodème : Sur la liberté de parole », *Actes du VIIIe congrès de l'association Guillaume Budé. Paris, 5-10 avril 1968*, Les Belles Lettres (Actes du congrès 8), 1969, p. 209.

2 Le parrhêsiaste est décrit en 122b comme étant dépendant (peut-être économiquement parlant) de ceux qui sont objets de sa franchise. Néanmoins, même si une telle situation existait dans l'Antiquité, le parrhêsiaste épicurien conserve son indépendance intellectuelle et possède une autorité liée à son savoir et à l'exemple qu'il donne. L'adhésion des auditeurs comporte donc deux facettes : adhérer aux idées du parrhêsiaste et le soutenir matériellement, sans que l'aspect économique ne soumette le parrhêsiaste à celui qui le fait vivre financièrement parlant.

3 Philodème crée un mot pour parler du domptage des êtres humains. Non loin se trouve l'idée de dompter des poulains. Cela laisse entrevoir une image de la franchise qui

SEUL OU EN GROUPE

Si la singularité et les particularités de chaque auditeur sont respectées, nous le voyons aussi interagir au sein d'un groupe. D'ailleurs, la seule fois qu'il est question au singulier de *celui qui est formé*, c'est quand il devient parrhêsiaste (199a). Dans tous les autres cas, on a affaire à un pluriel et donc à un groupe. Cela se confirme lorsqu'il est question des « co-formés[4] ».

De fait, nous remarquons qu'une personne présentée comme nécessitant des soins peut être guérie *par un autre de ceux qui étudient ensemble* (160a). L'action réciproque, exercée par les membres du groupe qui fréquentent le parrhêsiaste, permet que les uns soient influencés par les autres. Ainsi celui qui est l'objet de la franchise peut-il être guéri aussi par l'un de ses condisciples. Une telle situation existe du fait que *ceux qui étudient ensemble* – et sont du coup impliqués chacun dans la vie de la communauté – sont au bénéfice des mêmes *bonnes choses*. Telle est une des motivations qui les pousse à se présenter eux-mêmes pour être corrigés (146a), pour continuer de profiter de la vie communautaire. La dynamique du groupe repose donc sur la réciprocité et la répétition de ce qui fait du bien.

Pourtant, il est aussi question de ceux qui n'osent affronter le parrhêsiaste parce qu'ils anticipent la honte faisant suite à la réaction des *amis* (194a). L'interaction relationnelle dépend du ressenti de chaque auditeur. Elle peut être négative quand elle restreint son ouverture à l'égard du parrhêsiaste. Le regard des autres pèse en effet sur chaque membre du groupe qui gravite autour de celui qui exerce la franchise. Pareillement, les conséquences des réactions de *l'ensemble du groupe* – qui peuvent aller jusqu'à discréditer la personne du parrhêsiaste – sont aussi prises en compte par ce dernier, surtout s'il sait qu'un ancien écart de sa part peut lui être reproché (141b)[5].

Il y a plusieurs autres personnages autour du parrhêsiaste, puisqu'il est question de *camarades* et de *connaissances* (155a). D'autres désignations de ceux qui sont l'objet de la franchise montrent que le parrhêsiaste est en relation avec un groupe de personnes et pas seulement avec des individus.

---

reviendrait à « dompter » des auditeurs. Mais le contexte est beaucoup trop incertain pour pouvoir en dire davantage, que ce soit dans un sens positif, qui verrait le travail du parrhêsiaste comme celui d'une éducation-domestication, ou dans un sens négatif, qui critiquerait la façon d'être de certains maîtres philosophiques qui seraient trop autoritaires.

4 Littéralement : *ceux qui sont formés avec eux*. Voir par exemple 160b.

5 C'est une possibilité évoquée par Philodème, sans qu'il n'explique davantage ce qu'il entend par là.

LES JEUNES

D'une façon plus générale, il est souvent question des *jeunes* (avec le champ lexical de *neos*) et la *jeunesse* (*neotèti*) est caractérisée par une faute dite *sans retenue*, expression peut-être d'une fougue dangereuse (106b).

Dans un autre fragment incomplet, il nous semble que l'on peut déduire qu'il y a des situations ou des actions qui ne concernent pas les *plus jeunes* (*neôterous* ; 159b). L'âge de l'auditeur pourrait ainsi être un facteur qui oriente l'action du parrhêsiaste.

Un autre fragment incomplet permet de faire un lien entre le *jeune* et la *désobéissance* (*apeithian neou* ; 172a). C'est ce que nous voyons plus concrètement plus loin, lorsqu'il est dit que le parrhêsiaste n'est pas étonné de la résistance qu'il rencontre, parce qu'il sait qu'*il est naturel que beaucoup de jeunes gens secouent le joug* (*pollous eikos apauchenizein tôn neôn* ; 178b). Cette image d'une bête de somme luttant contre ce qui semble l'entraver, alors que cela doit lui permettre d'être plus productive, illustre bien la tension engendrée par la franchise parmi les jeunes.

Si la jeunesse est ainsi évoquée de façon globale, d'autres groupes le sont aussi.

LES HOMMES ÂGÉS, LES PERSONNAGES ILLUSTRES ET LES FEMMES

Philodème semble presque citer un proverbe quand il dit que le *jeune garçon* (*meirakion*) diffère en toute occasion d'une *femme* (*gunaikos*), et que les *vieillards* (*gerontes*) diffèrent pareillement des *jeunes hommes* (*neaniskôn* ; 187a). En parallèle, il évoque aussi la diversité des parrhêsiastes.

Ailleurs, les *hommes âgés* (*presbutas*) et leurs *fils vieillissants* (*uious gèraskontas*) sont mis en scène dans un développement dont les tenants et les aboutissants ont été malheureusement perdus (134b). Plus loin, l'homme *plus âgé* (*presbuteros*) est placé sur le même plan que le *maître* ou que le *père* : dans leurs discours, aucun d'entre eux n'a le droit d'utiliser certains outils du parrhêsiaste (188a). Alors que la réciprocité est essentielle dans la franchise, les hommes *très âgés* ne se voient pas comme pouvant être eux-mêmes l'objet de la franchise : cette dernière serait irrespectueuse de leur âge et démontrerait une attitude méprisante à leur égard (205a). Ils pensent devoir bien plutôt être admirés et honorés, alors qu'ils sont considérés en réalité comme des enfants. Néanmoins, la perspective de l'indignité qui serait la leur s'ils refusaient la franchise semble être un aiguillon qui les pousse à l'accepter en redoublant d'efforts pour ne pas être privés des honneurs (205b).

Il en va de même pour ceux qui sont dominants au sein de la société, ou pour ceux qui sont en contact avec eux. Ainsi, le parrhêsiaste sait que ceux qui sont issus de parents *très courtisans* (*aulikôterôn*) auront des réactions différentes par rapport à ceux qui ont été élevés dans un milieu où la franchise était déjà la règle (185b). Pourtant *ceux qui dominent* (*uperechontas*), tout comme le *peuple* (*dèmous*), doivent être avertis lorsque c'est nécessaire (188a). Mais l'homme illustre supporte moins bien la *franchise* que les autres, ce qui rend les choses difficiles (203b). Il n'accepte pas volontiers d'être convaincu d'une faute, croyant que les reproches lui sont faits par jalousie. Le fait qu'il soit habitué à ce que l'on cherche à lui plaire n'arrange rien. Pourtant, l'imprévu représenté par la franchise provoque chez lui une sorte de bouleversement (204a). Cela ne l'empêche cependant pas de soupçonner ceux qui sont sans détour avec lui de plutôt rechercher la gloire pour eux-mêmes quand on les surnomme les « hommes à la parole franche ». Les *rois* sont ensuite mentionnés dans la fin incomplète du fragment (204b) ; il n'est dès lors pas possible d'en dire davantage à leur sujet, hormis que Philodème avait aussi un discours à leur propos ! Puis, en guise de conclusion sur les hommes qui ont une position de pouvoir dans la société, il est affirmé qu'ils considèrent le reproche, et donc la franchise qui l'accompagne, comme de l'insubordination. C'est qu'ils pensent qu'il est plus avantageux d'être *maître de tout* et de maintenir et tout soumettre, plutôt que de prendre le risque de se remettre en question (205a).

C'est probablement pour toutes ces raisons que celui qui pratique la franchise est incité notamment à être *indifférent à la gloire, refusant surtout toute démagogie*, à rester *pur de jalousie* et à ne pas *prendre de grands airs* (182b). Ces conseils concernent sans doute son attitude à l'égard de ses auditeurs, qui sont objets de sa franchise, mais aussi de ceux qui ont une position dominante dans la société.

Alors que nous venons d'examiner comment les hommes âgés et les personnages illustres peuvent être auditeurs et objets de la franchise, nous remarquons que les femmes sont juste mentionnées en passant, même pas pour elles-mêmes, mais de façon quasi proverbiale pour les opposer à d'autres catégories. De leur côté, les hommes âgés et les personnages illustres se considèrent comme n'ayant pas besoin de franchise. Ils semblent en effet la considérer comme une offense lorsqu'elle leur est adressée. L'argument des vieillards est notamment qu'ils se jugent plus intelligents que les autres (205a). Cela étant, ils ne sont pas les seuls à tenir ce raisonnement.

L'INTELLIGENCE DE CELUI QUI EST L'OBJET DE LA FRANCHISE

Certains, avec raison, ont été choisis parce qu'ils ont atteint une *maturité de réflexion et d'intelligence* qui leur permet de *ne pas échouer* en ce qui concerne la franchise (163b).

Tous ne sont pas dans cette situation. Il est clairement dit qu'il arrive que *la faculté de réfléchir fasse défaut.* L'intelligence n'est donc pas une qualité intrinsèque du groupe entourant le parrhêsiaste (111b). D'ailleurs, certains font tout simplement preuve d'*absence de raison* (125b). D'autres, parmi *ceux qui sont formés avec eux*, sont *dépourvus d'une compréhension profonde* et sont, de ce fait, peu utiles à qui veut avouer ses erreurs (160b). C'est dire que les auditeurs qui sont l'objet de la franchise n'ont pas tous la même aptitude à comprendre ce qui se déroule autour d'eux. Cette *ignorance* irrite le parrhêsiaste qui se met alors en colère, non pour haïr, mais pour montrer qu'il condamne le manque d'intelligence (178a).

Nous remarquons aussi que le fait d'être intelligent ou non est une perception toute relative, fondée sur le fait que certains *ont l'impression d'être plus sensés* que d'autres (201b). Cette perception peut cependant conduire l'auditeur qui *se considère lui-même comme plus intelligent* à vouloir devenir parrhêsiaste (197a).

LE PUBLIC VISÉ, COMPOSÉ D'AUDITEURS

En examinant des termes et des thèmes utilisés plusieurs fois, nous venons de voir que l'auditeur qui est l'objet de la franchise – qu'il soit d'accord ou non d'y être confronté – est une personne aux contours assez variés, allant du *jeune* à *celui qui est formé* en passant par les *vieillards* et ceux qui dominent dans la société.

En plus des catégories déjà rencontrées, il y a des désignations isolées. Ainsi, *ceux qui n'agissent pas* sont l'objet d'une franchise qui tranche avec celle dont ils ont l'habitude (68b). De son côté, *celui qui a fait du tort* est lui aussi le destinataire d'une parole franche (96b). Cette dernière, exercée le plus souvent selon un *art excellent et diversifié*, l'est parfois aussi *sans artifice* à l'égard de certains qui *n'écouteraient pas autrement* (107b). Ainsi le public visé englobe-t-il à la fois ceux qui sont réceptifs à la franchise et ceux qui le sont moins ou pas du tout.

Par ailleurs, celui qui est *accablé par des sentiments d'orgueil ou qui en général font obstacle* et celui qui a *éprouvé des sentiments pervertis* sont aussi l'objet des soins du parrhêsiaste (173b). À ceux-là s'ajoutent *celui qui échoue* et peut-être, mais la question se pose, *ceux qui ne supportent pas un langage franc* (174b). Ainsi, affirme Philodème, pour certains, la franchise est peu nécessaire, alors que, pour d'autres, elle devient une question de salut (187b). De plus, les parrhêsiastes eux-mêmes sont l'objet de la franchise exercée par d'autres à leur endroit (189b).

Ainsi la franchise s'applique-t-elle à une vaste palette de personnes, quelles que soient les différences rencontrées, réelles ou non (201b).

Alors que nous avons relevé toutes les manières de nommer celui qui est l'objet de la franchise, nous le désignerons désormais par l'expression « public visé » ou par le nom « auditeur » (*cf.* 136b).

Nous pouvons maintenant examiner qui sont les auditeurs du parrhêsiaste des Actes.

DANS LES ACTES, LES AUDITEURS DE PIERRE (ET JEAN ET…)

Le moins que l'on puisse dire, c'est que, dans les Actes aussi, les profils des auditeurs sont variés. Ce qui les distingue néanmoins, c'est qu'ils sont toujours évalués en fonction de leur attachement au judaïsme ou à la nouvelle foi naissante. De plus, le contexte de chaque ville semble commander à qui le parrhêsiaste va s'adresser, même si la synagogue est souvent le lieu de l'exercice de la franchise. À noter que, dans notre analyse, nous avons recherché à qui s'adressait le parrhêsiaste lucanien pour déterminer quels étaient ses auditeurs, dans chacune des péricopes concernées.

AC 2,29 : TOUS, ABSOLUMENT TOUS LES ISRAÉLITES

Lorsque Pierre prononce son discours à Jérusalem, juste après l'effusion de l'Esprit à la Pentecôte (Ac 2,14-36), il s'adresse d'abord aux *hommes de Judée et* [à] *tous ceux qui résident à Jérusalem* (v. 14). La cible est a priori large (puisque toute la ville est concernée), tout en ne correspondant qu'au premier volet de la mission énoncée en 1,8.

Pierre continue en interpellant les *hommes d'Israël* (Ac 2,22). Puis, il se fait plus proche d'eux encore, quand il apostrophe les *hommes* [ses] *frères* (v. 29), et c'est à eux plus précisément que s'adresse sa franchise, sans que l'on puisse nécessairement exclure les autres interlocuteurs. Immédiatement après cette adresse à ses *frères*, le parrhêsiaste qu'est Pierre ouvre en effet de nouveau son propos à *toute la maison d'Israël* (v. 36), incluant probablement par là aussi bien les laïcs que leurs chefs.

Qui plus est, Pierre leur donne explicitement le titre d'auditeurs, d'abord par le biais d'une exhortation (Ac 2,22), puis en prenant acte de leur écoute (v. 33).

Dans ce premier passage, où Pierre est seul face à la foule, nous avons donc affaire à une construction qui vise l'exhaustivité, en intégrant tous et chacun, du général au particulier, pour à nouveau revenir à un public plus étendu. Le récit opère non pas en excluant au fur et à mesure telle ou telle partie des auditeurs, mais au contraire en détaillant petit à petit qui est concerné : d'abord tout Jérusalem, puis les hommes d'Israël, auxquels Pierre s'identifie ensuite en les appelant *frères*, pour enfin englober toute la maison d'Israël, sans distinction aucune. Ainsi, dans ce premier passage qui appartient aux trois récits fondateurs qui ouvrent les Actes, Luc ne prive-t-il Pierre d'aucun auditeur, bien au contraire (*cf.* 2,9-11).

AC 4,13 : LES GRANDS DU PEUPLE ET FINALEMENT TOUS LES HOMMES

La franchise de Pierre et Jean trouvera plus tard à s'exprimer devant un public restreint : les hommes importants de leur peuple, avec quelques nuances.

D'abord, lorsque le narrateur s'exprime, il énumère les groupes constituant le Sanhédrin[6], allant jusqu'à préciser l'identité de certains

6 Les chefs, les anciens et les scribes (Ac 4,5).

de ses membres[7]. On a ainsi affaire à un auditoire très bien identifié, connu de tous et rattaché à une institution politique et religieuse juive éminente.

Quand Pierre et Jean s'adressent à leurs auditeurs, leur façon de les interpeler va crescendo. Ils s'adressent ainsi d'abord à leur public tel que tous le considèrent en appelant leurs interlocuteurs *chefs du peuple et anciens* (Ac 4,8). Alors que ces titres suffiraient à les désigner, les parrhêsiastes ajoutent qu'ils sont certes chefs, mais chefs du peuple. En d'autres termes, ils leur rappellent leurs responsabilités et leur appartenance à une entité qu'ils représentent. D'ailleurs, ils enchaînent en précisant qu'ils s'adressent en fait à *vous tous et* [à] *tout le peuple d'Israël* (v. 10).

Puis Pierre et Jean reviennent à leurs interlocuteurs directs, ceux devant qui se trouve l'homme qui a été guéri en Ac 3,1-11. D'abord interpellés par un *vous* qui les désigne comme les représentant de ceux qui ont crucifié Jésus (4,10), ils deviennent les *bâtisseurs* qui ont méprisé la pierre la plus importante de l'édifice (v. 11). Malgré la référence qui est faite ainsi au procès de Jésus devant le Sanhédrin (Lc 22,66-71), cette même institution devant laquelle comparaissent désormais Pierre et Jean, ces derniers n'insistent pas. Ils se contentent de s'adresser à eux en fonction du peuple dont ils sont les responsables ou, plus particulièrement, en fonction des événements ayant précédé la mort de Jésus. Leur but n'est en effet pas de prononcer une condamnation, bien au contraire. Ils leur proposent désormais une offre de salut pour les *hommes* (*anthrôpois*), dans la formulation la plus générale qui soit (Ac 4,12). Ils s'incluent d'ailleurs dans ce groupe, puisqu'ils se disent eux-mêmes concernés par le salut en question (v. 12).

Nous avons donc plusieurs types d'auditeurs de Pierre et Jean. D'abord, les hommes qui se trouvent réellement devant eux, que les parrhêsiastes prennent soin de définir en fonction de leurs différentes responsabilités. Mais ils voient aussi plus loin, s'adressant au public qu'ils visent, ici de façon anticipée, et qui est dès lors élargi aux hommes, sans distinction particulière.

7 Hanne le grand prêtre, Caïphe, Jean, Alexandre et tous les membres des familles de grands prêtres (Ac 4,6).

AC 4,29.31 : PERSONNE ? NON, TOUT LE MONDE !

De prime abord, la franchise demandée dans la prière par Pierre et Jean – libérés par les chefs du peuple –, avec les leurs (Ac 4,29), puis reçue (v. 31), n'est pas destinée à un public en particulier. Toutefois, un examen plus attentif de la prière en question permet de préciser le contour de leurs auditeurs. Après la citation remaniée du Ps 2, les termes sont repris et réarrangés pour mettre en valeur ceux qui sont concernés par la franchise des parrhêsiastes.

Sont ainsi cités ceux qui sont *rassemblés* dans *cette ville* (Ac 4,27), certes parce qu'ils ont agi contre Jésus – ce qui était malgré tout la volonté de Dieu (v. 28) –, mais aussi parce qu'ils constituent une menace contre la communauté croyante (v. 29). Il semblerait que c'est pour cela que la franchise est demandée, afin d'avoir une réponse appropriée à ce groupe hostile, composé d'*Hérode*, de *Pilate*, des *nations* et des *peuples d'Israël* (v. 27). En d'autres termes, le groupe des auditeurs rassemble aussi bien les autorités politiques que les païens ou les Juifs en général.

Il s'avère que cette franchise vise les acteurs passés de la crucifixion de Jésus, puis ceux qui s'en prennent désormais à Pierre, Jean et aux leurs, dans un glissement qui amène à considérer qu'elle s'étend à tous, y compris les opposants, quels qu'ils soient, à la marche en avant de la Parole.

POINT SUR LES AUDITEURS DE PIERRE (ET DE JEAN ET…)

Pour les trois passages examinés jusque-là, qui appartiennent à trois premiers récits des Actes qui proposent une vision idéalisée des débuts de l'Église et lancent le programme des développements à venir, nous avons constaté une progression logique dans la présentation des auditeurs de Pierre, puis de Pierre et Jean et enfin de Pierre, Jean et les leurs. Chaque texte témoigne d'une construction particulière, prenant d'abord en compte les auditeurs immédiats du parrhêsiaste, puis aboutissant à un point d'orgue final, qui étend à tous la possibilité d'être l'objet de la franchise. Les parrhêsiastes ne font aucune sélection particulière et ne posent aucune condition en termes d'intelligence ou de statut social : ils s'adressent à tous.

DANS LES ACTES, LES AUDITEURS DE PAUL (PARFOIS AVEC BARNABAS) ET D'APOLLOS

Pour les récits concernant Paul en tant que parrhêsiaste, qu'il soit seul ou accompagné, ou encore Apollos, nous pourrions simplement faire la liste de leurs auditeurs. Quelques regroupements sont toutefois possibles entre différents épisodes.

Au tout début du ministère de Saul/Paul, il n'est pas précisé qui sont ses interlocuteurs à Damas (Ac 9,27). La situation est différente à Jérusalem où il a d'abord affaire aux Hellénistes (v. 29). Quelle qu'ait été la relation de Paul avec ces derniers, ils ont en commun de parler grec. Les Hellénistes en question sont a priori juifs, étant donné l'opposition qu'ils manifesteront au message de Paul.

Alors qu'à Jérusalem l'exercice de la franchise se déroulait dans les rues (Ac 9,28), il en va tout autrement à Antioche de Pisidie, à Iconium ou à Éphèse. Le parrhêsiaste œuvre en effet dans les synagogues de ces villes[8]. C'est l'occasion pour Paul et Barnabas de croiser à Antioche de Pisidie rien de moins que *presque toute la ville* (13,44). À Iconium, *il se passa la même chose* (14,1). Apollos aussi se rend à la synagogue d'Éphèse (18,26), de même que Paul un peu plus tard dans le récit (19,8). Dans chacune de ces communautés juives, des individus se détachent : des *païens* à Antioche de Pisidie (13,48), des Juifs et des Grecs à Iconium (14,1), Priscille et Aquilas à Éphèse (18,26) et, dans le même lieu mais plus tard, des *disciples* (19,9).

Alors que Paul perd sa liberté de mouvement à partir d'Ac 21,33, ses auditeurs lui sont désormais imposés. C'est ainsi qu'il est en présence de Festus et d'Agrippa, avec leur cour (25,1), et c'est le roi Agrippa en particulier qui est l'auditeur de sa franchise (26,26). Nous sommes ainsi en présence de personnages illustres, que Philodème avait déjà envisagés comme auditeurs.

Mais, à Rome, Paul accueillera aussi *tous ceux qui venaient le trouver* (Ac 28,30), aussi bien Juifs que païens. Cette manière de décrire son hospitalité fait écho au public idéalisé des premiers récits des Actes, lorsque les parrhêsiastes s'adressent à tous.

---

8 Ac 13,15.42.44 ; 14,1 ; 18,26 ; 19,8.

LE PORTRAIT DE L'AUDITEUR DES ACTES EST MULTIFORME ET ENGLOBE TOUT LE MONDE

Alors que nous avions conclu notre propos sur l'auditeur philodémien en constatant avoir affaire à une vaste palette de personnes, l'auditeur du parrhêsiaste des Actes des apôtres est tout aussi multiple.

Si l'on considère l'ensemble du livre des Actes, les trois premiers récits (Ac 2 ; début et fin d'Ac 4, au sein desquels Pierre est le principal parrhêsiaste) insistent certes dans un premier temps sur le fait que les auditeurs sont les Juifs, c'est-à-dire le peuple d'Israël dans son ensemble, de la foule à ses chefs et inversement. Mais, immanquablement, il finit par englober tous les hommes[9].

Il en va de même pour les récits concernant Paul (avec ou sans Barnabas) et Apollos. Même si la synagogue est bien souvent le point de départ de la franchise, le discours la déborde et s'adresse rapidement au-delà, au point que la finale des Actes laisse venir au parrhêsiaste qui veut bien venir…, autant dire n'importe qui !

Néanmoins, en ayant à l'esprit la franchise de Philodème de Gadara, certains récits sont surprenants. Certains individus auraient en effet pu être des auditeurs philodémiens idéaux, mais ils n'endossent pas ce rôle chez Luc.

Ainsi, quand Saul est présenté aux apôtres par Barnabas (Ac 9,26-28), une relation parrhêsiastique aurait pu s'établir entre Saul et les apôtres ou entre Saul et le groupe de disciples qui a fini par l'accueillir en son sein. N'aurions-nous pas là la situation idéale pour que les premiers disciples de Jésus prennent sous leur aile Saul, le converti récent, et le fassent progresser dans la nouvelle « philosophie »/foi qu'il vient d'embrasser, tout comme le parrhêsiaste de Philodème fait progresser son groupe d'auditeurs ?

De même, ce n'est pas lorsqu'Apollos est repris par Priscille et Aquilas qu'intervient la franchise. Pourtant, du point de vue de Philodème,

9 Notons que la liste des peuples en Ac 2,9-11, dont provient le public visé par Pierre, première figure parrhêsiastique des Actes, donne de manière anticipée une portée universelle au message ainsi transmis. En d'autres termes, dès le début des Actes l'on peut percevoir que l'Évangile est pour tous, et pas uniquement pour les Juifs.

Priscille et Aquilas auraient dû être les parrhêsiastes d'Apollos. Luc choisit de faire intervenir la franchise avant, dans la relation de l'Alexandrin avec les membres de la synagogue (18,24-26). En d'autres termes, Luc utilise bien jusqu'ici les codes de la franchise (par exemple il y a bien le duo parrhêsiaste/auditeur), mais il en modifie les équilibres.

En général, l'auditeur philodémien est en effet engagé dans un processus de croissance, quand bien même il lui arriverait d'y résister. De plus, peut-être parce que c'est un manuel, le *Sur la franchise* met parfois en évidence telle ou telle catégorie, comme les jeunes.

Luc procède autrement. Le public visé représente plutôt des groupes sociaux étendus, caractérisés par une culture – juive ou païenne –, voire tellement englobants que les seuls qui ne sont pas auditeurs semblent être les parrhêsiastes eux-mêmes ! Et encore, Pierre s'identifie à ses auditeurs, affirmant son besoin de salut qui est le même que le leur (Ac 4,12)...

Arrêtons-nous pour l'instant à ce constat, assez déroutant au regard des auditeurs de la franchise philodémienne, et continuons de planter le décor de la franchise en examinant dans quel contexte elle évolue, d'abord pour Philodème.

LE CONTEXTE DE LA FRANCHISE

Deux types d'éléments ressortent du *Sur la franchise* pour définir les conditions nécessaires pour que la franchise ait lieu. Le premier concerne un a priori théorique. Le second s'intéresse aux qualités relationnelles. Deux dimensions sont donc nécessaires pour que la franchise ait lieu. L'une traverse les époques et l'autre relie les intervenants du présent.

CHEZ PHILODÈME DE GADARA, LA LÉGITIMATION COMME CADRE THÉORIQUE

Tout au long du *Sur la franchise* apparaissent des noms propres de personnages historiques liés à l'épicurisme. Beaucoup sont présents dans des fragments incomplets et ne peuvent donc pas être interprétés (68b, 85b, 92b, 106b, 193b). Mais d'autres sont riches d'enseignements.

Ainsi, Philodème raconte qu'Épicure faisait un reproche à Pythoclès, l'un de ses disciples connu notamment par une lettre qui nous est parvenue (96b). Ce reproche est fait de façon *modérée*, ce qui est signe d'une franchise bien comme il convient (*cf.* par exemple 185b).

Ailleurs, il affirme le rôle central des références à des personnages clés de l'épicurisme. En effet, Philodème déclare que *le point principal et le plus important, c'est que nous obéirons à Épicure, selon qui nous avons choisi de vivre* (*kai to sunechon kai kuriôtaton, Epikourô, kath'on zèn èremetha, peitharchèsomen* ; 151b). Ainsi la façon de se comporter, c'est-à-dire la *vie* même, découle-t-elle directement de la dépendance à l'enseignement du premier des parrhêsiastes, Épicure lui-même. Autrement dit, l'action des uns envers les autres est légitime et permise parce que tous sont soumis aux préceptes épicuriens. De plus, même si la fin de ce fragment est incomplète, nous pouvons supposer un lien fort entre cette obéissance et la franchise elle-même.

Une telle compréhension se confirme quand il est dit que c'est avec franchise qu'ils placent ce qui les touche eux-mêmes en présence de ceux qui sont formés <avec eux> devant Épicure pour être corrigés (162b). Il est évident qu'il ne s'agit pas de dire qu'Épicure est encore vivant du temps de Philodème, mais bien plutôt que, symboliquement, l'action faite par le parrhêsiaste s'apparente à ce qu'aurait fait Épicure lui-même.

C'est dans la continuité de cette pensée que certains, qui ont des *principes* (*apophthegmatias*), ont leur place dans la communauté, puisque Métrodore (un épicurien) dit que Polyène (un autre épicurien) était de cette catégorie (187a).

Enfin, le papyrus se termine par le titre de l'ouvrage (208a), une pratique courante dans l'Antiquité. Il nomme l'auteur (Philodème) et l'inspirateur direct (Zénon). La filiation de la pensée est première et dernière, assumée par Philodème, qui se situe tout au long du manuel dans la lignée de ses maîtres spirituels, dont un seul lui a été contemporain. Le titre même de l'ouvrage renvoie au-delà de lui-même puisqu'il s'agit d'un *abrégé* de leurs travaux. Ainsi, l'un donne accès à l'autre, Philodème pointant vers Zénon et Zénon étant accessible par l'intermédiaire de Philodème, pour ainsi dire sans fin. De la même manière, Épicure a transmis une manière de vivre qui perdure encore dans les écoles épicuriennes plusieurs siècles plus tard.

Nous avons donc ici un premier cadre fort pour l'exercice de la franchise. Il s'appuie sur l'enseignement d'Épicure lui-même et sur l'exemple qu'ont donné ses disciples à sa suite.

Cet enracinement prend en compte la succession d'épicuriens au cours des siècles et transmet un enseignement sans jamais le changer. À cela s'ajoute un cadre relationnel qui permet d'exercer la franchise et de s'y habituer dans de bonnes conditions.

CHEZ PHILODÈME DE GADARA, LE CADRE RELATIONNEL PROPICE À LA FRANCHISE

L'épicurisme s'est développé dès le début dans le cadre d'une communauté de personnes rassemblées autour d'un maître, dans le « Jardin ». C'est ainsi qu'« au sens propre, le Jardin désigne la petite propriété d'Épicure où il vivait et philosophait avec ses amis. L'image même d'un Jardin [...] enclos renvoie tout à la fois à la communauté qui l'habite et aux senteurs dont tout jardin regorge[1] ». La structure de base de l'école épicurienne, souvent nommée « le Jardin » du fait de son lieu de rencontre, est donc d'abord communautaire, et non conçue en termes de face-à-face individuels.

De plus, nous pouvons reprendre ce qui est dit de la légitimation qui fixe un cadre théorique à l'exercice de la franchise. Une communauté virtuelle, qui traverse les âges, se forme avec des personnes poursuivant les mêmes buts et servant d'exemples les unes aux autres (*cf.* 156b qui met en scène différentes générations d'épicuriens aux qualités variées ou semblables).

Ainsi, si la présence du parrhêsiaste et de ses auditeurs est nécessaire pour que la franchise puisse avoir lieu, soit au moins deux personnes, tout au long du manuel nous pouvons relever des éléments laissant entendre que parfois le parrhêsiaste se trouve parmi d'autres. De même, ses auditeurs sont rarement isolés. Nous soulignerons cet aspect, tout en nous attardant sur l'amitié (un des fondements de la communauté épicurienne par ailleurs) et la bienveillance (particulièrement mise en évidence dans le manuel). Ces deux notions tissent et caractérisent les relations entre parrhêsiaste et auditeurs, pour vivre au mieux la franchise.

LES SIGNES ET FONCTIONS DE LA COMMUNAUTÉ DANS LE *SUR LA FRANCHISE*

D'un point de vue formel, sans prendre en considération le sens, nous relevons la présence d'un *nous* qui est différent de *quelqu'un parmi*

---

1 B. Schneckenburger, *Épicure*, Paris, Ellipses (Apprendre à philosopher avec), 2011, p. 180 et 181.

de tels hommes et d'un *ensemble* formé par les auditeurs (141b). Ce *nous* est présent 29 fois en tout, alors que la première personne du singulier n'est exprimée que cinq fois, et la deuxième personne du singulier une fois seulement. La présence simultanée du *je* et du *tu* laisse penser qu'il y avait une argumentation sous forme de dialogue (132b). Le *nous* permet de supposer que l'auteur s'inclut dans ses explications. Ainsi, la franchise semble nécessiter la présence d'un groupe de participants auxquels se joint au moins l'auteur, et peut-être même le lecteur.

INTÉRIEUR / EXTÉRIEUR

S'il y a une communauté, il y a forcément un milieu environnant dans lequel elle se situe. La première fois qu'il en est question sont mis en scène ceux qui se rapprochent du parrhêsiaste et qui se mettent à *avoir en horreur tous ceux qui sont dans le monde* (131b). Une séparation nette se dessine ainsi entre le cercle rapproché des disciples et l'extérieur. Cet extérieur, c'est-à-dire les *choses du dehors*, doit *être méprisé* (195a). Il en est peut-être ainsi parce que l'amitié, la plus belle chose qui puisse advenir, ne peut avoir lieu qu'avec des personnes qui en ont compris l'importance. Il convient donc de former un groupe plus ou moins restreint où une telle relation peut avoir lieu (*cf.* 133b). Si ce rassemblement se fait autour de *ce qui a été reçu ensemble*, il est aussi très hétérogène puisqu'il comprend *celui qui est réprimandé*, ses *proches* et *celui qui sert de guide*, c'est-à-dire un parrhêsiaste (168b). Certains sont bien impliqués alors que d'autres sont comparés à *un troupeau de disciples ailés*, probablement une manière de parler de la légèreté de ces derniers (178a). L'un *supporte avec bonheur* ce qui s'y passe, c'est-à-dire la franchise, alors que l'autre *feint* et est en fait un *imposteur*. Sont aussi côte à côte le *sage*, *ceux qui ont progressé* et d'*autres amis*. Leurs interactions influencent la manière que chacun a de vivre ou d'exprimer, ou non, les actes liés à la franchise (194a). À ceux-là s'ajoutent *ceux qui sont tellement inférieurs* et celui qui est *grand* (195a).

SENTIMENT D'APPARTENANCE

Ainsi la réalité est-elle complexe et diverse, mais pas uniquement parce que des gens très différents composent le groupe. En effet, l'adhésion à la communauté peut prendre du temps et quelqu'un peut *avoir encore un besoin important des choses du dehors*. Il est alors moins sensible aux torts commis ou subis et s'oppose, même silencieusement, à l'action du parrhêsiaste (135b). De plus, les réactions du groupe peuvent mettre à mal l'adhésion de quelques-uns à la franchise du parrhêsiaste, notamment *lorsque certains sont raillés*. Ils deviennent alors moins réceptifs à l'action du *maître* (136b).

Outre la moquerie que l'on peut rencontrer au sein de la communauté, cette dernière impose aussi comme contrainte de devoir parfois se soumettre à une personne moins expérimentée que soi. L'accepter devient possible parce que ce qui est *utile et avantageux* est en vue. La soumission mutuelle devient alors nécessaire, quel que soit le degré de compétence de chacun (142b). D'ailleurs, *ceux qui étudient ensemble savent* la *multitude* de *bonnes choses* qui leur appartiennent en acceptant d'être l'objet de la franchise (146a). Cette certitude des bienfaits résultant de la vie ensemble sert probablement de socle pour vivre sereinement l'exercice de la franchise.

AVANTAGES ET INCONVÉNIENTS DE LA VIE COMMUNAUTAIRE

Ce sont d'abord quelques inconvénients qui sont exposés au fil du manuel, puis les avantages.

Un des inconvénients résulte de ce que la vie en communauté comporte des pièges, comme le fait que la plupart peuvent avoir tendance à *agir en douceur de peur d'être à leur tour calomniés*. Le regard des uns sur les autres peut alors être un frein à l'exercice plein et entier de la franchise (158b). En premier lieu, il convient alors de se préserver de ce qui peut blesser. Ensuite, il faut prendre conscience que la vie communautaire alimente, par le spectacle qu'elle donne, les réflexions et *les calculs de chacun*. Cela entraîne une moindre participation au processus de franchise (159a), et cela d'autant plus si la peur de ce qui est *inamical* ou *acéré* s'installe, plutôt que l'amitié.

Par ailleurs, dès lors que le groupe constitué autour du parrhêsiaste est si varié, le traiter comme un tout n'est pas l'idéal. Sinon, des *approximations* ou à des *généralisations erronées* sont faites et gênent la pratique de la franchise (184b). Il est néanmoins de la responsabilité du parrhêsiaste de créer un climat qui *permettra* de *s'exprimer* (193a), tout en acceptant les conséquences qui s'ensuivent. Car les actions et réactions des uns ont des effets sur les autres, ces derniers devant alors *supporter* les premiers (193b).

Cela étant, les échanges ne sont pas toujours à craindre, car une saine émulation peut naître au sein du groupe. Ainsi, un cadre sain peut aider certains qui *s'affligent* car ils pensent que ce qui *advient et arrivera* interviendra *par un autre* et *n'est et n'adviendra pas par eux* (196a). Ce désir d'être soi-même acteur démontre que certains sont stimulés à aller plus avant dans le processus de franchise, jusqu'à envier ceux qui la mettent effectivement en œuvre. Toutefois, pour que la participation à la vie communautaire ait de tels effets, ce microcosme, si divers et si nécessaire, doit se construire dans le cadre de relations amicales et pleines de sollicitude et de bienveillance.

L'AMITIÉ

La communauté épicurienne peut se décrire en référence à l'amitié. Différents degrés d'amitié coexistent au sein du groupe. Il y a celui qui est à la limite de la calomnie, à la fois *inamical* (*aphilon*) et *aimant le mal* (*philokakon*), et celui qui est mû par une forme de *tendresse* et qui souhaite la correction pour son *ami* (*philon*) afin qu'il croisse (157b).

De même, le fait de considérer quelqu'un qui *a de l'affection* pour l'autre, littéralement du *dévouement*, change la relation *de manière tout à fait caractéristique* (105b). C'est probablement ce lien particulier qui va autoriser la franchise. D'ailleurs, le fait d'être *tendrement attaché à ses amis* (*philophilôn*) est une manière pour le parrhêsiaste de *servir de guide* (174a). De même, éprouver une *vive affection* pour un autre parrhêsiaste pousse à exercer la franchise envers lui (189b). Ainsi, sans surprise, développer une *relation amicale* est considéré comme une façon *particulièrement agréable* de procéder (187a). C'est ainsi que *tous* les parrhêsiastes *éprouvent de l'amitié, selon le mérite de chacun*, ce qui permet aussi d'exercer une franchise justement adaptée à chacun (184b).

Cela étant, aucune circonstance ne devrait venir ternir la relation amicale. Le parrhêsiaste, même très mécontent, doit toujours maintenir au moins le langage de l'amitié et ne pas oublier d'appeler son interlocuteur *bien-aimé* (*philtatou*) ou *cher ami* (*glukutatou* ; 113b). Si la relation est momentanément atteinte dans ce qui la constitue au plus profond, les formes de l'amitié doivent néanmoins être maintenues. Il est pourtant vrai que certains sont *en difficulté* en ce qui concerne l'*amitié*, peut-être parce qu'ils sont trop scrupuleux et en oublient la valeur des relations et le soin qu'il faut y apporter pour qu'elles durent (186a).

En effet, l'amitié est riche de *nombreuses et belles choses* dont la plus grande est le fait d'*avoir quelqu'un à qui l'on dira ce que l'on a dans le cœur et qui écoutera quand on parle.* Philodème rattache cette aspiration directement à l'ordre *naturel*, une manière de dire que l'expérience de l'amitié, vécue comme belle et bonne, est la meilleure voie à emprunter par la personne qui veut grandir en sagesse (133b). Et c'est bien ce qui est mis en œuvre, puisque le parrhêsiaste peut considérer ses auditeurs comme ses *amis intimes* (*sunèthôn*). Il constate les fruits des liens qui les unissent, une fois qu'il n'a plus besoin de les interroger. Ses questions sont en effet devancées par des réponses appropriées et motivées par la bienveillance (148b). Ainsi *l'affection* peut-elle vaincre certaines hésitations (161a).

La pratique de l'amitié se nourrit donc de l'ouverture des uns envers les autres. À l'inverse, *cacher* quelque chose *au plus éminent de ses amis* (*tôn philôn ton exochôtaton*) revient à se priver de tout, c'est-à-dire à n'y *rien gagner* (147b). De plus, l'absence de haine est rendue possible parce que le *sage* et *celui qui sert de guide* savent qu'ils ont eux-mêmes *besoin de purification.* Ils ne peuvent donc pas se permettre de *haïr* quelqu'un qui est dans la situation qu'eux-mêmes connaissent ou ont connue (152b). Pourtant, le parrhêsiaste peut être tenté par la *haine* lorsqu'il est en *colère.* Il semble cependant savoir éviter d'y succomber en rationalisant, puisqu'il se maîtrise et ne s'irrite que contre *les sottises* (178a). D'autre part, l'auditeur est aussi caractérisé par le fait d'être *tendrement attaché à ses amis* (*philophilon*), ce qui le pousse à *désirer que l'ami obtienne la correction.* Le contraire serait *inamical* (*aphilon*) et démontrerait un *amour du mal* (*philokakon*). Le parrhêsiaste peut ainsi discerner comment chacun se situe dans le groupe en examinant l'amour qu'il a pour ses amis ou pour le mal. Partant de là, il sait de quelle manière il doit considérer chacun (157b).

D'un point de vue épicurien, l'amitié est donc pleine de qualités. Elle permet la croissance et le développement à la fois de la manière d'être des auditeurs et de la pratique du parrhêsiaste. Comme l'amitié est essentielle, des mises en garde contre une perversion de ladite amitié sont présentes dans le manuel *Sur la franchise.* Ainsi, d'un fragment pourtant incomplet, nous pouvons déduire que la pratique de l'amitié ne consiste pas à *flatter* (78b). Il ne s'agit pas non plus d'être *calomniateur* (157b). Par ailleurs, il faut se méfier de soi-disant amis qui *enflamment*, c'est-à-dire qui excitent, voire provoquent, mais *n'aiment pas*, *ne savent pas corriger* et ne savent pas *persuader*. En bref, ils ne sont pas de ceux *qui aiment tendrement* (150b). Parce que de telles attitudes existent néanmoins, il convient d'*entourer de sécurité ce qui est inamical et acéré*. Il serait en effet *insensé* de procéder autrement (159a), car l'équilibre de toute la communauté en dépend et aussi, par conséquent, les conditions d'exercice de la franchise.

Par ailleurs, il faut noter que les auditeurs *amicaux en paroles* ne sont pas toujours les plus utiles pour ce qui est de garder secret quelque chose qu'il n'est pas nécessaire de révéler (161b). C'est probablement pour cette raison que se pose la question de savoir si le *sage* doit dire à ses *amis* en toute franchise ce qui le concerne (162a). Cette interrogation se comprend d'autant plus que les auditeurs peuvent en arriver à *détester* le parrhêsiaste (166b). De plus, l'école épicurienne peut se trouver menacée, notamment quand des *charlatans*, profitant des effets de la violence que peut être une injure subie, font un mauvais usage de *l'amitié* (167b).

Malgré les dangers qui menacent l'amitié, il ne faut pas perdre de vue qu'elle est un sujet de joie lorsqu'elle est pratiquée, et que ni l'avertissement ni la faute ne viennent la ternir (200b). De plus, en donnant comme contre-exemple Timocrate qui était opposé à Épicure, Philodème souligne que l'on ne peut à la fois *aimer* et *haïr* son frère (201b).

En revanche, avec l'amitié vont de pair la bienveillance et la sollicitude. Ces dernières ne sont pas unilatérales, en ce sens qu'elles iraient uniquement du parrhêsiaste en direction de ses auditeurs, mais elles nourrissent les relations dans les deux sens.

LA BIENVEILLANCE ET LA SOLLICITUDE

La *bienveillance* (*eunoian*) à l'égard du parrhêsiaste pourrait grandir simplement parce que ce dernier parle franchement à *ceux qui sont formés* (130b). C'est en tout cas ce que suggère la question posée par Philodème qui cherche à savoir comment parvenir à enclencher un tel cercle vertueux : la bienveillance du parrhêsiaste à l'égard des auditeurs permettrait à ces derniers de devenir à leur tour de plus en plus bienveillants à l'égard du parrhêsiaste. Mais l'auteur reconnaît que l'exercice est *difficile*. En effet, l'action du parrhêsiaste consiste principalement à avertir ses auditeurs. Il s'agit cependant d'un avertissement *plein de sollicitude*, ce qui est bien différent de l'*ironie* socratique qui aboutit à la sensation d'une morsure[2] (131b).

Il n'en demeure pas moins que la *bienveillance* de ceux qui sont les objets de la franchise – ici celle qui leur permet d'accepter la franchise – peut être mise à mal par la *raillerie* et les empêcher de pleinement bénéficier de l'action du *maître* à leur égard (136b). De plus, leur *bienveillance* et leur *amitié* peuvent n'être effectives que *plus tard*, une fois que ce qui les irrite s'est apaisé et qu'ils sont parvenus à une certaine maturité (181b). Cependant, une fois que l'auditeur sera bien inséré dans la communauté épicurienne, *il aimera* la *bienveillance* en tant que fruit des *coutumes transmises*, de la *reconnaissance* et de *l'honneur qui se passent de paroles* (192b).

En effet, le salut obtenu les uns par les autres permet *l'endurance* et une *grande bienveillance*. Il est donc primordial de rester dans la communauté épicurienne, même s'il faut se soumettre à une personne *moins expérimentée* que soi (142b). De plus, la *compassion* est l'un des instruments utiles pour secourir ceux qui en ont besoin (149b). Il convient donc de la laisser s'exprimer, sachant qu'elle n'est pas accompagnée d'un *laisser-aller*, mais s'y oppose bien plutôt (160a).

Du côté des auditeurs, ils sont désormais considérés comme un groupe d'*amis intimes* du parrhêsiaste (148b). Leur *sollicitude* permet alors même de devancer l'action de *celui qui sert de guide*.

Cette attitude qui devance l'action du parrhêsiaste pousse certains à être très exigeants envers eux-mêmes, *démontrant une sévérité qui est remarquée*. Cela n'empêche pas qu'ils soient avertis *avec une grande confiance*, confiance qui découle à la fois de l'amitié vécue et de la bienveillance pratiquée, et surtout de l'engagement communautaire d'obéir à Épicure (151b).

Ce comportement tranche avec celui de la *plupart des gens*. Ce n'est pas la bienveillance qui motive ces derniers, ni une exigence qui les conduirait à la sévérité, mais plutôt la peur d'*être à leur tour calomniés*. Ils *s'efforcent* alors *d'agir en douceur* avec ceux qui les entourent (158b).

D'autres auraient tendance, sous couvert *d'action bienveillante*, à révéler *des choses à propos de leurs amis intimes*, choses qui n'ont pas lieu d'être

2 Le parrhêsiaste épicurien pratique la franchise en avertissant avec sollicitude alors que Socrate feignait l'ignorance pour arriver à ses fins. Son auditeur pouvait alors se sentir à tout le moins mal à l'aise quand il se rendait compte qu'il avait été en quelque sorte manipulé.

portées à la connaissance des *maîtres*. Les auditeurs ne sont pas les seuls à détourner la bienveillance de son but premier, qui est de créer un climat propice à l'exercice de la franchise. En effet, lorsqu'il y a, sous couvert de franchise, des injures au sein de la communauté, des *charlatans* s'y immiscent pour la détourner de ses objectifs. Ce faisant, ils *ensorcellent par de complexes sentiments d'amitié* (167b). De même, être *bienveillant sur tout* n'est pas la meilleure façon d'exercer la franchise, puisque l'on ne peut alors parler franchement que *de manière incomplète*, ce qui résulte d'un manque de discernement à propos de *tout* (184b).

Pourtant, ceux qui sont disposés *avec bienveillance ressemblent* aux *maîtres* (161a), au point de devenir un modèle pour leurs condisciples et un appui pour le parrhêsiaste dans l'exercice de la franchise. De même, le parrhêsiaste *accueillera favorablement la bienveillance* (191b).

UN CADRE BIEN DÉLIMITÉ

Nous venons de parcourir le manuel *Sur la franchise* et de mettre en évidence un cadre bien délimité pour l'exercice de la franchise.

Tout peut se résumer par la notion de « communauté ». D'abord, celle constituée dans le temps par Épicure, tous ses disciples devenus eux-mêmes parrhêsiastes ou non – le contre-exemple de Timocrate étant évoqué (201b) –, jusqu'aux lecteurs mêmes du manuel. Ensuite, celle formée par ceux qui sont rassemblés en un lieu et à un moment donné, en cultivant l'amitié et la bienveillance pour permettre l'exercice de la franchise. Les difficultés possibles relatives à chacun des aspects de la vie de ce groupe ne sont pas ignorées, et des solutions permettant de les surmonter sont proposées.

Nous allons maintenant parcourir les textes des Actes des apôtres, pour voir dans quel cadre se situent le parrhêsiaste et ses auditeurs, et le comparer à celui que présente Philodème de Gadara.

DANS LES ACTES, LA LÉGITIMATION DE PIERRE (ET JEAN ET…)

Que la définition du contexte propice à l'exercice de la franchise a semblé facile dans le *Sur la franchise* ! Un parrhêsiaste autorisé à agir par sa connaissance d'Épicure et sa vie exemplaire, une claire délimitation entre ceux qui appartiennent à la communauté et ceux qui sont en dehors, et une communauté où l'amitié et la bienveillance entretenues permettent de vivre la franchise en toute simplicité… Certes, Philodème de Gadara mentionne aussi des pièges possibles, mais toujours en les comparant à ces piliers que sont la légitimation, l'amitié et la bienveillance, piliers qui permettent de maintenir un climat sain pour la progression de chacun. En comparaison avec ce que nous découvrons dans les Actes des apôtres, la description de Philodème de Gadara semble idéale et le récit des Actes présente un contexte pour la franchise qui est bien plus complexe que celui du *Sur la franchise*.

Tous les passages concernant Pierre, accompagné ou non, situent l'action à Jérusalem (ce qui n'est pas le cas pour Paul). Cela implique que ses auditeurs sont en premier lieu juifs, même si son propos dépasse finalement largement son auditoire. C'est probablement ce contexte fortement imprégné de judaïsme qui explique que, pour ce qui est des éléments établissant sa légitimité en tant que parrhêsiaste, les références sont surtout en relation avec ses interlocuteurs premiers.

AC 2,29 : UNE LÉGITIMATION PLURIELLE

Lorsque Pierre s'adresse à la foule des habitants de Jérusalem, témoins de l'effusion de l'Esprit, son discours est ponctué de références à l'Ancien Testament. Il se permet de réinterpréter ces textes, notamment dans le contexte direct de la franchise (Ac 2,25-28.30.31.34b-35). En agissant de la sorte, il se positionne dans la lignée des écrivains bibliques qu'il relit et il s'autorise à mettre en œuvre une compréhension nouvelle. Il est ainsi non seulement récepteur d'une parole qui existait avant lui, mais il devient lui-même auteur et porteur de nouvelles affirmations qu'il transmet.

Ce qu'il déclare n'est pas dénué de fondement. Pierre peut prendre la foule à témoin que ce qu'il dit est vrai (Ac 2,29). Personne ne peut en effet contester, par exemple, la mort et l'ensevelissement du roi David. Les conclusions qu'il en tire pourraient néanmoins être remises en question.

Dans ce premier récit des Actes où l'on trouve un épisode parrhêsiastique, la légitimation du parrhêsiaste est donc particulièrement travaillée et développée. Le fait de se référer à des écrits anciens et reconnus par tous rappelle l'un des modes de légitimation du parrhêsiaste du *Sur la franchise.* C'est ainsi que Luc fait accéder le parrhêsiaste à la *prescience*[3] de Dieu (Ac 2,23). Le témoignage de Pierre est alors enraciné non seulement dans des événements ayant eu lieu, mais aussi directement en Dieu, en passant par Jésus qui a prophétisé que tous seraient témoins (Lc 24,46-48 ; Ac 1,8). De plus, une traversée du temps s'effectue, jusqu'aux écrits sacrés du judaïsme. Pierre devient donc un « maillon qui, dans une chaîne de continuité, relie le temps de l'Église au temps de Jésus[4] » et, en amont encore, à des textes scripturaires.

Cela étant, Pierre ose proposer une interprétation radicalement différente de ces écrits, ce qui est un pas que l'épicurien ne franchit pas. En effet, le parrhêsiaste philodémien s'attache à transmettre la même connaissance de génération en génération, sans pouvoir se permettre un écart d'interprétation. Or Pierre réinterprète des textes du judaïsme pour que tout ce qui a été vécu avec et par Jésus soit bien compris. Pour rendre son propos encore plus clair, il interroge en effet ses auditeurs sur ce qu'ils peuvent vérifier eux-mêmes : David, lui, n'est-il pas mort ? Ainsi, passant du plus abstrait à ce qui est concrètement vérifiable, le parrhêsiaste qu'est Pierre acquiert une légitimité pour parler, lui qui est l'auteur de cette démonstration.

Mais il y a plus. Luc, auteur d'une œuvre double – l'Évangile et les Actes –, en mettant en scène Pierre devant la foule à Jérusalem, renvoie de façon implicite à la parole même de Jésus, s'exprimant dans l'Évangile à propos du témoignage rendu dans cette ville-là après sa crucifixion (Lc 24,46-48). Pierre est alors aussi un élément de continuation entre les événements pré- et postpascaux, reliant l'Évangile au livre des Actes des apôtres.

3 La *prescience* désigne ce que Dieu sait à l'avance.

4 D. Marguerat, *La première histoire du christianisme*, Genève – Paris, Labor et Fides – Cerf (LecDiv 180), 1999, p. 126.

Enfin, le lecteur aussi est sollicité pour prendre en compte à la fois l'Histoire, les écrits sacrés du judaïsme et ceux du christianisme naissant. Lui aussi doit arriver à la conclusion attendue : Pierre a le droit de parler comme il le fait… et tous les parrhêsiastes des Actes à sa suite bénéficient probablement au moins en partie de cette légitimité première, démontrée avec tant de soin.

AC 4,13 : UNE LÉGITIMITÉ EN CREUX

Curieusement, quand Pierre et Jean se trouvent mis en accusation par les chefs du peuple, il n'y a pas d'éléments permettant d'établir leur légitimité en tant que parrhêsiastes. Bien au contraire, ils sont vus comme des ignorants. Pourtant, ceux qui les jugent constatent leur franchise. Du coup, l'on peut s'interroger sur l'origine de leur légitimité et sur sa réalité.

En y regardant de plus près, ce constat est en lui-même riche d'informations quant au sujet qui nous intéresse. Les chefs *constatent* en effet la franchise, *comprenant* qu'il y a un écart entre ce qu'ils perçoivent du discours de Pierre et de Jean et ce qu'ils savent de ces hommes (Ac 4,13). Cela provoque d'ailleurs leur *étonnement*. En d'autres termes, de tels hommes ne devraient pas avoir de quelconque légitimité pour exercer la franchise. Or c'est le contraire qui se passe. Dès lors, la légitimation qui les autorise à une telle prise de parole doit forcément être hors norme elle aussi, au-delà des conventions habituelles. Mais le narrateur ne fait pas aller les chefs au-delà de ce qu'ils peuvent constater, et ils se contentent de reconnaître qu'ils étaient *avec Jésus* et de prendre acte de la guérison de l'homme de la porte du Temple (v. 13-14).

Cela étant, le lecteur, lui, sait d'où vient la légitimité de Pierre et Jean. Il en a été informé quand Pierre s'adressait à la foule à Jérusalem. Nous avons donc ici une légitimation en creux, non exprimée clairement dans le passage, mais connue lorsque l'on examine l'ensemble du livre des Actes. De plus, le simple fait que les auditeurs se trouvent forcés de constater la franchise de Pierre et de Jean suffit à dire qu'ils sont légitimes pour s'exprimer ainsi – puisqu'ils le font. Le lecteur remplit les blancs en se remémorant ce que Luc a déjà développé auparavant avec Pierre.

AC 4,29.31 : UNE LIGNÉE DIRECTE ET UNE TOTALE SOUMISSION

Le groupe qui entoure Pierre et Jean, en demandant de la franchise pour dire la Parole de Dieu, se réfère au Saint-Esprit qui a *mis les paroles dans la bouche de David* (Ac 4,25), ce même Esprit que celui répandu à la Pentecôte. Plus loin, la communauté fait appel à l'imagerie prophétique en demandant à Dieu d'étendre sa main pour intervenir en sa faveur. Ainsi, « le lecteur assiste à une impressionnante relecture théologique de l'histoire, qui met en congruence la parole de Dieu au travers de David, l'histoire de Jésus et le présent de la communauté[5] ». La légitimation du groupe de futurs parrhêsiastes – puisque telle est leur requête, qui sera exaucée (v. 31) – se fonde sur un passé glorieux, réunissant l'Esprit, David et Moïse ou, pour le dire autrement, jetant les bases pour expliquer que la révélation divine continue de s'exprimer à travers eux.

Toutefois, malgré l'ambition du propos, la demande est faite dans une soumission totale à Dieu. C'est en effet une relation de maître à *esclave* qui est décrite (Ac 4,24.29). Ceux qui prient se désignent en effet tout différemment de David et de Jésus qui sont chacun dits *serviteur* (v. 25.27.30). Ils se reconnaissent donc « dans un statut d'absolue dépendance face à Dieu[6] ». Dans la description de la légitimation, chacun a donc son rôle : David est un témoin essentiel, Jésus est l'envoyé par lequel se concrétise le plan de Dieu, Dieu est le maître de tout et tous, et le groupe d'aspirants est entièrement soumis à Dieu, celui qui est à l'origine de tout (v. 24b).

UN POINT SUR LA LÉGITIMATION DE PIERRE (ET DE JEAN ET...)

Plusieurs éléments caractérisent ces trois récits. D'abord, le fait qu'ils se situent au début des Actes, juste après l'effusion de l'Esprit, force Luc à prendre soin de jeter de solides fondements pour légitimer l'œuvre parrhêsiastique qu'il va raconter. Les arguments sont théologiques ou, plutôt, des réinterprétations de textes anciens, en vue de développements aux conséquences théologiques. Les extraits de l'Ancien Testament sont choisis pour que soient mises en valeur des figures estimées des Écritures (David, Moïse). Au lieu de choquer, Pierre et ceux qui l'accompagnent sont

5 D. Marguerat, *Les Actes des apôtres (1-12)*, vol. 1, Genève, Labor et Fides (CNT[N] Va), 2007, p. 152.

6 D. Marguerat, *Les Actes des apôtres (1-12)*, *op. cit.*, p. 153-154.

ainsi revêtus d'un certain prestige. De plus, cette manière de faire fournit une explication plausible au grand écart entre ce que représentaient ces hommes jusqu'à présent dans la société et ce qu'ils sont en train de devenir.

D'ailleurs, ce n'est rien de moins qu'une présence surnaturelle qui relie ces figures des temps passés et celles du temps de la première Pentecôte chrétienne. L'Esprit saint est en effet dit avoir été et être à l'œuvre dans les uns[7] et les autres[8]. Il est ainsi le point commun qui permet désormais aux croyants de s'exprimer avec une légitimité qui remonte jusqu'à Dieu lui-même.

Ensuite, il y a une unité de lieu : tout se déroule à Jérusalem. La conséquence est qu'une construction de la légitimation peut être superposée à celle qui précède ou à celle qui suit. C'est justement ce que fait Luc pour Pierre et Jean devant les chefs, en se permettant d'esquisser une légitimité en creux, parce qu'elle peut s'appuyer sur celle qui a été fortement établie auparavant, quand Pierre a parlé franchement à la foule après l'effusion de l'Esprit.

DASN LES ACTES, LA LÉGITIMATION DE PAUL (ET D'APOLLOS)

Qu'est-ce qui permet à Paul (ou à Apollos) d'exercer la franchise dans cinq villes différentes, accompagné ou non par Barnabas, libre ou prisonnier ? Plus précisément, devant une telle variété d'auditoires, qu'est-ce qui l'autorise à parler franchement ? Quelles sont les valeurs sur lesquelles il peut s'appuyer pour que sa franchise soit acceptée en tant que telle par son public ?

LÉGITIMATION GRÂCE À LA QUALITÉ DU MESSAGE TRANSMIS

Nous avions noté que, par quatre fois, les auditeurs de la franchise de Paul, Barnabas ou Apollos sont les membres de la synagogue. Les deux premiers passages qui situent l'action dans le lieu de rassemblement

7 L'Esprit saint a parlé par David (Ac 4,25) et a été reçu par Jésus (2,33).

8 L'Esprit saint a été répandu à la Pentecôte (Ac 2,33), sur Pierre en particulier (4,8) et sur ceux qui ont prié pour recevoir la franchise (4,31).

des Juifs mettent en évidence le fait que les parrhêsiastes, Paul et Barnabas, sont dépositaires de la *Parole de Dieu* (ou *du Seigneur* ou *de sa grâce*, Ac 13,44.46.48 ; 14,3). Le message dont ils sont les détenteurs est l'un des éléments importants pour autoriser les parrhêsiastes à exercer la franchise, quel que soit le point de vue (du narrateur en 13,44 et 14,3 ; de Paul et Barnabas en 13,46 et des païens fraîchement convertis en 13,48). De plus, pour souligner qu'ils sont effectivement détenteurs de la Parole de Dieu, l'auteur utilise la citation d'Es 49,6[9] pour faire comprendre qu'ils ont reçu un ordre directement du Seigneur. En d'autres termes, Dieu lui-même prend la place de l'Épicure philodémien, à qui l'obéissance est due et selon qui la vie doit être vécue. La légitimité de Paul et Barnabas n'est donc rien de moins que pleine et entière !

Il en va de même pour Paul à Éphèse, même si le contenu du message est exprimé différemment. Son attachement au *Règne de Dieu* (Ac 19,8) et à la *Voie* (v. 9) est une façon de désigner la *parole du Seigneur* (v. 10).

Plus tard, lorsqu'il se trouve devant Festus et Agrippa, Paul insiste sur sa rencontre extraordinaire et personnelle avec Jésus. Ce moment est décrit comme fondateur de sa nouvelle identité, dans laquelle il se trouve immédiatement *destiné à être serviteur et témoin* (Ac 26,16 ; *cf.* v. 29). Et Paul d'affirmer, sans prétention aucune, qu'il *ne dit rien de plus* que les prophètes et Moïse (v. 22) ! En d'autres termes, il se place dans leurs traces, à la suite de leur propre prédication, comme l'héritier par excellence des premiers locuteurs de ce qui est devenu « les Écritures ».

Il ne fera d'ailleurs pas autre chose lorsqu'il sera prisonnier à Rome : le *Règne de Dieu* et le *Seigneur Jésus Christ* seront les objets de sa proclamation et de son enseignement (Ac 28,31). De plus, la formulation est telle qu'il semble que la vie du prisonnier est épanouie avec simplement l'accueil de ceux qui viennent à lui et le discours parrhêsiastique qu'il leur tient. De plus, l'ensemble vient s'appuyer sur un mot grec, qui se traduit en français par *sans empêchement* (*akôlutôs*). Ce terme n'est utilisé qu'ici dans le Nouveau Testament. Mais, le verbe dont il est issu et qui veut dire *empêcher* est plus courant. Dans Luc-Actes, lorsqu'il est accompagné d'une négation, il est toujours à l'impératif ou à une forme équivalente du point de vue du sens[10], pour donner la permission. Ici, l'adverbe vient

9 Texte cité en Ac 13,47 (en italique) : Car tel est bien l'ordre que nous tenons du Seigneur : *Je t'ai établi lumière sur les nations, pour que tu apportes le salut aux extrémités de la terre.*

10 Lc 6,29 ; 9,50 ; 18,16 ; Ac 24,23.

affirmer une autorisation. La légitimation est ainsi acquise une fois pour toutes et elle influence ce qui l'entoure. Paul a ainsi un avantage certain, lui qui est détenteur d'un message dont le contenu et surtout la solidité ont été exposés tout au long du second livre de Luc. Comment en effet les parrhêsiastes des Actes auraient-ils pu supporter tant de tribulations, s'ils n'avaient été motivés par plus grand qu'eux-mêmes ?

LÉGITIMATION GRÂCE À UN SOUTIEN DIVIN

Nous avons déjà souligné que, à Antioche de Pisidie (Ac 13,44-52), Paul et Barnabas pensent agir en réponse à un ordre divin, en citant Es 49,6 pour le prouver (*cf.* Ac 13,47). Il pourrait s'agir là d'une conviction personnelle qui prend des proportions pouvant paraître démesurées de prime abord. En effet, prendre pour soi ce qui a d'abord été attribué au Serviteur par Ésaïe, puis au Christ par Syméon est déjà étonnant. Mais vouloir révolutionner le monde à partir d'une telle idée est pour le moins extravagant. Pourtant, Luc va continuer et donner encore davantage de poids à une légitimation d'origine directement divine.

En effet, quelques temps plus tard, à Iconium, où *il se passa la même chose* qu'à Antioche (Ac 14,1), le Seigneur soutient la parole de ses parrhêsiastes par des miracles accomplis de leurs mains (v. 3). Il n'y a ainsi pas d'intermédiaire entre le Seigneur et Paul et Barnabas, pas de généalogie de légitimation, contrairement à ce qui est décrit dans le *Sur la franchise*. Le Seigneur intervient de façon surnaturelle dans le cadre de la relation parrhêsiastique. Il apporte ainsi son soutien aux parrhêsiastes, qui deviennent alors dignes d'être écoutés par tous ceux qui sont témoins des signes et prodiges qui se produisent.

Apollos est dans une situation différente par rapport au Seigneur puisque le narrateur informe le lecteur qu'il était *bouillonnant d'Esprit* (*zeôn tô pneumati*). Nous avons vu que c'est une situation partagée par tous les parrhêsiastes. Or l'Esprit correspond chez Luc à une *puissance* (*dunamin* ; Ac 1,8), qui a notamment pour effet, dans les Actes des apôtres, que « les promesses sont accomplies par le peuple de Dieu, à qui l'Esprit a été donné en totalité. Les prophètes ne sont désormais plus des individus isolés. Tous les membres de la communauté sont prophètes[11]. » En d'autres termes, grâce à l'habitation de l'Esprit en eux, les parrhêsiastes des Actes

11 E. Kleinknecht, « Πνεῦμα », in *TDNT*, vol. 6, p. 412.

et les autres croyants sont dans la droite ligne de ces hommes de Dieu de l'Ancien Testament qui disaient sa Parole, car ponctuellement saisis par la divinité. Que les auditeurs aient pu discerner cette présence n'est pas la question. Ce qui compte, c'est que l'auteur prend soin de le dire, pour que le lecteur n'ait, lui, aucun doute à ce propos.

Enfin, tous les parrhêsiastes des Actes sont des apôtres, sauf Apollos, qui est pourtant missionné à sa façon[12]. Avec toutes les nuances que ce mot comporte, il reste néanmoins que, dans le Nouveau Testament, un apôtre « représente toujours [quelqu'un] qui est envoyé et ce, avec une pleine autorité[13] ». Reste à déterminer qui est celui ou ceux qui envoient, pour comprendre exactement la légitimité qui découle de ce mandat. L'on pense bien évidemment à Lc 24,46-48 et à Ac 1,8, les envois des apôtres par Jésus dans Luc-Actes. Mais le phénomène se répète, sous d'autres formes, tout au long de l'œuvre. Ainsi, Barnabas et Saul sont *envoyés en mission par le Saint Esprit* (Ac 13,4). Leur périple les conduira à Antioche de Pisidie et à Iconium, où ils endosseront le rôle des parrhêsiastes. Lorsqu'ils se sépareront, Paul sera envoyé *par les frères*, certes, mais aussi remis *à la grâce du Seigneur* (15,40). C'est à la suite de cette délégation qu'il se rendra notamment à Éphèse (19,8), où il exercera la franchise. Pour ce qui est des deux dernières fois où Paul est décrit comme un parrhêsiaste (26,26 ; 28,31), il est prisonnier et l'on pourrait se dire qu'il n'y a pas là de mandat particulier. N'est-il pas limité dans ses mouvements, plutôt que libre d'aller et venir comme il l'était auparavant ? Mais il n'en est rien, parce qu'il est avant tout *prisonnier de l'Esprit* (20,22) et que c'est dans cette liberté qu'il vivra sa détention.

LÉGITIMATION GRÂCE À DES QUALITÉS HUMAINES

Les parrhêsiastes des Actes ne sont pas seulement détenteurs d'un message de qualité et bénéficiaires d'une assistance divine multiforme pour le transmettre ; ils ont aussi des attaches personnelles particulières qui leur donnent une légitimité en certains lieux. C'est particulièrement vrai en ce qui concerne la synagogue. Que ce soit Paul, avec Barnabas (Ac 13,15.44 ; 14,1) ou sans lui (19,8), ou encore Apollos (18,26), tous ont

12 Voir Ac 18,24ss. La présence de l'Esprit, en lien avec le fait que l'Esprit est celui qui permet d'être témoin (1,8), autorise à penser qu'il est lui aussi en quelque sorte missionné.

13 K. H. Rengstorf, « Ἀποστέλλω (πέμπω), ἐξαποστέλλω, ἀπόστολος, ψευδαπόστολος, ἀποστολή », *TDNT*, vol. 1, p. 421.

un arrière-plan juif qui leur permet de se rendre au centre culturo-religieux qu'est la synagogue. Ce faisant, ils ne s'imposent pas, mais, comme c'était la coutume, ils profitent des invitations lancées pour y prendre la parole (13,15). Ils acceptent même d'y revenir (13,42)[14]. Certes, étant donné le contenu du message à transmettre, la rupture est inévitable[15]. Mais la généalogie familiale des parrhêsiastes des Actes leur ouvre la porte d'un endroit où peu d'autres auraient pu exercer la franchise. Ils y ont en effet une légitimité préalablement acquise par leur naissance ou par conversion.

Ainsi il n'est pas rare que les parrhêsiastes des Actes s'installent d'abord à la synagogue, tant qu'ils y sont accueillis. Ils sont en effet plusieurs fois invités à revenir y prendre la parole. Plus spécifiquement, il semble qu'Apollos soit aussi apprécié pour son savoir et pour ses talents oratoires (Ac 18,24). Sa réputation peut même le précéder, puisqu'elle est également rattachée à son lieu d'origine. Paul est dans les Actes un des parrhêsiastes à qui les Juifs éphésiens demandent de revenir prendre la parole (v. 20-21). Pourtant, il se considère ailleurs comme un orateur peu doué[16], alors que ses écrits prouvent qu'il sait très bien manier l'art du discours. Pourquoi est-il alors invité à revenir prendre la parole à la synagogue ? Parce que le contenu de son discours suscite des questions ou des réflexions ? Parce qu'il a une manière de s'exprimer qui est agréable ? Rien n'est précisé à ce sujet. Mais Paul retournera à la synagogue (19,8) et y recevra d'abord bon accueil.

Paul est aussi courtisé par les grands de ce monde. C'est ainsi que Festus le présente comme une curiosité qui mérite d'être vue et entendue (Ac 25,14), ce qui suscite l'intérêt d'Agrippa (v. 22). Tout le formalisme propre à une telle rencontre est respecté ; Paul ne bénéficie pas de passe-droit. Et il a l'occasion d'exercer une fois de plus la franchise et ce, sur invitation (26,1.26) !

---

14 *Cf.* Ac 14,3 et 19,8 où le ou les parrhêsiastes sont restés respectivement *un certain temps* et *trois mois*, ce qui suggère aussi des visites répétées à la synagogue (*cf.*18,20 où le fait de prolonger le séjour implique de retourner parler à la synagogue).

15 *Cf.* Ac 13,46 ; 14,5 ; 19,9.

16 Voir par exemple 2 Co 2,3-5.

UN POINT SUR LA LÉGITIMATION DE PAUL (ET D'APOLLOS) PAR RAPPORT À CELLE DE PIERRE

Alors que la légitimation de Pierre est fondée sur une réinterprétation des Écritures, celle du parrhêsiaste paulinien[17] l'est davantage sur son appartenance au peuple juif. Le fait d'être reconnu dans cette filiation lui ouvre les portes de la synagogue et l'autorise légitimement à prendre la parole avec franchise. De plus, l'auteur attire plus d'une fois l'attention du lecteur sur le fait que le parrhêsiaste paulinien est détenteur d'un message d'une qualité d'origine divine, ce qui lui donne aussi un poids non négligeable, quand bien même le discours est par la suite mal reçu.

Sous l'angle des forces spirituelles, le parrhêsiaste pétrinien est encore porté par l'événement de l'effusion de l'Esprit à la première Pentecôte chrétienne. Si l'Esprit demeure présent au cœur de la vie du parrhêsiaste paulinien, d'autres manifestations ont lieu, comme pour consolider la légitimité du parrhêsiaste. Ainsi les auditeurs sont-ils témoins de miracles et les lecteurs savent-ils que le parrhêsiaste est envoyé de Dieu, parfois par l'intermédiaire d'une communauté. Cela n'empêche pas que le fait d'être bon orateur est un atout, surtout pour entrer dans la synagogue et y être entendu.

Enfin, le parrhêsiaste paulinien est aussi caractérisé par son itinérance, contrairement à son homologue pétrinien qui reste à Jérusalem. Et, lorsqu'il sera prisonnier, des auditeurs très divers viendront à lui. Est-ce la raison pour laquelle les qualités tant humaines que spirituelles sont importantes pour autoriser l'exercice parrhêsiastique ? La nouveauté du message, la constante présence d'une synagogue dans les villes visitées, la réputation qui se propage, avec pour conséquences soit la curiosité, soit l'animosité, sont autant de facteurs qui vont, dans un premier temps, donner au parrhêsiaste paulinien accès à des communautés d'auditeurs.

17 Pour simplifier, nous parlerons parfois de parrhêsiaste pétrinien lorsqu'il s'agira de désigner Pierre, Jean et leurs proches qu'ils retrouveront à leur sortie de prison. Si nécessaire, nous préciserons le propos, parce qu'il ne s'agirait, par exemple, que de Pierre dans le discours d'Ac 2. De même, pour désigner Saul/Paul, Barnabas et Apollos, il nous arrivera d'utiliser l'expression de « parrhêsiaste paulinien ».

LA LÉGITIMATION DES ACTES COMPARÉE À CELLE DE PHILODÈME

Commençons par le manuel *Sur la franchise* de Philodème de Gadara, dont l'étude nous a permis de mettre en évidence la notion de légitimation comme un enracinement à la fois chronologique et quasi dogmatique. Le parrhêsiaste philodémien s'appuie en effet sur une généalogie d'épicuriens qui ont transmis un même enseignement arrivé jusqu'à lui. Dès lors, tous ont des valeurs identiques, sans avoir vraiment de possibilités pour innover, puisqu'il est important de rester fidèle à ce qui a été transmis depuis le temps d'Épicure.

Dans les Actes des apôtres, la légitimation des parrhêsiastes repose quant à elle sur des notions dont la théorisation est toute relative. Si les Écritures sont certes abondamment citées au début de l'ouvrage et servent ainsi à construire une nouvelle mémoire qui fait office de légitimation, le message, si solidement établi et théorisé chez les épicuriens, est seulement en cours d'élaboration dans le christianisme primitif. C'est pourquoi le recours à l'assistance de l'Esprit, lui aussi nouvellement répandu, a une telle importance. Le parrhêsiaste devient alors, grâce à l'Esprit, légitime pour exercer la franchise. Il faut en effet une réalité qui dépasse ce qui a été dit et fait jusque-là pour autoriser un bouleversement aussi rapide des valeurs.

DANS LES ACTES, LE PARRHÊSIASTE LUCANIEN ET SES AUDITEURS NE FORMENT PAS UNE COMMUNAUTÉ AU SENS PHILODÉMIEN DU TERME

Un autre pan qui assure un contexte propice à l'exercice de la franchise chez Philodème de Gadara est l'existence d'une communauté formée par le parrhêsiaste et ses auditeurs. Pour voir ce qu'il en est dans les Actes des apôtres, nous allons d'abord tester l'hypothèse de l'existence d'une communauté formée par le parrhêsiaste et ses auditeurs. Cela reviendrait à dire que cette partie du modèle philodémien relative à la communauté parrhêsiastique serait reprise *in extenso* par Luc, ce qui n'est en fait pas le cas, nous le verrons. Nous allons donc commencer par chercher les points communs entre le parrhêsiaste et ses auditeurs, pour déterminer si une communauté se dessine ou si, au contraire, les liens sont trop lâches pour arriver à discerner un groupe homogène.

AC 2,29 : UNE IDENTITÉ COMMUNE

Alors que Pierre a été jusque-là, dans l'Évangile de Luc, disciple de Jésus, le voilà qui est mis sur le devant de la scène publique (Ac 2,14). Son auditoire est une foule hétéroclite, faite de Juifs pieux (v. 5), mais aussi de ceux que la rumeur a assemblés (v. 6), d'origines géographiques fort diverses (v. 9-11). En s'adressant à eux, Pierre semble n'avoir que faire de toutes ces distinctions. Il cherche au contraire à se rapprocher d'eux.

C'est ainsi qu'il va les interpeler d'abord en tant qu'*hommes d'Israël* (Ac 2,22), puis en tant que *hommes ses frères* (v. 29) et enfin en tant que *maison d'Israël* (v. 36). Mais c'est précisément aux *hommes ses frères* qu'il demande s'il peut leur parler franchement (v. 29).

En voulant se rapprocher de ses interlocuteurs et créer une forme de connivence, l'apôtre est typiquement en train de tisser une relation entre lui et ses auditeurs telle que ces derniers commencent eux aussi à se reconnaître en lui. Il permet ainsi à la fois une appropriation d'un passé commun par le biais de textes reconnus par tous et une identification de soi à l'autre en se reconnaissant *frères*. D'ailleurs, ceux qui sont réceptifs à son message interpellent eux aussi les apôtres comme étant des *hommes leurs frères* (Ac 2,37). Il y a donc bel et bien une tentative d'instauration d'une réciprocité dans la relation entre Pierre le parrhêsiaste et ses auditeurs. Une partie y répondra favorablement. Ainsi l'identité de certains entre-t-elle en résonance avec celle de Pierre le parrhêsiaste.

AC 4,13 : UN MÊME BESOIN DE SALUT

Quand Pierre et Jean se retrouvent devant les chefs du peuple pour rendre compte de leur utilisation du nom de Jésus pour guérir l'infirme de la porte du Temple (Ac 4,1-22), ils semblent de prime abord ne pas chercher à faire ressortir de point commun entre eux et leurs accusateurs.

Ils s'expriment néanmoins une fois avec le pronom possessif à la première personne du pluriel « nous ». De cette manière, Luc amorce l'agrandissement du cercle de « nous qui avons fait du bien à un infirme » (v. 9) à ceux qui les écoutent. Pierre et Jean déclarent en effet : « *aucun autre nom sous le ciel n'est offert aux êtres humains, qui soit nécessaire à notre salut* » (Ac 4,12). En fait, à y regarder de plus près, ils s'adressent certes à leurs auditeurs immédiats, mais l'affirmation a une portée généralisatrice appelant une adhésion ou un rejet. En fin de compte, chacun est ultimement concerné, pourvu qu'il appartienne à la catégorie des *êtres humains*.

En s'exprimant de la sorte, Pierre et Jean affirment appartenir à la communauté d'hommes et de femmes perdus, avec un même besoin d'être sauvé par celui au nom duquel ils agissent, à savoir *Jésus Christ le Nazôréen* (Ac 4,10). Pour autant, les chefs ne semblent pas adhérer à une telle vision de leur humanité, et la communauté ne prend pas forme entre eux et les parrhêsiastes.

AC 4,29.31 : UN RAPPORT CONTEMPORAIN AVEC LA VOLONTÉ DE DIEU

Dans la prière que Pierre, Jean et les leurs adressent à Dieu pour oser parler franchement (Ac 4,29), les futurs auditeurs de la franchise demandée sont mis en scène. Ce qui les caractérise, c'est d'être « contre » : *contre le Seigneur et contre son Oint* (v. 27), et, dans le même temps, *mena*[çant] les *serviteurs* de Dieu (v. 29)[18]. Dès lors, il semble difficile de considérer que les futurs parrhêsiastes et leur futur auditoire forment une seule et même communauté.

Pourtant, de façon surprenante, un socle commun se dessine autour d'une inscription respective dans la volonté ou le dessein de Dieu. Les auditeurs, quoique mal intentionnés, ont en effet *réalisé tous les desseins que la main* [de Dieu] *et sa volonté avaient établis* (Ac 4,28). Pour leur part, les parrhêsiastes voient la réponse à leur prière appuyée par le signe extraordinaire de la Terre qui tremble. Car, « dans la tradition juive, l'ébranlement de la terre peut accompagner l'apparition de Dieu ;

18 Des menaces ont été dites et répétées. La communauté en prière est bel et bien en danger (Ac 4,17.21). Mais rien n'est précisé dans le texte quant à un contenu plus précis de ce que risquent les croyants.

il manifeste avant tout sa puissance ou sa colère[19]. » Ici, étant donné le contexte, le séisme est donc signe d'approbation divine.

C'est un lien d'un genre nouveau qui unit parrhêsiastes et auditeurs. Il se définit par la position que chaque groupe occupe par rapport à la volonté de Dieu. Il s'opère ainsi un glissement des auditeurs, qui, par ce qu'ils ont fait, se sont retrouvés malgré eux en accord avec le dessein divin, vers les parrhêsiastes, qui sont désormais ceux qui recueillent l'approbation d'en-haut. Peut-être utilise-t-on la franchise justement pour inciter les auditeurs à rejoindre de façon explicite les parrhêsiastes. Pierre ne leur a-t-il d'ailleurs pas fait entrevoir leur état de perdition (*cf.* 4,12) ?

AC 13,46 ; 14,3 ; 18,26 ; 19,8 ; 26,26 : LE PARRHÊSIASTE REJOINT PHYSIQUEMENT SES AUDITEURS

Tant qu'il n'est pas prisonnier, le parrhêsiaste paulinien se rend à la synagogue pour y rencontrer ses auditeurs (Ac 13,14.42.44 ; 14,1 ; 18,26 ; 19,8). Il peut même être explicitement invité à y prendre et à y reprendre la parole (13,15.42). Ce n'est pas dire pour autant que le parrhêsiaste et le public auquel il s'adresse appartiennent à une même communauté, hormis pour ce qui est des attaches culturelles. En effet, « dans les cités grecques où ils se trouvent, la vie des juifs s'organise autour de la synagogue [...]. Elle joue à la fois le rôle de lieu de réunions religieuses (autour de la Torah), de lieu de prière, de lieu d'instruction, de lieu de réunion communautaire, de lieu de réunion de la juridiction locale, de marché[20]. » En d'autres termes, le parrhêsiaste s'adapte au cadre dans lequel son auditeur se trouve pour le rencontrer.

Il en va de même lorsque Paul est prisonnier et qu'il est présenté par Festus à Agrippa, à Bérénice et à leur cour (Ac 25,13-26,32). Est-ce seulement la contrainte physique qui l'oblige à s'adapter au cadre posé par ses interlocuteurs ? En tout cas, nous l'avons vu, Paul se perçoit comme totalement libre, même dans les liens... C'était jusque-là son habitude d'aller rejoindre les auditeurs de sa franchise. La situation d'être conduit vers eux (il est prisonnier) plutôt que d'aller librement à leur

19 D. Marguerat, *Les Actes des apôtres (1-12)*, vol. 1, Genève, Labor et Fides (CNT[N] Va), 2007, p. 157.

20 C. Grappe, *Initiation au monde du Nouveau Testament*, Genève, Labor et Fides (MoBi[Ge] 63), 2010, p. 20.

rencontre n'est donc qu'une variation mineure sur le même thème. De plus, le récit étant un peu plus développé que les autres, nous voyons que Paul respecte les règles protocolaires dues à ses interlocuteurs et à son style de discours[21], une forme de respect qu'il a probablement aussi manifestée à la synagogue (*cf.* Ac 13,16).

AC 28,31 : LE PARRHÊSIASTE ACCUEILLE SES AUDITEURS

Lorsque Paul est prisonnier à Rome, un véritable changement se produit pour ce qui est de la manière dont lui-même, le parrhêsiaste, tente de construire une communauté avec ses auditeurs. Privé de sa liberté de mouvement, il accueille *tous* ceux qui se présentent à lui (Ac 28,30). C'est la première fois qu'un parrhêsiaste des Actes fournit personnellement un cadre relationnel plutôt que de rejoindre lui-même ses auditeurs.

Ainsi Paul *accueille-t-il* (*apedecheto*) ses hôtes. Le verbe grec utilisé ici comporte l'idée d'« accepter la présence d'une personne avec hospitalité[22] ». Le parrhêsiaste introduit donc – enfin ! – des éléments explicitement positifs dans sa relation avec les auditeurs, en plus du discours dont il a l'habitude. Certainement, la neutralité du lieu y est-elle aussi pour beaucoup, puisqu'il ne s'agit plus de la synagogue, culturellement et religieusement très marquée. Mais le parrhêsiaste se fait aussi « tout à tous », comme Paul le dit ailleurs (2 Co 9,22), sans distinction d'origine, Juifs et païens pareillement. Sa porte est ainsi ouverte à chacun, pourvu qu'il fasse l'effort de venir (Ac 28,30). Nulle contrainte et un risque moins grand de rupture : les Juifs romains qui ne veulent pas l'entendre,

21 S'il en avait été autrement, il y a fort à parier que Festus ou Agrippa l'aurait remis à sa place ; et ils auraient pu trouver là des arguments pour expliquer pourquoi ils envoyaient Paul à César. Mais il n'en est rien. Cela étant, Agrippa donne la parole à Paul de façon protocolaire (*il t'est permis de plaider*), et Paul la prend en étendant la main, de manière tout aussi convenue (*cf.* D. Marguerat, *Les Actes des apôtres (13-28)*, vol. 2, Genève, Labor et Fides [CNT[N] Vb], 2015, p. 333). Fitzmyer note que le discours prononcé est « marqué par un langage rhétorique et formel » (J. A. Fitzmyer, *The Acts of the Apostles. New Translation with Introduction and Commentary*, New York *et al.*, Doubleday [AncB 31], 1998, p. 755 ; voir aussi F. F. Bruce, *The Acts of the Apostles. The Greek Text with Introduction and Commentary*, 3e éd. revue et augmentée, Grand Rapids, William B. Eerdmans Publishing, 1990, p. 496 et C. K. Barrett, *A Critical and Exegetical Commentary on the Acts of the Apostles. Preliminary Introduction and Commentary on Acts I-XIV*, sous la dir. de J. A. Emerton, C. E. B. Cranfield et G. N. Stanton, t. 1, Edinburgh, T&T Clark [ICC], 1998, p. 1149).

22 J. P. Louw, E. A. Nida (éd.), *Greek-English Lexicon of the New Testament Based on Semantic Domains*, OakTree Software (Accordance) ; United Bible Societies, 1989, p. 453.

ne leur suffit-il pas de rester chez eux, contrairement à ce qu'il en serait à la synagogue où ils pourraient se sentir provoqués ou pris en otages ? Malgré cette apparente ouverture à l'autre de la part du parrhêsiaste, le narrateur ne laisse pas entrapercevoir une quelconque communauté qui se formerait pour permettre la franchise, ou qui se constituerait à l'issue de ces discussions.

POINT SUR LA RELATION ENTRE PAR LE PARRHÊSIASTE DES ACTES ET SES AUDITEURS

Force est de constater que le parrhêsiaste des Actes et ses auditeurs ne sont réunis que le temps du discours parrhêsiastique. L'identité que Pierre, puis la foule, se reconnaîtra comme étant commune (Ac 2,29), n'est pas suffisante pour être le ciment d'une communauté durable. De plus, l'un des socles de la communauté philodémienne, qui était recherché par tous – l'amitié et la bienveillance, pour ensemble progresser vers la maturité –, est quasiment absent[23] : on ne peut pas parler d'amitié ou de bienveillance qui caractériseraient particulièrement les relations parrhêsiastiques dans les Actes !

Dans un autre ordre d'idée, si le besoin de salut caractérise tout être humain (Ac 4,13), la conscience de la perdition n'est pas suffisamment manifeste pour que tous se mettent à rechercher ce salut. Même cas de figure pour ce qui est du rapport à la volonté de Dieu (v. 28) : se trouver en son centre ne semble pas être une quête universellement partagée, quand bien même, dans sa souveraineté, Dieu permet que les actions humaines servent néanmoins ses desseins ! Ainsi, chez Luc, parrhêsiastes et auditeurs ne sont pas forcément à la poursuite du même but et n'ont pas les mêmes valeurs.

Même lorsque le parrhêsiaste fait l'effort de rejoindre le public visé là où il se trouve, c'est-à-dire à la synagogue (Ac 13,46 ; Ac 14,3 ; 18,26 ; 19,8), cela ne suffit pas pour qu'une communauté au sens philodémien soit formée. Un nouveau groupement d'individus voit néanmoins le jour, et c'est aussi une nouveauté par rapport à ce que nous montre le *Sur la franchise*.

23 Sauf peut-être en Ac 28,30-31.

DANS LES ACTES, LA VÉRITABLE COMMUNAUTÉ DU PARRHÊSIASTE

Si l'on compare avec le parrhêsiaste de Philodème qui appartient sans conteste à la communauté épicurienne où s'exerce la franchise, le parrhêsiaste des Actes ne forme pas une communauté avec ses auditeurs, ce qui va engendrer une situation nouvelle. Une communauté va en effet malgré tout surgir, composée d'auditeurs qui ont adhéré au message du parrhêsiaste. En d'autres termes, la franchise est exercée à l'égard d'un groupe, le plus souvent composé de Juifs. Dans le discours franc, nous avons pu repérer des points de jonction qui permettaient au parrhêsiaste de créer une certaine connivence avec ses auditeurs, au point que les uns et les autres s'appellent *frères*. Nous verrons plus loin que ce n'était pas suffisant pour qu'une communauté réunissant à la fois le parrhêsiaste et tous ses auditeurs voie le jour. Néanmoins, certains auditeurs, plus ou moins nombreux, vont se séparer des autres et former une nouvelle communauté à part. Celui ou ceux qui ont jusque-là endossé le rôle de parrhêsiaste – les Pierre, Jean et autres Paul – font pleinement partie du groupe nouvellement créé, mais ils n'en sont jamais les parrhêsiastes[24] !

Comme la formation ou l'existence de cette nouvelle communauté est systématique, nous allons en dire quelques mots, parce qu'elle participe de l'identité du parrhêsiaste des Actes et de son contexte d'exercice de la franchise.

AC 2,29 : UNE NOUVELLE COMMUNAUTÉ QUI EST DIVINEMENT CONSTITUÉE

Après que Pierre a parlé à la foule, qui a été témoin des effets de l'effusion de l'Esprit, et qu'il s'est adressé franchement à elle (Ac 2,29), un mouvement massif de conversions a lieu (v. 37-41). Pierre ne se confond

24 Pourtant, c'est bien plutôt dans ce cadre que nous nous serions attendue à les trouver, en train d'exercer leur liberté de parole, si l'on se réfère à la franchise telle que Philodème la présente. Les nouveaux disciples auraient en effet pu vouloir les avoir comme guides/ parrhêsiastes. C'est oublier que l'Évangile présente Jésus le Christ ressuscité comme seul modèle. Il n'est dès lors pas étonnant que tous les membres de la communauté chrétienne primitive soient sur un pied d'égalité. Nous allons voir dans la suite comment se vit la communauté de croyants dans les Actes.

cependant pas avec les milliers de nouveaux croyants. Il continue à rendre un témoignage fort et à encourager les membres de cette nouvelle assemblée (v. 40) et, ce faisant, de s'en distinguer.

Le résultat est que sa parole est accueillie et, surtout (Ac 2,41), que ces nouveaux croyants *sont ajoutés* à… Le texte ne le dit pas explicitement, mais il s'agit probablement de venir compléter le groupe des cent vingt qui a attendu l'effusion de l'Esprit (Ac 1,15). Le plus important est en effet ailleurs : le verbe grec revêt la forme d'un passif divin, qui indique l'œuvre discrète mais efficace de Dieu, qui ajoute lui-même les nouveaux disciples à ceux qui les ont précédés de peu. De cette manière, l'importance de la personne même de Pierre – et de toutes les autres – se trouve relativisée. Il a été un instrument, mais il n'est pas le véritable auteur des conversions.

AC 4,13 : UNE NOUVELLE COMMUNAUTÉ QUI EST VALORISÉE

Après que Pierre et Jean sont arrêtés par les chefs du peuple (Ac 4,1-22), à la suite du miracle opéré sur l'homme infirme (3,1-11), ils sont amenés à prononcer un discours dans lequel ils s'attachent à donner un sens valorisant aux événements pascaux (v. 12-26). Ainsi, alors que Jésus est vu comme déviant par l'opinion dominante et par les chefs religieux en particulier, ses disciples vont mettre en place des stratégies pour renverser une telle perception. D'une part, ils cherchent à neutraliser ce qui pourrait nuire. D'autre part, ils proposent un récit des événements qui est une interprétation après coup de ce qui s'est passé. Ainsi la Passion peut-elle être vue en premier lieu comme négative, humiliante et dégradante pour Jésus et pour ceux qui l'ont côtoyé. Mais, affirmer qu'il n'y a d'autre salut qu'en la pierre angulaire auparavant rejetée (4,11-12) permet de refuser une telle vision des choses. Mieux, les événements pascaux deviennent honorables et bénéfiques pour beaucoup.

Pour ce faire, une citation du Ps 117,22[LXX] est utilisée et légèrement modifiée. Alors que la Septante mentionne une *pierre rejetée*, Luc parle de *pierre méprisée* (Ac 4,11). L'évolution du type de traitement réservé à la « pierre » conduit à considérer qu'elle représente forcément une personne. Un caillou peut être rejeté, sans aucun doute. Mais pas méprisé ! De plus, ce changement de qualification accentue la honte qui rejaillit sur celui qui est ainsi stigmatisé et, par voie de conséquence, l'honneur qui lui est finalement attribué. En effet, « la *pierre* méprisée en vient à occuper la position de la plus haute importance et d'honneur – "celui que vous avez crucifié, celui que Dieu a relevé de la mort"[25] ». La personnalisation de la pierre et la description de son abaissement, suivie de son élévation, pointent vers une christologisation du propos.

Or Pierre voudrait rassembler autour du fait qu'il n'y a aucun salut ailleurs qu'en lui ; car aucun autre nom sous le ciel n'est offert aux hommes, qui soit nécessaire à notre salut (Ac 4,12). Dès lors, « la parole de Jésus et la parole à son sujet constituent une limite qui sépare le peuple de l'alliance authentique avec Dieu de tous les autres peuples. La séparation est en effet radicale : d'après Luc-Actes, le salut ne se trouve qu'en Jésus seul. Il n'y a de salut qu'en son nom seul (v. 12) ; on ne peut être sauvé qu'en Jésus seul de ce pour quoi la loi de Moïse ne pouvait rien faire (13,38). En résumé, il n'y a pas de salut hors de la communauté rassemblée par Jésus. Comme Jésus le dit dans l'Évangile : "Celui qui n'est pas avec moi est contre moi ; celui qui ne rassemble pas avec moi disperse" (Lc 11,23)[26]. » En d'autres termes, Jésus constitue lui-même la limite de la nouvelle communauté, la rassemblant et la soudant.

Dès lors, le grand honneur qui lui est attribué rejaillit immanquablement sur ceux qui lui sont attachés. Et tel est le message du discours parrhêsiastique de Pierre et Jean. Leurs auditeurs, les chefs du peuple, avec lesquels ils s'associent en tant que personnages appelés à répondre à une offre de salut exclusive, grâcieuse et universelle, doivent comprendre qu'une nouvelle communauté est en train de voir le jour. Cette dernière est tout à fait digne d'estime, contrairement à leurs a priori. Ce, ou plutôt celui, qu'ils ont tenu pour méprisable, a en effet été élevé. Celui qu'ils ont déclaré sans utilité est désormais valorisé et, avec lui, tous ceux qui le reconnaissent comme digne de leur soumission.

25 C. K. Barrett, A Critical and Exegetical Commentary on the Acts of the Apostles. Preliminary Introduction and Commentary on Acts I-XIV, vol. 1, Edinburgh, T&T Clark (ICC), 1994, p. 230, les italiques sont de l'auteur. *Cf.* aussi J. A. Fitzmyer, *The Acts of the Apostles. New Translation with Introduction and Commentary*, New York *et al.*, Doubleday (AncB 31), 1998, p. 301, qui explique que la pierre angulaire n'était pas à l'époque néotestamentaire semblable à celle que l'on dépose de nos jours en terre lors d'une inauguration, mais une pierre ayant une fonction de première importance, comme la clef de voûte ou la pierre de faîte d'une arche.

26 J. H. Neyrey, « The Symbolic Universe of Luke-Acts : "They Turn the World Inside Done" », in J. H. Neyrey (éd.), *The Social World of Luke-Acts. Models for Interpretation*, 3e éd, Peabody, Hendrickson Publisher, 2008, p. 301.

AC 4,29.31 : UNE NOUVELLE COMMUNAUTÉ QUI EST UNIE

Une fois que Pierre et Jean ont été relâchés par les chefs du peuple, qui les ont une dernière fois menacés *pour qu'ils ne mentionnent plus ce nom devant qui que ce soit* (Ac 4,17), ils retrouvent *les leurs* (v. 23). Cette dernière désignation suggère déjà en elle-même un lien particulier entre Pierre, Jean et ceux qu'ils rejoignent, un lien défini autour d'une reconnaissance commune de l'autorité de Jésus.

C'est ce lien qui leur permet désormais de faire face au rassemblement de ceux qui leur sont hostiles (Ac 4,26.27). Ils sont en effet *unanimes* (v. 24) et réagissent par une prière commune au cours de laquelle ils demandent à Dieu de leur donner de la franchise, à eux ses serviteurs, pour qu'ils puissent dire sa Parole (v. 29).

Cette unanimité apparaît déjà en Ac 1,14, dans le sommaire de 2,46, et sera de nouveau mentionnée en 5,12. Il s'agit donc d'une habitude prise par les nouveaux croyants en Jésus, qui ont une vie de prière caractérisée par l'unité de leurs demandes. Ce consensus est dû à leur proximité avec le Christ, ce qui a pour effet de resserrer les liens entre eux.

Cette communauté, à laquelle les parrhêsiastes Pierre et Jean se joignent, et qui demande de la franchise pour elle-même, est donc décrite comme ayant une dynamique fondée sur sa relation avec le Ressuscité. Les liens qui unissent ses membres s'en trouvent renforcés d'une manière exceptionnelle. Il ne s'agit pas juste d'un savoir commun qui serait respecté par tous ou de règles de vie adoptées par le groupe. C'est d'une dépendance verticale orientée vers le divin qu'il s'agit, dont résulte une interdépendance horizontale, avec des implications sur la qualité des relations communautaires (*cf.* Ac 4,23).

D'ailleurs, la réponse qu'ils obtiennent à leur prière les concerne aussi eux *tous* (Ac 4,31) et les met au bénéfice de rien de moins que l'approbation divine.

La communauté à laquelle se rattachent Pierre et Jean, bien qu'ils n'exercent pas la franchise en son sein, est celle qui se rapproche le plus d'une communauté philodémienne et qui, d'ailleurs, la dépasse. Elle n'est en effet pas juste fidèle à un enseignant dont les préceptes ont été scrupuleusement transmis et observés, ni ne constitue un « simple » espace d'amitié et de bienveillance. Elle est un lieu de communion au sens fort du terme, manifestant à la fois une unité de foi – c'est-à-dire une relation partagée avec la divinité – et une harmonie relationnelle – c'est-à-dire une fraternité concrètement vécue[27].

AC 13,46 ; 14,3 ; 18,26 ; 19,8 : FONDATION DE NOUVELLES COMMUNAUTÉS DISTINCTES DE LA SYNAGOGUE

Alors que la nouvelle communauté née du discours du parrhêsiaste pétrinien est composée d'un noyau existant antérieurement à l'effusion de l'Esprit, et qu'elle est réunie par l'Esprit[28], le parrhêsiaste paulinien va souvent se trouver devant un autre cas de figure.

Ainsi, à Antioche de Pisidie, alors que Paul et Barnabas exercent la franchise dans la synagogue, il y a une division parmi les auditeurs et d'eux naîtra une nouvelle communauté de *croyants* (Ac 13,48).

Il en va de même à Iconium. Mais, cette fois, Luc insiste sur l'opposition rencontrée de la part d'un sous-groupe d'auditeurs[29]. Ce faisant, nous

---

27 Elliott décrit le nouveau type de communauté qui se met en place après la Pentecôte, en opposition à celles du judaïsme. Ses références concernent surtout l'Évangile de Luc et la première partie du livre des Actes, c'est-à-dire les passages que nous venons de traiter (les italiques sont de l'auteur, les gras sont notre indication de textes correspondant à des versets examinés précédemment) : « En contraste avec la faillite du système du temple et de la redistribution, l'organisation de la vie commune était marquée par les *réciprocités* de filiation, d'amitié et de relations domestiques. Dans le réseau chrétien de maisons et dans la communauté de "frères et sœurs dans la foi", les relations sociales étaient intimes, inclusives et gouvernées par la réciprocité caractéristique de la famille et des amis. Dans cette sphère sociale privée (incluant le religieux), la vie était autonome et économiquement indépendante. Les ressources n'étaient pas orientées sous la contrainte vers un centre distant et redistribuées selon les intérêts de ceux qui avaient du pouvoir, mais étaient directement partagées selon les disponibilités et les besoins (Lc 6,3-36 ; 11,5-13 ; 12,33 ; 15,3-32 ; 18,22 ; 19,1-10 ; Ac 2,44-47 ; 5,32-37 ; 6,1-6). Aucun lieu saint et aucune hiérarchie pour édicter des normes de différenciation sociale, parce que la fraternité de tous les fidèles était sainte (Lc 11,4-41 ; Ac 10,1-11,18 ; 15,9). Les responsables en particulier étaient appelés à être serviteurs (Lc 17,7-10 ; 22,24-27). L'*humilité* (Lc 14,7-11 ; 18,14) plutôt que l'élitisme, une attitude *inclusive* (Lc 14,12-24 ; Ac 10,1-11,18) plutôt qu'exclusive, le *consensus* (Ac 2,42 ; 4,32) plutôt que la contrainte, l'*engagement personnel* (Ac 3,11-16 ; 4,8-12 ; 5,23-31) plutôt que des allégeances abstraites, voilà quelles étaient les règles, toutes typiques de relations réciproques. » (J. H. Elliott, « Temple Versus Household in Luke-Acts : A Contrast in Social Institutions », in Jerome H. Neyrey [éd.], *The Social World of Luke-Acts. Models for Interpretation*, 3e éd, Peabody, Hendrickson Publisher, 2008, p. 236).

28 *Cf.* Ac 1,6.13-15 pour ce qui est du groupe de disciples préexistant à l'effusion de l'Esprit, dont tout ou partie, au moins, a été témoin de l'ascension de Jésus. Quant à la réunion de la communauté de croyants par l'Esprit, voir notamment Ac 2,41, et aussi 13,52.

29 Il y avait aussi eu de l'opposition à Antioche de Pisidie, mais Luc l'avait décrite comme étant dirigée contre les parrhêsiastes (Ac 13,45), et non contre la nouvelle communauté de croyants (13,50-51).

voyons émerger, davantage qu'auparavant, les limites de l'Église avec, à l'extérieur, un environnement hostile et, à l'intérieur, de la fraternité[30]. Ce n'est pas sans rappeler ce que Philodème dit à propos de l'attitude à avoir avec ceux qui sont hors de la communauté épicurienne, sauf que les croyants chrétiens ne méprisent pas ceux qui ne se sont pas ralliés à eux. Ils subissent leurs assauts (Ac 14,4-5), les esquivent parfois (v. 6), mais continuent de vouloir être en relation avec eux pour les convaincre de les rejoindre (v. 7)[31] !

D'ailleurs, à Éphèse, une fois qu'Apollos aura prêché avec franchise à la synagogue et qu'il aura été enseigné par Priscille et Aquilas, celui qui a été parrhêsiaste auprès des Juifs, mais qui ne l'est plus au sein de la communauté de croyants, est recommandé par les *frères* pour rejoindre les *disciples* en Achaïe, disciples qui sont aussi appelés *ceux qui avaient cru* (Ac 18,27). Ainsi Apollos, en arrivant à Éphèse, et en particulier en sa synagogue, est-il d'abord pris en charge par les membres du sous-groupe de croyants, ses *frères* (v. 27). Cette communauté a probablement été fondée auparavant par Paul (*cf.* v. 18,19). N'étant par conséquent ni complètement novice, ni issue d'Apollos, elle peut se permettre d'encadrer le nouveau venu, de telle façon qu'il acceptera ce qu'il y apprendra, et qu'il lui soumettra son désir de continuer de voyager. Par les différentes manières de nommer les croyants (*frères*, *disciples*, *ceux qui avaient cru*), Luc insiste sur la proximité entre eux, telle une famille qui est constituée de valeurs communes et entretient des relations entre ses membres. Il met ainsi l'accent sur ce qui les lie, à savoir leur foi partagée. Contrairement à la communauté philodémienne – au sein de laquelle l'effort à fournir pour conserver de bonnes relations semble être un sujet de préoccupation, ce qui est particulièrement visible par la mise en évidence des dangers qui peuvent nuire à la qualité des échanges –, la communauté de croyants à Éphèse est décrite, ici en tout cas, comme fonctionnant en parfaite harmonie et sans que ne plane l'ombre d'une quelconque menace qui pourrait provenir de son sein[32]. Elle est au

30 Les *frères* sont en effet ceux à l'égard desquels s'exerce l'opposition des Juifs (Ac 14,2).

31 Bien que les protagonistes ne se trouvent plus à Iconium au v. 7, leur action est exprimée comme étant dans la continuité et dans la même logique de ce qui s'est passé à Iconium avec un *là aussi* qui relie les événements des différents lieux.

32 Malgré les mêmes apparences, les communautés de Jérusalem (Ac 5 avec Ananias et Saphira ; Ac 6 avec les veuves grecques) et d'Antioche (Ac 15 et la question de la circoncision) auront à régler des difficultés qui ont vu le jour plus ou moins dans leurs rangs.

contraire favorable à la croissance des siens et les soutient dans leurs projets, et cela sans usage explicite de la franchise.

Lorsque Paul est de retour à Éphèse, la même communauté éphésienne, qui avait su entourer Apollos désormais parti pour Corinthe (Ac 19,1), se voit obligée de rompre avec les membres de la synagogue. Ou, pour être plus exact, Paul, qui s'est comporté en parrhêsiaste auprès des auditeurs juifs, décide de ne plus s'adresser à ces derniers et de concentrer ses efforts sur les *disciples*, c'est-à-dire ceux qu'il a trouvés à son arrivée (v. 1), auxquels se sont joints ceux qui ne diffamaient point la Voie (v. 9). Nous reviendrons sur la façon dont s'effectue cette séparation. Pour l'instant, soulignons simplement que l'endurcissement et l'opposition verbale du public visé par la franchise conduit à ce que la communauté de croyants se retire et se concentre sur ses propres besoins, et cela de façon apparemment durable, puisque la situation se prolonge durant deux ans (v. 10)[33]. La ligne de clivage se définit en fonction de l'adhésion à *la Voie* (v. 9), c'est-à-dire en fonction de l'acceptation ou non de la proclamation du Royaume de Dieu (v. 8).

Ainsi, que ce soit à Antioche de Pisidie, à Iconium ou à Éphèse, le christianisme naissant est-il objet de décision, mais aussi de division, ce qui conduit à ce que de nouvelles communautés voient le jour. Si des parrhêsiastes en font partie, ils n'exercent cependant pas leur franchise au sein de ces nouveaux groupes. Cela étant, ils occupent une place singulière. Soit ils exercent un ministère particulier – qu'il s'agisse de permettre l'accès au salut (Paul et Barnabas en Ac 13 et 14) ou d'enseigner (Paul en Ac 19) –, soit ils acceptent d'être au bénéfice d'une instruction personnalisée, ce qui est le cas d'Apollos en Ac 18, qui est ensuite envoyé dans une autre ville pour continuer son œuvre. En d'autres termes, au sein de la communauté croyante, ceux qui sont présentés comme parrhêsiastes figurent au même titre que d'autres, simplement distingués par leurs dons et capacités, sans rapport explicite avec la franchise.

33 Comme le récit est centré sur l'activité apostolique de Paul, la durée de deux ans correspond probablement au temps où il a enseigné selon ces modalités à Éphèse. Mais la rupture avec les membres de la synagogue est consommée, en tout cas à Éphèse, et aucune donnée ne permet de penser qu'il y a eu un retour en arrière dans ce domaine.

AC 26,26 : L'ÉMERGENCE D'UNE NOUVELLE COMMUNAUTÉ, UNE TENDANCE LOURDE

Même hors du contexte synagogal, Paul cherche à ce que son auditeur se range à ses vues. C'est bien ce que comprend Agrippa, qui le révèle dans sa réponse à Paul, et cela que la nuance contenue dans son propos soit sarcastique ou admirative (Ac 26,28). Et le parrhêsiaste ne se dérobe pas, bien au contraire, souhaitant que tout un chacun lui ressemble, ajoutant une restriction à son vœu : « *sans les chaînes que je porte* » (v. 29) ! Certes, aucune communauté n'est concrètement présentée ou même sous-entendue. Néanmoins, le propos parrhêsiastique vise à un tel changement, avec de telles conséquences – le livre des Actes est jalonné des persécutions vécues par les premiers croyants – qu'il semble peu probable qu'il faille ici envisager que Paul prêche un évangile qui, en plus de l'exclure de sa communauté originelle, ne rattacherait pas à une nouvelle communauté celui qui souscrirait à cette doctrine. Dans ce récit, Agrippa ne franchira pas le pas. Et Paul retournera à la solitude de sa prison. Mais il n'aura pas hésité, même dans sa situation d'inculpé (v. 6), à continuer son œuvre parrhêsiastique et à peser sur les consciences pour amener ses auditeurs à une séparation radicale de ce qui constituait leur appartenance première, en vue d'adopter une nouvelle vision qui mène à une nouvelle adhésion communautaire.

POINT SUR LA NOUVELLE COMMUNAUTÉ QUI S'AFFRANCHIT DE L'AUDITOIRE DU PARRHÊSIASTE

La naissance d'une nouvelle communauté formée des auditeurs favorables au message parrhêsiastique s'explique bien par l'objet même des Actes. L'apparition d'une nouvelle doctrine, qui exige sa propagation, nécessite que l'on s'adresse à ceux qui sont à portée de voix, souvent les membres de la synagogue. C'est dans ce cadre qu'intervient la franchise, pour convaincre qu'il faut changer de vie. Mais, une fois que l'on adhère au message, une nouvelle communauté voit le jour et l'enseignement devient l'une des activités principales en son sein.

Dans les écrits pauliniens, les auditeurs seront cependant plus d'une fois les destinataires de lettres dont l'auteur exerce la franchise à l'égard des destinataires[34] : l'activité parrhêsiastique n'est donc absolument pas

---

34 Voir par exemple 1 Th 2,1-2 ; 2 Co 3,12 (en lien avec 1,1 ; 7,2-16), etc.

exclue de l'Église. Mais, dans le récit tel que Luc l'a conçu, elle concerne ceux qui ne sont pas encore convertis. Dès lors, en ce qui concerne le contexte propice à l'exercice de la franchise, les données sont bien plus complexes que dans l'écrit philodémien où parrhêsiaste et auditeurs sont dès le début acquis à la même cause, celle de la recherche de la vie bienheureuse telle qu'elle est enseignée par Épicure[35].

En guise de conclusion pour ce qui est du groupe dans lequel s'exerce la franchise, revenons à un texte emblématique qui met en évidence les différents éléments du contexte propice à la franchise des Actes.

LE CAS D'AC 9,27.28 : LES MULTIPLES FACETTES DU CONTEXTE PROPICE À LA FRANCHISE

Saul, converti récent au christianisme, se rend à Jérusalem (Ac 9,26-31). Ce récit est riche en éléments concernant le contexte propice à la franchise, certains n'étant d'ailleurs pas apparus dans les autres passages et plusieurs s'entremêlant. Nous avons déjà vu qu'il y a naissance d'une nouvelle communauté, celle des croyants, issue de l'auditoire du parrhêsiaste. Or, dans ce seul texte, nous avons deux types de légitimations, l'une concernant l'auditoire (sans quoi le parrhêsiaste ne serait pas écouté), l'autre les croyants (à qui la question est posée d'accepter le

35 En fait, les différences entre les Actes des apôtres et le *Sur la franchise* sont telles pour ce qui est de la communauté que nous pourrions nous poser la question de l'utilité de continuer à examiner la franchise des Actes en relation avec la franchise de Philodème. Or, la mise en évidence de tout ce qui concerne le livre des Actes, telle que nous l'avons effectuée jusqu'ici, n'est possible que grâce au *Sur la franchise* de Philodème. Bien sûr, d'autres modèles entrent peut-être en résonance, mais ce n'est pas notre propos que de les traiter ici. Néanmoins, la lumière projetée par le manuel épicurien sur le récit des Actes permet de mettre en évidence et en relation des éléments d'une manière nouvelle et inédite. C'est pourquoi nous prenons le parti de continuer une telle lecture des Actes des apôtres, d'autant plus que la franchise philodémienne n'était certainement pas absente de la conception du monde des premiers lecteurs ou auditeurs du récit. Du coup, la réinterprétation de la franchise par Luc prend une couleur d'autant plus soutenue, qu'elle diffère du modèle épicurien et ce, que ce soit pour le lecteur imaginé par Luc et forcément éclairé par sa connaissance de la culture d'alors, ou pour celui d'aujourd'hui qui (re)découvre la franchise de Philodème.

parrhêsiaste en leur sein). À cela s'ajoute le rôle d'intermédiaire endossé par Barnabas, puis par les frères. Sans compter la présence de l'Esprit saint ! Avant d'aller dans l'analyse proprement dite, nous renvoyons à une illustration des interactions que nous trouvons dans le passage, et sur laquelle nous allons nous appuyer.

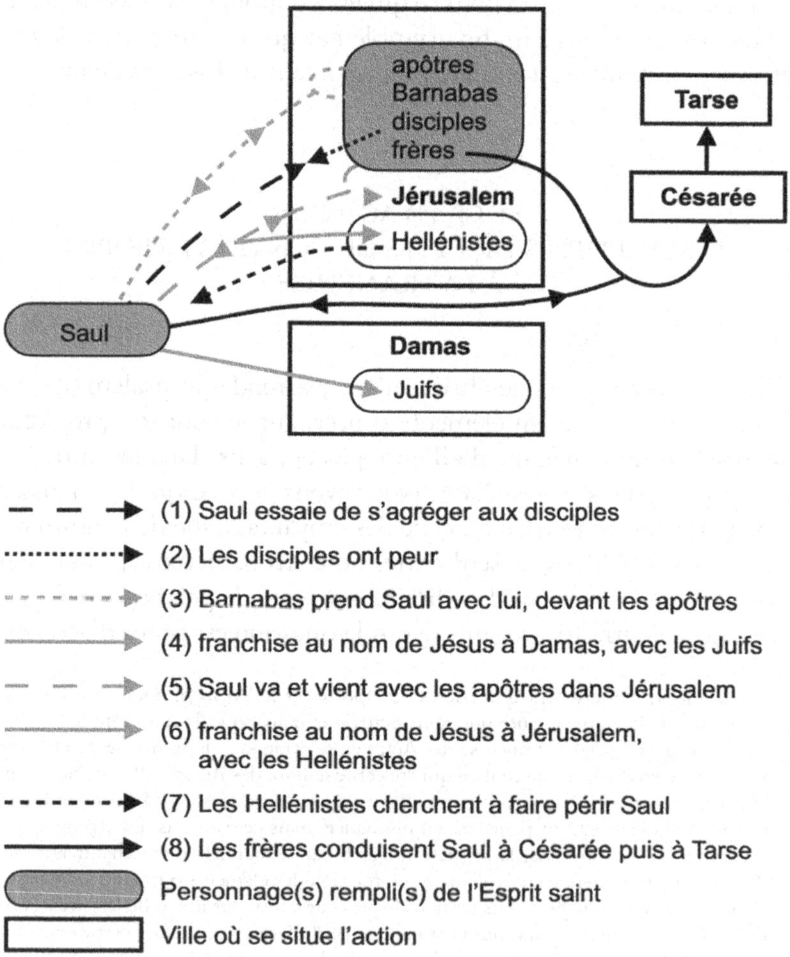

FIG. 2 – Ac 9,27.28 : grande complexité du contexte propice à la franchise.

AC 9,26A : UN DÉSIR D'APPARTENANCE FRUSTRÉ, LA COMMUNAUTÉ SE REFUSANT AU PARRHÊSIASTE ET, PAR LÀ MÊME, LUI DÉNIANT TOUTE LÉGITIMITÉ

Puisque le texte débute par la tentative de Saul de s'intégrer à la communauté de Jérusalem (Ac 9,26), commençons par la thématique de la légitimation auprès des croyants avec lesquels le parrhêsiaste a des relations (mouvements 1 et 2 de l'illustration). Tout comme dans le cas d'Apollos (18,26), la communauté de croyants existe avant sa venue. De plus, Saul, comme tous les autres parrhêsiastes des Actes, n'est pas dans une relation parrhêsiastique à son égard. Il est bien au contraire fraîchement converti et n'a pas encore fait ses preuves à l'égard de cette communauté-là. Nous sommes devant une situation toute différente de celles que nous avons rencontrées jusque-là. Qu'est-ce qui pousse Saul à vouloir rejoindre les autres croyants de Jérusalem ? Certainement la relation qui s'est développée entre lui et Ananias juste après sa conversion (9,10-19). Peut-être son expérience toute récente à Damas (v. 19b-25), où les *disciples* lui ont sauvé la mise (v. 25). Mais le voici seul, ayant été obligé de fuir à cause de menaces de persécutions damascènes, dirigées cette fois contre lui (v. 24 ; avant la menace provenait de Saul à l'encontre des croyants, v. 21).

C'est alors qu'il *essaie de s'agréger aux disciples* (Ac 9,26a). Le vocabulaire utilisé en grec a son importance. Sa tentative (*il essayait, epeirazein*) est exprimée avec un verbe qui, dans le Nouveau Testament, est souvent en relation avec l'épreuve ou le fait d'être éprouvé[36]. En d'autres termes, pour Luc, Saul, avec son essai, ne pouvait qu'éprouver des difficultés dans son entreprise. Le succès est loin d'être garanti. C'est que le projet est ambitieux. Saul ne veut rien de moins que vivre une proximité tout à fait particulière avec les disciples. Alors que la formation de groupes rassemblant des croyants n'est absolument pas un problème dans les Actes[37], voilà que Saul, lui, se heurte à une fin de non-recevoir.

---

36 Voir J. P. Louw et E. A. Nida, éds, *Greek-English Lexicon of the New Testament. Based on Semantic Domains*, version 4.1, OakTree Software (Accordance), 1989, p. 146, 330, 332, 775 et, en particulier p. 602, à propos du verbe *peirazô*.

37 Ce qui pose parfois problème, c'est la vie elle-même de ces communautés, et non leur formation. Rien qu'en prenant les épisodes qui ont précédé la conversion de Saul, il y a en effet déjà eu le détournement de fonds opéré par Ananias et Saphira (Ac 5,1-11), la crise à propos des veuves hellénistes (6,1-6) et la tentative de prise de pouvoir imaginée

Si le récit des Actes est absolument cohérent par rapport à ce désir de Saul de rejoindre une communauté – le croyant solitaire n'existe peut-être que dans le cas du ministre éthiopien (*cf.* Ac 8,26-39), et cela se discute[38] –, la difficulté que rencontre Saul face à la communauté de Jérusalem est surprenante.

AC 9,26A : UNE PEUR QUI CONDUIT À S'OPPOSER À DIEU LUI-MÊME ET QUI EXCLUT LE PARRHÊSIASTE

Il faut dire que la peur alimente la croyance (mouvement 2 de l'illustration) … justement des croyants, qui *n'arrivent pas à le croire vraiment disciple* (Ac 9,26). Autrement dit, leur foi est un instant déviée vers cet homme et comme empêchée. Le pas à faire est trop grand, alors que « les initiatives du Christ devancent les siens, et que c'est aux croyants de consentir aux avancées surprenantes de leur Seigneur[39] ». Autrement dit, Saul a vécu une rencontre bouleversante sur le chemin de Damas, du fait du Christ. Maintenant à l'église de l'accepter elle aussi. Néanmoins, malgré tout ce qui a précédé – l'effusion de l'Esprit (Ac 2,1-4), l'adjonction de milliers à la première communauté croyante (v. 41.47 ; 4,4), le face-à-face avec les autorités (4,29-31), les prodiges qui se multiplient (3,7-9 ; 5,12) –, les croyants rechignent à une nouveauté de plus, qui consisterait à ce que l'un de leurs pires persécuteurs les rejoigne (*cf.* 8,1 ; 9,1).

Jusque-là, dans le livre des Actes, la peur a toujours été en relation avec une manifestation divine et la crainte qu'elle inspire (Ac 2,43 ; 5,5.11). Il en va de même ici : Dieu s'est manifesté d'une manière inattendue. Non seulement il s'est interposé entre Saul et les croyants de Damas, mais il retourne littéralement cet agent de l'ennemi (9,14), pour en faire

---

par Simon (8,18-24). S'ensuivront d'autres faits, le plus marquant étant probablement celui qui a exigé un synode pour sortir de l'impasse (15,1-35).

38 Le solitaire eunuque éthiopien est rattaché à la communauté croyante, au moins de quatre manières différentes : 1/ par Philippe (représentant de la communauté croyante) qui l'a accompagné lors de la conversion, 2/ par son acceptation de la réinterprétation christologique du texte d'Es 53,7b-8c (Ac 8,32-33), 3/ par le fait que le baptême (pratique communautaire attestée ; *cf.* 2,38.41 ; 8,12-13.16) lui a été administré à sa demande (il n'est donc pas rattaché à la communauté par défaut, mais bien de son plein gré), et 4/ par son nouveau statut de disciple du Christ, qui fait de lui un membre en puissance de la communauté croyante.

39 D. Marguerat, *Les Actes des apôtres (1-12)*, vol. 1, Genève, Labor et Fides (CNT[N] Va), 2007, p. 342.

l'*instrument qu'il s'est choisi* pour œuvrer parmi tous, nations païennes, rois et Israélites (v. 15).

Dès lors, la peur suscitée par Saul qui veut approcher la communauté n'est pas tant un rejet de sa personne qu'une interrogation incrédule face à Dieu qui semble outrepasser les frontières du bon sens. D'ailleurs, c'est bien sur cette note que finira cet épisode, la croissance de la Parole étant à nouveau placée sous la bannière de la crainte du Seigneur : *l'Église marchait dans la crainte du Seigneur* (Ac 9,31). Cela dans un contexte où il est question, de frontières et de limites, de légitimité et d'usurpation. Qui saura dire jusqu'où aller ?

AC 9,27 : UNE LÉGITIMATION PAR LE BIAIS D'UN MÉDIATEUR ET DE SON RÉCIT

Il aura fallu pour en arriver là l'intervention d'un homme discret, mais précieux (mouvement 3 de l'illustration). Barnabas a déjà été présenté par Luc en Ac 4,36 comme stéréotype du croyant en plein accord avec les pratiques de la communauté. Il prend ici d'autorité Saul avec lui (9,27) et le conduit auprès des apôtres, de la même façon que Saul, alors encore persécuteur frénétique, voulait auparavant emmener les *adeptes de la Voie* à Jérusalem (v. 2)[40]. Il se trouve en effet que le même verbe grec est utilisé pour dire que Barnabas *conduisit* Saul aux apôtres et que Saul voulait *emmener* les croyants à Jérusalem. Ce faisant, la notion de contrainte, présente dans le premier épisode de la persécution, devient une relation de dépendance de Saul par rapport à Barnabas qui va le présenter aux apôtres.

Mais l'intention de Barnabas, contrairement à celle du Saul d'autrefois, est bienveillante. Il va en effet faire œuvre de médiateur par le biais d'un récit. Ce dernier a pour but de permettre à ceux qui l'entendent d'accéder à un monde nouveau, dans lequel Saul n'est plus persécuteur, mais désormais parrhêsiaste, et de la plus haute importance. Il est en effet le seul dans le livre des Actes dont il soit dit qu'il exerce cette activité *au nom de Jésus* (mouvements 4 et 6 de l'illustration). Qui plus est, avant ce récit, Luc a aussi pris soin de préciser que Saul a reçu l'Esprit saint (Ac 9,17). Ainsi, « Ananias va restituer à Saul sa capacité d'agir, mais un agir qualifié, réorienté par l'Esprit saint[41] ». Désormais

40 *Cf.* D. Marguerat, *Les Actes des apôtres (1-12)*, *op. cit.*, p. 342.

41 D. Marguerat, *Les Actes des apôtres (1-12)*, *op. cit.*, p. 336.

Barnabas lui donne accès aux fruits relationnels qu'il peut espérer de sa récente conversion au Christ.

La conjonction de ces informations, conversion et exercice de la franchise, est en effet désormais suffisante, puisque connue, pour ouvrir à Saul les portes de la communauté de Jérusalem et effacer définitivement les conséquences de son passé persécuteur pour ce qui est de ses relations avec la communauté croyante ! Saul trouve ainsi une légitimité grâce à son identité de croyant, identité accompagnée d'actes parrhêsiastiques prouvant la réalité de sa soumission au Christ. Mais, pour que cette légitimité soit acceptée, il a fallu la médiation de Barnabas, habile à emmener ses auditeurs sur de nouveaux chemins, grâce à un récit.

AC 9,28-29 : DEUX GROUPES TOTALEMENT DISTINCTS AU CONTACT DU MÊME PARRHÊSIASTE

Désormais, Saul est en relation avec deux groupes en même temps, dès le début de l'exercice de sa franchise à Jérusalem, ce qui est unique dans les Actes. Dans presque tous les autres passages[42], le parrhêsiaste est en effet celui qui va conduire à ce qu'une partie de ses auditeurs se désolidarise des autres, pour que se forme finalement une communauté de nouveaux croyants. Mais ici Saul est avec les apôtres (Ac 9,28 ; mouvement 5 de l'illustration), d'une manière durable. En d'autres termes, Saul est désormais un membre à part entière de la communauté de croyants, et rien ni personne ne remettra plus en question cet état de fait.

Par ailleurs, si l'on cherche à établir un lien entre le parrhêsiaste et ses auditeurs, Saul a probablement des points communs avec les Hellénistes pour ce qui est de l'arrière-plan culturel. Ses auditeurs ne forment néanmoins pas communauté avec lui, et leur rencontre se fait dans une forme d'opposition. La légitimité culturelle de Saul auprès d'eux est peut-être naturelle, mais elle n'empêche pas le rejet que Saul va subir (Ac 9,29 ; mouvement 7 de l'illustration). De fait, Saul a bien besoin d'une nouvelle famille – les *frères* du v. 30 – pour continuer sa route (mouvement 8 de l'illustration).

En effet, contrairement aux autres passages des Actes, les Hellénistes (les auditeurs) ne fournissent aucun contingent de nouveaux croyants pour rejoindre les disciples déjà présents à Jérusalem (*cf.* Ac 9,26). Échec de la

42 L'exception concerne l'épisode avec Apollos, en Ac 18.

franchise ? Non, le récit ressemble plutôt à celui d'un geste héroïque de rédemption. Saul, tel un héros, a passé tous les tests, y compris celui de la tentative de meurtre (v. 29). Sauvé *in extremis* par sa nouvelle famille d'appartenance, il est désormais prêt pour la suite, qui va le conduire à mener une activité de parrhêsiaste itinérant, héraut de l'Évangile dans les villes où il se rendra.

CE QU'AC 9,27.28 NOUS APPREND SUR LE CONTEXTE PROPICE À LA FRANCHISE

Alors que la conversion du seul Saul est relatée beaucoup plus longuement que celles des milliers d'Ac 2, peut-être tant elle est spectaculaire, Luc décrit le premier contexte parrhêsiastique du nouvellement converti d'une façon fort complexe, qui donne le ton de la suite de la franchise du ministère paulinien : rien n'est acquis d'avance.

Certes, Saul est décrit comme proactif, allant au-devant de ce qui se présente, traçant son propre chemin. Dès sa conversion, il entre dans l'exercice de la franchise comme s'il s'agissait d'une évidence. Mais Luc montre que ni sa légitimité, ni son appartenance à une communauté ne coulent de source. Or la difficulté n'est pas tant du côté de Saul que de ceux qui devraient l'accueillir.

Pourquoi Luc raconte-t-il ainsi cet épisode parrhêsiastique ? Peut-être justement pour mettre en évidence que l'enjeu ne se mesure pas en termes d'appartenances désirées ou souhaitables, mais relève de l'acceptation du chemin tracé par le Seigneur, qui certes inspire la crainte (Ac 9,31), mais souhaite réunir ceux qui auparavant étaient irréconciliables, persécuteur avec persécutés, Juifs avec païens.

On est loin de la nécessité première de la légitimation, de l'amitié et de la bienveillance, pour que la franchise philodémienne ait lieu…

POINT SUR LE CONTEXTE PROPICE À LA FRANCHISE DANS LES ACTES DES APÔTRES

Luc assoit la légitimité du parrhêsiaste en premier lieu sur une réinterprétation des Écritures de l'Ancien Testament– qui permettent de fonder que Jésus est le Messie attendu et qu'il est Seigneur – et sur des manifestations d'origine divine – don de l'Esprit, miracles, envoi (apostolat). À cela s'ajoutent les qualités naturelles du parrhêsiaste– éloquence (Apollos), appartenance au peuple d'Israël, certitude de la pertinence et du bien-fondé du message centré sur le Christ et le Règne de Dieu –, qui lui permettront d'être accepté en tant que tel.

« Accepté » est un bien grand mot ! Car le premier groupe auquel le parrhêsiaste s'adresse se révèle être plutôt prompt à l'éclatement. Sitôt le message parrhêsiastique délivré, il n'est en effet pas rare que la réaction soit telle que ceux qui sont vraiment intéressés doivent se séparer des autres auditeurs de la franchise.

En résumé, Luc décrit la formation d'une communauté, formée de personnes qui ont choisi d'adhérer aux valeurs annoncées par le parrhêsiaste, de se soumettre au Christ et de devenir des croyants[43]. Nous parlerons alors d'église. Il est de plus remarquable que la franchise n'est jamais exercée en son sein, sauf peut-être en toute fin du macro-récit, ce qui est plausible puisque, dans les épîtres néotestamentaires, la franchise s'applique notamment aux chrétiens.

Mais pour l'heure et pour la majorité des textes considérés dans les Actes, la franchise concerne des incroyants. Pourtant, l'objectif de la franchise ressemble à s'y méprendre à une catéchèse, qui serait pré-ecclésiale. En d'autres termes, il s'agit d'évangéliser les auditeurs de la franchise.

Il nous reviendra à présent de nous intéresser aux buts et objectifs poursuivis par celui qui parle franchement, et aux résultats qu'il obtient.

---

43 Bien entendu, les auditeurs premiers de la franchise sont aussi souvent des croyants, puisqu'ils sont Juifs. Mais nous adoptons ici le point de vue de Luc (*cf.* Ac 2,44 ; 4,4.32 ; 5,14 ; 8,12 ; etc.), entendant par « croyants » ceux qui adhèrent au message évangélique. De même, il nous arrivera d'utiliser le terme d'« incroyants » pour désigner un groupe de personne qui n'appartient pas à l'église.

LES RÉSULTATS
ET L'OBJECTIF DE LA FRANCHISE

CHEZ PHILODÈME DE GADARA

Nous évoquerons tout d'abord l'échec de la franchise, puis ses effets positifs et nous ferons enfin un point sur l'objectif recherché.

L'ÉCHEC

Force est tout d'abord de constater que certains ont une vie qui ne vient à bout de rien. C'est le point de départ pour remettre en question leur manière de vivre (125b). À l'opposé, celui qui a été choisi pour une maturité de réflexion et d'intelligence ne devrait pas échouer (163b). Autrement dit, le parrhêsiaste ou celui qui est suffisamment mûr pour l'être devraient réussir à atteindre les objectifs liés à l'exercice de la franchise.

Néanmoins, le parrhêsiaste doit être conscient qu'il peut se tromper, tout comme les plus grands médecins peuvent commettre une erreur (164a). De plus, l'exercice de la franchise est fondé sur des hypothèses et des raisonnements admis par le groupe. Le but est de déterminer quelle est l'action la plus appropriée à mettre en œuvre. Mais les effets peuvent aussi être autres que ceux espérés (164b). Certes, le parrhêsiaste a la liberté de réagir avec *colère*. Pourtant, il sait aussi que *parler franchement, même parce que l'occasion se présente*, fait courir le risque qu'un *faux pas* arrive *de façon équivoque*. Cette conscience de l'ambiguïté liée à la chute possible du parrhêsiaste lui-même sert de garde-fou à la tentation de s'élever au-dessus des autres (165b). L'échec dans la franchise ou, à tout le moins, l'amoindrissement de son efficacité est décrit tant du côté du parrhêsiaste que de ses auditeurs.

Enfin, de manière moins explicite, il est question de nombreuses personnes qui *se sont misérablement perdues, privées de tout*, à cause de la manière d'être de quelqu'un qui était engagé dans une relation franche (179b).

En effet, les auditeurs, voulant ressembler au parrhêsiaste, peuvent manquer des compétences nécessaires. Ils se mettent alors dans une situation où il leur est *impossible de rester fidèles à ceux qu'ils louaient* (199a).

Tel n'est cependant pas toujours le cas et l'on observe aussi des succès, ou au moins des progrès.

LES EFFETS POSITIFS DE LA FRANCHISE

Le premier effet positif de la franchise peut être l'augmentation de la bienveillance des auditeurs à l'égard du parrhêsiaste. En effet, l'intensification du langage franc agit en quelque sorte comme un juste retour des choses. Le parrhêsiaste démontre sa bienveillance par sa franchise et devient à son tour l'objet de la bienveillance des auditeurs. Mais l'exercice est réputé *difficile* (130b).

Philodème se sert aussi de l'image de la pratique médicale. L'un des effets de l'action du parrhêsiaste est en effet de *guérir toute chose*, parfois même contre toute attente (137b). C'est d'ailleurs encore de salut qu'il est question pour souligner que *ceux qui sont sauvés* le sont pour *supporter avec facilité* ce qui se présente et pour *manifester une grande bienveillance* (142b).

Cependant, il n'y a aucun moyen de forcer les auditeurs à se soumettre à l'action du parrhêsiaste. Ils peuvent donc *s'éloigner* de la *philosophie* et aller jusqu'à *détester* l'homme sage (166b). Mais *un succès* peut *prendre une autre forme* que celle attendue, et cela, malgré le *chagrin* éprouvé auparavant par l'auditeur (168b).

C'est pourquoi il faut persévérer dans l'exercice de la franchise, s'y reprendre à deux *ou trois fois, jusqu'à ce que la perfection, c'est-à-dire la maturité (telesphorèsei)*, soit atteinte (172b). Le chemin est progressif (*cf.* 194a), par étapes (*cf.* 196 b et 197b), et l'emprunter implique que l'auditeur *obéisse* et *écoute*. Il sera alors – enfin – *soulagé* (173b). Il s'agit d'une délivrance et donc d'une recherche de plaisir au sens épicurien du terme.

Enfin, les fruits de la *perfection* (*teleioumenos*) peuvent devenir évidents, notamment lorsque l'auditeur est *amical* envers le parrhêsiaste, en ayant de la *bienveillance* et en faisant *disparaître des griefs allégués* (181b). Un autre effet se révèle dans *l'imitation* que les auditeurs font du parrhêsiaste

(194a). En miroir, il se pourrait que les parrhêsiastes, qui acceptent d'être eux-mêmes l'objet de la franchise de la part d'autres, aient en perspective une *récompense* (189b).

L'OBJECTIF À ATTEINDRE

Philodème envisage tous les aspects liés à l'accomplissement de la franchise : son succès ou son échec.

Ainsi, il reconnaît que l'on peut *se perdre misérablement*, donc *échouer*, à cause de celui qui exerce la franchise (179b). Il responsabilise soit le parrhêsiaste, puisque la cause de l'échec pourrait résulter de son attitude, soit l'auditeur. L'autre aspect qui fragilise la perspective d'une réussite de la franchise trouve son pendant dans le domaine médical. Car si le diagnostic est mal établi pour une raison quelconque, il se peut que le résultat attendu soit, lui aussi, décevant.

Ainsi le processus est-il long et fait d'obstacles, dus aux auditeurs ou au parrhêsiaste. Mais la franchise doit mener à la maturité, tout comme la sagesse devient une caractéristique de ceux qui ont écouté ce qui leur a été dit franchement. Ce résultat est visible car les relations sont pleines de bienveillance, de bonté et de pureté (*cf.* 73b et 151b).

DANS LES ACTES

Philodème envisageait à la fois l'échec possible de la franchise et ses effets positifs, y compris en terme de salut. Quant à l'objectif à atteindre, la progression de chacun vers une plus grande maturité semble être le chemin à emprunter pour acquérir une sagesse digne de l'idéal épicurien.

Maintenant, abordons le livre des Actes des apôtres pour y examiner le même thème. Nous avons constaté que le processus philodémien était en fait assez fluide. La première raison tient à la grande cohésion communautaire entre le parrhêsiaste et ses auditeurs. Or nous avons vu que tel n'est pas le cas dans le récit des Actes, où l'église finit par se séparer du public visé par le parrhêsiaste. La seconde raison concerne la forme de chacun des deux ouvrages. Le *Sur la franchise* est en effet un manuel, ce qui permet une présentation assez systématique de tous les aspects de la franchise. Or nous ne retrouvons pas tous ces éléments dans le récit des Actes.

L'OBJECTIF DE LA FRANCHISE DANS LES ACTES DES APÔTRES

Si l'on veut résumer, nous pourrions dire que l'objectif du parrhêsiaste des Actes est simple et constant. Son but est d'enseigner à propos de ce qui concerne Jésus. Mais cet objectif n'est pas explicitement exprimé comme dépendant de la franchise. Nous pourrions certainement en trouver des traces dans le contenu ou dans la manière d'exercer la franchise. Nous n'allons néanmoins pas séparer artificiellement le texte pour rechercher l'objectif de la franchise dans le récit. Luc n'a que faire d'être exhaustif, tel n'est pas le but d'un récit. Ainsi, il ne cherche pas forcément à livrer toutes les explications pour permettre de comprendre les intentions des uns et des autres.

Néanmoins, il y a une exception que l'on peut souligner : la prière de Pierre et des siens en Ac 4,24b-30. Dans ce discours à l'intérieur du récit qu'est la prière, nous avons en effet l'expression d'un résultat attendu par la communauté croyante.

POUR UNE FOIS QU'ILS S'ATTENDAIENT À UN RÉSULTAT…

La communauté croyante que rejoignent Pierre et Jean est bien consciente d'être *menacée*, au même titre que Jésus et David avant eux (Ac 4,29). De plus, ils se souviennent de la fin tragique de leur maître. Et ils savent très bien qu'ils courent le risque de finir de la même façon.

Ainsi, le fait que l'objet de la prière des croyants est en quelque sorte d'être dans la continuité du ministère de Jésus laisse aussi supposer qu'ils envisagent pour eux-mêmes une fin identique à la sienne[1]. Peu de temps après, Luc décrira d'ailleurs les apôtres *tout heureux d'avoir été trouvés dignes de subir des outrages pour le Nom* (Ac 5,41). Leur idéal est bien de vivre et de mourir comme Jésus. Pierre, Jean et les leurs sont donc prêts à aller au sacrifice ultime, qui serait la conséquence de leur fidélité au maître qu'ils proclament. Mais tel ne sera pas, dans le cadre

1 *Cf.* par exemple Krodel qui souligne que la communauté ne demande pas d'être délivrée de ce qui la menace, mais de pouvoir faire face aux circonstances (G. A. Krodel, *Acts*, Minneapolis, Augsburg Publishing House [ACNT], 1986, p. 115).

du macro-récit, le résultat obtenu par leur franchise, puisque Luc décrit bien plutôt des miracles et une communauté qui grandit.

DANS LES ACTES, UNE FRANCHISE SANS QUEUE NI TÊTE ?

Qu'est-ce que cela veut dire ? La franchise des Actes s'exerce-t-elle en dépit du bon sens ? Sans objectif préalable et sans projection de résultats attendus ? Le parrhêsiaste est-il en fait dénué de raison ? Avance-t-il à l'aveuglette, au gré des événements et des portes ouvertes ou fermées qui se présentent à lui ? À toutes ces questions, la réponse est « non ». Il est en effet un pan de son identité qui vient remédier à cette apparente improvisation, à savoir à la fois la présence de l'Esprit avec tous les parrhêsiastes et l'adhésion de tous au mandat missionnaire exposé en Lc 24,46-49 et en Ac 1,8. La vocation est double. Elle concerne d'abord une transmission à toutes les nations. Ensuite, elle appelle à un témoignage à propos du Christ, qui a souffert et qui est ressuscité, par lequel on prêche la conversion et le pardon des péchés. La franchise ne fait pas exception, bien au contraire. Elle se soumet totalement à cet appel, ne laissant pas le parrhêsiaste sans objectif, loin de là. Pour ce qui est des résultats, ils appartiennent à Dieu, qui augmente le nombre de convertis, fait croître la communauté ou appuie les paroles de ses envoyés par des miracles – et même un tremblement de terre à la fin d'Ac 4. D'ailleurs, la seule fois où les parrhêsiastes s'attendront à un résultat précis, nous l'avons vu, ils seront surpris par l'œuvre de Dieu en leur faveur (dans la prière d'Ac 4, les croyants s'attendent à mourir, alors que la réponse reçue est d'être capables d'un discours franc).

En prenant en compte d'autres éléments des Actes, l'on pourrait aussi se demander si le but du discours parrhêsiastique ne serait pas la repentance (*metanoia*). Néanmoins, ce vocabulaire n'apparaît dans les péricopes concernées par la franchise qu'en Ac 2,35 et 26,20 (et encore, à distance de la franchise). Il en est probablement ainsi car le but de la franchise dans les Actes semble plutôt d'obtenir l'adhésion au message relatif à Jésus le Christ, ce qui ne se superpose pas tout à fait à la repentance.

Ainsi, même si, dans les Actes, aucun objectif n'est explicitement exprimé et si aucun résultat n'est prévu avec exactitude[2], à la fois

---

2 Un objectif est cependant présent en creux. Il est en effet remarquable que la suite donnée à l'analyse préalable soit différente chez Philodème de Gadara et chez Luc (*cf.*

le parrhêsiaste et les auditeurs ont-ils vocation à s'exercer à rendre un diagnostic sur une situation, conçue comme nouvelle, et à en tirer les conséquences. De même que, dans le *Sur la franchise*, nous avons déterminé qui sont les acteurs de la franchise (le parrhêsiaste et les auditeurs), dans quel cadre ils opèrent (la communauté) et pour quel objectif (la maturité), nous pouvons envisager d'aller plus avant dans la description du processus même de la franchise. La première étape consiste à discerner les tenants et les aboutissants de la situation rencontrée pour, ensuite, la traiter convenablement.

chapitre « Les suites données à l'analyse préalable » ci-après). Le premier soigne l'erreur débusquée, le second prêche le Christ. Parce qu'en fait leurs buts diffèrent : le premier vise la croissance vers la maturité, le second vise la propagation d'une nouvelle doctrine. Tel est donc l'agenda parrhêsiastique des Actes !

SAVOIR AVANT TOUT

CHEZ PHILODÈME DE GADARA

Nous entendons par « analyse préalable » la manière dont les situations sont perçues, avant que la franchise n'ait lieu. D'elle dépend la qualité des actions et réactions qui suivent. Après avoir défini ce qui est l'objet de l'analyse préalable dans le *Sur la franchise*, nous verrons en premier lieu que le fait d'observer est normal et que, d'ailleurs, tous le font. Puis nous examinerons la façon dont les auditeurs considèrent ce qui les entoure. Finalement nous nous attarderons sur la pratique du parrhêsiaste. Au fur et à mesure de notre présentation, nous mettrons en évidence la présence du vocabulaire lié à la vision (*mettre sous les yeux*, *observer*, *discerner*, etc.), à ce qui est visible / invisible (*révéler*, *montrer*, *cacher*, etc.) et aux impressions plus ou moins fondées (*croire*, *supposer*, *savoir*, etc.).

CE QUI EST ANALYSÉ

La première mention de ce qui peut être analysé concerne les *fautes* (*amartias*) et *ce qui est bon* (*sunpherei* ; 73b). À cela s'ajoutent les *faux pas* (*sphalmata*) et *autres défauts* (*kaka alla*) que le parrhêsiaste *met en lumière* (127b). Ainsi, savoir parler d'une manière générale des *déficiences* (*elattôseis*) est probablement une des caractéristiques significatives de la franchise (146b). En effet, les avantages des reproches sont tellement supérieurs à leurs inconvénients qu'Héraclide n'hésite pas à *révéler* ses propres *fautes* (*amartias*) à Épicure plutôt que de les garder cachées (156b).

Mais il n'y a pas que les fautes qui sont l'objet de l'analyse préalable à la franchise. En effet, en plus des réactions des auditeurs à l'action du parrhêsiaste, ce sont aussi les motivations et la *manière d'être* (*diatheseôs*) de celui qui est franc qu'il faut s'efforcer de *distinguer*. Certaines sont en effet *de bon aloi*, c'est-à-dire qu'elles sont convenables, alors que d'autres sont de *mauvais aloi* ou *perverses* (182a).

Sur un autre plan, chaque auditeur a une impression plus ou moins flatteuse de lui-même. Certains *se perçoivent* comme étant dans une position d'honneur. Si cette image vient à vaciller, quand bien même *ils avaient en vue* l'avantage qui vient de la franchise, ils ne le *voient* plus. Autrement dit, la perception des auditeurs est fluctuante pour de *nombreuses raisons* (198b).

OBSERVER

De fait, les auditeurs sont tous amenés à tirer des conclusions de ce qu'ils voient (159a). Ils mettent en œuvre certaines formes de raisonnement et de discernement. Il est donc normal d'être *en recherche* pour discerner par exemple quel genre d'action préfère le parrhêsiaste (183a), même si la réponse serait *évidente* (183b).

Parmi les outils permettant l'observation se trouve l'*analogie* (195a), c'est-à-dire le fait de trouver des ressemblances. Il en est question dans le *Sur la franchise* notamment avec l'image du diagnostic médical pour parler de l'analyse préalable comme étant nécessaire avant toute action du parrhêsiaste.

Néanmoins, examiner ce qui se passe n'est pas sans conséquence sur qui examine. C'est ainsi que *l'observation* d'une manière d'être coupable peut être blessante pour ceux qui en sont témoins. De même, certains peuvent *croire* (*nomizousin*) qu'ils ne commettent aucune faute ou qu'ils demeureront ignorés même s'ils se sont trompés, et pourtant être l'objet d'une franchise blessante. Le fait que cela ait lieu *publiquement* permet de faire appel au parrhêsiaste pour qu'il mette en œuvre l'action appropriée qu'est l'avertissement, tout comme l'on fait appel au médecin pour manier le scalpel (198a).

Il n'y a donc pas moyen de s'empêcher d'observer autour de soi ; l'analyse préalable est en effet effectuée aussi bien par les auditeurs que par le parrhêsiaste, même si chacun a une manière différente de s'en servir.

L'OBSERVATION DE LA PART DES AUDITEURS

Lorsqu'il s'agit pour les auditeurs du parrhêsiaste d'observer ce qui les entoure, l'approximation prend une grande place.

Ainsi, ils ne sont pas très au clair quant à la différence entre les bienfaits de l'*avertissement* du parrhêsiaste épicurien et l'apparence agréable de l'*ironie* socratique[1]. Malgré la démonstration du parrhêsiaste qui leur met *devant les yeux* ce qu'il en est, certains auditeurs sont *séduits* par des manières de faire qui seront finalement blessantes pour eux (131b).

Le manque de perception de certains auditeurs tient peut-être au fait qu'ils ont encore *un pied hors de la communauté*. Ils font par conséquent moins attention à leur propre *tort*, c'est-à-dire que leur perception de ce qui est pourtant capital s'en trouve amoindrie. Et leur opposition, même *silencieuse* (donc moins visible), est un obstacle que le parrhêsiaste sait cependant discerner (135b).

Heureusement, certains auditeurs constatent les *bénéfices salutaires de la communauté*. Grâce à elle, ils arrivent par exemple à supporter une situation avec facilité ou à manifester une *grande bienveillance* au sein du groupe (142b). Bien plus, une fois qu'un auditeur a atteint une certaine maturité – puisqu'il appartient au groupe de ceux qui sont en train d'être instruits et est donc sur la voie de la croissance –, il devrait être capable d'*exposer* avec franchise au parrhêsiaste ses propres *fautes* (151a). Encore faut-il savoir si c'est bien ce qu'il doit faire. Néanmoins, c'est supposer que les auditeurs seront finalement capables de discerner leurs fautes personnelles et d'y réagir de façon adéquate en recherchant l'aide nécessaire.

À l'inverse, l'auditeur n'a pas toujours à *faire connaître* les comportements des autres qui sont contraires aux préceptes épicuriens. Et il a encore moins à le faire s'il se sert de cette dénonciation comme d'un moyen pour faire croire à sa bienveillance à l'égard du parrhêsiaste (159b). La question se pose aussi de savoir si les auditeurs peuvent aller jusqu'à *mettre en lumière* leurs propres *erreurs* devant ceux qui s'instruisent avec eux. Si oui, il faut en tout cas prendre ses *précautions* (*eulabôs* ; 160b).

---

1 L'ironie socratique, comme son nom l'indique, était pratiquée par Socrate (Ve s. avant Jésus-Christ, un siècle avant Épicure et quatre siècles avant Philodème de Gadara) ! Elle consiste à faire semblant d'être ignorant, pour que l'autre dévoile sa pensée. Puis celui qui a fait semblant d'être ignorant révèle qu'en fait il sait très bien de quoi il est question, et l'autre se sent piégé, manipulé, même humilié. En premier lieu, la pratique de l'ironie socratique a pour but d'aider l'autre à se rendre compte de son erreur. Mais ses effets peuvent être dévastateurs. La franchise de Philodème de Gadara a le même but d'aider l'autre à se rendre compte de ses erreurs, mais elle se pratique dans un contexte amical et bienveillant.

Cela étant, leur appartenance au groupe les amène à *savoir* certaines choses. C'est alors au parrhêsiaste de créer les conditions pour que tous osent parler (193a). Mais il arrive qu'ils *pressentent* certaines réactions et ressentent, en retour, de la *honte* (*aischunès*), préférant alors se priver de rencontrer le parrhêsiaste (194a).

Par ailleurs, les auditeurs ne sont pas présentés par Philodème comme un groupe homogène, notamment par rapport à l'analyse préalable. Il recense ainsi ceux qui *n'atteignent pas leur but*, *ceux qui savent mieux* que les autres et ceux qui *se considèrent* comme plus intelligents. Autant de manières de situer les auditeurs à partir de leur capacité à percevoir et à être perçu (197a). En effet, l'analyse préalable est une étape importante dans la relation de franchise. Voir et se faire voir constituent en effet la base de tout ce qui sera entrepris par la suite. C'est d'autant plus vrai que la perception que les auditeurs ont d'eux-mêmes peut être ambiguë, voire erronée. Car ils peuvent *se croire*, par exemple, inférieurs pour ce qui est des discours, mais supérieurs pour ce qui est des autres aspects de la vie (201a), alors qu'il se pourrait bien qu'il en soit tout autrement.

Pareillement, leur perception du parrhêsiaste est elle aussi complexe et équivoque.

LES AUDITEURS OBSERVENT LE PARRHÊSIASTE

Ainsi, si le parrhêsiaste sait discerner ce qui ne va pas chez ses auditeurs, il ne doit *pas* non plus les *empêcher* de faire des reproches, en particulier si le parrhêsiaste en question a été négligent (141b). Cela ouvre la possibilité, pour les auditeurs, d'exercer eux aussi leur regard et de s'essayer à analyser les situations qui se présentent à eux, en particulier lorsqu'un parrhêsiaste est concerné.

D'ailleurs, le parrhêsiaste peut lui-même être *soupçonné de choses* qui nécessiteraient une purification (152b). De plus, certains *cherchent à savoir* de façon *non convenable*, littéralement *d'une manière qui ne leur est pas familière*. C'est comme si ce n'était pas à eux d'entreprendre ce genre de recherche ou à exercer ce type de discernement, peut-être parce que justement l'enjeu est de déterminer ce que le parrhêsiaste devrait faire, comme par exemple savoir s'il peut *parler de lui-même avec franchise à ses amis* (162a).

LES CONSÉQUENCES NÉGATIVES DE L'ANALYSE PRÉALABLE DES AUDITEURS

Enfin, l'observation faite par le public visé peut engendrer des conséquences négatives.

L'une des caractéristiques des auditeurs de la franchise est de n'avoir ni *conscience des fautes*, ni *discernement* de *ce qui est bon*. La conséquence en est que cela les conduit tout droit à la désobéissance (73b).

Par ailleurs, si les auditeurs sont certes au bénéfice de *l'unique méthode éducative qui convienne*, cela ne les empêche pas d'en ignorer les bénéfices et de *railler*, voire d'*injurier* et d'*outrager* le *sage*. N'étant pas satisfaits de l'action du parrhêsiaste, ils se sentiraient autorisés à un tel comportement (122b). Cette incapacité à comprendre les enjeux et les rapports au sein de la communauté démontre à quel point le public visé par la franchise raisonne de manière approximative lorsqu'il s'agit de tirer des conclusions à partir de ce qu'il observe.

C'est ainsi que les auditeurs peuvent *soupçonner* de sagesse celui qui, en fait, s'est trompé, qu'il soit auditeur ou parrhêsiaste. Un autre cas de figure se présente quand ils *croient* que ce qu'ils *soupçonnent* arrivera par un autre de leurs condisciples et non par eux. Et Philodème de souligner qu'il leur serait bien plus *avantageux de parcourir chaque point en détail* (196a). Probablement auraient-ils alors accès à une compréhension plus claire d'eux-mêmes et des autres.

Mais il ne leur est pas facile de changer et leur entêtement peut agacer (Philodème ne précise pas qui est agacé, des auditeurs ou du parrhêsiaste ; peut-être chacun se trouve là concerné pour autant qu'il assiste à la scène), surtout lorsqu'ils *ne perçoivent pas* leurs propres fautes (196b). De même, quand le public visé par la franchise dit *intégralement* ce qui lui *semble*, son manque de mesure et d'équilibre produit une irritation qui l'éloigne des objectifs de la vie épicurienne, à savoir *rester fidèle* aux parrhêsiastes *qu'ils louaient* (199a). Une telle situation se présente parce que rien ne vient contrarier l'auditeur, et qu'à cela s'ajoute une certaine dureté. De plus, certains *ne savent pas discerner* ce qui est avantageux pour eux. Ils agissent alors d'une manière contraire à ce qu'ils devraient. Bien sûr, les situations ne sont pas toujours facilement déchiffrables, surtout pour les auditeurs, qui oscillent entre perception *distincte* et *confuse* (201b). Il en résulte qu'ils pensent se trouver dans des situations délicates (202a). D'autres, les âmes[2], qui *croient recevoir* davantage d'*injures* que d'autres, se sentent particulièrement exclues de la gloire ou méprisées. Elles *soupçonnent* le mal et réagissent de façon inappropriée à la franchise (203b). C'est ainsi qu'elles peuvent *se croire* frappées de mépris. Peut-être est-ce ce qui explique la réticence des hommes illustres devant la franchise qui leur est adressée. Elle contraste en effet avec les relations dont ils ont l'habitude et qui ont pour seul but de leur plaire (204a). Pourtant, *ils admettent* mieux *voir* leurs propres fautes tout en *soupçonnant* ceux qui les dénoncent de rechercher d'abord leur propre intérêt (204b). Une telle mécompréhension conduit ces hommes en position d'autorité à vouloir soumettre ceux qui exercent la franchise, comme s'ils avaient agi par *insubordination*, c'est-à-dire en se révoltant, alors que leurs interlocuteurs cherchaient à les faire progresser (205 a). Le même phénomène se produit avec les hommes âgés. Ils se *croient* en effet plus intelligents que les autres. Ils *considèrent* alors la franchise comme un abus de leur soi-disant faiblesse et comme une étrangeté, puisque, pensent-ils, leur âge devrait d'office inciter au respect (205b).

Ainsi l'analyse préalable que font les auditeurs est-elle tâtonnante et approximative. Du coup, ils prennent des décisions qui les éloignent de leur but, qui est de grandir en sagesse et en maturité. Mais cette analyse peut tout aussi bien avoir un effet positif.

LES CONSÉQUENCES POSITIVES DE L'ANALYSE PRÉALABLE DES AUDITEURS

Il se peut que l'auditeur *observe celui qui éduque* et en vienne par conséquent à avoir en horreur ceux qui ne lui ressemblent pas. Car ce qu'il voit hors de la communauté lui semble désormais répugnant à côté de ce qu'il découvre auprès du parrhêsiaste. Du coup, l'observation écœurée de *l'extérieur* le pousse à choisir de continuer à progresser sur le chemin proposé par l'école épicurienne (131b).

Une place mineure est accordée aux effets positifs de l'analyse préalable effectuée par les auditeurs. C'est en effet au parrhêsiaste qu'il appartient de tirer au mieux parti de l'observation. Il a les outils de réflexion et de compréhension pour lui permettre d'aboutir aux meilleures conclusions issues de ses analyses.

2 L'image des *âmes* représente des personnes qui ne sont pas arrivées à la perfection.

L'ANALYSE PRÉALABLE DE LA PART DU PARRHÊSIASTE

Dès le deuxième fragment conservé, le parrhêsiaste est présenté comme *établissant ses hypothèses par un langage raisonnable* (*stochazomenos eulogiais*). Son approche s'éloigne de celle, intuitive et désordonnée, des auditeurs pour se structurer en lien avec la raison (73b). C'est ce qui lui permet non seulement d'avoir une perception, mais de *vraiment savoir* par exemple quel genre d'auditeurs se trouve face à lui (185b).

De même, le parrhêsiaste *met à jour* ce qui est *difficile*, y compris chez des personnes de qualité (108b, *cf.* 130b où le parrhêsiaste montre clairement une difficulté liée à la franchise).

Par ailleurs, l'analyse préalable ne se fonde pas sur le comportement des *méchants* (*ponèrôn*), puisqu'elle s'appuie sur la *raison* (*ginôskôn* ; 127b). De façon semblable, le parrhêsiaste se rend compte de qui n'est pas *parfait*, pour prendre soin de ne pas le considérer comme définitivement perdu (152b). À l'inverse, il *sait exactement* de quoi il en retourne pour ce qui est de dire qui est *attaché à ses amis*. Il peut donc affirmer que celui-là n'est pas en train de les *calomnier* (157b). Toute la démarche d'analyse de ce que le parrhêsiaste observe s'appuie sur *ce qui a été supposé en raisonnant bien*, dans le but d'aboutir à ce qui est *espéré*. Pourtant, même ce qui semble *en toute vraisemblance* s'accorder *très exactement* avec un *langage raisonnable* peut échouer (164b). Ainsi un tel déploiement de réflexion n'est-il pas forcément suffisant. Le parrhêsiaste peut en effet tout à fait *mal raisonner*, et parler franchement à des auditeurs qui *n'avaient commis aucune faute* (169b).

Dans ce travail d'analyse et d'interprétation de ce qui est observé, le parrhêsiaste peut sans doute s'appuyer sur certains qui *ressemblent aux maîtres* et qui ont *observé avec attention* ce qu'il faut prendre sur soi ou non (161a). Mais, avant qu'il puisse être épaulé, le parrhêsiaste doit d'abord *discerner* parmi ses auditeurs *celui qui supporte avec bonheur un langage de franchise* de *celui qui feint*, c'est-à-dire qui fait semblant. Pour ce faire, il doit être *attentif* et avoir une réflexion analytique et explicite (181a). C'est probablement ce qui lui permet de voir les *signes présentés* par celui qui réagit d'abord mal à son intervention, puis dont l'attitude s'améliore (181b).

Par ailleurs, quelles que soient les qualités du parrhêsiaste (puisqu'il y a différentes sortes de parrhêsiastes), tous *voient* les *fautes* qui se présentent à eux (184b). De plus, le parrhêsiaste a la capacité d'*avoir une vue d'ensemble* pour discerner où un autre parrhêsiaste a *raisonné faussement*

(190a). Néanmoins, entre deux causes expliquant ce qui arrive, il choisira la pire, c'est-à-dire les *raisons blâmables*, sachant qu'il risque de *ne pas comprendre* une situation particulière s'il est *induit en erreur* par des *généralités*. Cette précaution doit lui permettre de ne pas ignorer une situation qui mériterait son attention (190a).

Pour sa part, le parrhêsiaste est aussi prêt à réviser son opinion dès que l'auditeur évolue dans son comportement. Ce dernier a en effet le pouvoir de faire *changer* le *préjugé* le concernant (192b).

Ainsi l'analyse opérée par le parrhêsiaste est-elle méthodique et réfléchie. D'ailleurs, Philodème utilise souvent l'image du diagnostic médical pour mieux expliquer comment le parrhêsiaste examine la situation avant d'exercer la franchise.

APPORT DE LA MÉTAPHORE MÉDICALE POUR L'ANALYSE PRÉALABLE

Si *celui qui a lui-même été soigné* peut, de ce fait, *montrer* à un autre où il a à son tour besoin de *soin* (146b), l'image tirée de la médecine sert aussi de support pour expliquer que l'analyse préalable reste une science inexacte, qui avance à tâtons. Ainsi le parrhêsiaste doit-il parfois se reposer sur *ce qui est considéré comme un signe*. Mais ce n'est pas suffisant pour être assuré du succès (164b).

En effet, un médecin croit parfois s'appuyer sur des *symptômes raisonnables*, ce qui ne l'empêche pas d'*échouer dans l'interprétation desdits symptômes*. De la même manière, un parrhêsiaste peut aussi se tromper (170b). Le diagnostic médical repose sur l'expérience du médecin. Philodème met en parallèle l'analyse préalable à la franchise, qui est elle aussi approximative.

Cela étant, tout comme le médecin *pense raisonnablement* que l'on peut diagnostiquer que quelqu'un *ne sera pas délivré de la maladie*, le parrhêsiaste peut lui aussi aboutir aux mêmes conclusions à propos d'un auditeur (176b).

De plus, le parrhêsiaste tient compte de ce qui est *naturel* sur le plan des réactions pour prévoir le comportement du public visé. Il évite alors de se crisper par rapport à ce qu'il doit supporter, et peut bien plutôt *se reposer* (178b).

Sans beaucoup s'éloigner du domaine médical, Philodème montre aussi que le parrhêsiaste sait analyser les causes et les conséquences du comportement de ses auditeurs.

LE PARRHÊSIASTE OBSERVE LE COMPORTEMENT DES AUDITEURS

Parfois le parrhêsiaste *estime* qu'il doit parler franchement, *sans artifice* – c'est-à-dire de la façon la plus naturelle possible. Car, *le plus souvent*, il pratique la franchise comme si c'était un *art excellent et diversifié.* Mais il y renonce, par exemple, lorsque le public visé donne l'impression qu'il *n'écouterait pas* autrement (107b) : c'est donc le comportement supposé des auditeurs qui oriente l'action du parrhêsiaste. Par ailleurs, le parrhêsiaste sait discerner celui qui est encore tenté de rester à l'extérieur de la communauté et qui, même silencieusement, s'oppose à l'enseignement (135b).

D'autres fois, le parrhêsiaste n'a pas besoin de chercher lui-même de quoi il en retourne chez l'auditeur. En effet, ce sont ses *amis intimes* qui lui *feront des révélations*, par *sollicitude*, pour l'aider à progresser (148b).

Au terme du processus de la franchise, le parrhêsiaste souhaite avoir la preuve de la pureté de ceux dont il s'occupe (120b), *preuve* qui se voit probablement aussi dans le comportement nouveau de ses auditeurs. Ainsi en est-il du cas des auditeurs qui expriment leur reconnaissance *sans parole* et par des attitudes bienveillantes (192b). Dans le même ordre d'idées, mais sur le versant négatif, *faire* des choses *dignes de châtiment* attire sur soi le *mépris* et la *condamnation* (200b). Le comportement des auditeurs est donc suffisant pour que le parrhêsiaste sache ce qu'ils valent et pour qu'il agisse en conséquence.

D'ailleurs, l'une des pratiques du parrhêsiaste consiste à montrer aux autres ce qu'il a lui-même perçu. Ce faisant, l'exercice de la franchise est déjà en œuvre, discrètement, mais avec une efficacité redoutable.

LE PARRHÊSIASTE FAIT PART DE CE QUI EST OBSERVÉ

Un des privilèges du parrhêsiaste est de *montrer* aux autres ce qu'il perçoit (73b), y compris ce qui est *difficile* (130b). L'enjeu n'est pas juste de *montrer*, mais de le faire *de manière sensée* pour que l'amitié devienne une valeur sûre pour les auditeurs. Ainsi comprennent-ils aussi ce que la *nature* aspire à *révéler* (133b).

Outre ce que le parrhêsiaste perçoit de son environnement, il ne craint pas non plus d'aller jusqu'à *montrer très vivement* son propre *mécontentement.* En dévoilant ainsi ses réactions, il n'oublie néanmoins pas de maintenir les formes de la relation amicale (113b). De même, le parrhêsiaste, quand il veut *convaincre*, n'a pas peur que cela se passe *devant beaucoup ou devant tous* (101b). Il donne ainsi l'occasion à ceux qui observent ses pratiques d'enrichir leur réflexion. Toujours dans le but d'avoir un langage compréhensible par son auditoire, le parrhêsiaste peut mettre en scène certaines situations, en utilisant le *rire* et une forme d'*arrogance*, pour débusquer certains *faux pas* et *autres défauts* (127b).

D'autre part, pour aider les auditeurs à prendre les bonnes décisions, les parrhêsiastes placent *devant leurs yeux* la différence entre leur avertissement plein de sollicitude et une *ironie* qui semble agréable, mais se révèle finalement blessante. Cette dénonciation de la pratique socratique[3] correspond à une mise en lumière de la différence entre deux approches philosophiques. Le but est que les auditeurs ne soient pas *séduits* par ce qui leur porterait finalement préjudice (131b). Lorsque le parrhêsiaste fait part de ce qu'il perçoit, c'est donc aussi une action préventive qu'il entreprend à l'égard de ses auditeurs.

Si le parrhêsiaste peut intervenir de cette façon, c'est parce qu'il a lui-même été objet de la franchise et qu'il peut alors *montrer* aux auditeurs dans quel domaine ces derniers ont besoin de soin (146b). La question est aussi posée de savoir comment l'on pourrait ne pas *rappeler* la *bonne méthode*, c'est-à-dire, littéralement, faire revenir en mémoire ce qui est commun à tous et si bienfaisant (175b). À l'inverse, Philodème *rappelle* le grand nombre de ceux qui se sont perdus (179b). Ainsi ses propres observations sont-elles transmises, d'épicurien à épicurien, jusqu'au lecteur même du *Sur la franchise*.

Une manière de transmettre s'effectue donc *par le discours*, ce qui a pour effet de rendre *évident* ce dont il est question (188a). Un fondement commun et *clair* pour tous est ainsi établi, ce qui permet aux parrhêsiastes à la fois de *se reconnaître* entre eux et d'accepter d'être avertis les uns par les autres (189b).

D'autre part, *montrer* à un autre parrhêsiaste où se situe une erreur est suffisant pour le *persuader*. Faire part de ses observations conduit donc à une action de redressement salutaire, qui démontre une certaine maturité de part et d'autre (190a).

3 Socrate feignait l'ignorance pour arriver à ses fins.

LA COMPLEXITÉ ET LES LIMITES DES ANALYSES PRÉALABLES

Après avoir vu que l'analyse préalable à la franchise est une réflexion menée par tous, que les auditeurs et le parrhêsiaste n'ont pas la même façon de s'y prendre (le premier étant approximatif et aléatoire dans ses conclusions, le second plus structuré et raisonné – aussi dans le but de transmettre ses appréciations), nous évoquerons quelques autres éléments du *Sur la franchise* qui indiquent encore la complexité et les limites de l'analyse préalable.

L'œuvre de la franchise ne consiste pas à se cacher, mais à être *sans faux détours* (*anupostolôs*) et aussi à pouvoir parler d'une manière générale des *déficiences* (*elattôseis* ; 146b). C'est probablement pourquoi le fait d'*agir secrètement* est associé au fait d'être inamical. En effet, les bénéfices de la franchise ne peuvent être espérés que si l'on est *ouvert*, sans quoi l'on n'a *rien* à gagner (147b).

Néanmoins, il n'est parfois pas *utile* de *révéler* ce qui n'est pas nécessaire ou opportun, même s'il en coûte de se taire (161b). Il n'est pas toujours *évident* non plus pour le parrhêsiaste de se rendre compte d'un succès parmi ses auditeurs. Il peut même *ne pas le remarquer* (168b). D'autres peuvent espérer être *ignorés*, alors qu'ils auraient besoin de l'action du parrhêsiaste à leur égard (198a).

C'est probablement pour lutter contre de telles dérives – celles qui sont liées aux défauts de l'analyse préalable des auditeurs et celles qui résultent des aléas de la vie communautaire – que Philodème s'est attaché à écrire le *Sur la franchise*[4]. Ce faisant, il est lui-même en train de faire part d'*un résumé des travaux exécutés*, c'est-à-dire d'exposer en théorie et en pratique comment la franchise doit être vécue dans la communauté épicurienne, depuis Épicure, en passant par Zénon son maître d'autrefois (208a).

Dans le *Sur la franchise*, l'analyse préalable à l'exercice de la franchise est l'une des pièces maîtresses de l'exercice parrhêsiastique. Étant donné l'importance de cette phase, Philodème donne des éléments très précis pour la détailler et utilise un vocabulaire particulier. De la lecture qui est faite d'une situation vont en effet dépendre les actions et réactions

4 Le titre grec du Sur la franchise se traduit ainsi : De Philodème. D'après un résumé des travaux exécutés sur les caractères et les mœurs, tiré des études de Zénon dont le thème est la franchise (208a).

de chacun, qu'il soit parrhêsiaste ou auditeur. Voyons maintenant de quelle façon Luc s'y prend pour mettre en scène l'analyse préalable à la franchise.

DANS AC 2, TOUS SAVENT

Dans les Actes, nous avons aussi des éléments de diagnostic, qui peuvent être ramenés à deux thèmes : d'une part, le parrhêsiaste s'appuie sur l'analyse préalable pour avancer ; d'autre part, un même diagnostic conduit à des réactions diamétralement opposées. Enfin, la conclusion du livre conduit à un diagnostic plus fermé qu'il ne l'a été dans le reste des Actes, peut-être parce que l'auteur pose les jalons d'une ère nouvelle, qui fait suite aux débuts prometteurs, mais tumultueux, du christianisme primitif.

Comme nous l'avons déjà vu dans notre étude, le discours inaugural de Pierre à la foule de Jérusalem, juste après l'effusion de l'Esprit, a pour fonction d'annoncer ce qui va se dérouler dans le reste du livre, sans toutefois les effets négatifs ou les conséquences fâcheuses qui seront le lot des apôtres dans la suite de l'exercice de leur mandat.

Il est frappant que, dans ce passage, tous sont au courant de ce qui s'est passé à propos de Jésus. Aucun n'ignore les faits.

LES AUDITEURS

Tout comme dans le *Sur la franchise*, les auditeurs ne peuvent s'empêcher d'observer ce qui se passe autour d'eux. C'est ainsi qu'en Ac 2,22, ils *savent* qui était Jésus et ce qui lui est arrivé. Au v. 33, ce sont eux qui *voient et entendent* que l'Esprit a été répandu par le Christ, qui l'avait reçu du Père. Au v. 36, Pierre exhorte *toute la maison d'Israël* à *savoir avec certitude* que Jésus a été fait Seigneur et Christ par Dieu. Pour résumer, les auditeurs savent tout !

DAVID

Avant que les auditeurs ou Pierre n'aient même existé, David lui aussi *était prophète et savait* (Ac 2,30) que ce qu'il a dit au Ps 15,8-11[LXX][5] concernait un autre que lui, c'est-à-dire quelqu'un de sa descendance. Il a donc *vu d'avance* rien de moins que la résurrection du Christ, affirme Pierre (Ac 2,31) ! En d'autres termes, Luc présente David comme quelqu'un qui sait, sans même prendre les précautions que « Pierre » emploiera dans son épître lorsqu'il souligne les tâtonnements des prophètes pour discerner les temps concernés par ce qui leur était révélé (*cf.* 1 Pi 1,10-12).

DIEU

Dieu aussi sait ce qui devait arriver à Jésus, cela fait même partie de sa *prescience* (Ac 2,23). À partir de son analyse grammaticale, Wallace conclut que *prescience* et *plan arrêté* sont distincts et non équivalents. Il souligne ainsi que cette prescience « découle du "plan prédéterminé" de Dieu » et n'est « pas simplement fondé[e] sur la prescience qu'il aurait de ce que les hommes vont faire. Ce sont plutôt les actions humaines qui trouvent leur fondement dans le plan déterminé d'avance et la prescience de Dieu[6]. » Il s'agit donc bien d'un réel savoir de Dieu à propos de ce qui allait se passer.

PIERRE, LE PARRHÊSIASTE

Pierre, dans son discours, révèle qu'il détient un savoir qu'il ne peut pas tirer simplement de son quotidien, et qui lui permet de montrer que tous ont une connaissance particulière de ce dont il est en train de parler. C'est ce qui l'autorise à stimuler la mémoire de ses auditeurs (Ac 2,22) et à s'approprier le droit de dire ce que Dieu lui-même sait (v. 23). De même, il interprète les textes sacrés à partir desquels il démontre avoir connaissance de ce que David savait (v. 30-31).

Enfin, il exhorte toute la maison d'Israël à savoir avec certitude que Jésus est Seigneur et Christ par la volonté de Dieu (Ac 2,36). Cette dernière incitation pourrait paraître superflue, tant la connaissance de tous – y compris des plus inattendus : qu'est-ce que Pierre peut savoir

5 Texte cité par Pierre en Ac 2,25-28.

6 D. Wallace, *Grammaire grecque. Manuel de syntaxe pour l'exégèse du Nouveau Testament*, trad. L. Lehmann, Charols, Excelsis (Ouvrages de référence), 2015, p. 318.

de ce que Dieu sait ; Job, par exemple, s'y était déjà cassé les dents avant lui[7] – est affirmée tout au long du passage. Mais le parrhêsiaste en profite pour mettre l'accent sur la totale confiance que l'on peut avoir en s'appuyant sur ce savoir. Il ne s'agit pas d'une simple croyance ou d'une opinion. Celui qui s'y fie est sûr de ne pas se tromper.

NOUS TOUS EN SOMMES TÉMOINS

Pierre affirme que lui et les disciples sont *témoins* de la résurrection de Jésus, « pré-vue » par David (Ac 2,31). Si le vocabulaire du témoignage ne recouvre pas celui de l'analyse préalable, le fait d'être témoin est cependant un élément tellement décisif qu'il pourrait même s'agir d'une des modalités d'exercice de la franchise. Le témoignage reste néanmoins aussi l'expression d'un des privilèges du parrhêsiaste, qui est de montrer aux auditeurs ce qu'il a lui-même d'abord perçu. Si cela conduit beaucoup à la conversion une fois ce discours introductif prononcé (v. 41), il ne faut pas longtemps avant que la situation ne devienne plus complexe.

TOUS NE SAVENT FINALEMENT PAS SI BIEN QUE CELA DANS LES ACTES

AC 4,13 : QUAND DES AUDITEURS MALINTENTIONNÉS S'ÉGARENT

Alors que Pierre et Jean sont devant les chefs du peuple, ces derniers mettent explicitement en œuvre ce qui pourrait s'apparenter à un interrogatoire (Ac 4,7). Pierre d'ailleurs, en reformulant ce qu'on lui demande, montre qu'il prend très au sérieux ce que l'on attend de lui et qu'il ne méprise nullement ses interlocuteurs et leurs questions. D'ailleurs il engage les chefs juifs à entrer pleinement dans cette démarche avec un *sachez-le donc* (v. 10) qui, au-delà d'un effet oratoire, est typiquement la parole d'un parrhêsiaste qui montre à ses auditeurs ce qu'il a lui-même déjà perçu.

Luc ne s'y trompe pas et décrit les réactions des auditeurs avec des verbes de perception. Les chefs du peuple ne peuvent en effet que

7 *Cf.* par exemple Jb 40,1-14 ; 42,3.

constater la franchise de Pierre et de Jean (même si ce n'est que Pierre qui a parlé) et se rendre compte que Pierre et Jean sont sans instruction et quelconques (Ac 4,13). Les chefs sont alors étonnés car ils *reconnaissaient* que Pierre et Jean étaient *avec Jésus* (v. 13). Et ils *regardaient* l'homme *guéri* et se trouvaient sans réponse (v. 14).

En d'autres termes, l'analyse préalable des auditeurs ne les mène à rien. Mieux : alors que ce sont eux qui interrogeaient, ils se retrouvent en fait sans réponse ! Certes, Pierre et Jean n'ont pas vraiment l'image que leurs interlocuteurs se font d'un parrhêsiaste exerçant la franchise... Mais il s'agit justement d'un défaut de perception de la part des auditeurs qui semblent voir, mais ne pas comprendre.

Pierre, lui, sait très exactement de quoi il en retourne. Il expose ainsi sans détour qui est Jésus, c'est-à-dire le Christ, comment ce dernier se situe par rapport aux chefs juifs – les auditeurs de Pierre –, ce que ces derniers ont fait de lui, avec une portée qui va bien au-delà de la crucifixion, et leur besoin commun de salut (Ac 4,10-12).

Le décalage de perception est tellement grand entre Pierre et ses interlocuteurs que la crainte saisit ces derniers, qui ne trouvent plus qu'une seule alternative : menacer encore et encore (Ac 4,17-18.21). Pierre et Jean, de leur côté, savent où ils puisent leur force et font appel au discernement de Dieu lui-même pour justifier leurs propres agissements (v. 19). Tel est l'effet de l'effusion de l'Esprit dont Pierre est rempli au moment de parler franchement (*cf.* v. 8). Effet constaté par les auditeurs, mais dont ils ne tirent aucune conséquence ayant un impact sur leur salut (*cf.* v. 12).

À l'inverse, il arrive aussi que ce soit un parrhêsiaste qui soit en déficit de connaissances.

AC 18,26 : QUAND UN PARRHÊSIASTE ZÉLÉ A DES LACUNES

Alors que, nous venons de le voir, des auditeurs peuvent échouer dans leur interprétation de ce qu'ils perçoivent (Ac 4,7-14), Apollos, pourtant présenté comme un parrhêsiaste (18,26), est en déficit de connaissance concernant le message qu'il a à transmettre. Il a certes été auparavant enseigné – littéralement « catéchisé ». Lorsque vient son tour de transmettre son savoir au sujet de Jésus, il le fait avec exactitude. Toutefois, Luc précise qu'il ne connaissait que le baptême de Jean (v. 25). En d'autres termes, Apollos, alors qu'il exerce la franchise dans la synagogue, reste fidèle à ce qu'il sait, même très exactement fidèle. Sauf qu'il lui manque une partie des connaissances nécessaires pour être complet.

C'est alors qu'entrent en scène Priscille et Aquilas, un couple qui a été auditeur d'Apollos (Ac 18,26), mais aussi, avant cela, compagnon de Paul et, par conséquent, au bénéfice de son enseignement. Se rendant compte des lacunes de celui qui exerce la franchise devant eux, ils entreprennent de lui présenter *plus exactement* de quoi il retourne (v. 26).

De fait, Apollos va passer d'une prédication et d'un enseignement sur Jésus (Ac 18,25) à une argumentation concernant le Messie, c'est-à-dire Jésus le Christ (v. 28).

Que Luc dise qu'Apollos donnait un enseignement exact, mais incomplet, illustre combien la construction d'une théologie commune et partagée a pris du temps. Néanmoins, Luc reconnaît à Apollos une légitimité et une fidélité qui lui valent de pouvoir continuer d'œuvrer (Ac 18,27). Ce qui lui manquait lui est apporté par deux vétérans[8]. Priscille et Aquilas, sans le juger, l'amènent en effet plus loin pour que, lui aussi, puisse à son tour mener d'autres plus loin qu'il n'était allé lui-même auparavant.

En ce qui concerne l'analyse préalable à l'exercice de la franchise, nous avons ici deux aspects. En premier lieu, il y a ce que sait le parrhêsiaste. Ce savoir sera déclaré insuffisant, mais Apollos a la sagesse de le reconnaître et de pouvoir envisager de continuer à acquérir des connaissances. En second lieu, l'intervention de Priscille et Aquilas dénote un discernement de leur part, par rapport à ce qu'ils ont entendu d'Apollos. Ils peuvent alors intervenir et édifier ce frère. Notons en passant que, bien que l'intervention de ces deux personnes expérimentées puisse s'apparenter à l'exercice d'une franchise de type philodémien à l'égard du bouillant Apollos, elle n'est pas décrite par Luc en ces termes.

AC 26,26 : AVOIR CHERCHÉ À SAVOIR N'EST PAS SUFFISANT POUR TIRER LES BONNES CONCLUSIONS

Avant que Paul ne soit présenté à Agrippa, Festus s'adresse à ce dernier pour lui présenter la situation et l'homme qu'ils vont entendre (Ac 25,24). Suit une liste d'arguments pour expliquer les raisons de cette entrevue. Festus n'a en effet rien à reprocher à Paul (v. 25) et n'est sûr de

8 Priscille et Aquilas ont déjà reçu Paul chez eux (Ac 18,2-3) et ils ont aussi voyagé ensemble (v. 18).

rien à son sujet (v. 26). Or, comme Paul en a appelé à l'empereur, Festus se sent obligé de donner des explications quant au fait que ce citoyen romain se soit trouvé acculé à une telle démarche. Faire autrement serait *absurde*, affirme-t-il (v. 27).

Or, au terme du discours où l'apôtre se sera fait parrhêsiaste pour eux, Festus et Agrippa ne semblent guère plus avancés (Ac 26,31-32). Ils reprennent en effet quasiment les mêmes termes que ceux que Festus a utilisés en préalable à leur entretien, ajoutant simplement que, en plus de la mort, même les chaînes pourraient lui être épargnées (v. 31).

Qui plus est, le contenu du discours de Paul ne concerne pas au premier chef sa propre défense pour échapper à la peine capitale. C'est bien plutôt une prédication appelant au changement. Festus et Agrippa le perçoivent d'ailleurs bien. Leurs réactions au fil de la discussion en témoignent : ils discernent chez Paul soit de la folie, soit bel et bien un essai de persuasion. Néanmoins, ils ne se laissent pas influencer dans leur position par rapport au Christ, et ils ne sont pas plus avancés quant à l'argumentaire qu'ils voudraient présenter à l'empereur.

Nous avons ainsi deux personnages illustres, en quête, sinon de vérité, au moins d'éléments concrets pour étayer l'argumentation qu'ils doivent présenter à l'empereur en lui envoyant Paul. Mais, malgré un évident désir de savoir, ils ne parviennent pas à atteindre leur but. En définitive, malgré l'accumulation d'informations, ils semblent ne pas en savoir plus à la fin du discours de Paul qu'au début.

OÙ EST LE PROBLÈME SI TOUS NE SAVENT PAS SI BIEN QUE CELA ?

Philodème avait déjà envisagé deux des cas de figure que nous venons de rencontrer : des auditeurs qui ne comprennent pas ce qui se passe[9] et le parrhêsiaste qui n'a pas tous les éléments pour exercer correctement sa mission[10]. Pour les premiers, il constate qu'un défaut d'analyse les éloigne de la progression vers la maturité. Pour le second, il envisage que, comme un médecin, il puisse tâtonner dans son diagnostic. Tel n'est pas tout à fait le cas d'Apollos, puisqu'il ne fait que répéter l'enseignement reçu au préalable, enseignement qui s'avèrera incomplet. Néanmoins, ses lacunes du début ne sont en rien un obstacle à la suite de son ministère,

9 Tel est le cas des chefs juifs dans Ac 4,7-14 et de Festus et Agrippa en 25,24-27 ; 26,31-32.

10 Tel est le cas d'Apollos dans Ac 18,24-26.

qui sera décrit comme fructueux (Ac 18,27-28). La question reste ainsi, pour tous, toujours la même : être ou non capable de se remettre en cause si nécessaire, parce que l'enjeu du récit des Actes reste toujours de taille, à savoir être sauvé ou être perdu.

Certaines situations sont cependant sans équivoque et les conséquences en sont d'autant plus grandioses.

AC 4,29.31 : LES EFFETS D'UN DIAGNOSTIC UNANIME

En dehors du cadre strict de la franchise, nous avons des auditeurs au sens propre du terme (Ac 4,24). Il s'agit des compagnons de Pierre et de Jean, quand ces derniers leur racontent ce que les grands prêtres et les anciens leur ont dit (v. 23). Ces « auditeurs » ne restent pas passifs, alors qu'ils pourraient l'être. Ils rejoignent Pierre et Jean quant aux conclusions qu'il convient de tirer de ce qui vient de se passer, et sont *unanimes* pour s'adresser à Dieu (v. 24). En d'autres termes, l'échange d'informations que Pierre et Jean ont avec leurs compagnons conduit ces derniers à adopter un même point de vue. Ils ont alors tous les mêmes aspirations et désirs, pour prier d'une seule voix. Désormais, tous partagent le même diagnostic sur la situation et tous peuvent donc, ensemble, adresser la même requête à Dieu, notamment pour recevoir la capacité d'être des parrhêsiastes, malgré les menaces proférées par leurs ennemis (v. 29).

Mais, en ce qui concerne l'analyse préalable à l'exercice de la franchise, Pierre, Jean et les leurs font une demande étonnante : que Dieu soit attentif[11]… Autrement dit, ils exhortent Dieu à se ranger à leur point de vue, après l'exposé qu'ils viennent de faire de ce qu'ils ont eux-mêmes perçu (Ac 4,24-28). La réponse reçue ne laisse planer aucun doute quant au fait que l'unanimité des croyants en prière était à l'unisson de la volonté divine à leur égard. Ils reçoivent en effet la franchise demandée, avec des signes montrant l'approbation divine à leur égard : tremblement de terre qui est dans la Bible signe de la présence de Dieu, présence de l'Esprit saint et prière exaucée puisqu'ils parlent franchement comme demandé (v. 31).

11 Le verbe utilisé ici l'est une seule autre fois dans le Nouveau Testament, en Lc 1,25, aussi avec Dieu comme sujet. Or, « quand le Dieu de la Bible jette les yeux sur une situation humaine, il agit ; *cf.* Ex 3,7 (cité dans Ac 7,34) » (C. K. Barrett, *A Critical and Exegetical Commentary on the Acts of the Apostles. Preliminary Introduction and Commentary on Acts I-XIV*, vol. 1, Edinburgh, T&T Clark [ICC], 1994, p. 248). L'emploi de ce verbe est donc bien un appel à ce que Dieu prenne les faits en considération et intervienne en conséquence.

AC 26,26 : UNE CONVERSION ÉCLAIRÉE CONDUIT À DES ACTES ÉCLAIRANTS

Lorsque Paul raconte sa conversion à Festus et Agrippa, il utilise plusieurs verbes ou expressions ayant trait au fait de voir, ou à la révélation. C'est ainsi que, en premier lieu, il voit une lumière, avec des caractéristiques telles que lui-même et tout son entourage sont saisis à en tomber par terre (Ac 26,13-14). C'est alors que survient une voix, qui va donner des explications. Percevoir quelque chose d'un événement n'est en effet pas suffisant en soi, encore faut-il en comprendre les tenants et les aboutissants.

C'est pourquoi Jésus, à qui appartient la voix qui s'adresse à Paul, explique ce qui vient de se passer et quelle en seront les conséquences (Ac 26,16-18). Pour ce faire, il emploie lui aussi le vocabulaire de la vision et le prolonge avec celui de la lumière. Il affirme ainsi que son apparition est l'aube de la vocation de Paul, *destiné à être serviteur et témoin des choses qu*['il a] *vues* (26,16). Le mandat même de Paul est d'*ouvrir les yeux* et de *détourner* le peuple et les nations païennes *des ténèbres vers la lumière*, c'est-à-dire *de l'empire de Satan vers Dieu* (v. 17-18). Autrement dit, la mission de Paul est d'être celui qui permet aux autres de discerner où est le vrai chemin. C'est une tâche fondée sur la justesse et la précision du diagnostic. La technique du parrhêsiaste est déjà bien au point, mais les auditeurs doivent encore l'acquérir en vue d'un changement de maître et de vie.

Il n'est donc pas étonnant que Paul poursuive dans la même veine quand il décrit ensuite sa propre action. Il apporte néanmoins des nuances importantes. Il tient en effet d'abord à souligner que les premiers à avoir « vu » ce qui allait arriver, ce sont les prophètes et Moïse. Ainsi l'apôtre est-il légitime dans son rôle, puisqu'il dit ne rien y ajouter de plus (Ac 26,22). Et il affirme que les Écritures ont discerné à l'avance ce qui concernait le Christ. Il peut le faire d'autant plus que ce qui a été annoncé par les écrits sacrés du judaïsme a été pleinement confirmé par les faits dont les apôtres sont témoins. Son argumentation a un poids considérable. Dès lors, quand il proclame un Christ qui a souffert, est mort et est ressuscité (v. 23), il ne s'agit plus d'une théorie fumeuse qui pourrait être contredite ou relativisée. Au contraire, ceux qui sont confrontés à cette nouvelle, qu'ils soient petits ou grands (*cf.* v. 22), se doivent de prendre position. Festus et Agrippa le comprendront bien et ne feront pas exception à la règle.

Ensuite, Paul reprend ce que Jésus lui a dit sur le chemin de Damas et le modifie d'une façon qui pourrait paraître étonnante de prime abord. C'est ainsi que la parole de Jésus « *je t'envoie les détourner des ténèbres vers la lumière* » (Ac 26,17-18) devient chez Paul « *le Christ doit annoncer la lumière au Peuple et aux nations païennes* » (v. 23) ! C'est donc le Christ, et non pas Paul, qui fait le travail de l'apôtre… Surprenante déclaration, mais qui est en accord avec le livre des Actes, où franchise et Saint-Esprit – c'est-à-dire action divine[12] – vont ensemble. Dès lors, Paul « n'est que le médiateur d'un message qu'anime la présence du Ressuscité[13] » et il peut se permettre de se présenter plein de fougue devant les personnages illustres que sont Festus et Agrippa. Il a en effet l'appui à la fois des prophètes, de Moïse et du Christ. Sa propre analyse de la situation (v. 22) s'inspire des premiers et sa vocation résulte d'une illumination produite par ce dernier.

Autrement dit, l'action de Paul repose entièrement sur son interprétation de ce qu'il a perçu. Il est ainsi dans la droite ligne de la pensée philodémienne, pour qui le parrhêsiaste utilise la raison afin de décrypter ce qui se présente à lui et agir en conséquence.

DANS LES ACTES, QUAND UN MÊME ÉVÉNEMENT CONDUIT À DES DIAGNOSTICS ET À DES RÉACTIONS OPPOSÉS

Jusqu'à présent, nous avons abordé des passages où ce qui concerne l'analyse qui est faite d'une situation est exprimé d'une seule manière. Elle était soit favorable au fait que Jésus est le Christ, soit non[14], mais sans nuances particulières. D'autres récits mettent en scène des adversaires légitimés par leur propre perception de la situation.

---

12 *Cf.* par exemple Ac 4,31.

13 D. Marguerat, *Les Actes des apôtres (13-28)*, vol. 2, Genève, Labor et Fides (CNT[N] Vb), 2015, p. 339.

14 Le seul passage (nous désignons les passages ci-après par leur verset contenant le vocabulaire parrhêsiastique) dans ce cas de figure concerne les chefs juifs d'Ac 4,13. Tous les autres passages abordés jusqu'ici dans le cadre de la l'analyse préalable à l'exercice de la franchise sont unanimement favorables au message des parrhêsiastes : lors du discours de Pierre à la foule en Ac 2,29, pour Apollos en 18,26, lors de la prière unanime de 4,29.31 et dans la partie concernant la conversion de Paul de 26,26. Nous reviendrons sur ce dernier récit plus loin.

AC 13,46 : FUREUR CONTRE LA FOULE *VS* DIVISION AVEC QUELQUES-UNS

Paul et Barnabas sont à Antioche de Pisidie. Ils retournent à la synagogue, en réponse à la demande qui leur a été faite, après y avoir déjà une première fois pris la parole sur invitation des chefs du lieu (Ac 13,42 ; *cf.* v. 15). Les Juifs, *voyant* la foule qui s'est assemblée pour les écouter, sont remplis de fureur (v. 45). Cette manière de décrire leurs émotions rappelle l'intervention surnaturelle de l'Esprit en 4,31 permettant notamment l'exercice de la franchise, donc une action ne dépendant pas de l'effort des « nouveaux » parrhêsiastes.

Ainsi, en Ac 13,45, quand les Juifs sont remplis de fureur, on peut dire qu'ils sont comme saisis d'un « sentiment particulièrement fort de rancœur et de jalousie[15] ». Manipulation par une force extérieure ? Pourquoi en serait-il ainsi ici, alors qu'il n'en va pas de même pour ceux qui sont remplis de l'Esprit, pour lesquels on utilise plutôt le vocabulaire de la médiation ? Non, ces Juifs ne sont pas manipulés, mais ils cèdent à l'inclination de leur cœur pour la fureur, fureur qui est la conséquence de ce qu'ils ont vu de cette foule qui défie bien plus que leur propre autorité dans la ville (l'afflux massif de gens, presque toute la ville et, partant, à la fois des juifs et, plus encore, des païens, à la synagogue, le sabbat suivant, provoque manifestement l'exaspération des juifs).

Devant ces auditeurs en fureur, Paul et Barnabas exercent leur discernement. Leur réaction est en effet exprimée de telle façon qu'est mis en évidence leur raisonnement. De là découle leur décision de se séparer des Juifs et de ne rassembler plus que ceux qui sont intéressés par leur message.

Ainsi, dans un premier temps, Paul et Barnabas constatent l'attitude de leurs interlocuteurs. Leur état des lieux est introduit par *puisque* : « *C'est à vous d'abord que devait être adressée la parole de Dieu ! Puisque* (*epeidè*) *vous la repoussez et que vous vous jugez vous-mêmes indignes de la vie éternelle, voici nous nous tournons vers les païens* » (Ac 13,46). En d'autres termes, Paul et Barnabas font le diagnostic de la situation qu'ils rencontrent avec leurs auditeurs, les Juifs d'Antioche de Pisidie. Puis ils en tirent la conclusion et l'imposent à leurs interlocuteurs.

15 J. P. Louw, E. A. Nida (éd.), *Greek-English Lexicon of the New Testament Based on Semantic Domains*, OakTree Software (Accordance) ; United Bible Societies, 1989, p. 759.

Cette conclusion est introduite par *voici* (*idou* ; Ac 13,46). Ce terme est déjà présent dans la LXX en Ésaïe 49,6, mais il est déplacé et anticipé par Luc peu avant la citation qu'il fait de ce passage[16]. Il modifie le point où il met l'accent de son analyse préalable. Pourquoi ? Dans quel but ? Sur quoi l'accent est-il désormais mis ? L'interprétation traditionnelle a été de souligner la rupture entre la synagogue et le christianisme naissant. Mais, à la lumière de ce que nous savons de la franchise, dont l'exercice est précédé par un diagnostic de la situation, nous pouvons aussi voir dans le *voici* la réponse à l'analyse préalable des auditeurs. Ces derniers ont vu la foule et ont été remplis de fureur. Paul et Barnabas ont vu le public qu'ils visaient d'abord réagir avec violence et ont choisi de se tourner vers les païens.

Deux analyses successives, d'abord celle des auditeurs qui voient une situation et y réagissent, puis celle des parrhêsiastes qui prennent acte du rejet des auditeurs et réorientent leur ministère, avec deux types de réactions très différentes. C'est la première fois qu'une situation parrhêsiastique divise autant dans les Actes, mais pas la dernière.

AC 14,3 : VIOLENCE *VS* FUITE

L'analyse intervient ici au terme du processus parrhêsiastique[17]. Paul et Barnabas sont en effet *conscients* (Ac 14,6) que leurs paroles génèrent chez leurs adversaires de la violence, allant jusqu'au désir de meurtre (v. 5). Pourtant ces opposants formaient auparavant une partie du groupe de leurs auditeurs (v. 2).

De manière surprenante – quand on songe à la franchise philodémienne qui valorise la persévérance –, cette prise de conscience de la part des parrhêsiastes ne s'accompagne pas de stratégie pour regagner les

16 En Ac 13,47, Luc modifie Es 49,6b. Voici la comparaison des deux textes : mais voici que je t'ai établi pour être l'alliance des races, la lumière des nations, le salut de tous, jusqu'aux extrémités de la terre (Es 49,6b). Outre la suppression de alliance des races, Luc place voici non plus au début de la citation de l'Ancien Testament, mais avant, au cœur de son argumentation, en Ac 13,46-47 : [46] C'est à vous d'abord que devait être adressée la parole de Dieu ! Puisque vous la repoussez et que vous vous jugez vous-mêmes indignes de la vie éternelle, voici nous nous tournons vers les païens [47] Car tel est bien l'ordre que nous tenons du Seigneur : *Je t'ai établi lumière des nations, pour que tu apportes le salut aux extrémités de la terre.* »

17 Alors que l'analyse décrite par Philodème intervient notamment en début de processus, elle sert aussi à évaluer les effets de la franchise et à éventuellement ajuster le propos du parrhêsiaste.

auditeurs. Ils ont bien plutôt une réaction de fuite vers d'autres villes, dans lesquelles ils vont néanmoins continuer à évangéliser (Ac 14,7). Qui plus est, la surprise que peut ressentir le lecteur d'aujourd'hui devant cet abandon sans résistance apparente, est probablement le résultat de souvenirs laissés par d'autres écrits plus tardifs, davantage élogieux, voire hagiographique. Toujours est-il que Paul et Barnabas, ayant évalué la situation, s'échappent. Avec ce récit, Luc met aussi en avant les valeurs du christianisme primitif, qui ne cherche pas à tout prix à convaincre. Les chrétiens prennent acte de la décision des uns et des autres – notamment par ce que nous avons appelé l'analyse préalable –, et en tirent les conséquences.

AC 19,8 : DISSUASION *VS* PERSUASION

Paul s'est rendu *pendant trois mois* à la synagogue d'Éphèse pour y parler franchement, *s'efforçant de convaincre* ses auditeurs (Ac 19,8). Tout dans la manière de raconter l'épisode souligne les efforts déployés dans la durée par Paul pour exercer la franchise[18].

Avec la même intensité, *certains se durcissaient et étaient loin de se laisser convaincre*. Ils essayaient d'ailleurs de dissuader d'autres auditeurs de s'attacher au parrhêsiaste en disant du mal. La résistance qu'opposent certains auditeurs à Paul est ainsi tout aussi tenace que la persévérance qu'il met en œuvre pour arriver à les convaincre (*cf.* Ac 19,9).

Nous avons donc affaire à deux forces contraires, qui ne peuvent finalement cohabiter : la rupture est inévitable entre Paul et ses opposants.

Néanmoins, pour raconter le séjour de Paul à Éphèse, durant lequel ce dernier exerce la franchise, et la résistance rencontrée, Luc n'utilise pas le vocabulaire de l'analyse. Mais l'effort fournis par les deux groupes – Paul le parrhêsiaste pour exercer la franchise, et certains de ses auditeurs pour résister à ce qu'il dit – laisse entrapercevoir une forte motivation de part et d'autre. Ainsi, d'une même situation – l'annonce du *Règne de Dieu* (Ac 19,8) – sont faites deux lectures différentes, qui conduisent à deux attitudes opposées.

---

18 En grec, une des manières de montrer qu'un épisode prend du temps est d'utiliser certaines formes verbales particulières. C'est ce que Luc fait ici. Du coup, en plus de la durée clairement exprimée (trois mois), les verbes indiquent eux aussi que cela a pris du temps et a demandé un effort répété.

AC 26,26 : INCRÉDULITÉ *VS* SAVOIR

À la fin du discours de Paul devant Festus et Agrippa, l'apôtre déclare qu'il est *sûr*[19] de ce qu'il perçoit (Ac 26,27) : le roi Agrippa croit aux prophètes, répète Paul deux fois et presque trois (v. 26.27). C'est notamment une manière pour le parrhêsiaste de vérifier l'efficacité de son discours, mais c'est aussi un partage d'informations en vue de convaincre l'auditeur.

Agrippa tient cependant à le détromper, de façon plus ou moins directe. Paul vient de démontrer que les prophètes annonçaient le Christ (Ac 26,22-23). Agrippa ne nie pas catégoriquement croire aux prophètes. Mais il se rend bien compte que, s'il avouait y croire, il devrait devenir chrétien. Sa réponse reflète bien qu'il a lui aussi perçu ce qu'implique une approbation des propos de Paul. Agrippa n'est peut-être pas loin de la foi, mais il n'est pas non plus prêt à y adhérer !

Nous avons donc de nouveau un même fait – les prophètes ont annoncé le Christ, qui est Jésus –, perçu pareillement par le parrhêsiaste et son auditeur, mais interprété différemment. Paul y adhère et en témoigne alors qu'Agrippa rejette le fait d'y croire comme s'il s'agissait d'une tentation à laquelle il ne doit pas céder.

AC 28,31 : ACCEPTER LA RÉALITÉ ET ALLER DE L'AVANT

Tout comme le discours de Pierre devant la foule à Jérusalem, juste après l'effusion de l'Esprit, annonce tout le reste du récit (Ac 2), le dernier épisode des Actes est à la fois une conclusion pour l'ensemble du livre et une prolepse de la manière dont progressera le Règne de Dieu.

C'est ainsi que, pour la première fois, Luc va montrer Paul affirmant avoir discerné que tous ne pourront pas être auditeurs. Si cette tendance semblait déjà émerger de plusieurs récits où les Juifs faisaient preuve de violences répétées, ici elle a « le poids du définitif, la décision est prise. L'évangélisation se tournera vers les nations[20] ».

Telle est l'annonce que fait Paul à ses interlocuteurs juifs, qui ont répondu à son invitation lors de son arrivée à Rome : il faut qu'ils sachent que, désormais, le salut sera annoncé aux païens (Ac 28,28). Ce

19 Auparavant, Festus lui-même a reconnu le *savoir* intellectuel de l'apôtre (Ac 26,24).

20 D. Marguerat, *Les Actes des apôtres (13-28)*, vol. 2, Genève, Labor et Fides (CNT[N] Vb), 2015, p. 386.

faisant, il endosse le rôle du parrhêsiaste philodémien, qui consiste à faire part de sa propre perception de la situation, pour que ses auditeurs l'adoptent à leur tour. Le constat est réaliste, l'ensemble du livre des Actes conduisant à cette conclusion.

Néanmoins, Paul, une fois installé dans la capitale de l'Empire, recevra *tous ceux qui venaient le trouver* (Ac 28,30). Autrement dit, le constat de l'opposition des Juifs le pousse à s'adresser désormais peut-être dès le départ aussi aux païens, et non plus aux Juifs premièrement. Il n'est en effet pas interdit à ces derniers de reconnaître en Jésus le Messie, mais d'autres qu'eux sont aussi désormais sur les rangs pour entrer dans le Royaume (*cf.* v. 31).

POINT SUR L'ANALYSE PRÉALABLE DANS LES ACTES DES APÔTRES

Chez Philodème, l'analyse préalable à la franchise concerne surtout les fautes – qui seront à corriger –, le discernement des attitudes et des motivations, et la perception que l'on a de soi-même par rapport aux autres.

Dans les Actes, elle ne concerne que le rapport à Jésus le Christ, qu'il s'agisse soit de le présenter[21] comme tel[22], soit de décrire le chemin qui conduit à lui[23], soit d'interpréter la réaction des uns et des autres à « l'événement Jésus[24] », soit d'ouvrir définitivement de nouvelles perspectives, en conséquence des réactions observées[25]. Il apparaît clairement que le contenu de la franchise des Actes concerne Jésus le Christ.

21 Rappelons qu'un des privilèges du parrhêsiaste philodémien est de montrer aux autres ce qu'il a lui-même perçu.

22 C'est ce que Pierre fait après l'effusion de l'Esprit en Ac 2, de même que Pierre et Jean devant les chefs (début d'Ac 4), Apollos à Éphèse (Ac 18) et Paul devant Festus et Agrippa (Ac 26).

23 Telle est la démarche de Paul à l'égard de Festus et Agrippa (Ac 26).

24 Ac 13 ; 14 ; 19 ; 26.

25 Ac 28.

PARLER FRANCHEMENT, POUR DIRE QUOI ?

Il nous faudra revenir à présent sur le fait que le contenu de la franchise des Actes concerne Jésus le Christ, mais, avant d'aborder ce sujet, nous nous intéresserons au contenu de la franchise chez Philodème de Gadara et nous demanderons comment le parrhêsiaste philodémien réagit à ce qu'il a analysé, dès lors qu'il a souvent mis préalablement en lumière une faute chez ses auditeurs.

CHEZ PHILODÈME DE GADARA : LE CONTENU DE LA FRANCHISE REVIENT À PARLER DE LA RÉACTION À LA FAUTE

L'enjeu de la franchise philodémienne est de faire face à la faute, tant du point de vue des auditeurs que du parrhêsiaste, pour permettre une progression vers la maturité. Nous allons maintenant exposer les différentes réactions envisagées face à la faute « débusquée » lors de l'analyse préalable.

Tout d'abord, avant de déterminer si une manière de faire est positive ou non, bénéfique ou non, la question se pose de savoir s'il faut *attribuer* une faute à quelqu'un ou la laisser sans auteur. La réponse est incluse dans la question, puisque Philodème ajoute que laisser l'erreur non attribuée priverait quelqu'un *des bienfaits que procurent les avertissements et dont l'importance est si grande* (155a). Il appuie d'ailleurs son affirmation en donnant comme exemple à suivre celui d'Héraclide et de Polyène. Ils avaient en effet l'habitude de *révéler* des *fautes* à Épicure, justement parce que les *reproches* sont *moindres que le bénéfice que l'on en retire* (156b).

Par ailleurs, il faut être clair sur le fait que ce qui est digne de *châtiment* (épiplèxeôs) mérite *mépris* (*akoxian*) et *condamnation* (*katagnôsin* ; 200b).

Ainsi l'erreur doit-elle être débusquée à la fois pour que le fautif bénéficie des avantages de la franchise et pour éloigner les conséquences néfastes de l'égarement. Néanmoins, malgré ces perspectives de bienfaits attendus comme conséquence de la franchise, plusieurs types de réactions sont possibles face à la faute.

ATTITUDES POSITIVES FACE À LA FAUTE

Philodème traite d'une attitude étonnante face à la *faute sans retenue* (*amartèm'aneton*) de la jeunesse (106b). Le parrhêsiaste, misant sur une réaction salutaire de la part de ses auditeurs (*cf.* 107b), prend sur lui le risque de porter ladite faute (106b), pour montrer au public visé par la franchise un possible cheminement vers le changement.

Mais, bien plus souvent, face à une action condamnable (ici un *propos impie, blasphèmountos*), le parrhêsiaste doit intervenir en *faisant des reproches*. Peu importe que cela soit irritant ou non pour qui en est l'objet. Le parrhêsiaste a en effet ensuite encore l'occasion de revenir sur ce qu'il tient à souligner (111b).

C'est ainsi que *celui qui met en lumière des faux pas et d'autres maux prend* aussi *soin de ceux qui sont avertis* (127b). En effet, dénoncer les fautes n'est pas une fin en soi. Le but est de pouvoir avertir, ce qui est une étape dans le soin apporté par le parrhêsiaste à ses auditeurs.

Par ailleurs, celui qui exerce la franchise doit pouvoir montrer que son *avertissement* (*nouthetèsis*), qui est une réaction aux comportements coupables dont il a connaissance, est plus avantageux que l'*ironie* pratiquée par les philosophes socratiques. Certes, l'ironie peut avoir des aspects agréables, et donc séduire certains. Mais elle se révélera tôt ou tard *mordante*, et cela, sans exception (131b). À l'inverse, l'action du parrhêsiaste épicurien ne cache pas de pièges.

De plus, il faut prendre conscience que la *pique* (*knisma*), c'est-à-dire littéralement une sorte d'égratignure aux relations ou au bien-être, est utile. Tous les parrhêsiastes sont d'accord sur ce point (137b). Peut-être sert-elle d'amorce pour pouvoir traiter les auditeurs. Ce n'est en tout cas pas un appel à vivre sans frictions, mais une exhortation à prendre en compte ce qui « frotte » comme une occasion pour progresser. Mais tout ne doit pas être prétexte à confrontation. En particulier, *l'écart d'autrefois* ne doit pas porter atteinte aujourd'hui au parrhêsiaste ni à sa relation avec ses auditeurs (141b). Cette prise en compte de la possibilité de fautes de part et d'autre est vue comme allant de soi, dans la mesure où l'on ne s'attarde pas sur ce qui a pu être corrigé et qui appartient au passé.

Par ailleurs, il y a une façon convenable d'inviter au changement, d'autant plus que l'avertissement n'est pas facile à supporter. C'est pourquoi Philodème dresse une liste de comportements à éviter (143b et 144b), ce qui permet de décrire, par contraste, une conduite appropriée.

Au-delà des manières de faire, le cadre de la communauté épicurienne est propice à l'émergence des fautes. Ainsi les *amis intimes* peuvent-ils donner une indication au parrhêsiaste, parce qu'ils sont remplis de *sollicitude* (*kèdemonian*) à l'égard du fautif. *Celui qui sert de guide* n'a alors pas besoin de poser de questions (148b). L'intérêt réel des uns pour les autres est en effet important, créant une atmosphère propre à encourager la croissance par le biais d'une franchise bien exercée.

C'est pour cette raison que, devant une faute – pourvu qu'elle ne conduise pas à la perdition –, le parrhêsiaste ne haïra pas et continuera son action (152b).

Par ailleurs, le parrhêsiaste peut trouver auprès d'Épicure, c'est-à-dire dans ses enseignements, ce dont il a besoin pour réagir face à ce qui mérite la correction (162b).

Pour résumer, nous pouvons dire que, dans le *Sur la franchise*, une réaction positive à la faute consiste à la prendre en compte et à la traiter (106b, 111b), sans dissimulation (127b, 131b), tout en veillant à conserver des relations amicales (143b, 144b). Pour ce faire, le soin du parrhêsiaste, la pique (137b), les amis intimes (148b) et les préceptes épicuriens (162b) sont autant d'appuis pour progresser, même si le parrhêsiaste peut à l'occasion avoir lui-même fauté (141b). Pourtant, malgré cet « arsenal » – ou à cause des à-côtés négatifs de certains de ces éléments –, quelques-uns ont des réactions peu constructives face à la faute.

ATTITUDES NÉGATIVES FACE À LA FAUTE

Ainsi, le *découragement* (*athumôsei*), c'est-à-dire le fait d'être sans désir, peut amener à faire *des discours emplis de colère* (109b). Dès lors, nous pouvons supposer que, face à une faute, certains – parrhêsiastes ou auditeurs, ce n'est pas précisé – réagissent avec colère, simplement parce qu'ils n'ont pas la ressource pour y faire face, par manque de cœur à l'ouvrage.

D'ailleurs, en 143b, Philodème donne une liste de réactions à ne pas avoir face à une faute ou, plus précisément, lors d'un avertissement – a priori consécutif à une faute– : ne pas *commencer à partir de son propre tort* – même si c'est un piège dans lequel tombent la plupart des *lettrés* –, ne pas exercer la franchise *avec arrogance et insistance*, ne pas être *insolent*, ne pas tout *déstabiliser* et ne pas *dénigrer*. Il continue en 144b en soulignant qu'il ne faut pas chercher à *bouleverser de fond en comble* celui qui est en cause et qu'il ne faut pas *élever le ton*. À cela s'ajoute le fait qu'il n'est pas utile de provoquer quelqu'un qui est *en colère* en lui rappelant son passé. Toutes ces mises en garde sont probablement motivées par le fait qu'il est déjà bien assez difficile de supporter la franchise, sans avoir en plus à affronter une manière non convenable d'être invité au changement.

Le conseil est d'autant plus utile qu'il y a effectivement des personnes qui *s'enflamment*, c'est-à-dire qui *n'aiment pas* ni ne savent *corriger* ou *persuader* (150b). Il est également déconseillé de courir vers les maîtres pour leur exposer ce qui a pu être fait contre eux. En effet, il s'agit là d'une *bienveillance apparente*, qui est probablement plus dévastatrice que constructive, puisqu'elle est ici dénoncée (159b).

Il faut néanmoins reconnaître que le parrhêsiaste peut mal raisonner, en parlant franchement à des personnes qui n'ont commis aucune faute (169b). Pareillement, certains auditeurs qui pensent être plus intelligents que les autres, mais manquent en réalité de maturité (201a), peuvent faire un reproche à quelques-uns qui ne se sont en fait pas trompés (202a). Ce n'est pas précisément une attitude négative face à la faute qui est ici montrée du doigt, mais une manière d'agir sans raison, car la faute est en réalité absente de l'équation !

Une autre cause de résistance à la franchise quand une faute est révélée, c'est que celui qui est concerné peut croire que le reproche est fait par jalousie. Telle est la situation des hommes illustres, lorsqu'ils se sont trompés. Ils sont habitués à ce que l'on cherche à leur *plaire* et ne s'attendent donc pas à être convaincus d'une faute. Il leur est du coup difficile de faire la part des choses entre ce qui relève de la jalousie ou alors de la franchise. Le seul intérêt qu'ils pourraient trouver dans une parole franche, nous dit Philodème, est lié au bouleversement que provoque une parole *imprévue* (204a). Pour ce qui les concerne, ils sont donc loin de l'idéal épicurien qui vise la progression vers la maturité. De fait, la faute mise au jour provoque forcément une réaction. Si, comme nous venons de le voir, tous peuvent se crisper à un moment ou à un autre et chercher à échapper aux conséquences liées à la faute, les manières de se comporter face à elle peuvent aussi s'analyser du point de vue du parrhêsiaste ou de celui des auditeurs.

RÉACTION DU PARRHÊSIASTE FACE À LA FAUTE

Philodème va aborder assez tardivement dans le manuel la réaction du parrhêsiaste face à la faute (184a). Ainsi, en posant la question de savoir s'il y a des différences entre les parrhêsiastes, il donne deux listes. La première concerne les parrhêsiastes (celui qui est irascible comme un chien, celui qui est toujours mou, ou même lâche, celui qui est bienveillant sur tout ou, au contraire, celui qui parle franchement mais pas totalement ; 184b). La seconde décrit les auditeurs (qu'ils soient troublés, diminués, écartés avec persistance, très discrets ou très inflexibles) avec lesquels les parrhêsiastes interagissent en s'adaptant (185a). Tout cela pour dire que les parrhêsiastes sont différents les uns par rapport aux autres et même d'eux-mêmes d'un moment à l'autre (185a). Du coup, leur façon de réagir à la faute est elle aussi variable. Mais ce n'est pas un obstacle pour eux, ils peuvent voir les *fautes* et les prendre en compte. Ils sont en effet avant tout motivés par une *amitié* selon les mérites de chacun (184b).

Ainsi, pour ce qui est du parrhêsiaste en particulier, la faute vaut toujours la peine qu'il s'y intéresse. Mieux, elle exige de sa part un déploiement d'attitudes qui se nuancent en fonction de ses interlocuteurs. Quant à ces derniers, les plus généralement concernés par l'erreur, car ils en sont les auteurs, leurs réactions progressent en fonction de leur maturité.

RÉACTIONS GÉNÉRALES OU ORDINAIRES DU FAUTIF FACE À LA FAUTE

Dans le cas d'un auditeur qui serait encore attaché à des valeurs ayant cours hors de la communauté épicurienne, il se peut que son attitude *silencieuse* le conduise à *résister activement* ou *passivement* au travail du parrhêsiaste envers lui. Car il n'a notamment pas encore saisi la gravité de son propre tort (135b).

De plus, peut-être à cause des manières non convenables qu'ils ont pu rencontrer auparavant dans la façon de faire des avertissements ou des reproches (*cf.* 143b et 144b), il se peut que les auditeurs cherchent une alternative chez certains qui ne servent pas de guide plutôt que chez le parrhêsiaste. Or, s'il est *honteux* de ne pas aller voir un médecin lorsqu'il s'agit de prendre soin du corps, il l'est tout autant de ne pas aller vers le parrhêsiaste quand il s'agit de l'âme (145b).

Néanmoins, le manque de *profondeur* de *compréhension*, autrement dit l'immaturité de certains, devrait faire réfléchir à deux fois avant de se lancer publiquement dans la révélation de ses propres fautes (160b).

AUTOACCUSATION DU FAUTIF

Pourtant, le fait de s'accuser publiquement d'une faute découle, à n'en pas douter, de la bonne compréhension des bienfaits apportés par la communauté épicurienne. Ainsi *ceux qui étudient ensemble* peuvent *se présenter* d'eux-mêmes *pour être corrigés*, parce qu'ils *savent la multitude de bonnes choses* possédées (146a). Pareillement, d'une manière générale, ne pas (s')attribuer une faute revient à (se) priver des bienfaits importants qui découlent de l'avertissement (155a).

Malgré cela, il se peut qu'un auditeur *ne fasse ouvertement aucun rapport*, c'est-à-dire qu'il *cache au plus éminent de ses amis* ce qu'il a fait. Philodème déclare carrément qu'il n'y a rien à gagner à *se cacher* ainsi (147b). Il est intéressant que ce soit dans ce contexte d'appel à l'autoaccusation qu'il est rappelé que le parrhêsiaste doit être considéré comme l'ami plus grand que tout autre. En effet, accepter de se dévoiler pour ce qui est condamnable demande une confiance à toute épreuve, que seule l'amitié solide peut offrir. C'est à cette condition que la franchise prend tout son sens et s'exerce efficacement. Il ne s'agit donc pas de se dénoncer à tout bout de champ, mais bien dans le cadre d'une relation privilégiée avec un parrhêsiaste reconnu comme amical et bienveillant.

D'ailleurs, Philodème va plus loin et pose la question de savoir si *ceux qui sont en train d'être instruits* doivent exposer leurs propres *fautes avec franchise à ceux qui servent de guide* (151a). Le premier point mentionné concerne l'autoaccusation, qui peut conduire à une grande sévérité à l'égard de soi-même, sans empêcher pour autant l'avertissement de la part du parrhêsiaste. Probablement est-ce la conjonction des deux efforts (de soi-même à son propre égard et du parrhêsiaste), liée au désir de suivre Épicure, qui permet d'atteindre un certain équilibre (151b). D'ailleurs, certaines situations trouvent leur solution dans les silences ou dans l'inaction (152a). S'agit-il de souligner que ni les uns ni les autres ne doivent se laisser prendre par une recherche frénétique de l'erreur ou de l'avertissement ? C'est fort possible.

Néanmoins, plus loin, les auditeurs qui voudraient mettre en lumière ce qui les concerne au vu et au su de ceux qui étudient avec eux, sont mis en garde pour qu'ils agissent avec précaution. En effet, certains sont *dépourvus d'une compréhension profonde* (160b). Et Philodème d'ajouter qu'il n'est pas utile de tout dire. C'est pourquoi il faut parfois user d'une résistance acharnée, quitte à en *mourir* – au moins du point de vue relationnel –, plutôt que de *révéler* quelque chose qui ne devrait pas l'être (161b). Pour traiter l'erreur convenablement, l'amitié en paroles n'est donc pas suffisante. Il faut aussi une action qui conduise à la maturité et à la confiance plutôt qu'aux indiscrétions sans retenue.

Finalement, après avoir parlé des bienfaits de l'autoaccusation (146a) et de l'avertissement (155a), du tort que l'on se fait à vouloir se cacher (147b) et des situations d'auditeurs dévoilant leurs fautes à ceux qui servent de guide (151b) ou devant ceux qui étudient avec eux (160b), Philodème va jusqu'à poser la question de savoir si le parrhêsiaste, dans le cadre d'un cercle plus petit que celui des auditeurs, doit parler de ses propres erreurs à ses amis (162a). La réponse se perd malheureusement dans les fragments incomplets.

DÉNONCIATION

Outre l'autoaccusation, la dénonciation est aussi évoquée dans le manuel.

Il est souligné que le fait de ne pas attribuer une faute à quelqu'un revient à priver cette personne des bienfaits liés aux avertissements (155a). Nous pouvons alors comprendre l'intérêt bienveillant qu'il peut y avoir à dénoncer son ami. Pour appuyer cette affirmation, Philodème cite l'exemple d'Héraclide qui considérait que les désagréments qui sont les conséquences des reproches sont inférieurs à leurs avantages. C'est pourquoi il avait l'habitude de *révéler* des fautes à Épicure (156b).

De plus, étant donné l'enjeu de la *correction*, celui qui dénonce son prochain ne doit pas être considéré comme un calomniateur par le parrhêsiaste. Ce dernier sait en effet très bien faire la différence. Car celui qui dénonce l'erreur est au contraire *attaché à ses amis*. Pour lui, ne rien faire serait considéré à la fois comme *inamical* et comme la preuve qu'il *aime le mal*, ce qui est forcément une étrangeté dans une relation qui se veut bienveillante. D'où l'importance du fait que l'auditeur soit dans l'*échange* à propos de ceux qui l'entourent (157b).

Cependant, le groupe épicurien a sa propre dynamique. Les uns observent les autres, en particulier pour ce qui est de leur capacité à s'autoaccuser. Ils cherchent ainsi à estimer si leurs dénonciations ont de la valeur ou non. Or devenir accusateur de soi est un acte qui se fait en général *lorsqu'il n'y a plus d'alternative*. Tel n'est pas le cas pour la dénonciation de l'autre, qui semble parfois expéditive. Pourtant, le fait de dénoncer un autre se fait aussi *avec retenue*. Car la peur d'être un jour à son tour calomnié empêche d'être soi-même trop agressif (158b). C'est ainsi que chacun fait attention d'*entourer de sécurité ce qui est inamical et acéré*. Autrement dit, chacun prend ses précautions pour ne pas blesser, de peur de l'être à son tour. Agir autrement serait tout bonnement *insensé* (159a). D'ailleurs, même sous couvert de bienveillance apparente, il n'est pas du tout recommandé de courir vers les maîtres pour leur faire connaître ce que quelqu'un aurait dit ou fait contre eux.

DANGERS LIÉS À LA MANIÈRE DONT LES AUDITEURS RÉAGISSENT À LA FAUTE

L'auditeur peut ressentir de la *honte* (*aischunès*), peut-être à cause de sa faute, et chercher à se cacher du parrhêsiaste – et de ses *amis* –, surtout s'il *devine* les réactions des autres. Il préfère alors continuer d'avoir une attitude de façade qui *imite fidèlement* ce qu'il devrait être, plutôt que de parler ouvertement au parrhêsiaste (194a). Mais, en faisant cela, il s'éloigne de l'idéal épicurien.

Les auditeurs peuvent aussi craindre d'être en concurrence pour ce qui est de savoir qui traitera telle ou telle erreur. Or il semble que cela les affecte davantage que l'erreur elle-même. Ils se trompent alors, *étant attristés* pour ce qui ne le mérite pas et passant à côté de la faute qui, elle, devrait attirer toute leur attention (196a). Là encore, une telle manœuvre, qui vise à oublier de faire attention à la faute, s'oppose au processus de franchise, puisqu'elle donne de l'importance à l'intérêt personnel plutôt qu'au bien-être du fautif.

LA RÉACTION À LA FAUTE : UNE ÉTAPE DANS LE PROCESSUS DE FRANCHISE

En rassemblant ce que nous avons dit jusqu'ici à propos de la réaction à la faute, nous constatons que tous prennent position face aux fautes ou erreurs rencontrées (155a), qu'il s'agisse des siennes propres ou de celles des autres[1].

Certaines attitudes, telle la pique, ont pour effet de favoriser l'action du parrhêsiaste (137b). D'ailleurs, ce dernier a notamment pour but de créer un climat qui permet que les fautes soient mises au jour, pour pouvoir les prendre en compte (106b, 162b). Une telle atmosphère est faite d'amitié et de bienveillance, ce qui permet d'accepter les réactions aux erreurs (111b, 127b, 131b, 148b, 152b).

Cela étant, de nombreux risques existent. La faute peut être mal perçue (109b) ou produire une attitude arrogante et insolente de la part de l'auditeur. Elle peut même provoquer une réaction destructrice (150b). Autre danger, le parrhêsiaste lui-même peut se tromper en reprenant quelqu'un qui n'aurait pas dû l'être (169b).

Hormis ce dernier cas de figure, les parrhêsiastes ont chacun leurs propres réactions, variables dans le temps en fonction des circonstances et de leur propre cheminement (184a, 184b).

Pour ce qui est des auditeurs, auteurs des fautes, leur immaturité peut les empêcher d'en saisir l'importance (135b, 145b, 160b, 147b). Pourtant, certains qui ont progressé sur ce chemin peuvent en arriver à s'autoaccuser, pour devancer l'action du parrhêsiaste (156b, 146a, 155a, 151b, 161b). La dénonciation doit cependant être maniée avec prudence (159b).

1 Nous avions déjà constaté que, pour l'analyse préalable à la franchise, tous essaient de discerner quels sont les éléments à prendre en compte avec plus ou moins de réussite et quelles sont les circonstances particulières qui vont servir de contexte à la franchise. C'est un élément important dans la communauté épicurienne. Le parrhêsiaste est certes plus avancé que ses auditeurs dans la mise en pratique de l'épicurisme. Mais ses auditeurs sont appelés à devenir comme lui. C'est pourquoi l'on pourrait dire que tous s'entraînent à la franchise, mais pas avec les mêmes résultats. Le parrhêsiaste reste quand même plus mûr que les autres, et c'est donc lui qui a les meilleurs résultats.

DANS LES ACTES : LE CONTENU DE LA FRANCHISE REVIENT À PARLER DE JÉSUS

Nous avons pu brosser un tableau assez précis de la manière de réagir à la faute dans la communauté épicurienne décrite dans le manuel *Sur la franchise*. Qu'en est-il dans les Actes ? Luc utilise-t-il la franchise pour dénoncer une faute ? Et, dans le cas contraire, à quoi lui sert-elle ?

Nous avons vu que l'analyse préalable à la franchise est parfois associée à des réactions violentes. Ici, nous abordons la question de la mise en œuvre de la franchise par le parrhêsiaste, une fois l'analyse de la situation effectuée. Dans les Actes, les auditeurs ne réagissent pas à l'analyse par de la franchise, contrairement à ce qui est envisagé par Philodème dans le *Sur la franchise*. Certainement est-ce dû à l'objet découvert par l'analyse. La faute est en effet dévoilée chez les épicuriens, faute qui peut faire réagir chacun, à partir du moment où il en a connaissance. Chez Luc, l'objet de l'analyse concerne avant tout le contenu de la proclamation, à savoir Jésus le Christ crucifié et ressuscité[2]. Or cet événement a besoin d'être expliqué et interprété et devient, dès lors, le message de la franchise. Ce n'est généralement qu'une fois que le parrhêsiaste a parlé franchement que la réaction des auditeurs sera décrite. Elle concernera non seulement l'objet de l'analyse, mais aussi l'interprétation qui en est faite[3].

Ainsi, dans le livre des Actes, la franchise intervient-elle non pas pour corriger une faute en tant que telle, mais comme manière de transmettre un message qui a pour but de transformer les auditeurs. Il ne s'agit dès lors plus de réagir à une faute, mais d'expliquer « l'événement Jésus », c'est-à-dire la survenue du Christ, crucifié et ressuscité, avec tout ce que cela implique, et qui devient le contenu communiqué par la franchise[4].

---

2 Notons en passant que la différence entre Philodème de Gadara et Luc est notable : l'un soigne l'erreur alors que l'autre prêche le Christ. Cela tient à la différence d'objectif : la croissance vers la maturité pour l'un, la propagation d'une nouvelle doctrine pour l'autre.

3 L'exception concerne Ac 13 et 14 (Paul et Barnabas respectivement à Antioche de Pisidie et à Iconium), lorsque l'analyse que font les auditeurs provoque immédiatement de la violence de leur part.

4 Nous pourrions considérer, théologiquement parlant, que les auditeurs sont en faute vis-à-vis de Dieu, puisqu'ils ne reconnaissent pas celui qu'il a choisi. C'est ce que dit

Nous rencontrons toutefois deux types de contenus. Le plus souvent, le parrhêsiaste est amené à dire ce qu'il présente comme une vérité[5]. Mais, il se fait parfois plus insistant, affirmant que ses auditeurs doivent changer. Le message principal du parrhêsiaste reste d'annoncer qui est réellement Jésus.

LES PREMIERS FONDAMENTAUX DANS LES ACTES : REDORER LE BLASON DE JÉSUS

D'une manière générale, la vérité annoncée par le parrhêsiaste des Actes concerne Jésus. Qu'il s'agisse de dire qu'il est le Christ ressuscité[6], le Fils de Dieu[7] ou tout simplement qui il est[8], la personne de Jésus est au cœur du discours parrhêsiastique. Certaines nuances sont néanmoins apportées, lorsqu'il est question du Règne de Dieu[9] ou de vérité et de bon sens, toujours en relation avec le Christ ressuscité[10].

Lorsque Pierre s'adresse à la foule de Jérusalem, après l'effusion de l'Esprit, il établit que tous savaient ou savent quels événements ont eu lieu à propos de Jésus. Mais il ne se contente pas de ce constat. Il se permet en effet une mise en perspective osée concernant l'identité de Jésus.

Malina : « quand Israël rejette le Christ de Dieu, il pèche et déshonore le Dieu qui l'a envoyé » (B. J. Malina, J. H. Neyrey, « Honor and Shame in Luke-Acts : Pivotal Values of the Mediterranean World », in J. H. Neyrey [éd.], *The Social World of Luke-Acts. Models for Interpretation*, 3e éd, Peabody, Hendrickson Publisher, 2008, p. 60). Dès lors, Luc aurait pu présenter la franchise comme visant à corriger cette faute, qui consiste à être en révolte contre Dieu. Mais il n'en fait rien. Pourquoi ? Peut-être parce que ce péché est bien ancien, c'est-à-dire que cela fait longtemps que le peuple est en rébellion contre son Dieu. La nouveauté consiste à présenter le Christ comme moyen de salut pour l'humanité. C'est donc cela qui est l'objet de la franchise, le salut, et non pas la mise en lumière de la faute. Cela étant, il est bien question de pardon des péchés dans les Actes. Mais c'est davantage une conséquence de l'acceptation du message parrhêsiastique (Ac 2,38), qu'un levier pour inciter à se tourner vers le Christ. La destinée de ce dernier semble être suffisante pour Luc, pour susciter l'intérêt et provoquer un changement de vie.

5 *Cf.* Ac 26,25, où le terme *vérité* est employé, nous y reviendrons plus loin.

6 Pierre devant la foule à Jérusalem en Ac 2.

7 Saul à Damas, puis à Jérusalem en Ac 9.

8 Apollos à Éphèse en Ac 18.

9 Paul à Éphèse en Ac 19 puis à Rome au ch. 28.

10 Paul devant Festus et Agrippa en Ac 26.

AC 2,29 : JÉSUS, QUE TOUS CONNAISSENT, EST RESSUSCITÉ ET REVÊTU D'UN HONNEUR INCOMPARABLE

Dès le premier discours parrhêsiastique des Actes, Pierre s'attache à montrer que *Jésus le Nazôréen*, celui dont tous connaissent la vie (Ac 2,22), est aussi celui que *Dieu a ressuscité* (v. 32) et qu'il *a fait et Seigneur et Christ* (v. 36).

Avec de telles affirmations, le parrhêsiaste explique que Jésus, le Christ, est un personnage paré d'un honneur incomparable et incontestable, malgré l'humiliation qu'il a connue à la croix. Dieu lui a en effet donné tout ce qu'il fallait pour que le plus grand honneur rejaillisse sur lui[11]. Ainsi, si Dieu lui-même l'a ressuscité d'entre les morts (Ac 2,24), malgré le fait qu'il a été livré par les Israélites et crucifié par des impies (v. 23), il a triomphé de l'épreuve la plus ultime qui soit ou, plus précisément, Dieu lui a permis d'en triompher. Ensuite Dieu, fidèle à son serment, l'a fait *asseoir sur son trône* (v. 30)[12], ce qui est assurément un grand signe d'honneur. De plus, il est *exalté à la droite de Dieu*[13], ce qui

11 McVann montre que l'accomplissement des miracles est une preuve de l'honneur qui s'attache à Jésus, qui est par conséquent prophète. Ainsi, « ces actes de puissance [dans l'évangile de Luc] servent précisément au prophète de références et légitiment son statut (Ac 2,22) » (M. McVann, « Rituals of Status Transformation in Luke-Acts : the Case of Jesus the Prophet », in J. H. Neyrey [éd.], *The Social World of Luke-Acts. Models for Interpretation*, 3e éd, Peabody, Hendrickson Publisher, 2008, p. 343). Qui plus est, Jésus est dès sa naissance un homme de la descendance de David (*cf.* Lc 2,4). Il est donc issu d'une lignée royale, un honneur incontestable. Quand Pierre rappelle l'existence de la tombe de David parmi ses auditeurs (Ac 2,29), « il évoque implicitement la descendance davidique de Jésus, puisqu'il s'adresse à un auditoire juif » (J. A. Fitzmyer, *The Acts of the Apostles. New Translation with Introduction and Commentary*, New York *et al.*, Doubleday [AncB 31], 1998, p. 257). Ce faisant – même si la généalogie de Lc 3,23-38 ne passe pas par les rois (contrairement à celle de Mt 1,1-16), mais remonte jusqu'à *Dieu* (Lc 3,38), ce qui est aussi la marque d'un personnage digne d'un grand honneur –, le fait de souligner l'appartenance de Jésus à la descendance d'un roi si prestigieux est aussi la marque d'un honneur particulier.

12 « Ce serment est cité pour enlever l'ambiguïté de la mort honteuse de Jésus » (B. J. Malina, J. H. Neyrey, « Honor and Shame in Luke-Acts : Pivotal Values of the Mediterranean World », in J. H. Neyrey [éd.], *The Social World of Luke-Acts. Models for Interpretation*, 3e éd, Peabody, Hendrickson Publisher, 2008, p. 58). Cette dernière aurait en effet pu poser problème dans une culture où l'on fuit la honte et où l'honneur attire. Le fait que Jésus est mort de façon humiliante et honteuse aurait pu pousser les gens à le rejeter et à le mépriser. Mais sa mort a été prévue par Dieu et n'est que l'étape qui précède la gloire. L'honneur est donc plus que sauf !

13 Ac 2,33. Neyrey souligne que le Ps 110 (d'où est tirée cette citation) est interprété par l'Église primitive en référence à la résurrection de Jésus, « vue comme sa justification et son intronisation par Dieu ». Et il continue : « cela représente alors l'attribution continue

lui confère une gloire sans pareille. En outre, la manifestation la plus flagrante de son nouveau statut est peut-être l'effusion de l'Esprit, qu'il a par ailleurs reçu du Père (v. 33). Enfin, pour qu'il n'y ait absolument aucune ambiguïté, Pierre affirme carrément que *Dieu l'a fait et Seigneur et Christ* (v. 36).

Ainsi, dans ce discours inaugural à bien des égards, Pierre réhabilite complètement la figure de Jésus, le parant d'un honneur tel qu'il

---

par Dieu d'un grand honneur et d'un statut pour Jésus, de même que son appropriation légitime du titre et du rôle de "Seigneur" » (J. H. Neyrey, *Honor and Shame in the Gospel of Matthew*, Louisville, Westminster John Knox Press, 1998, p. 40). Autrement dit, l'honneur est aussi posthume, en forme d'apothéose. Malina et Neyrey vont dans le même sens : « Dans le livre des Actes, nous trouvons constamment le refrain "vous l'avez tué (le Christ), mais Dieu l'a ressuscité" (2,23-24 ; 3,14-15 ; 4,10 ; 5,30-31 ; 13,27-30). Ce refrain peut être utilement compris en termes d'honneur et de honte, en particulier de l'honneur du chef d'un regroupement naturel. Car, quand Israël rejette le Christ de Dieu, il pèche et déshonore le Dieu qui l'a envoyé. Mais Dieu a revendiqué cet honneur à la fois en ressuscitant Jésus de la mort à la vie et en l'élevant au trône de grâce dans les cieux. Dieu aurait été vraiment déshonoré s'il avait échoué, en n'exaltant pas le Saint qu'il a envoyé comme son Christ. Telle est l'idée directrice de l'argument du Ps 16 dans Ac 2,25-28. Car, alors que le psaume continue, le Saint de Dieu affirme "Car tu n'abandonneras pas mon âme dans le séjour des morts et tu ne laisseras pas ton Saint voir la corruption" (Ac 2,27). Dieu est effectivement tenu par l'honneur de revendiquer son Christ, pour ainsi restaurer l'honneur de Dieu. » (B. J. Malina, J. H. Neyrey, « Honor and Shame in Luke-Acts : Pivotal Values of the Mediterranean World », in J. H. Neyrey [éd.], *The Social World of Luke-Acts. Models for Interpretation*, 3e éd, Peabody, Hendrickson Publisher, 2008, p. 60). Ainsi, le fait que Jésus est ressuscité et exalté à la droite de Dieu prouve aussi combien Dieu lui-même est digne d'honneur. Neyrey redit la même chose ailleurs : « Dans une culture où le témoignage public au sujet des individus était important pour évaluer leur honneur, Luc a fait un effort considérable pour rendre compte des nombreuses attestations de la sainteté exceptionnelle de Jésus. Les témoignages les plus importants concernant Jésus sont ceux qui émanent du ciel lui-même [s'en suit une liste de différents témoins : les anges qui ont annoncé la naissance de Jésus en tant que *Fils de Dieu* (Lc 1,35) et en tant que *Sauveur* et *Christ Seigneur* (2,11), les prophètes qui ont affirmé son importance dans le Temple (2,25-32.38) et au Jourdain (3,16-17) et enfin Dieu lui-même qui lui est apparu par deux fois (3,22 ; 9,35), sans compter sa présence à ses côtés durant son ministère (Ac 10,38), son action lors de sa résurrection (2,27 ; 13,35) et le fait de l'avoir fait asseoir à sa droite (2,34-36 ; 7,55)]. Des individus avec des qualifications impeccables ont ainsi attesté de la sainteté supérieure de Jésus » (J. H. Neyrey, « The Symbolic Universe of Luke-Acts : "They Turn the World Inside Done" », in J. H. Neyrey (éd.), *The Social World of Luke-Acts. Models for Interpretation*, 3e éd, Peabody, Hendrickson Publisher, 2008, p. 290). Enfin, être assis *à la droite*, est aussi une place d'honneur en soi. En effet, « eu égard au rang et au statut, le fait que l'hôte soit "à la droite" est traditionnellement la place d'honneur (voir Lc 20,42 ; Ac 2,33) » (J. H. Neyrey, « Ceremonies in Luke-Acts : the Case of Meals and Table Fellowship », in J. H. Neyrey [éd.], *The Social World of Luke-Acts. Models for Interpretation*, 3e éd, Peabody, Hendrickson Publisher, 2008, p. 364). Ainsi, de bien des manières, Luc construit-il une figure de Christ digne de tous les honneurs.

pourrait sembler incompréhensible de ne pas lui obéir. Il est en effet identifié comme le Messie attendu, à la fois Christ et Seigneur, lui que tous ont connu avant sa mort, même si ce n'était que par ouï-dire. De plus, l'image de Dieu elle-même est restaurée, puisque Pierre démontre qu'il n'a finalement pas échoué dans ce que nous appelons « l'événement Jésus », si toutefois on veut bien prendre la peine de considérer l'ensemble des faits, jusque dans les sphères célestes et spirituelles.

AC 4,13 : JÉSUS, DEVENU ESSENTIEL APRÈS AVOIR ÉTÉ MÉPRISÉ

Pierre, devant les chefs du peuple, poursuit son entreprise de réhabilitation commencée en Ac 2, en abordant la question de « l'événement Jésus » sous un autre angle. Il doit désormais dire quelle est la puissance ou quel est le nom qui lui ont permis de guérir le mendiant de la porte du Temple (4,7 ; *cf.* 3,1-10). Le parrhêsiaste va alors non seulement révéler le nom de Jésus par lequel il a agi (4,10), mais aussi, une nouvelle fois, le décrire comme ayant une stature incomparable.

Dans un premier temps, Pierre accole *Jésus Christ* à *Nazôréen* (Ac 4,10). Le personnage de Jésus est ainsi situé dans un espace géographique, avec tout ce qu'il implique en terme de déshonneur[14].

Dans un deuxième mouvement, Pierre situe *Jésus Christ, le Nazôréen*, dans l'histoire récente des gens de Jérusalem, et plus particulièrement des chefs juifs. D'abord, il constate qu'ils l'ont crucifié (Ac 4,10). Tous s'en souviennent. C'est d'ailleurs l'un des principaux sujets de conversation et de discours de la fin de l'Évangile de Luc et du début des Actes[15]. En

14 « Pierre et ses compagnons sont de Galilée, ce qui nourrit le préjugé qu'ils sont "non éduqués, hommes du peuples". [D'ailleurs,] dans la Palestine du premier siècle, avant la destruction de Jérusalem, les Galiléens sont simplement perçus comme des paresseux grossiers (voir Jn 7,15 ; Ac 4,13) » (B. J. Malina, J. H. Neyrey, « First-Century Personality : Dyadic, not Individual », in J. H. Neyrey [éd.], *The Social World of Luke-Acts. Models for Interpretation*, 3e éd, Peabody, Hendrickson Publisher, 2008, p. 87. et 104). L'identification à une région, une ville ou un village est ainsi suffisante pour être source d'honneur ou de honte, car à chaque lieu est attachée une valeur (*cf.* Jn 1,46). Pierre et Jean sont Galiléens et donc considérés comme de grossiers personnages. Le parallèle entre « Galiléen » et « Nazôréen » peut être fait, car ils sont souvent synonymes (*cf.* H. H. Schaeder, « Ναζαρηνός, Ναζωραῖος », *TDNT*, vol. 4, p. 874). Enfin, la ville de Nazareth n'est en rien liée au Messie attendu, aucun honneur ne rejaillit donc sur Jésus du fait de son lieu d'origine (*cf.* H. H. Schaeder, « Ναζαρηνός, Ναζωραῖος », *op. cit.*, p. 879).

15 C'est le propos de l'ange à la tombe, avec les femmes venues embaumer le corps de Jésus (Lc 24,7). Les disciples sur le chemin d'Emmaüs sont aussi tout à cette actualité (24,20).

revanche, tous n'ont peut-être pas compris la portée de cet acte. C'est pourquoi Pierre précise que le fait d'écarter Jésus revenait à le mépriser. Autrement dit, non seulement la crucifixion elle-même est source évidente de déshonneur, mais tel était aussi le but que s'étaient fixés ceux qui l'ont réclamée, à savoir faire de Jésus un sujet de honte tel que plus personne n'ose faire ou dire quoi que ce soit qui l'associerait à lui.

Mais Pierre ne s'arrête pas là. On lui réclame de donner un nom qui justifierait la guérison du mendiant de la porte du Temple. Après ce qu'il vient de dire, comment pourrait-il citer Jésus Christ le Nazôréen ? Pierre va « pass[er] par le "texte" de David » pour révéler que « le "*Nazôréen*" (identité offerte à tous) est "*Christ et Seigneur*" (vérité de foi)[16] ». En effet, le parrhêsiaste poursuit sa démonstration sans être ébranlé par l'impression désastreuse que laissent apparemment la mort de Jésus et le type de mort qu'il a subie. En fait, autant les circonstances semblent défavorables jusque-là, autant l'issue de son discours sera éclatante. Car, face au « vous » qui a crucifié Jésus, c'est Dieu lui-même qui est convoqué, comme auteur de sa résurrection (Ac 4,10). Qui plus est, ne faisant pas attention au mépris évident qui a accompagné les actions des chefs du peuple, Pierre affirme au contraire l'importance désormais sans pareille du Christ, devenu désormais *pierre angulaire* (*kephalèn gônias*)[17].

Dès lors, dire que c'est au nom de Jésus Christ, le Nazôréen, que l'homme de la porte du Temple a été guéri devient un sujet de fierté pour Pierre. Non seulement pour Pierre, mais pour quiconque accepte d'être sauvé par lui, puisque telle est la conclusion du parrhêsiaste :

Pierre y consacre une partie de son discours à la foule, juste après l'effusion de l'Esprit (Ac 2,23.36) et il en reparle au peuple après la guérison de l'infirme (3,18).

16 P. Léonard, G. Billon, « Pierre et Paul, lecteurs de l'Écriture selon Luc », in *Relecture des Actes des Apôtres*, Paris, Cerf (CEv 128), 2004, p. 34.

17 « La "pierre angulaire" ne doit pas être comprise dans le sens moderne du terme (la pierre d'une partie principale d'un bâtiment, habituellement posée lors de l'inauguration, avec une date dessus et souvent une quelconque inscription). Elle exprime plutôt la fonction d'une pierre d'importance, souvent proéminente, utilisée à un point important à la jonction de deux murs d'une construction, pour en supporter le poids et la tension. Elle ferait usage en quelque sorte de "clef de voûte" ou de "pierre de faîte" d'une arche, mais dans des constructions plus primitives, comme une sorte de pierre de couronnement. » (J. A. Fitzmyer, *The Acts of the Apostles. New Translation with Introduction and Commentary*, New York *et al.*, Doubleday [AncB 31], 1998, p. 301). Autrement dit, la résurrection de Jésus, présentée en relation avec l'image de la pierre angulaire, correspond à l'action de Dieu pour placer Jésus dans une position d'honneur à la fois unique et essentielle. Cela rejoint le raisonnement que Pierre avait déjà tenu devant la foule à Jérusalem.

« Il n'y a aucun salut ailleurs qu'en lui ; car aucun autre nom sous le ciel n'est offert aux hommes, qui soit nécessaire à notre salut » (Ac 4,12). Le message est bouleversant au sens littéral du terme. Car suivre le raisonnement de Pierre revient à renverser les valeurs de fond en comble. Dès lors, y adhérer constitue à la fois une conversion au sens fort du terme[18] et une attribution d'honneur par ricochet ou, plutôt, par héritage[19].

LES AUTRES FONDAMENTAUX DANS LES ACTES : DIRE QUI EST LE CHRIST ET QUELLE EST SA PUISSANCE

AC 2,29 : UN PROPOS RAISONNABLE ET INSPIRÉ, MAIS BOULEVERSANT, EN DISANT QUI EST LE MESSIE

Lorsque Pierre s'adresse franchement à la foule qui a été témoin de l'effusion de l'Esprit (Ac 2,29), son objectif est de s'appuyer sur l'Histoire – à la fois récente et ancienne – et les écrits (ce qui est arrivé à David et ce qu'il a écrit, v. 29-35), pour démontrer ce que tous doivent savoir : *Dieu l'a fait et Seigneur et Christ, ce Jésus que vous, vous aviez crucifié* (v. 36).

18 *Cf.* B. R. Gaventa, *From Darkness to Light. Aspects of Conversion in the New Testament*, Philadelphia, Fortress Press (OBT 20), 1986, p. 12 (les italiques sont de l'auteur) : « Il y a *trois catégories de changement personnel* : l'alternance, la conversion et la transformation. L'alternance est une forme relativement limitée de changement, qui se développe à partir du comportement précédent de quelqu'un ; la conversion est un changement radical, dans lequel les affiliations passées sont rejetées, à la faveur de nouveaux engagements et d'une nouvelle identité ; la transformation est aussi un changement radical, mais dans lequel une perception modifiée réinterprète à la fois le présent et le passé. Ces distinctions ne sont évidemment pas absolues. » Gaventa explique que les deux catégories que sont l'alternance et la transformation sont nécessaires parce que toutes les expériences n'incluent pas « une négation du passé et un changement radical » (B. R. Gaventa, *From Darkness to Light*, *op. cit.*, p. 10). Ainsi, par exemple, le fait de devenir père n'est certainement pas une « conversion », mais plutôt une « alternance », qui est certes un changement, mais qui se vit dans la continuité de ce qui précède (*cf.* B. R. Gaventa, *From Darkness to Light*, *op. cit.*, p. 10). De même, le processus qui a conduit Luther à considérer la justice de Dieu non plus sous l'angle de la punition inévitable du pécheur, mais sous celui de la justification qui donne la vie par la foi, est une « transformation » qui lui a permis, d'une part, de lire la Bible sous un jour nouveau et, d'autre part, de réinterpréter à la fois son passé et son présent, sans rejet (*cf.* B. R. Gaventa, *From Darkness to Light*, *op. cit.*, p. 11-12. ; Gaventa souligne que l'on peut voir une « conversion » dans la vie de Luther, en ce qu'il a par la suite rejeté son passé ; mais son premier mouvement est celui d'une « transformation »).

19 *Cf.* par exemple Rm 8,16-27 ; 1 Pi 1,3-5.

Plus précisément, la franchise lui sert à affirmer le rôle prophétique de David, qui ne parlait pas à son propre sujet, mais d'un autre à venir après lui, dont Pierre et ceux qui se rangent à son opinion peuvent dire que c'est Jésus. Mais il s'agit bien plus que de partager la même opinion. Car Pierre demande à ses auditeurs de reconnaître que les temps de la fin ont commencé, que le futur est en quelque sorte déjà là en la personne d'un nouveau roi qui exige une obéissance sans condition, avec en contrepartie le salut du peuple : Jésus est le Christ, le Messie.

Curieusement, alors que Pierre ne cache aucun des enjeux en présence dans ce premier discours, aucun résultat négatif n'est à déplorer. Peut-être est-ce parce que cet épisode a une valeur programmatique pour l'ensemble du livre des Actes et qu'il n'est pas encore temps d'entrer dans des considérations plus réalistes. La situation va néanmoins rapidement changer et devenir apparemment défavorable pour les parrhêsiastes[20]. Mais le contenu, lui, va en revanche demeurer constant.

AC 4,13 : RÉVÉLER LA PUISSANCE DU NOM DE JÉSUS

Après avoir guéri l'infirme à la porte du Temple (Ac 3,7-10), Pierre et Jean sont arrêtés par les chefs du peuple, incarcérés et finalement auditionnés. Le contenu de leur discours sera reconnu comme étant parrhêsiastique par leurs auditeurs, qui en seront tout étonnés, tant Pierre et Jean sont loin de l'image qu'ils se font d'un parrhêsiaste.

Une nouvelle fois[21], Pierre et Jean vont affirmer que Jésus est le Messie attendu, en s'appuyant de nouveau sur les Écritures[22]. Mais, comme, cette fois-ci, ils doivent répondre à la question de l'origine de leur pouvoir[23], ils vont apporter, quant au contenu de leur franchise, un

20 Dès le deuxième passage où il est question de franchise (Ac 4,13), les menaces à l'encontre des parrhêsiastes vont commencer à être proférées.

21 Pierre a déjà dit que Jésus est le Christ à la foule de Jérusalem après la Pentecôte (Ac 2,31.36) et lors de son discours après la guérison de l'infirme (3,18.20).

22 Pierre et Jean affirment ainsi sans détour que Jésus est le Christ en le situant par rapport à son origine (*le Nazôréen*) et par rapport aux événements pascaux (*crucifié par vous, ressuscité des morts par Dieu* ; Ac 4,10). Ils expriment aussi son identité en relation avec les Écritures, avec une réinterprétation du Ps 117,22[LXX], ce qui les amène à confirmer que Jésus a une position christologique indéniable.

23 Revenons un instant sur la question qui leur est posée en Ac 4,7 : « *À quelle puissance ou à quel nom avez-vous eu recours pour faire cela ?* » Elle rappelle une interpellation semblable faite à Jésus par ces mêmes chefs du peuple, qui lui ont demandé en Lc 20,2 : « *en vertu de quelle autorité tu fais cela, ou quel est celui qui t'a donné cette autorité ?* » Jésus ne répond

éclairage supplémentaire par rapport à ce que Pierre avait dit devant la foule de Jérusalem au ch. 2. Car non seulement Jésus est le Messie, mais en plus son nom donne une autorité certaine à ceux qui le reconnaissent comme tel. Non seulement les croyants sont appelés à une nouvelle manière de vivre du fait de leur soumission au Christ, mais ils ont aussi les moyens pour réussir. Et la franchise de Pierre et Jean consiste à le faire savoir (Ac 4,10).

DIFFÉRENTES FACETTES DES FONDAMENTAUX

AC 9,27.28 ; 18,26 ; 19,8 ; 26,26 ; 28,31 : JÉSUS SOUS TOUTES LES FORMES

Luc affirme de plusieurs manières et à différents moments que le contenu de la franchise est toujours en rapport avec la personne de Jésus[24].

Ainsi, à Damas[25], Saul *proclamait que Jésus est le Fils de Dieu* (Ac 9,20) et *le Messie* (v. 22). En d'autres termes, « [l]'objet de la prédication de Saul est présenté comme étant "Jésus", qui est la manière dont le Christ ressuscité s'est lui-même présenté à Saul sur la route de Damas[26] ». De

pas directement à la question posée, mais il cite néanmoins déjà le Ps 117,22[LXX] en Lc 20,17, alors qu'il poursuit sa réflexion sur l'autorité, non plus avec les chefs, mais avec le peuple. Ce même psaume est réinterprété par Pierre et Jean en Ac 4,11. Les deux apôtres vont plus loin que ce que Jésus avait répondu : ils apportent une réponse claire et tonitruante quant à l'origine de leur *puissance* ! Le récit des Actes se situant après la résurrection, l'auteur de l'évangile et des Actes se permet désormais de révéler les tenants et les aboutissants de ce qui permet à la nouvelle communauté de croyants de se développer avec une telle ampleur.

24 Apollos *disait et enseignait exactement ce qui concernait Jésus* (Ac 18,25 ; notre traduction). Paul *enseign*[ait] « simplement » *ce qui concerne le Seigneur Jésus Christ* (28,31). Ailleurs, Paul parle ou fait une proclamation *à propos du Règne de Dieu* (19,8 ; 28,31) ou *rend*[ait] *témoignage* de ce que *les prophètes et Moïse ont prédit ce qui devait arriver*, à savoir que *le Christ a souffert et que, premier à ressusciter d'entre les morts, il doit annoncer la lumière au Peuple et aux nations païennes* (Ac 26,22-23, notre traduction).

25 Si, dans le passage directement concerné par la franchise (Ac 9,26-31), Luc ne donne pas de détail quant au contenu du message de Saul, le parrhêsiaste, nous pouvons néanmoins déduire qu'il est le même que celui exprimé à Damas (v. 19b-22). Barnabas, lorsqu'il présente Saul aux apôtres, explique en effet que là aussi Saul y a parlé avec franchise (*cf.* v. 27).

26 J. A. Fitzmyer, *The Acts of the Apostles. New Translation with Introduction and Commentary*, New York *et al.*, Doubleday (AncB 31), 1998, p. 435.

plus, Luc ne fait pas précéder cette « proclamation » (v. 20) d'une analyse préalable qui aurait permis à Saul de poser un quelconque diagnostic. Il dépeint plutôt cette réaction comme coulant de source, c'est-à-dire comme étant une manière évidente et naturelle pour Saul de réagir dans la synagogue, après sa rencontre avec Jésus sur le chemin de Damas et une fois l'Esprit reçu (v. 3-9.17-28).

À Éphèse aussi, Apollos *disait et enseignait avec exactitude ce qui concernait Jésus* (Ac 18,25). Ici non plus, Luc ne nous informe pas de ce que le parrhêsiaste a perçu à propos de ses auditeurs. Il précise juste qu'il se trouve dans une synagogue. Il semble donc que, là aussi, le seul message pertinent, du point de vue de celui qui pratique la franchise, est de mieux faire connaître Jésus, en particulier « les paroles et les actes » de sa vie terrestre[27].

Devant un public très différent, puisqu'il s'agit vraisemblablement des personnages les plus puissants du récit des Actes et, a priori, des plus éloignés de la synagogue de tous les auditeurs rencontrés jusque-là, Paul encore n'a qu'un seul nom à la bouche : celui du Christ (Ac 26,23). Il tient néanmoins à préciser qu'il ne va pas au-delà de ce qui a été annoncé par les prophètes et par Moïse (v. 22). Il reprend les fondamentaux de la prédication de Pierre en Ac 2, qui ne sont rien d'autres que les Écritures, interprétées à la lumière du fait que Jésus est le Messie[28]. Il ajoute que c'est le Christ lui-même qui *annonce la lumière au peuple et aux nations païennes* (v. 23b). Paul n'est pour sa part qu'un intermédiaire. Son message, en tant que parrhêsiaste, est donc de transmettre fidèlement ce qui a été dit avant lui, par les prophètes et par Moïse, et que Jésus va concrétiser pour tous, le *Peuple* – c'est-à-dire Israël – et les *nations païennes* (v. 22-23). En d'autres termes : petits et grands – Paul aimera le rappeler encore et encore à ses illustres interlocuteurs (v. 22.29) –, chacun est concerné par le contenu de la franchise, qui n'est rien de moins que l'Évangile pour tous[29]. Peu importe ce qu'il en coûte au parrhêsiaste. Ainsi, bien que Festus et d'Agrippa cherchent des raisons d'accuser le parrhêsiaste, ce dernier semble ne pas y faire attention. Il préfère expliquer que sa vie consiste désormais à *rendre témoignage* au Christ (Ac 26,22).

27 J. A. Fitzmyer, *The Acts of the Apostles*, *op. cit.*, p. 639.

28 L'enseignement d'Apollos est aussi fondé sur les Écritures. Mais, dans un premier temps, il ne semble pas conduire au Messie, parce qu'il lui manque de la connaissance. Cette situation sera rapidement corrigée par Priscille et Aquilas (Ac 18,24-28).

29 *Cf.* Ac 28,30.

D'ailleurs, c'est presque sur cette note que se finit le livre des Actes (Ac 28,30-31). Paul, cette fois à Rome, accueille *tous ceux qui venaient le trouver* (v. 30). Il utilise une partie de son temps à *enseigner ce qui concerne le Seigneur Jésus Christ* (Ac 28,31). Par ces trois termes, « *Seigneur* », « *Jésus* » et « *Christ* », la personne centrale du message apostolique et parrhêsiastique est comme saisie dans son ensemble. À la fois sa suprématie, son humanité et son élévation sont ainsi affirmées et forment l'une des facettes du fondement de l'enseignement sur lequel s'appuie la propagation de l'Évangile, tel que Luc le comprend, jusqu'aux extrémités de la Terre.

Par ailleurs, le fait de parler du *Règne de Dieu* (Ac 19,8 ; 28,31) apporte la précision que tout ce que Jésus a enseigné se trouve aussi au cœur du message parrhêsiastique[30].

ANNONCER LE RÈGNE DE DIEU (AC 19,8 ; AC 28,31)

L'autre facette de ce qui est annoncé par les parrhêsiastes concerne le Règne de Dieu. Luc a construit son récit de telle sorte que cette notion soit au début et à la fin du récit, comme un cadre. Le Règne de Dieu forme alors l'autre pilier du message du christianisme primitif, avec la personne de Jésus.

Ainsi, avant même l'effusion de l'Esprit, Luc rapporte que Jésus *a parlé* avec les apôtres *du Règne de Dieu*, de long en large[31]. Le *Règne de Dieu* correspond donc au contenu de l'héritage que Jésus a transmis à ses apôtres. En d'autres termes, le Règne de Dieu est bel et bien la richesse transmise par le Ressuscité à ses disciples.

Il n'est donc pas surprenant que ce message soit repris par Philippe, qui l'associe au *nom de Jésus Christ* (Ac 8,12). De cette manière, il annonce littéralement « une bonne nouvelle », celle de la seigneurie divine et de

30 D. Marguerat, *Les Actes des apôtres (13-28)*, vol. 2, Genève, Labor et Fides (CNT[N] Vb), 2015, p. 193, précise que « le Règne de Dieu constituait le centre du message de Jésus (Ac 1,3) [et] est devenu, par voie de continuité, la quintessence du message de Paul (28,23.31) ».

31 Ac 1,3. La notion de durée – qui sous-entend aussi un enseignement en profondeur – est soulignée par le fait que Jésus a été avec eux *pendant quarante jours*. Ce chiffre de quarante a en effet une valeur symbolique, reconnue par les rabbis comme représentant « un temps d'apprentissage complet » (D. Marguerat, *Les Actes des apôtres [1-12]*, vol. 1, Genève, Labor et Fides [CNT[N] Va], 2007, p. 39). Sa seule présence suffit pour conférer « qualité et plénitude à une période dont le récit raconte peu de choses. L'espace de quarante jours fut un temps d'instruction des apôtres par le Ressuscité, et cet enseignement fut exhaustif » (D. Marguerat, *Les Actes des apôtres [1-12]*, *op. cit.*, p. 39).

sa puissance personnifiée en l'homme Jésus devenu Christ. Mais il ne s'arrête pas là, puisque tout cela devient accessible à tous, avec en prime les honneurs qui en découlent.

Néanmoins, si le message est glorieux, la réalité l'est moins. C'est pourquoi Paul et Barnabas ne cachent pas aux églises qu'ils ont fondées que *beaucoup de détresses* doivent arriver avant l'« entrée » dans le *Royaume de Dieu* (Ac 14,22). Ce fameux Règne de Dieu reste d'actualité. Mais le chemin à emprunter pour y parvenir est semé de souffrances dues à « la résistance du monde à l'Évangile[32] ».

Finalement, le Règne de Dieu devient l'objet de la franchise. Que ce soit à Éphèse pendant trois mois (Ac 19,8) ou à Rome pendant au moins deux ans (28,23.30), l'exposé du parrhêsiaste apostolique est le prolongement de ce qu'a enseigné Jésus. Ainsi, dire le Règne de Dieu revient à affirmer ses convictions à propos de Jésus lui-même. Ce n'est ni plus ni moins que d'enseigner ce que croit l'Église primitive, à propos à la fois de la personne du Christ et de l'œuvre de Dieu. Il s'agit de revendiquer le monde pour Dieu, dans la lignée de ce que Jésus a lui-même dit et fait[33].

UTILISER CORRECTEMENT LA PAROLE DE DIEU, MALGRÉ LES MENACES ET LA VIOLENCE (AC 4,29.AC 4,31 ; AC 13,46)

Dans deux contextes relativement proches (le premier est menaçant en Ac 4,23-31, le second met en scène la fureur en 13,44-48), les parrhêsiastes expliquent comment ils vont utiliser la parole de Dieu.

En effet, Pierre, Jean et les leurs, menacés par les puissants qui les entourent, sont d'accord sur deux points. D'abord, pour demander à Dieu de pouvoir exercer la franchise. Ensuite, pour décider que le contenu de leur franchise doit être la *parole* de Dieu (Ac 4,29). L'exaucement de leur prière reflètera exactement leur demande. On les retrouve en effet en train d'annoncer la *parole de Dieu avec franchise* (Ac 4,31).

Par ailleurs, Paul et Barnabas, devant la fureur et les injures de Juifs à l'égard de Paul (Ac 13,45), annoncent avec franchise que la *parole de Dieu* sera désormais adressée aux païens (v. 46).

32 D. Marguerat, *Les Actes des apôtres (13-28)*, vol. 2, Genève, Labor et Fides (CNT[N] Vb), 2015, p. 78.

33 Voir par exemple Lc 4,43 ; 9,11 ; 10,9 ; 11,20 ; 17,21.

Par deux fois, Luc prend donc soin de souligner que le contenu parrhêsiastique concerne la *parole de Dieu* (Ac 4,29.31 ; 13,46). Or cette dernière correspond, dans l'évangile, à la prédication de Jésus lui-même. Dans les Actes, elle inclut désormais tout ce qui concerne Jésus le Christ, y compris ce que cela implique pour l'humanité[34]. Néanmoins, préciser que cette vérité émane de Dieu lui-même a deux conséquences. D'abord, l'autorité du parrhêsiaste (qui détient la vérité) est renforcée. Ensuite, c'est un avertissement pour les auditeurs. En effet, s'ils rejettent ce qu'ils entendent, le résultat sera dramatique : peut-on, dans quelque contexte que ce soit, s'en prendre à un dieu sans qu'il n'y ait de suites ?

Or, ce surgissement du divin au cœur même du propos parrhêsiastique a justement lieu dans des contextes où l'opposition des auditeurs est encore tout en potentialité (Ac 4) ou déjà virulente (ch. 13). Peut-être est-ce alors une manière pour les parrhêsiastes d'affirmer leur conviction qu'il ne s'agit pas simplement de choisir entre deux styles de vie, ou entre deux philosophies. Parce que les conséquences sont d'une portée plus profonde qu'il n'y paraît. Pierre ne vient-il pas de déclarer que l'enjeu était le salut même de chacun (4,12), ce qui l'autorise à se passer de la permission des hommes pour plutôt obéir à Dieu (v. 19) ? De même, Paul et Barnabas ont expliqué que le rejet de la parole de Dieu revient à se priver carrément de la vie éternelle (13,46). Dès lors, il n'est pas étonnant que le discours concernant « l'événement Jésus » finisse par devenir « *parole de Dieu* ». Un tel langage, entendu par des Juifs, même furieux, n'a peut-être néanmoins pas le même impact devant un public plus large.

---

34 Marguerat précise que l'expression *parole de Dieu* est une « formulation lucanienne pour la prédication du message de salut » (D. Marguerat, *Les Actes des apôtres [1-12]*, vol. 1, Genève, Labor et Fides [CNT[N] Va], 2007, p. 411), qui « met l'accent sur le rôle déterminant de la parole entendue dans la construction de la foi » (D. Marguerat, *Les Actes des apôtres (13-28)*, vol. 2, Genève, Labor et Fides [CNT[N] Vb], 2015, p. 137, à propos d'Ac 16,28-32, où Paul et Silas *annonc*[ent] *la parole du Seigneur* au geôlier de Philippes et à sa famille au v. 32). En d'autres termes, dans le récit des Actes, « quand en [Ac] 11,1, ceux de Jérusalem entendent parler de la conversion de Corneille, [et *que les nations païennes, à leur tour, venaient de recevoir la parole de Dieu*], le contexte montre de manière assez évidente que les païens n'ont pas juste reçu l'Ancien Testament et qu'ils sont devenus juifs, mais qu'ils ont entendu et cru le message concernant Jésus. C'est ainsi que nous devons comprendre la relation d'équivalence entre la première prédication missionnaire et la parole en Ac 4-19. La prédication missionnaire de Pierre, Paul et des autres apôtres, dont le contenu est simplement Jésus Christ, était toujours cette parole de Dieu à Israël et aux païens. La parole de Dieu est la parole concernant Jésus. » (A. Debrunner, E. Kleinknecht, O. Procksch *et al.*, « Λέγω, λόγος, ῥῆμα, λαλέω, λόγιος, λόγιον, ἄλογος, λογικός, λογομαξέω, λογομαχία, ἐκλέγομαι, ἐκλογή, ἐκλεκτός, *TDNT*, vol. 4, p. 115-116.

DANS LES ACTES, PARLER FRANCHEMENT POUR PROVOQUER DES CHANGEMENTS DE VIE

Luc laisse entrapercevoir plusieurs fois au sein du discours parrhêsiastique que les auditeurs doivent être transformés. Il leur est en effet de demandé soit de quitter la synagogue (Ac 13 ; 14 ; 18), soit de choisir un nouvel idéal de vie (Ac 26).

AC 13,46 ; AC 14,3 ; AC 18,26 : UNE NOUVELLE VIE HORS DE LA SYNAGOGUE

Avec l'annonce du fait que Jésus est le Christ et de la puissance de son nom, les parrhêsiastes cherchent à coup sûr à provoquer un changement de vie radical chez leurs auditeurs.

Ainsi, à la synagogue d'Antioche de Pisidie, Paul et Barnabas affirment-ils qu'accepter ce qu'ils disent revient à choisir la *vie éternelle* (Ac 13,46). Bien que cette notion soit peu présente dans le livre des Actes, elle est ici mise en relation avec *la parole de Dieu*. En d'autres termes, refuser le message parrhêsiastique, c'est s'opposer à Dieu lui-même. En revanche, l'accepter, c'est entrer dans le cadre de la volonté divine. Du coup, la poursuite de l'objectif de la franchise, qui consiste justement à dire cette parole, a forcément pour effet de faire un tri parmi les auditeurs, car certains refusent le message (13,45-46.48).

À Iconium, où *il se passa la même chose* (Ac 14,1), Paul et Barnabas appellent à un changement de croyance. L'on est loin d'une réflexion théorique. Car le renouvellement de la foi consiste à croire en un message particulier et en l'auteur de ce message. Cela entraîne une soumission à un Seigneur, et donc une obéissance réorientée. Du coup, la loyauté demandée exige une confiance et une fidélité qui expriment la constance de l'engagement. En définitive, c'est l'espérance même qui est atteinte, puisqu'un nouveau point de vue sur la vie est alors adopté.

De même, le parrhêsiaste Apollos, une fois instruit par Priscille et Aquilas, rejoint une communauté hors de la synagogue et composée de *frères*, de *disciples* et de *fidèles* (Ac 18,27).

Nous avons bien là une progression. La synagogue est un regroupement sociologique et religieux. Les parrhêsiastes plaident pour aller vers une communauté fraternelle, unissant des croyants autour d'un même message et se soumettant, tels des disciples, à un même maître. La force de l'engagement exigé de ces auditeurs, qui peuvent compter sur le soutien efficace de la communauté, nécessite qu'ils soient profondément transformés, notamment par une adhésion au message évangélique apporté lors de l'exercice de la franchise. Mais qu'en est-il de ceux qui ne sont pas d'arrière-plan juif ?

AC 26,26 : UNE VÉRITÉ QUE TOUS PEUVENT COMPRENDRE

Devant les personnages illustres que sont Festus et Agrippa, Paul affirme dans un premier temps ne rien dire d'autre que ce que *les prophètes et Moïse ont prédit* (Ac 26,22). Cette manière de présenter les choses, qui pourrait être incompréhensible pour qui n'en a pas l'habitude, est expliquée plus loin par le parrhêsiaste.

L'objectif reste le même. Sous la forme d'un récit de vie, Paul explique en effet quel est le contenu de son message depuis sa propre conversion : *j'ai annoncé qu'ils avaient à se convertir et à se tourner vers Dieu, en vivant d'une manière qui réponde à cette conversion* (Ac 26,20). Les deux expressions employées, *se convertir*[35] et *se tourner vers Dieu*[36], impliquent un changement total de manière de penser et de vivre. Cette totalité concerne tous les

---

35 Louw et Nida précisent le sens du terme : « alors qu'en [français], l'élément principal de la repentance est la tristesse ou la contrition qu'une personne expérimente à cause du péché, l'accent [en grec] semble porter plus particulièrement sur un changement complet, à la fois au niveau des pensées et du comportement, en respectant ce qui concerne la manière dont on devrait à la fois penser et agir » (J. P. Louw, Eugene A. Nida (éd.), *Greek-English Lexicon of the New Testament Based on Semantic Domains*, OakTree Software (Accordance) ; United Bible Societies, 1989, p. 510). Non seulement le changement attendu concerne donc tous les aspects de la vie, mais il cherche aussi à se conformer à une nouvelle norme, ici celle de Dieu.

36 Le verbe utilisé signifie d'une manière générale « faire tourner en sens inverse » (V. Magnien, M. Lacroix, *Dictionnaire grec-français*, Paris, Belin, 2002, p. 678). Dans le contexte du Nouveau Testament, le sens nécessite d'être affiné lorsqu'il s'agit de l'exprimer en français. En effet, « dans de nombreuses langues, il n'est pas suffisant de traduire simplement par "changer la manière de vivre de quelqu'un", car cela peut soit être neutre, ou même suggérer un changement pour le pire. C'est pourquoi il est nécessaire dans un certain nombre de cas de traduire par "changer la manière de vivre de quelqu'un comme Dieu le voudrait" ou "changer et vivre comme Dieu voudrait que l'on vive". » (J. P. Louw, E. A. Nida [éd.], *Greek-English Lexicon of the New Testament Based on Semantic Domains*, 510). Il se trouve que, dans notre passage, le complément *vers Dieu* enlève toute place à l'interprétation. Paul a bien annoncé qu'il fallait vivre un retournement complet pour se mettre en accord avec ce que Dieu veut.

aspects de la vie ; aucune partie ne doit échapper au changement. Pour y arriver, la volonté est sollicitée, pour agir concrètement dans ce sens et avoir une vie en cohérence avec les exigences divines. De plus, comme si ce n'était pas suffisamment clair, Paul insiste encore, disant que c'est ce que lui-même a fait, depuis le jour où il a rejoint les croyants, *en vivant d'une manière qui réponde à cette conversion* (v. 20). Dès lors, l'objectif de sa franchise est d'amener ses auditeurs à vivre ce que lui-même a vécu.

Qui plus est, il explique vouloir faire entendre le *langage de la vérité et du bon sens* (Ac 26,25). En d'autres termes, Paul ne propose rien d'autre que « la vertu par excellence du philosophe et la marque des âmes bien nées, capables de maîtriser leurs pulsions[37] ». Il s'exprime donc de manière tout à fait compréhensible par les dignitaires que sont Festus et Agrippa. De plus, en joignant la *vérité* (*alètheias*) au *bon sens* (*spôphrosunès*), le parrhêsiaste souligne que son propos est digne de confiance.

Paul n'adhère pas pour autant à une quelconque philosophie grecque. Il reste bien le porte-parole de la vérité chrétienne, qui concerne le Règne de Dieu et Jésus, Christ et Seigneur. Mais cette vérité peut être dite dans tous les contextes et à toutes sortes d'interlocuteurs, dans des termes qu'ils comprennent. Qui plus est, en empruntant le langage de l'idéal philosophique, Paul ouvre un nouvel horizon. Accepter que Jésus est le Christ, avec tout ce qui en découle, conduit en effet à atteindre le but poursuivi par l'élite intellectuelle de la société d'alors. L'enjeu est encore une fois de rallier les auditeurs au point de vue du parrhêsiaste, pour les convaincre à la fois de soumettre leurs vies à une nouvelle autorité et de changer, ce qui en définitive est aussi l'objet de la franchise philodémienne.

Et ni Festus (Ac 26,24), ni Agrippa (v. 28) ne s'y trompent. Leur parrhêsiaste voudrait qu'ils acceptent de changer complètement, dans leur vie et dans leur choix d'un maître auquel se soumettre… Pour Festus, c'est la preuve que Paul est fou. Agrippa, quant à lui, reste poli, mais ironique. Aucune de ces réactions n'empêchent Paul d'avoir ce désir de changement pour ses interlocuteurs.

Ainsi, le contenu de la franchise vise certes à produire une réorientation des croyances, mais aussi un changement de vie.

---

37 D. Marguerat, *Les Actes des apôtres (13-28)*, vol. 2, Genève, Labor et Fides (CNT[N] Vb), 2015, p. 340.

LE CONTENU DE LA FRANCHISE EST TELLEMENT CHOQUANT QU'IL NE PEUT PRODUIRE QUE DES RÉACTIONS EXTRÊMES

Nous avons vu que le contenu de la franchise est constant et cela, quels que soient les interlocuteurs. Il s'agit en effet de révéler qui est le Messie, quelle est sa puissance, pour permettre d'accéder à une nouvelle vie. Tout se résume en un seul nom, Jésus, reconnu comme Christ et Seigneur.

La réaction ne peut être que violente. Si l'on y voit l'apparition d'un nouveau dieu, au mieux peut-on considérer qu'il s'agit d'un blasphème. Et Luc raconte effectivement le choc vécu par les auditeurs à l'écoute du message parrhêsiastique, choc dont nous ne saisissons plus vraiment l'ampleur, alors que nous lisons ces textes après vingt siècles de dur labeur pour arrondir les angles du message évangélique. Mais les parrhêsiastes ont provoqué un cataclysme chez leurs auditeurs, qui y ont répondu avec la même force, désirant soit changer de vie, soit ôter la vie à ceux qui leur présentaient ce message. En fait, les parrhêsiastes ne pouvaient qu'avoir des résultats, pour le meilleur et pour le pire, allant de la conversion à des projets de meurtres. Tels que Luc décrit ces commencements, il n'y avait pas de place pour l'indifférence ou la tiédeur. De plus, ce qui frappe, c'est la constance à la fois du contenu exposé et des réactions. Pourtant le parrhêsiaste est créatif quant à sa manière d'exercer la franchise.

L'ART ET LA MANIÈRE DE LA FRANCHISE

CHEZ PHILODÈME DE GADARA

Revenons au parrhêsiaste philodémien, pour voir comment il agit à l'égard de ses auditeurs. Nous avions constaté que, comme pour toutes les thématiques traitées par Philodème, une grande variété de réactions à la faute était présentée. Il en va de même pour la façon de corriger celui qui s'est égaré.

La façon privilégiée d'amener à un changement passe par un *avertissement* (*nouthetein*). Il en existe différentes sortes, puisque la façon d'agir de l'homme *sage et philosophe* n'est *pas analogue* à *d'autres* (141b).

Mais le *reproche* (*epimemphesthai*) n'est pas le seul outil disponible. *Abondantes louanges* (*dapsileisi tois epainois*) et *exhortations* (*protrepomenès*) forment en effet un art qui *a toute une gamme de nuances* (*poikilès*) et que sait manier le parrhêsiaste (175b).

Peu est dit à propos des qualités qu'il faut avoir pour corriger convenablement celui qui en a besoin. Néanmoins, en 182b-183a, Philodème donne une liste de qualités pour que l'on puisse reconnaître qui parle franchement à partir de motivations intelligentes. Nous avons ainsi le portrait de quelqu'un qui est *bienveillant* et *intelligent*, qui s'*applique sans cesse à la philosophie* et qui a de *grandes qualités d'âme*, qui est *indifférent à la gloire* et qui *refuse toute démagogie*, qui est *pur de toute jalousie* et qui *ne prononce que des paroles appropriées*, qui *ne s'emporte pas au point d'injurier*, qui *ne prend pas de grands airs*, qui *ne déprécie pas* et qui *ne fait pas de tort*. De plus, il reste *maître de ses propos*, ne *se plaint pas de son sort*, n'est *ni susceptible*, *ni dur*, *ni cruel*. Une description si détaillée des qualités du parrhêsiaste peut se comprendre lorsque l'on considère tout l'éventail de situations rencontrées.

S'ADAPTER AUX AUDITEURS

La franchise n'est pas une recette miracle, qui serait applicable dans tous les cas de la même manière. Le parrhêsiaste se trouve face à *ceux qui sont plus forts parmi les sensibles* et à *ceux qui ont besoin de bien plus d'attention.* Pour ces derniers, il *augmentera* peut-être la bienveillance ou encore la franchise, le texte est ici incomplet (97b). De plus, en présence de *ceux qui sont forts et qui auraient de la peine à changer même si l'on criait contre eux, il use* de la *forme sévère* de la franchise. Ainsi le parrhêsiaste s'adapte-t-il à la personne qu'il a en face de lui. Il n'applique pas aveuglément sa méthode. Notons en passant que la franchise appliquée *avec sévérité* ne correspond pas à une violence verbale faite de cris. Philodème admet en effet tout à fait que le parrhêsiaste peut être en colère d'une manière constructive (*cf.* 178a). Mais il prend bien soin d'opposer les cris à la sévérité de la franchise : crier, ce n'est pas être franc (97b).

Nous retrouvons plus loin l'idée que la franchise s'adapte à son public. En effet, le parrhêsiaste a une manière générale de faire, qu'il sait faire évoluer s'il constate que ses auditeurs ne réagissent pas. Il passe ainsi de son *art excellent et diversifié* (*diaphilotechnèsei*) à une franchise *sans artifice* (*aplôs*). Il sait qu'il court le risque de voir l'auditeur s'éloigner. Mais il estime que le changement si nécessaire et si important exige de lui une telle manœuvre (107b). D'autres fois, force est de constater que le travail sur le long terme paie autant que la soudaineté dans l'action, alors que l'on ne s'attend pas à des résultats semblables avec des méthodes si opposées (137b).

Il faut cependant reconnaître que le parrhêsiaste préfère vraisemblablement « travailler » avec *celui qui supporte avec bonheur la franchise*, parce que ce dernier n'est pas un *imposteur* (181a).

En parallèle, il apparaît que chaque parrhêsiaste a une manière d'exercer sa franchise et sa personnalité. Il peut donc s'appuyer soit sur ce qui convient, soit sur la perversité. Dans ce qu'il nous reste du manuel, nous avons une liste qui caractérise ce qui convient : bienveillance, intelligence, effort, grandeur d'âme, indifférence à la gloire, contentement, justice, calme, simplicité, endurance, etc. (182b-183a). La perversité est évidemment l'inverse de ces qualités. Parmi les parrhêsiastes, l'un peut se mettre facilement en colère et, du coup, être maladroit dans ses actions. Un autre peut sembler mou, ou paresseux ou lâche. Un troisième peut faire preuve d'une bienveillance exagérée, surtout en comparaison de celui qui est franc, mais de façon incomplète. Néanmoins, chacun de ces parrhêsiastes éprouve de l'amitié pour les auditeurs (184b). D'ailleurs, ces derniers aussi sont très différents les uns des autres. Il y a *celui qui est troublé* et *celui qui est diminué*, et *celui qui est écarté avec constance* ou *très discret* ou même *pudique* ou *honteux*, et celui qui est très inflexible. En résumé, face à toutes ces situations, les parrhêsiastes agissent tous différemment les uns des autres. De plus, ils ont eux-mêmes des attitudes différentes en fonction du moment envisagé (185a). Par conséquent, leur manière d'exercer la franchise est elle aussi variable, soit qu'elle s'adapte à l'auditeur, soit qu'elle est la conséquence du caractère du parrhêsiaste.

Par ailleurs, face à la paresse ou la procrastination, le parrhêsiaste n'hésitera pas à être *hardi* (*thraseôs*), pour avancer résolument vers son objectif (186a). Probablement est-ce aussi à cause de la diversité des publics rencontrés que le parrhêsiaste a à sa disposition différents outils. Il peut ainsi manier les *attaques verbales* qui sont semblables à des coups portés par le tranchant d'une *arme* : le *discours* est ici comparé à un *combat*. Malgré l'efficacité possible d'une telle méthode, c'est peut-être aussi sa dangerosité qui fait que Philodème la déconseille à l'homme plus âgé, au maître ou au père. Seul le parrhêsiaste a les compétences pour l'utiliser correctement (188a).

Par ailleurs, le parrhêsiaste s'efforce d'*adapter* ce qui est dit pour que cela corresponde à un discours franc (188b). Il s'agit pour lui de s'en tenir à ses objectifs, quels que soient ses interlocuteurs, tout en utilisant des formes qui sont compréhensibles et acceptables par ces derniers. Tous doivent en effet être avertis, aussi bien *ceux qui dominent* que le *peuple* (188a).

Si une telle capacité d'adaptation exige du parrhêsiaste une grande souplesse, elle est facilitée par plusieurs éléments.

PREMIER ÉLÉMENT FACILITATEUR : UN CADRE QUI CONVIENT

Il arrive que l'action visant à *convaincre* soit publique et donc visible par *tous* (101b). Le « tous » dont il est ici question n'est pas précisé, le fragment étant trop abîmé. Il se pourrait donc qu'il s'agisse d'une action publique englobante, c'est-à-dire incluant ceux qui sont extérieurs au cercle épicurien. Mais la communauté épicurienne reste le lieu privilégié de l'exercice de la franchise. En effet, pour qu'elle atteigne son but, il faut que les auditeurs soient dans des conditions qui leur permettent de l'entendre. C'est ainsi qu'il leur faut ressentir de la bienveillance à l'égard du parrhêsiaste, pour pouvoir l'écouter. Or la tension entre l'idée que les auditeurs peuvent se faire d'eux-mêmes (comme s'approchant de la stature du philosophe) et la moquerie (dont ils sont parfois l'objet parce qu'ils sont loin de ce qu'ils s'imaginent être) les empêche parfois de profiter des bienfaits de la franchise.

Par ailleurs, l'attitude active demandée au public visé, qui peut aller jusqu'à s'accuser ouvertement de ses fautes, nécessite l'assurance d'une amitié à toute épreuve entre lui et le parrhêsiaste (147b, *cf.* 148b).

De plus, le parrhêsiaste utilise toutes les potentialités présentes au sein du groupe d'auditeurs. Il s'appuie ainsi sur les qualités de *celui qui est pur, qui aime tendrement, qui est meilleur et qui est sait prendre soin*. Il sait alors, lui, contrairement à d'autres, démontrer son *amitié*, *corriger* et *persuader* pour le bien de chacun en particulier (150b).

Néanmoins, s'il arrive que l'amitié n'est pas ou plus présente, la limite qui sépare l'acceptable de l'inacceptable est vite franchie et la franchise peut devenir de la *calomnie* (158b).

Pour que la franchise soit exercée dans les meilleures conditions possibles, il faut aussi discerner la situation dans laquelle se trouve l'auditeur concerné. Ainsi faut-il réfléchir pour déterminer si quelqu'un peut supporter ladite franchise *dès maintenant* ou non (191b).

DEUXIÈME ÉLÉMENT FACILITATEUR : ALLER JUSQU'AU BOUT DE LA DÉMARCHE

Quel que soit le contexte dans lequel la franchise s'exerce, il ne faut pas non plus perdre de vue son objectif et, par conséquent, être prêt à tout mettre en œuvre pour l'atteindre.

Pour le parrhêsiaste, aider ses auditeurs, en particulier les jeunes, peut signifier endosser une *faute sans retenue*, c'est-à-dire devenue sans frein, comme s'il y avait un laisser-aller qui va de pair avec la fougue de la jeunesse. L'intervention radicale du parrhêsiaste est alors nécessaire. Il se met à la place du public visé au point de devenir un modèle négatif, comme pour montrer l'exemple du cheminement vers une possible rédemption (106b). Il s'agit certes pour le parrhêsiaste de prendre un *risque*, mais il estime que ses auditeurs ne pourraient *pas changer autrement* (*cf.* 107b).

En d'autres circonstances, le parrhêsiaste ne doit pas hésiter à s'y prendre à plusieurs fois avec un même auditeur. La première intervention ne parvient en effet pas toujours à produire immédiatement la maturité recherchée. De plus, chacun perçoit ce qui lui arrive différemment en fonction des périodes. Ainsi l'un peut avoir désobéi parce qu'il était sous l'emprise d'un phénomène particulier, pour ensuite s'en trouver libéré et, du coup, bien mieux réagir à la franchise (172b). Pour toutes ces raisons, le parrhêsiaste doit persévérer dans son entreprise.

D'autre part, il faut parfois aller jusqu'au *châtiment* (*epiplèxeôs*), une forme de réprimande ou de blâme qui permet de prendre conscience, enfin, de la gravité de la situation (197b).

TROISIÈME ÉLÉMENT FACILITATEUR : LA FRANCHISE ENTRE PARRHÊSIASTES

Un autre élément facilitateur de l'exercice de la franchise consiste à la pratiquer entre parrhêsiastes. D'abord, celui qui arrive à la perfection et qui est dit *sage* se sent naturellement attiré par son semblable (189a). De fait, la relation est facilitée. Ensuite, les parrhêsiastes se *reconnaissent* mutuellement et *éprouvent une vive affection* les uns pour les autres. Ils prennent alors *plaisir* à *se piquer*, c'est-à-dire à avoir un langage percutant, qui les rappelle à l'ordre quand c'est nécessaire (189b).

Un des outils dont les parrhêsiastes disposent envers leurs semblables concerne le fait de les aider à *se ressouvenir* (*upomnèsthèsontai*), c'est-à-dire de leur (re)mettre à l'esprit ce qui est concerné par la franchise. C'est pour cela qu'il suffit au parrhêsiaste qui est en relation de franchise avec un autre parrhêsiaste de simplement lui *montrer* de quoi il retourne pour que ce dernier soit *persuadé* (190a). En effet, il est tout à fait possible qu'un parrhêsiaste soit induit en erreur, tant les situations rencontrées sont complexes (190b).

Ainsi, le simple *rappel* ou l'intervention avec *autorité* suffisent au parrhêsiaste pour qu'il progresse (192a). La franchise entre parrhêsiastes est ainsi facilitée du fait de l'absence d'obstacles ou de résistances. Ils n'ont plus besoin d'être convaincus des bienfaits de la franchise. Dès lors, ils admettent alors volontiers qu'on leur parle franchement. Pareillement, le parrhêsiaste trouve chez l'auditeur qui a progressé un appui qui rend l'exercice de la franchise plus aisé.

QUATRIÈME ÉLÉMENT FACILITATEUR : QUAND L'AUDITEUR PREND LA PLACE DU PARRHÊSIASTE

Il peut arriver qu'un auditeur ait tellement progressé qu'il se mette à son tour à exercer la franchise à l'égard d'autres membres de la communauté. Ayant lui-même été peu auparavant l'objet de la franchise, il prend en compte des éléments particuliers pour agir de façon à la fois mesurée et adéquate. C'est ainsi qu'il fait attention à *ne pas accorder de faveurs tout à fait facilement* et à ne pas tout *croire promptement*. Il tient compte des conséquences négatives d'une trop grande rapidité d'exécution. De plus, il a rendu la franchise *délibérative*, c'est-à-dire qu'il a pris soin de construire une relation où l'échange a lieu, sans unilatéralité autoritaire (194b). L'apport de l'auditeur qui se met à exercer la franchise est ainsi important, au point que Philodème peut le citer comme exemple.

Néanmoins les auditeurs exerçant la franchise n'obtiennent pas tous les mêmes résultats. Celui-ci se met à mépriser son interlocuteur, parce qu'il n'aurait pas réagi à la franchise de la manière escomptée. Il peut même le considérer comme *rien*, parce qu'il aurait pensé mieux savoir ce qui était bon pour lui. En revanche, un autre peut se distinguer par son intelligence et s'appliquer à faire un reproche *avec douceur* et *pour leur plaisir* (197a).

Pour autant, il n'est pas suffisant de *se croire* plus intelligent pour réussir à endosser le rôle du *maître* (201a). D'une part, un auditeur, bien qu'avancé en maturité, peut lui-même être troublé par un *reproche* le concernant. Mais, d'autre part, il arrive aussi que, sur la base d'un raisonnement douteux, il soit amené à *faire des reproches* à certains qui ne se sont en fait pas trompés (202a). Du coup, l'on peut être amené à être prudent devant sa franchise, qui peut devenir nuisible. De plus, il lui arrive d'*avertir* pour éviter d'être lui-même *mordu*, c'est-à-dire pris à partie par quelqu'un qui serait franc à son égard. Mais cet avertissement « d'autodéfense » n'a aucune efficacité. Une telle manipulation de la franchise est dommageable, au point que Philodème ne lui attribue plus aucune valeur. Le fait que l'auditeur qui agit ainsi soit considéré par certains comme *plus intelligent* ou *sage* n'y change rien (202b).

À ÉVITER

Comme le but de la franchise est le progrès de l'auditeur vers la maturité, il y a certaines attitudes qu'il faut éviter car elles lui seraient un obstacle.

Ainsi, le fait de commencer à parler de soi et *de son propre tort* en particulier n'est pas conseillé, même si c'est ce que font la plupart des *lettrés*. De même, *parler franchement avec arrogance et insistance* risque de braquer le public visé plutôt que de l'inciter à changer. Pareillement, *prononcer des paroles insultantes* ou chercher à *déstabiliser* ou à *dénigrer* n'a pas d'utilité particulière (143b). Dans le même ordre d'idée, vouloir *déstabiliser de fond en comble*, c'est-à-dire tout bouleverser, n'a pas d'intérêt, ni d'ailleurs provoquer quelqu'un *en colère* en lui *rappelant* son passé. En effet, ceux qui ont besoin d'être *corrigés par un reproche* doivent supporter l'*avertissement*. C'est déjà suffisamment difficile sans qu'il faille y ajouter des manières non convenables de s'adresser à eux (144b).

À l'évidence, différentes sortes de reproches existent et sont discernables, notamment ceux faits par *ceux qui servent de guide* (146a). Il s'agit alors de bien choisir sa manière d'agir et de parler, à commencer par son style verbal.

STYLE VERBAL

D'une manière générale, il n'est pas nécessaire de *rire avec arrogance* lorsque l'on *se lève pour parler* (112b).

Dans un autre registre, lorsque le parrhêsiaste exprime vivement son propre *mécontentement*, il ne doit pas oublier qu'il s'adresse à des amis et cela doit se sentir dans sa manière de parler (113b). La mordacité, c'est-à-dire un langage *incisif*, fait toutefois partie de l'arsenal du parrhêsiaste qui pratique la franchise (120b).

De plus, cette façon tranchante d'intervenir n'est pas cachée à celui qui est concerné par l'*avertissement*. C'est bien là que réside la différence avec l'*ironie* socratique, agréable au premier abord, mais finalement blessante. En effet, la franchise s'accompagne, elle, d'une *sollicitude* qui permet de la supporter (131b).

C'est pourquoi *élever le ton* n'est pas nécessaire (144b). D'ailleurs, il est parfois préférable de rester *silencieux* devant la situation qui se présente, pour la laisser se résoudre d'elle-même.

Face aux auditeurs qui réagissent avec colère, le parrhêsiaste peut, lui aussi, montrer un *énervement*, en prenant toutefois garde de ne pas en arriver à les *haïr* (178a).

Cependant, le parrhêsiaste n'est pas démuni de modèles positifs quant à la façon de s'exprimer franchement. Ainsi Polyène (épicurien du IVe s. avt J.-C.), cité par Métrodore (épicurien de la même époque), est-il décrit comme étant à la fois quelqu'un qui a des *principes*, avec une profondeur de réflexion mêlée d'*agréable* amitié et de *confiance* (187a). Le parrhêsiaste peut aussi s'inspirer de l'auditeur déjà avancé en maturité et commençant lui-même à exercer la franchise d'une façon *délibérative* (194b). En effet, cet auditeur, en raison de son expérience de la franchise, en a enrichi la pratique. Cela mérite d'être intégré par le parrhêsiaste dans son propre exercice, d'autant qu'il semble avoir constamment le souci de rester équilibré et mesuré dans ses interventions.

DE LA MESURE

La manière la plus simple de pratiquer la franchise est d'adresser une réprimande, un reproche ou un avertissement à quelqu'un. Dans le *Sur la franchise*, Philodème fait rapidement le lien entre le fait de parler franchement à qui a fait du tort et la désapprobation. En effet, il raconte qu'Épicure *fait un reproche* à Pythoclès au moyen d'une lettre réputée de toute beauté. Peut-être est-ce le choix de ce procédé, permettant la réflexion et la mise à distance, qui a favorisé que cela se fasse de façon *modérée*, directement sur la base de ce que Pythoclès a fait ou dit (96b).

Faire preuve de mesure ne veut cependant pas dire agir avec faiblesse ou complaisance. Ainsi le parrhêsiaste doit-il savoir adapter son art, voire s'en défaire, pour arriver à ce que son auditeur finisse par écouter (107b). De plus, il intervient lorsqu'il a connaissance de *mauvais traitements* (111b). Néanmoins, la dynamique de groupe, forcément présente, incite à la retenue. En effet, si l'on est amené à corriger quelqu'un, ne va-t-il pas à son tour, un jour, rendre la pareille ? C'est pourquoi certains *agissent en douceur* avec ceux qu'ils côtoient. Ils craignent en effet d'être plus tard eux-mêmes calomniés, alors qu'ils devraient bénéficier d'une saine franchise (158b). Certes, le parrhêsiaste ne dénigre pas son interlocuteur, mais la franchise peut être mal interprétée et être comprise comme étant de la calomnie. La calomnie peut en effet ressembler à de la franchise, car elle semble décrire une situation avec courage. Mais elle agit hors du cadre de l'amitié et de la bienveillance. Pour reprendre un propos de Plutarque, un ennemi sait très bien reprocher des fautes (*cf.* Plutarque, *Adul. amic.* 74c). Ajoutons, après la lecture de Philodème, que c'est tout l'art de l'ami que de permettre qu'il en sorte un bien.

À l'inverse, d'autres choisissent d'*agir comme une bête sauvage*, parce que l'évaluation de la gravité de la situation semble indiquer que telle est la réaction *mesurée* à avoir (159b).

Mais la *compassion* (*sunpathôs*) n'est pas absente pour autant (149b). Car tout n'est pas à traiter simplement parce que cela se présenterait. À l'inverse, *se laisser aller* n'est pas non plus la solution (160a). C'est pourquoi l'équilibre doit être recherché, même s'il est parfois difficile à atteindre.

Néanmoins, force est de constater que les auditeurs peuvent réagir avec colère aux propos du parrhêsiaste, parfois même avec une colère exagérée, parce que *persistante* (177b). Mais le parrhêsiaste, pour sa part, doit se contenir, surtout s'il estime que la situation demeure supportable et n'est pas sans fin. Il peut alors se laisser lui-même envahir par la *colère*, non pour *haïr* et aller au-delà d'une limite raisonnable, mais pour corriger en *blâmant* les sottises (178a).

De plus, certains auditeurs ont eu l'habitude, dès leur plus jeune âge, de voir des personnes exercer une franchise *mesurée* à l'égard des plus humbles – à l'inverse de ceux qui ont été dans un milieu très courtisan (185b). Or le parrhêsiaste connaît l'arrière-plan de chacun et est capable de s'y adapter à son tour (*cf.* 185a).

Mais la modération n'incite pas au laxisme. Ainsi, devant la paresse ou la procrastination, le parrhêsiaste va-t-il user *hardiment* de franchise (186a). Oscillant entre approches énergiques et mesurées (191a), le parrhêsiaste n'est certainement pas insensé. Il est au contraire bien proche du thérapeute lorsqu'il doit intervenir en réponse à la faute d'un de ses auditeurs.

UNE THÉRAPIE ?

De Witt explique que, d'une manière générale, l'épicurisme a un rapport particulier avec la maladie et la santé. Dès le début, « l'école d'Épicure était tout sauf [un lieu où l'on marchait en échangeant des idées][1] ; elle était plutôt une clinique, avec le patient comme témoin,

1 Il en est ainsi tout simplement parce que, explique De Witt, Épicure était malade et ne pouvait pas marcher de long en large tout en réfléchissant, mais qu'il était forcé de rester

pleinement conscient de la puissance de la souffrance pour obtenir la fidélité et la sympathie. La mauvaise santé était délibérément et habilement mise à profit[2] ». Une telle empreinte est nettement visible dans le *Sur la franchise*.

Ainsi la franchise peut-elle être vue comme un *soin* (*therapeuontai*). Elle est pratiquée avec plus ou moins de *facilité* ou de *douceur*. Il est d'ailleurs rappelé que la personne *pour laquelle* le parrhêsiaste *a de l'affection* est vraisemblablement la mieux à même d'être l'objet de la franchise. Notons que cette *affection* se dit à partir d'un verbe grec qui suggère que le parrhêsiaste est porté par ce qu'il éprouve, ou même endure à l'égard de l'auditeur concerné (105b). Ainsi le parrhêsiaste est-il lui-même touché par ce que lui communique la personne dont il s'occupe, comme par sympathie ou empathie.

D'ailleurs, le thérapeute qu'est le parrhêsiaste s'applique à prendre en compte à la fois *ceux qui sont avertis* et ceux qui agissent encore *mal*. Pour faire la part des choses entre les uns et les autres, il pratique le diagnostic en s'appuyant sur la raison (127b). En effet, son but est de *guérir* celui qui en a besoin, à plus ou moins longue échéance, quelles que soient les chances apparentes de succès ou non. De plus, de l'avis de tous, une *pique*, c'est-à-dire une atteinte même minime à la relation, une broutille donc, a prouvé son utilité (137b), peut-être comme l'amorce d'un travail plus approfondi.

L'image médicale sert aussi pour dénoncer ceux qui voudraient se passer du parrhêsiaste pour ce qui est de leur âme, alors qu'il est évidemment *parfaitement honteux* de se passer de médecin pour les soins du corps (145b). De même que le médecin aide son patient à supporter son traitement, le parrhêsiaste est vraisemblablement lui aussi un soutien pour que ses auditeurs endurent la franchise d'une manière qui porte du fruit (145b).

Si le *secours* peut intervenir par *compassion* (149b), le parrhêsiaste utilise en plus toutes les qualités présentes dans la communauté pour *prendre soin* des uns par les autres, en particulier par *celui qui est pur*, *aimant*, *meilleur* et *qui sait prendre soin d'eux* (150b).

---

couché ; c'est la raison du « poids exceptionnel » donné dans l'épicurisme à l'action du sage vue comme une thérapie (N. W. De witt, « Epicurean *Contubernium* », *Transactions and Proceedings of the American Philological Association* [1936/67], p. 57).

2 N. W. De witt, « Epicurean *Contubernium* », *op. cit.*, p. 57.

Cependant, le groupe épicurien ayant sa propre dynamique, il arrive que les uns calculent qu'il est plus avantageux d'être timoré à l'égard des autres, par peur de représailles sous forme de réactions agressives. *Celui qui sauve* en vient alors à ne plus vraiment connaître la situation de personne, parce que chacun cherche à *remédier* aux maux rencontrés par d'autres que lui, court-circuitant ainsi le parrhêsiaste (159a).

Mais, d'où que vienne le traitement, d'un parrhêsiaste ou d'un parmi *ceux qui étudient ensemble*, il faut qu'il soit appliqué d'une manière équilibrée qui « atténu[e] la cruauté du franc-parler[3] ». C'est ainsi qu'il ne faut pas agir de manière continue ou contre tous, ni pour chaque faute ou pour tout ce qui se présente, ni avec laisser-aller, mais bien plutôt avec *compassion* (160a). Néanmoins, l'échec est toujours possible. Tout comme les plus grands médecins peuvent se tromper, ainsi le parrhêsiaste a-t-il lui aussi droit à l'*erreur* (164a). La métaphore médicale vient donc appuyer le fait que la franchise n'est pas une science exacte, même si le docteur et le parrhêsiaste déploient toute leur expertise en vue d'une amélioration de la situation des personnes dont ils s'occupent.

D'ailleurs, le parrhêsiaste ne doit pas non plus renoncer à la franchise parce qu'elle n'aurait pas eu d'effet immédiat. En cela, il agit comme n'importe quel médecin, qui échouerait dans son diagnostic et, donc, dans le choix de son traitement, sans condamner pour autant définitivement la méthode thérapeutique utilisée dans ce cas-là (170b).

De même, tout comme un docteur utilise différents remèdes pour un même mal, ainsi le parrhêsiaste ne doit pas hésiter à répéter la franchise, *de nouveau*, *encore et encore* pour obtenir un résultat, si ce n'est maintenant, au moins plus tard (171b).

C'est justement la constance de celui qui secourt qui sera un puissant encouragement pour ceux qui l'entourent. À l'inverse, le fait d'abandonner celui qui échoue provoquera chez eux une baisse de la bonne volonté, de l'amitié ou de l'admiration (174b). Ainsi, tel le médecin qui continue d'agir pour celui qui, selon toute vraisemblance, ne devrait pas guérir, le parrhêsiaste doit persévérer dans l'*exhortation* de ceux qui, raisonnablement, ne semblent pas pouvoir changer.

3 J. Giovacchini, « La nouvelle reconstruction du rouleau du *Franc-parler* de Philodème permet-elle encore de postuler l'existence d'une παρρησία spécifiquement épicurienne ? », in A. Antony, G. Arrighetti, M. I. Bertagna, *et al.* (éd.), *Miscellanea Papyrologica Herculanensia. Volumen 1*, Pisa – Roma, Fabrizio Serra Editore (BSA 93), 2010, p. 307.

D'ailleurs, certains résultats dépassent les espérances, puisqu'il arrive qu'un auditeur en vienne à son tour à exercer la franchise (194b). Mais il peut aussi s'agir de quelqu'un qui imite le parrhêsiaste, motivé non par l'envie de bien faire, mais par le désir de paraître (197b). Dès lors, sa *coupable* manière d'être est *blessante*. Il se peut, en effet, que l'imitateur exerce *publiquement* une franchise qui n'a pas d'effet sur qui croirait ne pas commettre de faute ou penserait rester ignoré malgré ses fautes. Sa pseudo-franchise pousse alors à faire appel au spécialiste qu'est le parrhêsiaste, pour qu'il ait une action appropriée, tout comme l'on ferait appel à un médecin pour faire usage d'un scalpel (198a). Ainsi, tout comme il y en a dans le domaine médical, la franchise peut-elle aussi connaître ses dérives.

DÉRIVES POSSIBLES

Il arrive en effet que certains soient déçus des résultats obtenus, ou non, par la franchise. En effet ils l'ont vécue comme étant *acérée* et proche de l'*injure* motivée par la *malveillance*. Ils deviennent alors une proie facile pour des *charlatans*, bien accueillis après ce qui s'est apparenté à une forme de *violence*. Ces auditeurs se retrouvent alors *ensorcelés* par *toute une gamme de sentiments d'amitié*. Il s'agit d'un abus caractérisé de la faiblesse momentanée des auditeurs (167b, *cf.* 166b). Cela met d'autant plus en évidence l'importance des qualités requises pour qu'un parrhêsiaste mène à bien sa mission auprès des auditeurs, sans forcer, mais aussi sans complaisance.

Par ailleurs, certains cherchent à *corriger* eux-mêmes d'autres personnes. Philodème se hâte de cataloguer de telles attitudes comme étant *faciles à mépriser* (169b).

À l'inverse, il se peut que ce soit celui qui exerce la franchise qui méprise son interlocuteur qui n'atteindrait pas le but qu'il s'est fixé. Tel est le cas particulier de l'auditeur qui s'essaierait à la franchise parce qu'il pense être arrivé à une maturité telle qu'il se sentirait désormais capable de lui-même l'exercer. Son propre échec dans ce nouvel exercice le pousse à *regarder* son interlocuteur *comme rien* et à le traiter avec un sentiment de supériorité – pensant savoir mieux que personne ce qui concernerait son vis-à-vis (197a). D'ailleurs, il devient vite évident qu'il n'accepte pas de discours utiles, qu'il parle à cause de sa propre ambition de gloire et que son imitation n'est que de façade, surtout s'il vient à rencontrer un obstacle à ses projets. Mais si les autres arrivent à le démasquer au bout d'un moment, grâce aux circonstances qui ont mis à jour la réalité, se pose alors la question de la pertinence de la franchise constatée : est-elle *comme il convient* (199b) ?

Ainsi, dans le *Sur la franchise*, nombreuses sont les manières de procéder pour corriger l'erreur : en s'adaptant aux auditeurs, en s'appuyant sur des éléments facilitateurs, en évitant tout ce qui pourrait nuire, en veillant à son style verbal, en s'exprimant avec mesure ou en agissant comme un thérapeute. Qu'en est-il dans les Actes, où la franchise ne vient pas corriger une faute, mais est le support pour transmettre un message de vie éternelle à propos d'un nouveau Seigneur, Jésus le Christ ?

Tout comme Philodème expose différentes façons de corriger – puisque l'enjeu de la franchise philodémienne est d'aider l'auditeur à dépasser ses fautes –, Luc aussi émaille son récit de différentes manières d'exercer la franchise. Il présente en effet différents aspects ayant trait à la présentation du contenu parrhêsiastique. C'est ainsi qu'il place souvent l'accent sur le fait que le parrhêsiaste prend son temps. En d'autres endroits, il préfère montrer le processus de réinterprétation effectué par le parrhêsiaste. Enfin, il met en évidence un geste typiquement parrhêsiastique dans quatre récits.

DANS LES ACTES, QUAND LE PARRHÊSIASTE PREND SOUVENT SON TEMPS

Luc exprime de différentes façons que le parrhêsiaste prend son temps pour exercer la franchise. En grec (puisque le Nouveau Testament a été écrit en grec), une des manières de le faire est d'utiliser le temps des verbes (présent, imparfait, etc.). Certains temps (tous n'existent d'ailleurs pas en français) servent ainsi pour dire que quelque chose dure ou demande un effort, ou au contraire est soudain[4]. À cela s'ajoute le contexte du récit qui peut venir renforcer l'impression de durée ou d'effort. De plus, dans Ac 4,29.31, que nous aborderons tout à la fin de cette section, Luc décrit

4 Pour plus de détails sur cet aspect technique de la langue, l'on peut se reporter à la thèse, p. 278-283.

une telle résistance à la franchise qu'il semble que la persévérance soit de toute façon nécessaire pour parvenir au but, sans que l'auteur n'ait besoin d'insister avec une forme verbale particulière. Entrons dans le détail de chacun de ces récits.

AC 9,27.28 : DU DÉBUT À LA FIN, UN EFFORT CONTINU

Saul, converti récent à ce qui va devenir le christianisme, est présenté comme s'étant mis à exercer la franchise à Damas. Cette activité parrhêsiastique est mise en scène comme s'il s'agissait de débuts qui prendront de l'importance par la suite (Ac 9,27). D'ailleurs, malgré la brièveté du récit, le lecteur implicite est amené à considérer que Barnabas dispose de suffisamment d'éléments pour pouvoir raconter ce qui s'est passé à Damas (v. 27). Le verbe employé véhicule l'idée d'un exposé détaillé, point par point. Et l'un de ces points concerne la méthode pratiquée par Saul pour exercer la franchise dans cette ville, puisque Barnabas raconte *comment* Saul s'y est pris. Ainsi Luc laisse-t-il entendre que la première activité parrhêsiastique de Saul n'a pas été occasionnelle. Elle a été suffisamment importante pour être mise en valeur, et servir d'argument pour permettre à Saul d'être intégré à la communauté croyante.

Il n'est donc pas étonnant que Saul ne s'arrête pas là, mais continue d'œuvrer de la même façon à Jérusalem. La manière de conjuguer les verbes transmet l'idée de continuité dans l'action, dans la durée, voire dans l'effort (*il allait et venait avec eux à Jérusalem, parlant franchement au nom du Seigneur*[5]). Qui plus est, Luc utilise encore deux autres verbes qui sont conjugués pour montrer que cela prend du temps et peut-être même que cela demande un effort quand il dit que Saul *s'entretenait et débattait avec les Hellénistes.* D'ailleurs l'opposition rencontrée implique elle-même la nécessité de lutter. En d'autres termes, toute l'activité parrhêsiastique de Saul est marquée par une impression à la fois d'application et de persévérance[6]. La mention des allées et venues dans la ville de Jérusalem apporte l'idée que l'exercice de la franchise est systématique.

5 Notre traduction d'Ac 9,28.

6 La nécessité de persévérer dans la pratique de la franchise jusqu'à l'obtention d'un résultat est aussi présente chez Philodème. On le voit en particulier quand il parle du parrhêsiaste qui est comme un médecin qui persévère jusqu'à obtention d'un résultat.

AC 14,3 : UNE DURÉE INCERTAINE, MAIS UNE FRANCHISE PERSÉVÉRANTE À COUP SÛR

À Iconium, Paul et Barnabas restent *un certain temps* (*ikanon* ; Ac 14,3). Pour Marguerat, la mention de cette durée « permet [à Luc] de faire apparaître [la] fidélité et [la] résistance[7] » de Paul et Barnabas. Qui plus est, le récit n'a pas de chronologie apparente. Il pourrait donner l'impression de couvrir une période importante, en faisant des va-et-vient entre les événements. Si le récit avait été linéaire, en allant droit au but, l'impression de durée aurait été comme « écrasée », un peu comme une image en deux dimensions écrase les perspectives. Cette façon de faire permet de donner de l'ampleur à l'hostilité finalement rencontrée, et à l'action malgré tout effective et réellement persévérante des prédicateurs.

Par ailleurs, le manque de précision quant à la durée de cette période n'a aucun impact sur le fait que l'exercice de la franchise est persévérant. Ce dernier est en effet soutenu à la fois par le sens des verbes et la manière dont ils sont utilisés. De fait, le participe *parlant franchement* apparaît dans une phrase, au sein de laquelle il vient d'être précisé que l'équipe parrhêsiastique – Paul et Barnabas – a prolongé son séjour dans la cité (Ac 14,3). Qui plus est, le fait que l'activité parrhêsiastique se poursuive dans un contexte de résistance de plus en plus acharnée de la part d'une partie de leurs interlocuteurs ne fait que souligner la persévérance dans font preuve Paul et Barnabas.

AC 18,26 : UNE FRANCHISE QUI DOIT S'ARRÊTER

Lorsqu'Apollos se trouve à Éphèse, l'auteur des Actes précise qu'*il prêchait et enseignait* à la synagogue (Ac 18,25). Sa manière de faire est présentée avec une conjugaison du verbe qui exprime la durée. Et, effectivement, enseigner demande du temps.

À la suite de quoi, Apollos *se mit à parler franchement* (*èrxato parrhèsiazesthai* ; Ac 18,26). Le verbe pour exprimer en grec le début de l'action est évidemment à un temps qui permet justement de mettre en évidence un moment précis. Celui qui est employé pour désigner l'activité parrhêsiastique est conjugué pour peut-être souligner la durée, mais pas forcément. La coordination de l'activité d'enseignement et de

7 D. Marguerat, *Les Actes des apôtres (13-28)*, vol. 2, Genève, Labor et Fides (CNT[N] Vb), 2015, p. 60.

l'activité parrhêsiastique est faite en grec par un petit mot, rarement traduit, et qui indique que les actions se sont succédées.

Cependant, aussitôt qu'Apollos exerce la franchise, il est pris à part par Priscille et Aquilas qui l'instruisent pour que sa formation soit complète (Ac 18,26). Là aussi, tous les verbes (*l'ayant entendu* [notre traduction] ; ils *le prirent* ; ils *lui présentèrent*) sont conjugués en grec pour présenter une suite d'actions ponctuelles.

D'un point de vue exégétique, nous avons un contraste entre l'activité d'enseignement qui dure dans le temps (et est faite pour durer) et l'activité parrhêsiastique, qui aurait aussi pu durer, mais qui est interrompue suite à l'intervention de Priscille et Aquilas. Une telle nécessité résulte non pas du fait de l'inexactitude des propos d'Apollos, mais parce qu'ils sont incomplets. La franchise mise en œuvre dans la prédication d'Apollos doit alors cesser, pour que le parrhêsiaste prenne le temps de compléter ses connaissances auprès de Priscille et Aquilas.

AC 19,8 : UNE FRANCHISE QUI DURE ET QUI PREND DE L'AMPLEUR

Plus tard, à Éphèse, alors qu'Apollos a dû y interrompre son activité parrhêsiastique, Paul exerce la franchise *durant trois mois*[8]. Cette durée pourrait sembler brève. Mais elle est en réalité longue, si on prend en compte toutes les durées exprimées dans les Actes. Les intervalles de temps de séjour qui sont donnés vont en effet de l'indéterminé[9] à un maximum de deux années[10]. Trois mois représentent alors un huitième de la durée de séjour la plus longue dans les Actes. Ce laps de temps passé dans la synagogue est donc loin d'être un détail dans le séjour de Paul à Éphèse, d'autant plus qu'il n'est que le début d'une période plus longue, qui se déroule, quant à elle, en compagnie des croyants (*cf.* Ac 19,10).

---

8 Ac 19,8. À noter que la durée de *deux ans* mentionnée au v. 10 concerne l'enseignement que Paul a donné à la jeune église, et non pas l'exercice de la franchise en tant que tel.

9 Comme par exemple nous venons de le voir en Ac 14,3. Voir aussi 24,17.

10 Mis à part les durées historiques (quatre cents ans en Ac 7,6, quarante ans en 7,30.36.42 ; 13,18.21, quatre cent cinquante ans en 13,20, deux ans en 24,27), Luc donne par trois fois des âges (quarante ans pour indiquer la maturité en Ac 4,22 et en 7,23 ; huit ans pour souligner la précocité d'un mal ou sa gravité en 9,33). Sinon, l'auteur donne des durées de séjour, dont deux qui sont dans un contexte parrhêsiastique : un an et demi en Ac 18,11 ; deux ans en 19,10 (c'est le passage que nous examinons ici ; Luc parlera pour cette même période de *trois années* en 20,31, mais il semblerait qu'il ait arrondi le chiffre, à moins qu'il n'inclut dans cette durée de trois ans une visite de Paul à Corinthe) et en 28,30.

De plus, tous les verbes utilisés pour exprimer l'activité parrhêsiastique de Paul à Éphèse sont conjugués pour montrer que cela a duré, et même demandé un effort. Le verbe *parler franchement* est en effet à un temps qui exprime la durée. De lui dépendent deux autres formes verbales (*débattant et s'efforçant de convaincre*, Ac 19,8), qui de ce fait prennent aussi une valeur durative. Qui plus est, le sens de chacun de ces participes implique aussi un effort. Le premier – *débattant* – sous-entend la présentation d'arguments en réponse à d'autres, ce qui prend du temps et de l'énergie. Le second – *s'efforçant de convaincre*[11] – exige lui aussi un effort pour amener l'auditoire à changer d'avis, auditoire qui n'est pas conquis d'avance !

Nous avons donc une nouvelle fois un parrhêsiaste forcé de prendre son temps et de fournir un effort dans sa manière d'exercer la franchise.

AC 28,31 : LE TEMPS QUASIMENT SANS LIMITES

À Rome, Luc précise que Paul exerce la franchise pendant *deux années entières* (Ac 28,30). De nouveau, la période est importante, si l'on tient compte de la manière qu'a Luc d'exprimer les durées de séjour. Ainsi, Marguerat reconnaît qu'« on pourrait objecter que le laps de temps concerné par l'activité évangélisatrice est limité à deux ans. Mais les trois plus longues durées de la mission paulinienne dans les Actes sont d'une année et demie à Corinthe (Ac 18,11), deux ans d'incarcération à Césarée (24,27) et deux ans et trois mois à Éphèse (19,8.10). Deux années représentent donc, à cette échelle, une période longue dans la biographie lucanienne de Paul[12] ».

En outre, l'activité parrhêsiastique est elle-même présentée comme prenant du temps. Tous les verbes employés (*il accueillait* en Ac 28,30 et *proclamant … et enseignant* au v. 31), sont conjugués pour qu'il soit évident que Paul a pris du temps pour ces activités. Cet accueil, présenté comme s'étendant dans la durée, est ainsi l'occasion d'une proclamation et d'un enseignement en pleine expansion.

Nous avons de nouveau un parrhêsiaste qui est présenté comme prenant son temps, quasiment sans limites. « Deux ans » revient à dire « longtemps » dans le contexte du livre des Actes. De plus, l'auteur,

11 Notre traduction.
12 D. Marguerat, *Les Actes des apôtres (13-28)*, *op. cit.*, p. 381.

terminant son œuvre, précise simplement que tout cela se fait *sans empêchement* (Ac 28,31). Pour le reste, aucun autre détail. Le récit reste comme suspendu à cette activité parrhêsiastique en cours de déroulement. Nous avons donc un parrhêsiaste qui met tout en œuvre pour exercer la franchise et qui s'en donne les moyens, en prenant son temps. Et nous avons un auteur qui, lui aussi, suspend le temps, terminant son récit en laissant l'annonce du Règne de Dieu et l'enseignement de ce qui concerne le Seigneur Jésus Christ continuer. Il insiste encore en en précisant les modalités : *en toute franchise et sans empêchement.*

POURQUOI AUTANT DE TEMPS ?

Toutes ces précisions liées à la durée que nous venons d'examiner, qu'elles soient exprimées explicitement par une durée ou implicitement par des verbes – soit à des temps duratifs, soit impliquant en eux-mêmes le temps de l'exposé oratoire ou du développement du raisonnement –, ont pour effet de souligner que le parrhêsiaste prend son temps, et prend du temps dans l'exercice de la franchise. Il ne s'agit pas d'une action en passant, ou isolée, ou anecdotique. Bien au contraire, une stratégie est mise en œuvre pour obtenir un changement profond. Le temps de l'explication est alors nécessaire, pour que vienne ensuite le temps de la décision.

UN CONTEXTE QUI EXIGE DE LA PERSÉVÉRANCE (AC 4,29.31)

En Ac 4,23-31, Luc raconte que Pierre et Jean rejoignent *les leurs*[13]. Ils viennent de se justifier devant les chefs du peuple à propos de leur usage du nom de Jésus pour guérir l'infirme de la porte du Temple (3,1-10 ; 4,1-22). Mais Luc n'utilise aucun des moyens précédemment énumérés pour souligner la persévérance de l'action parrhêsiastique. Il n'y a en effet ni durée explicitement exprimée, ni conjugaison particulièrement parlante.

Néanmoins, le contexte procure des éléments qui permettent de penser que la franchise s'effectue dans un climat de persévérance. Les parrhêsiastes rencontrent en effet une résistance rare à leur message. Leurs auditeurs n'ont qu'un seul désir : que le nom de Jésus ne soit plus jamais mentionné (Ac 4,18). Pour y parvenir, ils sont prêts à aller

13 Notre traduction.

jusqu'à mettre à mort celui qui oserait s'opposer à eux. Dans la prière des v. 24-30, le public visé par la franchise vient se superposer aux bourreaux de Jésus[14]. La situation à laquelle les parrhêsiastes doivent faire face est à la fois lourde de menaces et aggravée par une résistance pluriséculaire contre Dieu, son Oint et maintenant ses serviteurs.

D'ailleurs ils ne comptent même plus sur eux-mêmes pour trouver les ressources pour aller de l'avant, tant l'obstacle rencontré les dépasse. Ils ne se précipitent pas non plus vers une solution tactique pensée à la va-vite. Ils prennent bien plutôt le temps de la prière. Ils reconnaissent qui est leur Dieu et quelles sont ses œuvres. Ils analysent les racines qui ont donné lieu à la situation présente. Enfin, ils font le rapport avec leur propre situation, pour, finalement, proposer – « prier » – une solution. C'est en effet à Dieu qu'ils demandent le « don » de pouvoir « parler franchement » (Ac 4,29), ce qui leur sera accordé (v. 31).

Plusieurs temps se succèdent. D'abord, celui du récit de Pierre et Jean (Ac 4,23). Puis viennent l'écoute et le rassemblement unanime (v. 24a), qui se poursuit par la prière (v. 24b-30). Ces parrhêsiastes, qui ne le sont pas encore (v. 29), le deviennent finalement (v. 31b). La terre tremble, ce qui est un signe que leurs dons viennent de Dieu lui-même (v. 31a).

Nous avons donc dans ce récit, de manière très différente de ce que nous avons observé précédemment, la même notion de persévérance dans l'effort de franchise. Ce ne sont pas cette fois les verbes ou la grammaire qui viennent souligner l'intensité de cet effort, mais le contexte, décrit par l'auteur dès Ac 3,1 : en cinquante-sept versets, de la porte du Temple au Sanhédrin en passant par la prison, jusqu'au local où se réunissent les croyants, depuis la parole performative qui guérit l'infirme, à la prière…

14 Voir ce que dit Marguerat à propos d'Ac 4,29-30 : « [Le total parallélisme] entre le destin de Jésus et celui de ses envoyés se révèle dans l'usage du pronom [*leurs*] (*leurs* menaces) : de qui sont ces menaces ? des ennemis de Jésus (v. 27) ? ou du sanhédrin qui cherche à intimider les apôtres (4,21) ? Syntaxiquement, les deux rattachements sont possibles ; mais la clause "et maintenant" (29a) et l'injonction de donner la liberté de parole à "tes serviteurs" (29b) induisent plutôt un retour à la situation de la communauté priante. Ce flottement – voulu par l'auteur ? – est néanmoins symptomatique de l'assimilation des deux situations de persécution. » (D. Marguerat, *Les Actes des apôtres [1-12]*, vol. 1, Genève, Labor et Fides [CNT[N] Va], 2007, p. 155). Il nous semble effectivement que l'ambiguïté du texte est porteuse de sens. Car Pierre, Jean et les leurs sont persécutés, et s'identifient à Jésus qui les a précédés sur ce chemin. De même, ceux qui les persécutent sont semblables à tous les persécuteurs qui les ont précédés, depuis le temps du roi David (Ac 4,25-26), en passant par la Pâque toute récente (v. 26-27), et jusqu'à eux-mêmes (v. 29).

tout aussi efficace ! Les acteurs prennent leur temps à chaque instant de ce récit, et la franchise prend de l'ampleur. C'est l'apothéose du premier miracle après la croix : la Parole de Dieu est dite en toute franchise.

Nous avons ainsi une première manière d'exercer la franchise dans le livre des Actes : en prenant son temps, sauf lorsqu'elle doit s'arrêter, comme c'est le cas pour Apollos qui a besoin de parfaire ses connaissances (Ac 18). Sinon, qu'il s'agisse de Paul, dès les débuts de son ministère (ch. 9), puis avec Barnabas (ch. 14), ou seul (ch. 19 et 28), ou de Pierre et Jean avec les leurs (ch. 4), tous agissent en prenant le temps de déployer l'exercice de la franchise. Rappelons que le contenu de leur message est loin de pouvoir être simplifié. De plus, leurs auditeurs ont besoin de tout un travail d'appropriation, car ils doivent surmonter le choc initial de l'annonce de l'identité du Messie, Jésus Christ et Seigneur, pour finalement lui obéir. Le travail du parrhêsiaste aux côtés de son public visé s'inscrit donc, sans surprise, lui aussi dans la durée.

DANS LES ACTES, QUAND LE PARRHÊSIASTE RÉINTERPRÈTE LES DONNÉES

Par deux fois, le parrhêsiaste s'attache explicitement à réinterpréter soit les événements, soit sa propre vie. Son but est de permettre à ses auditeurs de le rejoindre dans sa compréhension de qui est Jésus le Christ.

AC 4,13 : PIERRE EXPLIQUE À NOUVEAU LE PASSÉ ET RÉINTERPRÈTE LES TEXTES

En Ac 4,8-12, Pierre exerce la franchise. Les chefs du peuple qui l'écoutent reconnaissent d'ailleurs que lui et Jean parlent franchement (v. 13). La méthode de Pierre, si tant est que l'on puisse utiliser ce terme pour un discours qui ne sert pas de modèle parrhêsiastique à d'autres par la suite, est la suivante : il approuve tout ce avec quoi il peut être d'accord, puis il réinterprète les faits – si nécessaire – et les Écritures ; ensuite, il donne à chacun la place qui est la sienne ; enfin, il ne brûle pas les étapes.

Dans un premier temps, les seuls faits que Pierre reconnaît sans discuter concernent les conditions de son interrogatoire. Il nomme en effet précisément les autorités qu'il a devant lui, sans les remettre en question (Ac 4,8). Il accepte aussi d'être interrogé dans un cadre judiciaire[15], même si l'ironie pointe dans sa manière de s'exprimer[16].

Sans plus attendre, Pierre parle des faits, pourtant apparemment évidents, pour leur donner le sens qu'ils revêtent à ses yeux. Il est certes d'accord avec ses auditeurs à propos de ce qui vient de se passer – du *bien* a effectivement été *fait à un infirme* (Ac 4,9), mais il ajoute ce qui n'a pas encore été dit jusqu'alors : si l'homme est de nouveau en bonne santé – et cela seul Pierre l'avait affirmé jusqu'à présent (*cf.* Ac 3,16) –, il est aussi et surtout *sauvé* (v. 9). À part Pierre, personne n'a osé dire pour l'instant que l'homme aurait même été simplement guéri. Les chefs du peuple parlent ainsi de « *cela* », évitant par là-même toute implication (v. 7). La foule, quant à elle, s'en est tenue à « *ce qui lui était arrivé* » (v. 10). Elle ne se risque pas à une qualification plus précise. Pourtant, sa réaction[17] laisse supposer qu'elle discerne, et peut-être même expérimente, une intervention surnaturelle. Pierre, lui, parle carrément de salut. Et il ne le fait pas n'importe comment. Il utilise un passif qui laisse entendre que c'est Dieu lui-même l'auteur du bien accordé à cet homme (*cet homme se trouve sauvé*, v. 9).

Mais Pierre, en bon parrhêsiaste, ne se contente pas de dire que son point de vue sur la réalité est différent de celui qu'ont les chefs et la foule. Il se permet aussi de réorienter la quête de ses interlocuteurs en reformulant leur question.

Les chefs juifs ordonnent en effet à Pierre et Jean de leur dire *à quelle puissance ou à quel nom* ils ont eu recours pour *faire cela* (Ac 4,7). Pierre va au-delà de la simple réponse à leur question. Il affirme que cet homme a été *sauvé* (v. 9). En d'autres termes, le parrhêsiaste dit avoir été l'instrument d'un miracle, c'est-à-dire d'une intervention surnaturelle visible, qui a produit un changement concret dans la vie de cet homme. En faisant cela, il semble à la fois se défiler (lui n'a rien fait, puisqu'il fait place au divin), et être disposé à donner des explications.

---

15 Quand Pierre dit en Ac 4,9 que lui-même et Jean sont *interrogés*, il utilise un vocabulaire judiciaire. Du coup, il reconnaît le contexte qui lui est imposé par ses interlocuteurs.

16 *Cf.* D. Marguerat, *Les Actes des apôtres [1-12]*, *op. cit.*, p. 144 : Pierre « commence par épingler le paradoxe de la situation : l'interrogatoire auquel ils sont soumis a pour motif le bienfait octroyé à un malade ! L'ironie est polie, mais elle perce ».

17 Ac 3,10 : les gens se trouvèrent complètement stupéfaits et désorientés.

Ainsi, en révélant le nom par lequel le miracle a eu lieu, Pierre révèle aussi l'identité de celui qui possède une puissance capable d'une guérison tout à fait inespérée. L'homme avait en effet quarante ans, et le handicap était donc installé sans contestation possible (Ac 4,16.22).

Pierre clarifie donc la situation qui aurait pu prêter à confusion. Car Jean et lui-même n'ont agi ni en faisant appel à un faux dieu, ni en utilisant de la magie, ni sous l'emprise d'un démon ou d'une force surnaturelle qui les aurait manipulés. Bien au contraire, Pierre connaît le nom dont il parle et la personne qui y est rattachée. Il fait part volontiers de son vécu et de son interprétation, qui, ensemble, l'ont conduit à une telle action par une démonstration qui renverse la logique de l'humiliation infligée et de l'honneur sali à jamais. Pierre accomplit le tour de force de partir du Jésus méprisé pour en venir au Christ ressuscité et sauveur. Ce Jésus, qui semblait définitivement perdu aux yeux de tous, est désormais la *pierre angulaire* (Ac 4,11). Il est identifié à la fois au *salut* en lui-même et à sa source (v. 12).

Pierre se montre ainsi comme ayant les idées parfaitement claires, et il étaye ses propos par une réinterprétation des Écritures de l'Ancien Testament. Son activité de parrhêsiaste est donc efficace, tout en laissant ses interlocuteurs perplexes. Ces derniers ont en effet tout à fait compris ce que dit Pierre, bien qu'ils ne soient pas prêts à y donner suite.

D'autre part, alors que Pierre et Jean s'expriment devant les chefs du peuple, ils pourraient être impressionnés et, soit perdre leurs moyens, soit chercher la faveur de ces personnages influents[18]. Mais ce n'est pas du tout le cas. Pourtant, leurs origines pouvaient laisser penser qu'ils étaient des gens sans éducation ni finesse[19]. Il n'aurait donc pas été étonnant qu'ils ne sachent pas se comporter devant ces personnages

18 Philodème décrit bien le fait que ceux qui sont dans l'entourage de gens de pouvoir en sont jaloux ou cherchent à en tirer parti. La réalité de cette relation faussée entre un personnage illustre et son interlocuteur est en effet tellement fréquente que les personnages illustres eux-mêmes soupçonnent le parrhêsiaste de vouloir profiter de la situation ou d'être jaloux lui aussi. Pour Philodème, c'est là l'un des plus grands obstacles pour que les personnages illustres acceptent la franchise.

19 Pierre et Jean venaient de Galilée, ce qui à l'époque était suffisant pour que l'on pense d'eux qu'ils étaient peu instruits et peu intelligents. À cela s'ajoute une autre raison, probablement parce qu'« il n'y a[vait] guère que le paysan qui ne circul[ait] pas, [ce qui] le frustr[ait] d'entrer dans la culture hellénistique grecque » (C. Préaux, *Le monde hellénistique : la Grèce et l'Orient de la mort d'Alexandre à la conquête romaine de la Grèce 323-146 av. J.-C*, Paris, Presses Universitaires de France [Nouvelle Clio. L'histoire et ses

illustres. Mais Pierre et Jean, en plus du fait qu'ils parlent franchement, et que les chefs sont forcés de le constater (Ac 4,13), démontrent un discernement remarquable concernant le rôle et la place de chacun, y compris pour ce qui est des influences réciproques existantes ou non. Ils déclarent ainsi sans détour vouloir obéir à Dieu plutôt qu'aux interdictions que leur imposent les chefs (v. 19). En disant cela, ils affirment ne pas être impressionnés par le pouvoir des « grands » et ne pas être tentés de leur plaire.

Enfin, comme le parrhêsiaste philodémien, qui n'hésite pas à s'y reprendre à plusieurs fois pour atteindre son objectif, Pierre avance lui aussi ses pions de plusieurs manières pour arriver à son objectif. Nous l'avons vu, il commence par accepter la situation présente : il se laisser interroger dans un cadre judiciaire, et il reconnaît l'autorité de ses interlocuteurs qui ont le droit de procéder à un tel interrogatoire. Il n'hésite cependant pas à orienter leur quête vers ce qui semble essentiel à ses yeux. Un miracle a certes eu lieu, encore convient-il de l'attribuer à qui de droit. Partant de là, il peut se permettre de révéler le nom par lequel il a agi, à savoir Jésus Christ le Nazôréen. Dans la foulée, il appuie son affirmation par une réinterprétation des Écritures. Il peut alors démontrer que le nom qu'il a utilisé est paré d'un honneur sans pareil – ce qui était loin d'être la conviction de ses auditeurs au départ.

Ainsi, par petites touches et par des approches sous des angles différents (respect des interlocuteurs, réorientation de leur requête, révélation du nom auquel il attribue un honneur certain, via une réinterprétation des Écritures), Pierre le parrhêsiaste amène ses auditeurs à être eux-mêmes concernés par la question fondamentale de leur propre salut (Ac 4,12). Il finit ainsi par demander à son public visé de prendre une décision radicale. Les chefs s'y refuseront et préfèreront user de menaces et se distancer des parrhêsiastes. Pierre agit donc pas à pas, avec méthode et respect de ses illustres auditeurs. Ce n'est pas sans rappeler le parrhêsiaste philodémien, habitué à s'adapter à son auditoire.

---

problèmes 6 bis, vol. 2], 1978, p. 557). Le paysan n'avait donc pas accès à l'éducation, ni d'ailleurs Pierre et Jean.

AC 26,26 : PAUL RÉINTERPRÈTE SA VIE

Paul, pour sa part, va aller jusqu'à réinterpréter sa propre vie pour atteindre des auditeurs eux aussi illustres.

En Ac 26, il se sert de sa propre vie comme point d'appui pour exercer la franchise. Il prêche en effet franchement sa propre identité en souhaitant que ses interlocuteurs deviennent comme lui (v. 29). Présomption ? Arrogance ? Bien au contraire. Car il a rencontré quelqu'un qui l'a impressionné, à la façon d'un caractère mobile en plomb typographique qui se reproduit sur le support sur lequel il est pressé, tant Paul semble vouloir dépendre de son propre modèle.

Ce quelqu'un n'est autre que Jésus le Nazôréen (Ac 26,9), qui s'est révélé à lui comme étant le Christ, qui a souffert, qui est ressuscité des morts et qui est la voie vers la lumière (v. 23). Mais avant que le Messie n'ait une quelconque influence positive sur le converti, l'identité de Paul est d'abord définie par sa manière de se comporter dans la vie de tous les jours. Cela va de son appartenance au peuple d'Israël (v. 4-7) à son activité persécutrice enragée (v. 9-12). Ce discours, lui-même à la première personne du singulier, est renforcé en grec par deux *moi* (*ego* aux v. 9.10), pour souligner combien il est personnellement engagé[20].

Mais la rencontre avec le ressuscité, qui se présente, quant à lui, en disant *moi je suis* (*ego eimi* en Ac 26,15), va radicalement transformer la perception que Paul a de ses objectifs et, par conséquent, de lui-même. C'est ainsi qu'il va à son tour s'autoriser à prononcer un *moi je suis* (v. 29), pour appeler lui aussi ses auditeurs à faire comme lui. Ce faisant, alors qu'il était l'auditeur de Jésus, il devient celui qui parle, le parrhêsiaste, qui ne désire qu'une chose : que ses propres auditeurs deviennent des parrhêsiastes à leur tour[21]. Il ne leur propose en effet rien de moins que de devenir comme lui, un *moi je suis* (v. 29). Cela revient à adopter

---

20 En grec, le verbe inclut dans sa forme le pronom personnel, qu'il n'est dès lors pas nécessaire de préciser explicitement. La forme *eimi* (un seul mot pour le sujet et le verbe) signifie en effet à elle seule *je suis* (deux mots : le sujet et le verbe). Dès lors, la présence d'un pronom personnel (*ego* qui se traduit *moi*) n'est pas habituelle et attire l'attention, car le sujet est doublement exprimé, comme souligné pour insister.

21 Philodème envisage la possibilité pour des auditeurs de devenir parrhêsiastes, ce qui facilite l'exercice de la franchise, puisque le parrhêsiaste– encore récemment auditeur – est alors sensible à ce dont ses propres auditeurs ont besoin. Paul est dans ce cas de figure, enseigné par le Christ et enseignant à son tour, avec une perception aiguë de ce que ses interlocuteurs ont besoin d'entendre, ayant été lui-même assez récemment à leur place.

de nouvelles valeurs, de telle sorte que leurs vies soient marquées par l'identité du Christ lui-même.

Nous avons donc une manière d'exercer la franchise qui n'est pas sans rappeler celle de Philodème : avoir une vie exemplaire, inspirée par ce que d'autres ont fait de bien. Paul va néanmoins plus loin que Philodème en exhortant ses auditeurs à l'imiter. Philodème semble se méfier de l'imitation par les auditeurs, qu'il considère comme une dérive. Il dénonce aussi les apparences, qui s'avèrent finalement trompeuses. Mais si Paul ose une telle recommandation, c'est qu'il se place du point de vue du parrhêsiaste qui sait que sa propre vie est en conformité avec ce qu'il souhaite pour ses auditeurs, et que son propre modèle, à savoir Jésus, est digne d'imitation. Philodème, en revanche, examine le résultat décevant produit par l'imitation des auditeurs, ce qui ne l'incite pas à les encourager dans cette voie[22]. Ce qui ressort néanmoins du discours de Paul est bien plutôt la qualité du modèle premier, qui devrait pousser quiconque le contemple à vouloir lui ressembler. D'ailleurs Paul, en racontant les événements de sa vie, peut affirmer avoir suivi ce parcours et être désormais devenu lui-même digne d'être un objet d'imitation. De plus, s'adressant à des personnages illustres, qui connaissent probablement peu l'Ancien Testament, prêcher sa propre vie avait probablement plus de poids qu'une exégèse en bonne et due forme ! Enfin, nous avons gardé le meilleur pour la fin, Paul valorise le contenu de son discours de telle manière que Festus et Agrippa ont tous deux compris que l'enjeu était d'importance, puisque leur honneur est en jeu.

AC 2,29 : PIERRE PROPOSE SON EXÉGÈSE DE TEXTES DE L'ANCIEN TESTAMENT

Pierre a été dans la proximité de Jésus durant la vie terrestre de ce dernier. Il ne peut donc pas témoigner d'une conversion radicale comme Paul le fera. Même si sa propre vie a aussi connu des évolutions, et certainement donné lieu à des réinterprétations de sa part, il va se concentrer sur les Écritures (Ac 2,25-28.34-35) et apporter son explication

22 N'oublions pas que le *Sur la franchise* est incomplet : Philodème abordait peut-être dans une partie qui ne nous est pas parvenue l'importance d'imiter par exemple Épicure. Une trace en est peut-être encore visible, quand il dit que le point principal et le plus important, c'est que nous obéirons à Épicure (151b). Encore qu'obéissance n'est pas forcément imitation…

(v. 29-33.36). Sa manière de faire correspond à l'analyse qu'il a faite de ses auditeurs. Ils sont des Juifs venus célébrer la fête de la Pentecôte à Jérusalem. Ils sont donc capables de suivre son raisonnement. Pierre sait qu'ils ne trouveront pas que son type de discours est étrange, même si le contenu pourra les surprendre ou les déranger (il annonce quand même au v. 36 que Jésus a été fait Seigneur et Christ par Dieu)[23].

Alors que les parrhêsiastes des Actes ont tous le même but, leur manière de faire varie de l'un à l'autre. Ici, avec Pierre, nous avons l'exemple typique d'un parrhêsiaste qui sait s'adapter à ses auditeurs, à leurs circonstances (ils sont présents à Jérusalem dans le cadre d'une fête juive, et sont donc dans une atmosphère religieuse particulière, qui les rend probablement plus à même d'entendre encore un prêche) et à leurs capacités (l'exercice de l'exégèse de l'Ancien Testament ne leur est pas étranger, loin de là).

DES RÉINTERPRÉTATIONS AU SERVICE DES AUDITEURS

Tout comme il arrive que le parrhêsiaste philodémien adapte son discours au type d'auditeurs qu'il a face à lui, de même le parrhêsiaste des Actes fait preuve de discernement pour que son propos, au moins dans sa forme, soit acceptable pour ses interlocuteurs. Luc souligne ainsi, dans les passages que nous venons d'examiner, qu'exercer la franchise revient à donner sa propre version des événements, des textes sacrés et même de sa propre vie. Cette réinterprétation n'a pas pour effet de relativiser le propos. Au contraire, ces arguments sont utilisés pour convaincre les auditeurs d'accepter les réinterprétations et de réorienter leur vie et leur façon de considérer les événements et les textes.

23 Bauernfeind souligne que le fait de s'emparer ainsi du tombeau de David « pouvait presque apparaître comme un sacrilège contre le bien le plus sacré d'Israël » (O. Bauernfeind, *Kommentar und Studien zur Apostelgeschichte*, Tübingen, J.C.B. Mohr [WUNT 22], 1980, p. 47). La franchise est alors aussi un moyen nécessaire pour que le peuple puisse envisager et supporter la vérité énoncée par Pierre.

DANS LES ACTES, QUAND LE PARRHÊSIASTE EXERCE LA FRANCHISE PUREMENT ET SIMPLEMENT

Une autre manière d'exercer la franchise est justement… de l'exercer !

AC 2,29 ; 26,26 : LE PARRHÊSIASTE PARLE FRANCHEMENT, UN POINT C'EST TOUT !

Mis à part dans la prière où les croyants demandent à Dieu de recevoir de la franchise (Ac 4,24b-30), le parrhêsiaste va par deux fois dire clairement qu'il parle franchement. Toutes les autres mentions de la franchise sont laissées au narrateur.

La première fois se situe lors du discours de Pierre à la foule juste après l'effusion de l'Esprit (Ac 2,29). Le parrhêsiaste interpelle ses *frères*, pour ensuite faire remarquer qu'il lui est permis de dire avec franchise que David est bel et bien mort (et qu'il est donc question de quelqu'un d'autre dans le Ps 15,8-11[LXX] que Pierre vient de citer aux v. 25-28).

La seconde occasion où le parrhêsiaste dit clairement exercer la franchise est le fait de Paul. Lorsque ce dernier s'adresse à Festus et à Agrippa, Festus remet en question la santé mentale de Paul. Ce dernier refuse d'être considéré de la sorte (Ac 26,25), et enchaîne dans la foulée en déclarant s'adresser en toute franchise au roi Agrippa (v. 26).

Pourquoi de telles affirmations ? Quels en sont les effets ? Et, surtout, puisque nous examinons la manière d'exercer la franchise, quelles sont les raisons d'une telle manière de faire ? Pour mieux comprendre l'enjeu de chacun de ces deux passages, deux autres textes vont apporter des éléments qui vont nous permettre de mieux les lire.

Le premier texte à considérer est le *Sur la franchise.* Alors que Philodème envisage l'exercice de la franchise auprès de personnages illustres, il met en évidence que le parrhêsiaste peut être soupçonné de rechercher sa propre gloire. En affirmant parler avec franchise (Ac 26,26), plutôt qu'en le faisant simplement sans le dire, Paul – qui se tient devant les personnages illustres que sont Festus et Agrippa – dissipe un soupçon qui aurait pu naître dans l'esprit de ses interlocuteurs. Paul se présente comme un parrhêsiaste. Il n'est donc pas en recherche de gloire, ni d'ailleurs en train de flatter ses auditeurs. Le fait d'affirmer en toute transparence parler avec franchise remet aussitôt chacun à sa place, au moins du point de vue de la franchise. Paul affirme par là être engagé dans un processus explicatif visant le bien de son public, mieux, cherchant à le faire progresser. Ce faisant, il souligne certes le besoin de croissance de ses auditeurs, ce qu'ils pourraient mal prendre. Il se disculpe néanmoins de toute accusation possible de manipulation en vue de son propre intérêt.

Tel peut aussi être l'effet de ce que dit Pierre à la foule en Ac 2,29. Alors que l'apôtre est connu pour ses réactions radicales et parfois déroutantes[24], le lecteur de Luc-Actes pourrait s'attendre à ce que, devant

24 Avant de relever le radicalisme de Pierre, notons que de nombreux passages de l'évangile de Luc le montrent comme étant le premier des disciples ou leur porte-parole : Lc 6,14 (liste des apôtres que Jésus a choisis, le premier cité étant Pierre), 8,45 (Pierre essaie d'expliquer pourquoi Jésus a senti que quelqu'un l'a touché, lors de la guérison de la femme qui souffrait d'hémorragie), 8,51 (Pierre, Jacques et Jean entrent avec Jésus dans la maison de Jaïros), 9,20 (Pierre répond au nom de tous les disciples à la question de Jésus concernant ce que les autres disent de lui), 9,28.32.33 (récit de la transfiguration, où Pierre est de nouveau mis en avant), 12,41 (Pierre, au nom de tous, questionne Jésus quant aux destinataires des paraboles qu'ils viennent d'entendre), 18,28 (Pierre est encore le porte-parole des disciples, pour affirmer qu'ils ont tout quitté pour suivre Jésus). Ce faisant, c'est aussi lui donner l'occasion de se percevoir au moins comme sortant du lot, si ce n'est davantage, comme nous le verrons plus loin. Les premiers et les derniers endroits de l'évangile où Pierre apparaît montrent un homme particulièrement radical et impulsif. Ainsi, au début de l'évangile, avant même d'avoir été appelé pour devenir disciple, Pierre est saisi d'effroi devant la pêche miraculeuse faite sur les ordres de Jésus, après une nuit infructueuse (Lc 5,8-9). Sa réaction est telle qu'il reprend les termes de l'exorcisme de 4,35 pour ordonner à Jésus de s'éloigner de lui ! Pierre ne connaît pas encore la mesure, loin de là… Puis, nous l'avons vu, Pierre se fait porte-parole de ses compagnons, tout en étant reconnu par Luc comme le disciple qui mérite d'être cité en premier. Arrivent les récits concernant la crucifixion et un déferlement de prises de position toutes plus étonnantes les unes que les autres. Pierre est ainsi prêt à aller jusqu'à la mort pour Jésus (Lc 22,33). Mais Jésus ne le laisse pas s'imaginer devenir un martyr, car le reniement n'est pas loin, lui annonce-t-il (v. 34). C'est effectivement ce qui arrive (v. 54-62). Mais, si un tel épisode peut avoir lieu, n'est-ce pas justement parce que Pierre a osé aller là où personne d'autre n'est allé, c'est-à-dire dans la cour du Grand Prêtre (v. 54), au risque justement de rencontrer des adversaires et d'être démasqué et même incarcéré ?… Il évitera ce dernier piège, mais il ne pourra pas échapper au regard du Seigneur sur lui (v. 61). Et sa fuite (la manière dont Luc dit que Pierre *sortit* au v. 62 n'a qu'un seul équivalent dans les textes bibliques en Gn 39,12.13.15.18, quand Joseph fuit, suite aux avances de la femme de Potiphar à son égard ; c'est dire que Pierre ne demande pas son reste…), suivie de l'inévitable prise de conscience de la réalité de l'échec et du jugement qui l'accompagne (*cf.* Es 22,4 ; 33,7 qui sont les deux seuls autres textes bibliques avec le verbe *pleurer* et l'adverbe *amèrement* sont ensemble ; le contexte est chaque fois celui de la prise de conscience de la réalité du jugement divin). Bien plus tard semble-t-il, et pourtant

la foule du début des Actes, Pierre aille trop loin, dépasse la mesure, peut-être même cherche à manipuler les gens rassemblés. Une foule est en effet particulièrement sensible à ses propres impulsions et aux suggestions, plutôt qu'aux raisonnements. Pierre aurait pu apparaître comme le meneur idéal, ayant lui-même été dépeint jusqu'ici comme impétueux, voire irréfléchi. Mais, en s'estimant légitimé par la *franchise*, il institue un cadre dans lequel chacun trouve une place, non pas diminuée, comme on aurait pu s'y attendre s'agissant d'une foule face à un meneur, mais reconnue et valorisée. Chacun est dès lors responsabilisé et reconnu apte à prêter attention au raisonnement du parrhêsiaste, peut-être même jusqu'à y donner suite. Pierre se trouve ainsi dédouané de l'éventuelle accusation de manipulation et libéré de l'intention que l'on aurait pu lui prêter de se faire valoir, au détriment soit des autres apôtres, soit de la foule.

Le second texte à considérer est la *Lettre* de Chion à Cléarque. Le but de l'auteur est de rassurer le tyran Cléarque à propos de ses intentions. Pour ce faire, il veut donner l'impression d'un contexte propice en utilisant la tournure *qu'il me soit permis de parler avec franchise* (*anexè gar meta parrhèsias mou legontos*)[25]. Son interlocuteur pourrait dès lors s'attendre à être traité avec la générosité qui caractérise la bienveillance, plutôt que manipulé par un discours qui ne sert que celui qui

---

peu de temps après, Pierre a de nouveau un comportement étonnant. Les femmes qui avaient accompagné Jésus depuis la Galilée (Lc 23,55) vont trouver les apôtres pour leur raconter ce qu'elles ont vécu devant la tombe vide de Jésus (Lc 24,9-11). C'est alors que Pierre se lève et court au tombeau (v. 12). L'on pense alors au fils prodigue, qui lui aussi « se lève » (15,18.20), et vers lequel le père « court » (v. 20). Mais, alors que le fils prodigue « ressuscite » (puisque ce verbe grec « se lever » est aussi utilisé pour dire la résurrection), et que son père brave le qu'en-dira-t-on en courant pour l'accueillir et le ramener dans la famille (dans une culture telle que celle du père du fils prodigue, c'est une humiliation pour un homme de courir), Pierre a lui aussi ce mouvement exprimant quelque chose de la résurrection, mais il le pervertit. En effet, il court, au risque de perdre la face, et, en plus, il court vers… une tombe, forcément impure ! Ce faisant, il fait preuve, d'une part, d'un mouvement impulsif et risqué et, d'autre part, d'une confusion telle qu'il brouille complètement le sens qu'aurait pu avoir son geste. Pas étonnant qu'il ressorte de là *étonné*, voire effrayé (le verbe grec contient les deux sens). Il ressort du rapide parcours que nous venons de faire dans l'Évangile de Luc que Pierre est un individu qui réagit de manière entière à ce qui lui arrive, au risque de décevoir ceux qui l'entourent, ou d'être contredit par eux.

25 En plus de cette expression, Chion donne les garanties d'une relation parrhêsiastique en utilisant des termes philodémiens quand il se décrit lui-même comme étant amical et bienveillant.

l'utilise. Or il se trouve que Chion sera finalement l'assassin du tyran. Son appel à la franchise comme argument pour faire croire que ses intentions sont tout à fait inoffensives n'est qu'une stratégie pour arriver à ses fins[26]. Ainsi, quand Chion déclare vivre dans le cadre amical et bienveillant qui permet la franchise, il donne à chacun un rôle : il est le parrhêsiaste, le tyran est son auditeur. Mais il fait sans sourciller le contraire de ce qu'il dit, pour finalement tromper Cléarque en tous points : il l'assassinera ! Nous avons donc ici un geste de manipulation (accompli grâce à ce que l'on attend d'une relation parrhêsiastique), là où la confiance aurait dû naître.

Une telle façon de faire est tout à l'opposé de ce que font Pierre ou Paul lorsqu'ils se disent clairement parler franchement. Le premier est devant une foule (Ac 2), le second devant les personnages illustres que sont Festus et Agrippa (ch. 26). Leur intention n'est pas de servir leurs propres intérêts, mais bien d'amener leurs auditeurs à un changement. D'ailleurs, chacun des textes le dit bien, puisque le discours de Pierre débouche sur de nombreuses conversions (2,41), et celui de Paul conduit ses interlocuteurs à changer d'opinion sur l'apôtre et lui permet d'aller au bout de son intention de convaincre Agrippa (26,29). On est loin de l'assassinat finalement exécuté par Chion !

La manière qu'ont Pierre et Paul d'exercer la franchise en Ac 2 et 26 comprend une explication sur ce qui est en train de se passer. Ce faisant, Pierre et Paul se revendiquent de la franchise et font effectivement ce qu'ils disent. Telle était leur intention de départ, tel en est le déroulement, et tel en sera le résultat. Leur auditoire n'est ainsi pas pris au piège, mais mis devant ses responsabilités.

AC 9,27.28 : SAUL, PARRHÊSIASTE AU NOM DE JÉSUS

La franchise purement et simplement ? Non. Saul, converti récent après avoir rencontré Jésus sur le chemin allant vers Damas, ne se contente pas de la franchise tout court. Ou plutôt, Barnabas et Luc ne s'y résignent pas. Alors que l'un, racontant ce qui s'est passé à Damas, et l'autre, relatant la suite à Jérusalem, veulent dire que Saul exerce la

26 Laudenbach estime que Chion est en train de « formuler le comble de l'hypocrisie, en revendiquant la franchise » (B. Laudenbach, *Les Lettres de Chion d'Héraclée et la littérature épistolaire antique. Analyse textuelle et traduction*, mémoire de master, Rennes II, 2001, p. 112, disponible sur http://laudenb.free.fr/travaux/Chion.html, consulté le 9 juin 2016).

franchise, ils pensent respectivement nécessaire d'ajouter qu'il le fait *au nom de Jésus* (Ac 9,27) et *au nom du Seigneur* (v. 28)[27].

Une telle formulation met en évidence « une fermeté de parole qui s'adosse à l'autorité même de Jésus[28] ». Cette posture est possible parce que « l'utilisation de Luc [de l'expression "au nom de Jésus/de Christ/du Seigneur" ou simple du "nom"] fait écho à l'utilisation dans l'Ancien Testament de "nom", qui permet qu'une personne soit présente pour une autre. Pour Luc, le "nom de Jésus" implique la représentation réelle et agissante de Jésus lui-même. On met sa foi en lui, on est baptisé en lui ; des miracles ont lieu par lui et le salut se trouve en lui ; les disciples prêchent le nom et souffrent pour lui[29]. » De plus, parler au nom de Jésus, c'est aussi proclamer son message.

Ainsi, la franchise au nom de Jésus exercée par Saul implique la transmission du message de Jésus, de telle manière que l'auditeur puisse évaluer la situation comme étant l'expression de la présence du Christ lui-même. En d'autres termes, Saul s'est saisi de la puissance qui vient du Ressuscité et il y voit une autorisation à avoir une parole sûre qui

27 C'est la seule fois que nous trouvons dans le livre des Actes des apôtres une telle formulation de la franchise, directement complétée par le *nom de Jésus* ou *du Seigneur*. L'expression la plus approchante pourrait être celle d'Ac 14,3, où il est dit que Paul et Barnabas avaient l'habitude de *parler franchement en s'appuyant sur le Seigneur*, et sur les œuvres miraculeuses qu'il faisait par leurs mains. Il s'agit plutôt en Ac 14 d'expliquer avec quelle légitimité Paul et Barnabas agissent. La nuance est différente au ch. 9. D'autre part, le fait que l'on passe du *nom de Jésus* (Ac 9,27) au *nom du Seigneur* (v. 28) ne signifie pas que Saul a eu une révélation ou une compréhension progressive du Christ. L'auteur emploie probablement des synonymes pour des raisons stylistiques. Néanmoins, la variation entre *Jésus* et *Seigneur* pointe d'abord vers l'homme de l'Évangile (Jésus), puis vers le Ressuscité (Seigneur). Or le texte, contrairement aux autres récits de conversion (Ac 22 et 26), inclut immédiatement une référence au Ressuscité (les autres récits de la conversion de Saul/Paul y renvoient uniquement par le fait que Jésus s'adresse à Saul, ce qui laisse penser qu'il est bel et bien ressuscité). Barnabas raconte en effet *comment, sur la route,* [Saul] *avait vu le Seigneur qui lui avait parlé* (9,27). Dès lors, « le récit fait aux apôtres [par Barnabas] attribue au Ressuscité l'origine de [la] vocation [de Paul] » (D. Marguerat, *Les Actes des apôtres [1-12]*, vol. 1, Genève, Labor et Fides [CNT[N] Va], 2007, p. 343). Dans cette description de ce qui s'est passé à Damas, nous trouvons ainsi liés deux aspects complémentaires : le Seigneur ressuscité, qui est à l'origine de l'action de Saul, et le Jésus de l'Évangile, au nom duquel Saul exerce la franchise. Il n'y a donc pas de raison de donner des valeurs différentes aux deux expressions de la franchise, la première *au nom de Jésus* et la seconde *au nom du Seigneur*.

28 D. Marguerat, *Les Actes des apôtres (1-12)*, *op. cit.*, p. 145.

29 J. A. Fitzmyer, *The Acts of the Apostles. New Translation with Introduction and Commentary*, New York *et al.*, Doubleday (AncB 31), 1998, p. 266.

s'exprime notamment par le moyen de la franchise. Dans le livre des Actes, agir ainsi n'est pas remis en question et suffit d'ailleurs à ce que Saul soit accueilli par les apôtres, une fois qu'ils ont été informés de ses activités[30].

---

30 Alors que nous venons de voir que l'exercice de la franchise « au nom de Jésus » a un caractère particulier car il convoque le Christ lui-même, nous pouvons nous demander pourquoi Luc ne décrit pas plus souvent une telle action en ces termes, puisqu'elle est uniquement dépeinte en Ac 9,27-28. Deux éléments sont à considérer. Le premier concerne précisément l'usage, dans le livre des Actes, de l'expression « nom de Jésus » (ou du Christ, etc.) en relation avec une parole, sous quelque forme que ce soit. D'abord, en Ac 4,17.18 ; 5,28.40, les chefs juifs voient d'un très mauvais œil que Pierre et Jean (ch. 4), puis Pierre et les apôtres (ch. 5) parlent au nom de Jésus (*parler* en 4,17 et en 5,40 ; *enseigner* en 4,18 et en 5,28), envisageant même de les faire mourir (5,33). Bien des raisons (notamment liées à des enjeux de pouvoir) ont été avancées par les exégètes pour expliquer une telle réaction de défense de la part des chefs juifs, et le texte lui-même en propose clairement (peur des conséquences au sein du peuple en 4,17). Mais il nous semble qu'il faut aussi reconnaître ce que les chefs juifs admettent eux-mêmes : Pierre, Jean et les apôtres ne parlent pas simplement au sujet de Jésus, mais en son nom, avec tout ce que cela implique en terme d'autorité et de mise en présence de la personne de Jésus pour ceux qui écoutent les apôtres. Le pire arrive pour les chefs juifs : ils pensaient s'être débarrassés de Jésus une fois pour toute, après en avoir longtemps rêvé (*cf.* Lc 20,19). Et les voilà dans un cauchemar éveillé, où les apôtres, des moins que rien, le font revivre… En d'autres termes, Luc fait dire aux chefs juifs que les disciples de Jésus parlent et enseignent au nom de Jésus. Une telle reconnaissance est inattendue, puisque venant de ceux qui attaquent le christianisme naissant. Leur point de vue pourrait en effet être remis en question, puisqu'ils sont des opposants, mais le contexte de ces chapitres 4 et 5 montre que leur point de vue est tout à fait valable. Cette reconnaissance a pour effet de donner beaucoup de poids au fait de parler ou d'enseigner « au nom de Jésus ». Ce sont en effet les adversaires des croyants qui le disent eux-mêmes, comme s'ils étaient obligés de reconnaître ce qui fait la force des croyants. Il n'est alors pas étonnant que Luc n'abuse pas de l'expression, à la fois parce qu'elle reflète l'opinion des opposants à l'Évangile et parce qu'elle est si chargée de sens. Le second élément à considérer pour comprendre pourquoi Luc ne mentionne qu'une seule fois le fait d'exercer la franchise au nom de Jésus ou du Seigneur concerne le moment où Luc place ces événements. Il s'agit en effet de la première prédication de Saul, converti de fraîche date, ancien persécuteur acharné, et nouveau parrhêsiaste apparemment tout aussi persévérant. Le décrire, non comme « simplement » parlant ou enseignant, mais comme exerçant la franchise, qui plus est au nom de Jésus et du Seigneur (Ac 9,27.28), permet d'affirmer d'abord qu'il a définitivement changé de camp (n'est-il pas en train de faire ce que les chefs juifs voulaient éviter à tout prix ?). Ensuite, oser parler franchement au nom de Jésus ou du Seigneur implique forcément que Saul a totalement rejoint la foi au Christ (qui oserait en effet prononcer le nom du Seigneur Jésus en vain, à part les fils de Scéva qui l'ont payé cher en 19,13-16 ?). Enfin, une telle franchise montre que Saul est absolument sûr de la fiabilité de celui à qui il s'est récemment soumis et de la valeur de ses enseignements. Qui se permettrait de se prétendre parrhêsiaste, sans pouvoir s'appuyer sur une solide doctrine ? Ainsi, c'est justement parce que l'expression de la franchise au nom de Jésus a une telle force, que Luc l'a gardée pour ce moment charnière, qui introduit Saul au cœur même de la mission évangélique, et cela d'une façon radicale et sans possibilité de retour en arrière.

AC 13,46 : PAUL ET BARNABAS ANNONCENT FRANCHEMENT LA SANCTION

Alors que, dans les autres passages, nous avons une franchise qui intervient avant que ne réagissent les auditeurs, la franchise est ici utilisée une fois qu'une partie du public visé a vivement réagi. Les Juifs sont en effet *pris de fureur* et *injurieux* à l'égard de Paul (Ac 13,45).

Le duo de parrhêsiastes, Paul et Barnabas, monte alors au front pour annoncer une forme de sanction. Ils déclarent en effet que cette partie d'auditeurs, les Juifs, s'est elle-même jugée (Ac 13,46) et qu'eux, les parrhêsiastes, ne font que constater les conséquences de leur propre verdict. Puisqu'ils pensent être indignes de la vie éternelle et, donc, refusent la Parole de Dieu annoncée par Paul, ce sont désormais les païens qui en seront les bénéficiaires.

En d'autres termes, Paul et Barnabas s'adaptent à leurs auditeurs. Mais pas comme Philodème qui semble préférer une franchise qui cherche à trouver l'angle d'approche le plus adéquat pour finalement convaincre le public visé et n'aborde jamais une éventuelle division au sein du groupe épicurien. Les deux parrhêsiastes que sont Paul et Barnabas prennent acte du refus d'une partie de leur auditoire et assument la rupture qui suit. Qui plus est, en changeant légèrement la place de *voici* (*idou*) dans la citation de l'Ancien Testament, ils donnent une allure prophétique, peut-être même proverbiale, à leur déclamation. Et ils acceptent le fait d'être les porte-parole de Dieu (*cf.* Ac 9,15), même quand cette parole entre en conflit avec le peuple d'Israël historique.

La franchise est-elle ainsi appliquée de manière à provoquer éventuellement un électrochoc ? Il semble qu'elle soit davantage l'énoncé d'un nouveau modèle auquel ceux qui veulent suivre Jésus le Christ doivent et devront se soumettre. Tous sont en effet désormais admis dans le cercle des croyants, pourvu qu'ils acceptent le message des parrhêsiastes. Il n'est plus question d'appartenance sociale ou généalogique pour justifier un accès au salut, mais d'adhésion à un message. Dès lors, si ce sont les païens qui acceptent ce dernier, et les Juifs qui le repoussent, ce seront les païens qui seront au bénéfice du salut, et non plus les Juifs.

Il s'agit donc d'une franchise qui fonde une communauté nouvelle, non celle de tous les auditeurs, mais celle de ceux qui acceptent le message des parrhêsiastes. Il nous semble qu'il n'y a pas d'équivalent à ce phénomène dans ce qu'il nous reste du *Sur la franchise* de Philodème de

Gadara, ce dernier cherchant à tout prix à maintenir l'auditeur dans la communauté formée autour de lui.

LA MANIÈRE D'EXERCER LA FRANCHISE DANS LES ACTES : DIFFÉRENTES FORMES DE FRANCHISE EXIGÉES PAR L'ATTITUDE DES AUDITEURS

Lorsque le contexte est plutôt favorable à l'exercice de la franchise, nous voyons le parrhêsiaste des Actes persévérer dans son activité parrhêsiastique.

Plus précisément, lorsqu'il en a le temps, le parrhêsiaste donne sa propre interprétation, soit des événements, soit des textes de l'Ancien Testament, ce qui lui permet d'avoir de bons arguments pour sa démonstration.

Mais lorsque l'opposition est telle que la rupture est inévitable, le parrhêsiaste des Actes n'hésite pas à l'accepter et à déclarer la fondation d'une nouvelle communauté, ouverte à ceux qui adhèrent à son message. La réaction des auditeurs à la franchise est en effet de première importance dans le livre des Actes, tout comme chez Philodème d'ailleurs.

LA RÉACTION À LA FRANCHISE

La franchise ne laisse pas indifférent celui qui en est l'objet. Il peut soit en profiter pour progresser vers la maturité, soit y résister. Sa réaction n'est cependant pas définitive, il est libre de la modifier par la suite.

CHEZ PHILODÈME DE GADARA, DE PROGRÈS EN PROGRÈS

Pour certains, le fait d'être confrontés à des *paroles prononcées avec franchise* peut être source d'inspiration (94b). D'autres sont dans la situation où ils peuvent *supporter avec bonheur l'avertissement*, soit parce qu'il a jadis été fait par des personnes *moins expérimentées* qu'eux, soit tout simplement parce que c'est une chose *utile et avantageuse* (142b).

D'ailleurs, *obéir* à l'avertissement, et donc à la franchise, conduit à faire des choix et donc à *renoncer* à certaines choses. Mais cela se fait parce que le meilleur est en vue et qu'il se concrétisera par un soulagement et une libération (173b). Peut-être est-ce pour cela que l'on peut avoir envie de faire le rappel des effets de la franchise, vue comme une *méthode* qui *a toute une gamme de nuances*, mêlant d'*abondantes louanges* et des exhortations à développer ses qualités propres (175b)[1]. C'est aussi pourquoi la franchise crée une *attente*, notamment parce qu'elle se fonde sur des arguments raisonnables (176b).

Peut-être est-ce à cause de la perspective des effets possibles de la franchise que certains, plutôt que de se rebeller, *font semblant* de s'y

1 De même, la force du récit ou *rappel* est ainsi suffisante au parrhêsiaste qui reprend un autre parrhêsiaste (192a). En effet, le souvenir fait surgir tout ce qui est nécessaire au « parrhêsiaste-auditeur » pour prendre conscience de ce qui doit changer et de ce qui doit être mis en œuvre pour qu'il progresse.

soumettre. Pourtant d'autres choisissent d'y faire face et de la *supporter*. Pour cela, ils ont besoin de faire preuve d'*habileté* (181a), c'est-à-dire d'avoir une attitude de réception active qui ne consiste pas à attendre que cela passe. Ce n'est pas ignorer qu'ils aient pu d'abord être pleins de colère, mais leur attitude se caractérise, *plus tard*, par un effort d'amitié et de bienveillance et par le renoncement à ce qui leur est reproché. En résumé, leur aspiration à la perfection montre leur attachement à ce que leur a montré la franchise (181b).

Il faut aussi noter que la réaction de chacun à la franchise est proportionnée au besoin qu'il en avait. Ainsi, l'un en avait peu besoin et, donc, apporte peu en retour. Mais l'autre, qui considère qu'il a été *sauvé* par la franchise, s'approche de la maturité et peut davantage redonner ce qu'il a reçu (187b).

De façon encore plus évidente, le parrhêsiaste, lui-même objet de la franchise de la part d'un autre parrhêsiaste, réagit *avec plaisir* à ce qui lui a été *remis en mémoire* (189b).

Pareillement, quand l'auditeur a compris tout l'enjeu de la franchise au point qu'il s'est lui-même mis à l'exercer (194b) et à la *mettre en avant*, il va *accueillir* avec une entière gratitude le *rappel* qui lui est fait (195b). Ce récit de la franchise lui est familier et lui permet de continuer dans la voie qu'il a accepté de suivre, conforté dans ce qu'il sait déjà.

Ainsi, tantôt source d'inspiration, conviction des bienfaits procurés ou attente de soulagement, la réaction à la franchise peut procurer le courage de la supporter avec habileté, même si le processus prend du temps. Certes, tous n'ont pas le même besoin de franchise et n'y sont pas pareillement sensibles. Néanmoins, le parrhêsiaste en particulier (grâce à l'expérience acquise par sa pratique), ou même l'auditeur perspicace, est particulièrement prêt à vivre la franchise à son égard comme un facteur positif de sa progression vers la maturité. Cependant d'autres réactions plus négatives existent aussi.

CHEZ PHILODÈME DE GADARA, APPARITION DE RÉSISTANCES

DÉSOBÉISSANCE ; COLÈRE ; RAILLERIE ET BLASPHÈME, VOIRE MALTRAITANCE ; MUTISME

Quand bien même le parrhêsiaste aurait mis en œuvre tout son art, il arrive que le public visé *n'écoute pas*, c'est-à-dire qu'il refuse de céder, et parfois désobéit. La situation n'est pas désespérée pour autant. Le parrhêsiaste peut en effet s'autoriser à renoncer à la technique qu'il utilise généralement pour en choisir une autre, pourvu qu'il obtienne le changement voulu chez ses auditeurs (107b).

Néanmoins, le *découragement* (*athumôsei*), c'est-à-dire le fait d'être sans désir, peut amener à prononcer des *discours* pleins de *colère* (109b). D'autres auditeurs, qui ont reçu *autant qu'il était possible*, à la fois en matière de *nourriture appropriée* et de *secours*, sont tout de même moqueurs et essaient d'*injurier* et d'*outrager* le parrhêsiaste qui les accompagne (122b). Une telle réaction semble due au fait que les auditeurs pensent que le parrhêsiaste est à leur service, dans une situation de dépendance par rapport à eux, ce qui n'est pas réellement le cas dans l'exercice de la franchise[2].

Une autre confusion vient du fait de ne pas avoir encore compris l'importance de son propre tort. C'est ainsi que l'auditeur peut résister silencieusement, avec un côté actif, semblable à une armée *prête à se défendre*, et un versant passif, comme des *entraves mises aux pieds* de quelqu'un (135b). La franchise n'atteint alors pas son but, par faute de coopération de la part de celui qui en est l'objet. En fait le public visé exerce une sorte d'« anti-franchise », faite d'un silence qui s'oppose au parrhêsiaste.

Nous rencontrons donc des réactions épidermiques à la franchise, soit extraverties, soit introverties, mais offrant une résistance directe à l'action du parrhêsiaste.

---

2 Une dépendance économique du parrhêsiaste peut exister par rapport à l'un ou l'autre de ses auditeurs.

PROBLÈMES DE DISCERNEMENT

Parfois les causes des blocages sont plus subtiles.

Il se peut que le public visé pense être sur le point de devenir parrhêsiaste. Il le montre d'ailleurs en *s'habillant* à la manière des philosophes. Il lui est alors d'autant plus *difficile* d'accepter ce qui est dit au moyen de la franchise, surtout si l'on s'est déjà moqué de lui. Philodème conclut que, dans une telle situation, il devient impossible d'être *auditeur* d'un parrhêsiaste. Qui plus est, l'auditeur n'arrive même plus à être bienveillant à l'égard du parrhêsiaste. Leur relation devient alors bien fragilisée du point de vue de celui qui est l'objet de la franchise (136b). Ainsi quand les auditeurs ne se sentent pas reconnus dans leurs efforts (ici pour ressembler aux philosophes), et qu'en plus ils sont l'objet de moqueries, la franchise devient inefficace, car inaudible.

Une autre résistance peut être provoquée par celui-là même qui exerce la franchise. Tel est le cas si le parrhêsiaste s'enflamme plutôt qu'il n'apaise, et s'il ne démontre pas une *amitié* qui permettrait d'accepter la *correction* (*diorthoun*) et la *persuasion* (*peisousi* ; 150b). De même, cette absence de relation aimante peut amener l'auditeur à craindre la calomnie et, par conséquent, à chercher à éviter toute franchise (158b). Il se peut aussi que l'auditeur soit dans sa personnalité même comme *retenu*, *contenu*, voire *possédé* ou *inspiré* par certains problèmes particuliers. Sa réaction à la franchise est alors vraisemblablement avant tout soumise à ce qui l'agite au plus profond de son être, et non à ce qui pourrait être raisonnablement supposé (164b). Cela met le parrhêsiaste dans une position d'échec, bien malgré lui.

De plus, il arrive que l'auditeur *s'éloigne de la philosophie* et en vienne même à *détester* le parrhêsiaste. Il pense en effet avoir suffisamment supporté la franchise. Mais il n'a pas obtenu ce qui était pourtant espéré. Les raisons d'une telle situation sont nombreuses, dit Philodème, à commencer par sa propre faiblesse, conséquence de ce qui est éprouvé sous l'effet de la franchise (166b).

Si la perception que chacun a de soi (ou des autres) et la réalité des tempéraments peuvent donc être un obstacle à l'accueil de la franchise, le fait que la franchise est un processus génère aussi, à certaines étapes, des résistances particulières.

PATIENCE MISE À L'ÉPREUVE

Une autre cause de résistance à la franchise, ou plutôt de *chagrin* (*elupèse* ; *enious odunasthai*), est le fait d'avoir été réprimandé sans preuve. C'est encore plus grave si ce sont des personnes proches qui semblent avoir agi *avec légèreté* (168b). Cela peut créer bien sûr de la méfiance à l'égard du parrhêsiaste de la part du public visé. Mais l'égarement même de l'auditeur peut coïncider avec son incapacité à *écouter* ce qui lui est dit. La seule solution est alors de répéter la franchise, *encore et encore*, jusqu'à ce que l'effet s'en fasse sentir (171b).

Pourtant, à l'évidence, certains ne supportent pas un langage franc, au point que se pose la question de savoir s'il faut ou non leur parler franchement (174b). Cela va même plus loin, puisque la réaction face au parrhêsiaste peut être une *colère* qui dure au-delà de la normale, littéralement *qui persévère*. Cette forme de violence est suffisamment problématique pour que Philodème en parle clairement (177b). Une solution est néanmoins envisagée (178a), à condition que la colère soit *supportable* et connaisse *une fin prévisible*. Le parrhêsiaste peut alors à son tour se mettre en colère, non pour haïr, *mais pour blâmer les sottises*. Le parrhêsiaste n'est d'ailleurs pas pris au dépourvu par la réaction colérique de ses auditeurs, puisqu'il sait qu'il est *normal* que *beaucoup de jeunes gens secouent le joug* (178b).

Certains, cependant, sont apparemment moins violents dans leur réaction contre la franchise. Ils préfèrent faire semblant d'obéir. C'est alors au parrhêsiaste de discerner la valeur de l'attitude de chacun, afin de débusquer un éventuel *imposteur* (181a). Il peut le faire en examinant quelles sont les motivations de ses auditeurs lorsqu'ils pratiquent à leur tour la franchise. Il lui est ainsi facile de déterminer qui agit *en étant motivé par ce qui convient* ou, au contraire, par ce qui est *mauvais* et *pervers* (182a). Les qualités du premier sont énumérées : il est *bienveillant*, *intelligent*, s'*applique sans cesse à la philosophie* et a *de grandes qualités d'âme*, est *indifférent à la gloire* et *refuse surtout toute démagogie*, il est *pur de toute jalousie*, il ne dit que *des paroles appropriées* et n'est *pas emporté au point d'injurier*, il ne prend pas de *grands airs*, *ne déprécie pas* et *ne fait pas du tort* (182b). De plus, il reste *maître de sa langue*, *ne se plaint pas de son sort*, n'est *ni susceptible*, *ni dur*, *ni cruel*. Il est facile de déduire que celui qui porte les marques inverses du portrait ainsi dressé a alors des motivations mauvaises et perverses (183a).

Un auditeur qui est réprimandé par un parrhêsiaste peut aussi mettre en doute le diagnostic posé par ce dernier, et donc la démarche tout entière de franchise à son égard. En effet, un parrhêsiaste peut être véritablement *induit en erreur* (190b). Mais il devra plutôt être repris par un autre parrhêsiaste qui saura le persuader de changer (190a). Néanmoins, le parrhêsiaste peut être résistant à la franchise, quand cette dernière est exercée à son égard par un auditeur.

Ainsi, qu'il s'agisse de l'auditeur (qui est réprimandé sans preuve, 168b, ou dont l'égarement l'empêche d'accueillir immédiatement la franchise, 171b) ou du parrhêsiaste (qui doit faire face à la colère [177b, 178a, 178b] à l'imposture [181a, 182a, 182b, 183a], dont le diagnostic est remis en cause [190b], ou qui n'accepte pas d'être repris par quelqu'un qu'il n'estime pas autorisé à le faire [193b]), tous trouvent de bonnes raisons pour penser, au moins à certains moments, que la franchise est difficile à supporter ou à mettre en œuvre. À cela s'ajoutent trois catégories d'auditeurs particulièrement difficiles à convaincre.

CAS PARTICULIER DES ÂMES, DES HOMMES ILLUSTRES ET DES HOMMES TRÈS ÂGÉS

Tel est le cas des âmes, terme utilisé pour désigner des personnes qui ne sont pas arrivées à maturité. Elles sont décevantes et inconstantes. Il est question de leur ressenti face à la franchise (203a et 203b), pour décrire leurs résistances à l'action qui leur est proposée par *ceux qui sont plus forts* (203b). Ainsi, elles semblent tout prendre de travers. Là où il est question de franchise, elles voient des *injures*. Là où l'on veut les faire progresser, elles sont *accablées* par ce qu'elles pensent être une *absence de gloire*. Là où l'on veut leur bien, elles soupçonnent un mal qui serait la cause de leurs échecs. Là où l'on cherche à voir leur maturité grandir, elles éprouvent des troubles, mélangeant arrogance avec vanité et recherche de gloire (203a). Pour résumer, elles mettent en avant une sorte de *faiblesse*, pour attirer la *pitié*, et en viennent aux *larmes*, submergées par le *mépris* dont elles pensent être l'objet (203b). Autrement dit, rien de ce que propose la franchise de ceux qui sont plus forts ne semble les atteindre. En est-il ainsi parce que ce n'est pas le parrhêsiaste qui est intervenu à leur égard ? Les âmes ne sont néanmoins pas les seules à mal prendre ce qui leur arrive.

Les hommes illustres ont eux aussi des difficultés à entendre ce que la franchise a à leur dire. D'abord, parce qu'ils pensent d'office être face à des personnes jalouses (204a). Pourtant, par peur peut-être du qu'en-dira-t-on, quelques-uns se soumettent à la franchise et la supportent. Néanmoins ils sont prompts à soupçonner ceux qui sont *sans détour* avec eux de n'être pratiquement que des *faiseurs de franchise* (*parrhèsiastai*), qui cherchent une gloire personnelle et, donc, seraient insolents dans ce but précis (204b). Cela conduit ces hommes illustres à considérer le reproche comme de l'*insubordination* et à chercher à tout *soumettre*, y compris ceux qui veulent exercer la franchise à leur égard (205a).

Pour d'autres raisons, les hommes très âgés sont eux aussi *mécontents* lorsqu'ils sont face à quelqu'un qui est franc avec eux. Ils pensent en effet que leur *faiblesse* est *méprisée* (205a). De plus, ayant l'habitude d'être *admirés* et *honorés*, ils trouvent étrange qu'on leur fasse un reproche. Néanmoins, attachés qu'ils sont aux honneurs associés à la vieillesse, ils s'efforcent de ne pas en être privés (205b).

UNE DÉRIVE DÉNONCÉE PAR PHILODÈME : L'IMITATION

Il existe une troisième voie, entre l'accueil reconnaissant de la franchise et son rejet : l'imitation.

Alors que le processus de la franchise a déjà été enclenché, il se peut qu'un auditeur en vienne à perdre de vue la valeur de ce qu'il pourrait en retirer. Par peur de la réaction de ses amis au sein de la communauté, il se met alors à avoir *honte* de ses erreurs. Cela le pousse non plus à se présenter devant le parrhêsiaste, mais à s'en cacher. Pour ce faire, il va conserver une façade d'*imitation* de ce qu'il devrait être (194a). Étant donné le contexte, son imitation n'a vraisemblablement pas pour but de devenir davantage comme le parrhêsiaste, mais d'éviter la mise en lumière de ce qui lui apparaît comme étant gênant face aux autres.

Mais l'*imitation* est *méprisable*, surtout lorsqu'il s'agit de faire semblant de parler franchement, alors que l'on ne fait que revêtir une *apparence* (celle d'être ami de la franchise), que l'on finit par détruire. Si les témoins d'une telle situation la vivent comme étant tout à fait désagréable, il faut qu'un *châtiment* soit infligé pour permettre à celui qui a agi de la sorte de prendre conscience de la gravité de l'acte (197b).

Par la suite, ceux dont le stratagème se trouve ainsi dévoilé *sont fâchés*, parce qu'ils se croyaient dans une position d'honneur et ne se sont pas rendu compte de la déviation de leur comportement (198b).

Certes, l'imitation peut avoir pris racine dans le désir d'avoir le même *genre de vie* que le parrhêsiaste. Mais le manque de maturité de l'auditeur se manifeste rapidement par l'absence de contraintes, qui l'autorise alors à trop en dire, et par sa dureté. Il lui est alors *impossible de rester fidèle* à ceux qu'il louait (199a).

Avant le dévoilement de sa façade d'imitation, cet auditeur se caractérise par son refus de *discours utiles* et par ses paroles qui visent sa propre *gloire*, paroles apparemment tout droit reçues des *profondeurs du ciel*. Mais dès que la *fatigue* et le *tourment* l'atteignent, il n'arrive plus à maintenir l'*imitation*. Il est alors démasqué, tout du moins aux yeux des autres (199b).

Ainsi, même dans le *Sur la franchise*, pourtant un manuel consacré à la manière d'exercer la franchise, il ne suffit pas d'exercer la franchise pour que la maturité apparaisse. Qu'en est-il dans les Actes, qui est un écrit d'un autre type ? Le discours parrhêsiastique est-il convaincant pour tous les auditeurs ?

DU *SUR LA FRANCHISE* AUX ACTES

Dans le *Sur la franchise*, Philodème présente trois sortes de réactions. La première consiste à accueillir la parole du parrhêsiaste et à s'y soumettre. La deuxième est davantage le fait d'auditeurs manquant encore de maturité et qui, par conséquent, résistent à ce que le parrhêsiaste préconise pour eux. Enfin, l'imitation, qui ne représente ni tout à fait un progrès, ni vraiment une résistance, est une façon d'esquiver la nécessité du changement tout en donnant le change, au moins pour un temps.

Dans les Actes des apôtres, le genre littéraire de l'ouvrage nous livre de nouveau une vision plus contrastée que celle du manuel qu'est le *Sur la franchise*. C'est ainsi que nous rencontrons certes des réactions positives, mais aussi des situations où accueil et rejet sont mêlés, alors que d'autres épisodes sont franchement (*sic !*) violents. Luc s'autorise même un récit où aucune réaction n'est mentionnée. Bien entendu, chacune de ces réactions à la franchise prend son sens en fonction du projet littéraire et théologique des Actes.

Alors que la première mention de la franchise (Ac 2,29) se trouve dans un contexte où tout semble idéal, la deuxième (4,13) se situe déjà dans un cadre où l'opposition est marquée. Pour ce qui est de la réaction à la franchise, la première est résolument positive, la deuxième se voudrait résolument négative. Toutes deux seront annonciatrices des suivantes. C'est pourquoi nous nous y attarderons. D'autant plus que Luc fournit une matière abondante pour en parler.

AU COMMENCEMENT DES ACTES, DES CONVERSIONS PAR MILLIERS (AC 2,29) !

Comme pour les autres thèmes relatifs à la franchise, ce premier passage où la franchise est présente dans les Actes donne une image idéalisée du processus, sans heurts et tout en douce fermeté.

La franchise de Pierre (Ac 2,29) a certes pour effet de bouleverser le cœur de ceux qui l'ont entendu (v. 37). Littéralement, le verbe utilisé pour dire ce qui s'est passé (*katanussô*) signifie « ressentir une piqûre dans le cœur ; être piqué par le remords, par la douleur, par l'abattement ; être pénétré de douleur, de remords ; rester accablé[3] ». Philodème utilise aussi le vocabulaire de la piqûre, mais pour désigner l'un des outils utilisé par le parrhêsiaste pour provoquer une réaction. Luc nous montre le résultat au passif, ce qui est probablement aussi une manière de laisser transparaître que, en définitive, c'est Dieu qui est à l'œuvre au travers du discours de Pierre. Qui plus est, le résultat atteint les auditeurs au plus profond d'eux-mêmes, littéralement en leur *cœur* (v. 37), c'est-à-dire là où se situe la vie intérieure de l'être humain, et où toutes les forces qui l'habitent trouvent leur source. C'est dire l'importance de l'effet provoqué par le discours de Pierre.

3 V. Magnien, M. Lacroix, *Dictionnaire grec-français*, Paris, Belin, 2002, p. 924.

Ce dernier souligne d'ailleurs qu'il s'agit effectivement pour les auditeurs de changer radicalement de vie. Trois mille personnes le comprennent et font la démarche (Ac 2,41).

Dans ce discours qui ouvre le livre des Actes des apôtres et qui introduit notamment la franchise, nous avons donc une réaction des auditeurs à la franchise qui est exemplaire à plus d'un titre, peut-être même idéalisée et cela quelle que soit leur décision d'adhésion ou de rejet. D'abord, il ne semble pas y avoir d'opposition, ce qui est tout de même exceptionnel, étant donné ce que le parrhêsiaste a annoncé. Ensuite, la réaction d'adhésion est à la fois totale en ce qu'il s'agit de conversions et, sinon unanime, au moins massivement partagée. Enfin, l'action divine sous-tend la réaction, à l'aide de verbes au passif qui pointent vers Dieu. Ainsi, là où Philodème insiste sur l'action du parrhêsiaste qui est volontairement *piquante* pour obtenir un changement, Luc laisse la place à Dieu, à la fois pour bouleverser les cœurs (Ac 2,37) et pour ajouter des milliers à la nouvelle communauté (v. 41). L'on en arrive presqu'à croire que c'est la foule elle-même qui a adhéré d'un seul cœur au message…

Mais le climat change rapidement et le message parrhêsiastique rencontre alors des réactions nettement moins enthousiastes.

AC 4,13 : DE DÉMUNIE À MENAÇANTE, LA RÉSISTANCE S'ORGANISE

Quand Pierre et Jean ont affaire aux chefs juifs (Ac 4,1-22), après la guérison de l'infirme de la porte du Temple (3,1-10), Pierre, rempli du Saint-Esprit, est amené à répondre à leur question concernant la puissance ou le nom par lequel ils ont agi. Ce faisant, il parle avec franchise. La réaction des chefs à l'activité parrhêsiastique de Pierre et Jean va se faire en plusieurs temps.

DEVANT PIERRE ET JEAN, ILS SONT DÉMUNIS

L'intention de Pierre n'est pas explicitement de parler franchement, mais les chefs juifs lui reconnaissent d'avoir exercé la franchise envers eux (Ac 4,13). Et c'est bien là leur première réaction à la franchise dont ils sont l'objet : la *constater* (*theôreô*). Le sens de ce verbe grec va bien plus loin que la simple attestation. Il peut aussi signifier que l'on observe avec attention quelque chose d'inhabituel, jusqu'à le contempler. D'ailleurs, l'inaccoutumé, dont ils sont les témoins, les déboussole.

Ainsi, *se rendant* d'abord *compte* du statut de Pierre et Jean (des *hommes sans instruction et quelconques*, Ac 4,13), l'étonnement, peut-être même la peur, les saisit. Car il y a quelque chose qui défie l'entendement : ces Galiléens ne devraient ni savoir, ni pouvoir s'exprimer de cette manière.

Puis ils se souviennent que ces deux hommes *étaient avec Jésus*[4]. Non seulement cela, mais en plus *avec eux se tient* l'infirme, debout (Ac 4,14). Cet homme est d'une évidence incontournable. Il est la preuve même de sa guérison, dite en grec de manière à mettre en avant que c'est là une œuvre divine, et faite pour durer. De plus, il est lui-même *« avec eux »* avec une étiquette, non pas de disciple inculte, mais de miraculé ; ce nouveau compagnonnage se fait dans le prolongement de ce qu'ont vécu les premiers disciples *avec Jésus*. Enfin, la manière qu'ont les chefs de *regarder*, en se souvenant des événements passés (le fait que Pierre et Jean étaient avec Jésus) et en rappelant l'actualité récente (la guérison de l'infirme de la porte du Temple), s'apparente au regard de celui qui « n'en croit pas ses yeux »... et qui ne peut du coup les détacher de ce qu'il regarde. Dès lors, si cette accumulation de constats tend à démontrer que Pierre et Jean ont bien agi par le nom de Jésus le Christ (v. 10), les chefs juifs sont-ils en train de comprendre que ce Jésus serait vivant ?

La stupeur n'est pas encore passée, donc... ils n'ont rien à répondre (Ac 4,14). La formule est rare, c'est-à-dire n'avoir qu'une seule réponse... un « rien » explicitement formulé... Et, encore une fois, la conjugaison en grec insiste sur leur embarras qui dure autant que leur constat. Leur gêne est aussi considérable que les faits dont ils ont été et sont encore les témoins.

4 Ac 4,13. Remarquons avec Bauernfeind que « celui qui a lu l'Évangile de Luc se souvient que Pierre avait pu avoir été poussé au reniement par l'affirmation *celui-là aussi était avec lui* (Lc 22,56). Ici – puisque ce n'est pas le mental, mais l'Esprit de Dieu qui agit –, il supporte en toute sérénité cette partie de son identité et peut ensuite constater qu'aucune peur liée à elle n'aurait vraiment lieu d'être ; personne n'est en mesure de lui faire le moindre reproche parce qu'il serait un disciple de Jésus » (O. Bauernfeind, *Kommentar und Studien zur Apostelgeschichte*, Tübingen, J.C.B. Mohr [WUNT 22], 1980, p. 77). Ainsi, la remarque d'Ac 4,13 concernant le fait que Pierre et Jean étaient avec Jésus s'enracine dans l'Évangile de Luc. Le lecteur peut mesurer l'évolution que le personnage de Pierre a connue entre l'évangile et les Actes. C'est aussi dire qu'une attente est suscitée pour savoir si une telle progression va continuer et jusqu'où.

Ils ne peuvent pas en rester là. D'autant plus que, si Jésus a effectué des guérisons, en voilà deux désormais qui se réclament de lui, et ont aussi été les instruments d'un miracle. Combien seront-ils dans une semaine ? De plus, si Jésus a eu des disciples, voilà que ces derniers sont devenus des parrhêsiastes, non seulement devant la foule (Ac 2,29), mais en plus maintenant devant les autorités en place, qui n'ont eu d'autre choix que de constater la vigueur et la justesse, voire la sagesse à la fois théologique et anthropologique de leurs propos ! Les chefs juifs sont obligés de sortir de leur embarras pour enrayer ce qui ressemble à une épidémie. Combien de « Jésus » va-t-il bientôt y avoir[5] ?

À HUIS CLOS, LES ÉVÉNEMENTS SONT FORMULÉS EN FONCTION DES PROPOS DE PIERRE

Les chefs juifs font sortir Pierre et Jean et peuvent enfin reprendre leurs esprits. La question urgente concerne la maîtrise de la situation, la reprise en main des événements, le faire plutôt que le dire (Ac 4,16). Et pourtant, qu'est-ce qu'ils parlent ! Luc nous les montre en effet affirmant par trois fois, dans le seul verset 16, que les faits sont indiscutables. Mieux, leur énumération, qui fait écho aux discours de Pierre[6] aux ch. 2, 3 et 4, ressemble à une reprise à leur propre compte du contenu de la franchise ou, au moins, à une acceptation des éléments du processus qui y conduit. Mais ils ne vont pas jusqu'à accepter la proposition qui en découle.

Les chefs juifs commencent en effet par reconnaître qu'un miracle a eu lieu par l'intermédiaire des deux apôtres (Ac 4,16). En disant cela, ils associent Pierre et Jean à l'œuvre déjà reconnue de Jésus (2,22). Puis ils affirment que la chose est *évidente pour toute la population de Jérusalem*[7], ce qui revient à raisonner en termes parrhêsiastiques. Par conséquent les chefs acceptent de se placer dans un processus où un parrhêsiaste

---

5 Luc aborde lui-même la question vers la fin de son œuvre, en mettant dans la bouche de Paul que *ce n'est pas dans un coin perdu que ces événements se sont passés* (Ac 26,26). En soulignant le fait que ces événements étaient connus de tous, Luc fait probablement référence à l'extension de l'Évangile tant au niveau géographique (avant même que Paul n'aille à Rome, un roi comme Agrippa a certainement eu connaissance de ce qui s'est passé) qu'au niveau démographique, de par le nombre de nouveaux croyants en Jésus le Christ.

6 Il s'agit du discours à la foule juste après l'effusion de l'Esprit, de celui au peuple après la guérison de l'infirme de la porte du Temple, et de celui devant le Sanhédrin. La franchise est présente dans le premier et le troisième discours.

7 Ac 4,16. L'adjectif grec pour *évident* rappelle le *Sur la franchise*, à cause de l'importance que Philodème donne au fait de rendre *évident* aux autres ce qui est en train de se passer.

– en l'occurrence Pierre et Jean reconnus pour leur franchise (4,13) – leur propose de grandir en maturité. Or, dans le contexte, cet objectif lié chez Philodème à la maturité s'exprime dans le domaine du salut et de la perdition[8]. Dès lors, ils reconnaissent, même sans le dire, que les événements qui ont eu lieu les obligent à prendre position, aussi en ce qui concerne leur salut. Enfin, les chefs font un aveu d'impuissance (*nous ne pouvons pas nier [ce qui vient d'arriver]*, v. 16) ou, plutôt, expriment la résolution de ne pas faire deux fois la même erreur. Le verbe utilisé pour *nier* ou *renier*, est en effet le même que celui que Pierre a utilisé par deux fois[9], dans son discours au peuple après la guérison de l'infirme, pour dénoncer « la culpabilité des acteurs juifs[10] ». Les chefs se refusent donc à ce que l'on puisse de nouveau leur dire qu'ils se sont trompés.

Les membres du Sanhédrin ont bien compris le sens des événements. Ils utilisent d'ailleurs les propres termes de Pierre pour s'y référer. Mais ce n'est pas suffisant pour faire d'eux des auditeurs dociles. L'expression finale de leur réaction à la franchise est en effet tout à fait explicite, même s'ils se sont montrés d'abord démunis et ont résumé la situation en des termes proches de ceux de Pierre.

OFFICIELLEMENT, QUE TOUT CELA CESSE, COMBIEN DE FOIS FAUT-IL LE RÉPÉTER ?

Bien que les chefs juifs aient tout à fait saisi la réalité et l'importance des événements dont ils ont été les témoins, ils ne sont pas prêts à adhérer aux arguments de Pierre. Leur réaction à sa franchise montre au contraire qu'ils ne tiennent aucun compte de ce qu'il a dit, tout en en reconnaissant les possibles effets (nuisibles, de leur point de vue).

Leur intention première serait de *condamner*[11] Pierre et Jean (Ac 4,21), probablement pour faire un exemple. Leur objectif est en effet que de telles idées ne se répandent pas. Ils veulent ainsi *limiter les suites parmi le peuple* (v. 17). Notons que le verbe utilisé pour décrire cette expansion que les chefs veulent réduire à néant « s'applique à la répartition d'un

8 *Cf.* Ac 4,12.

9 Ac 3,13 : Jésus que vous avez livré et que vous avez renié devant Pilate. Ac 3,14 : vous avez renié le Saint et le Juste.

10 D. Marguerat, *Les Actes des apôtres (1-12)*, vol. 1, Genève, Labor et Fides (CNT[N] Va), 2007, p. 129.

11 Ac 4,21. Plusieurs verbes auraient pu être utilisés ici en grec. Mais celui-ci comporte l'idée de punir en faisant souffrir intensément.

territoire ; le sanhédrin veut éviter que l'annonce chrétienne gagne davantage de terrain[12] ». En d'autres termes, l'action préméditée par les chefs juifs consiste tout simplement à contrer la mission que Jésus lui-même a confiée à ses disciples, juste avant son ascension (1,8), mission dont l'efficacité repose sur l'envoi de l'Esprit saint, et qui doit atteindre *l'extrémité de la terre*[13]. L'enjeu dépasse donc de loin les seuls chefs. Certes, il a été question de leur salut et de leur perdition puisque c'est là le message que Pierre leur a délivré (4,12). Mais l'enjeu est aussi le devenir des hommes en général, auxquels Pierre s'était d'ailleurs identifié. Pour atteindre cet objectif ambitieux d'empêcher les disciples de remplir le mandat assigné par Jésus, qui est une réaction à la franchise de Pierre et de Jean, les chefs juifs vont *menacer* (v. 17), ordonner (en fait, *interdire*, v. 18) et encore *menacer* (v. 21). Ainsi, comme les chefs juifs ont par trois fois reconnu l'évidence des faits devant lesquels ils se sont trouvés, les voici qui exercent par trois fois des intimidations pour arriver à leurs fins. En d'autres termes, ils voudraient bien que cette affaire soit close une bonne fois pour toutes et, surtout, ne plus jamais en entendre parler[14].

Pourtant, malgré leur but, clairement affiché, de faire cesser l'annonce de la résurrection de Jésus (Ac 4,2) et en dépit du fait que Luc rapporte la fermeté de leur résolution quant à leurs délibérations et la mise en œuvre de leur décision, les chefs juifs n'arriveront ni à étouffer l'affaire, ni à rayer le nom de Jésus de la surface de la terre. À cause du peuple…

---

12 D. Marguerat, *Les Actes des apôtres (1-12)*, *op. cit.*, p. 148 n. 32. Le verbe n'est utilisé qu'une fois dans tout le Nouveau Testament, ce qui est d'ailleurs aussi le cas dans l'Ancien Testament. En effet, en Dt 29,25, il sert à dire que le peuple a servi des dieux, auxquels le Seigneur ne les avait pas *destinés*. Autrement dit, d'une façon imagée, Dieu n'avait pas voulu que son peuple soit semblable à un territoire à conquérir pour les dieux étrangers. Mais le peuple en a décidé autrement, en servant ces dieux. Il est intéressant que la seule autre fois où ce verbe est utilisé dans la Bible concerne aussi l'expansion d'un culte, ici interdit par le Seigneur. Est-ce dire que les chefs juifs sont bien conscients que l'enjeu de leur décision concerne l'expansion du christianisme naissant ? Et que, par conséquent, voyant peut-être dans ce que prêchent Pierre et Jean, soit les débuts une secte, soit carrément de l'idolâtrie, ils pensent nécessaire d'y mettre le holà ?

13 Notre traduction.

14 Le fait que la même idée soit répétée trois fois – ce qui est le cas ici pour dire que les faits sont indiscutables et pour exprimer leurs menaces – a un sens. En effet, dans le Nouveau Testament, « la triple réalisation d'une action ou la triple occurrence d'un événement montre qu'il s'agit de quelque chose d'exhaustif, de terminé, de définitif » (G. Delling, « Τρεῖς, τρίς, τρίτος », in *TDNT*, vol. 8, p. 222 ; voir la même page pour de nombreux exemples néotestamentaires venant soutenir cette affirmation). C'est ainsi une manière de mettre l'accent sur une idée, un propos ou un événement.

DU POSITIF MALGRÉ TOUT

Ce récit aurait pu être exclusivement négatif, s'il n'y avait eu que la réaction des chefs et son aboutissement dans les termes qu'ils voulaient. Mais il n'en est rien. L'évidence de la guérison de l'infirme pousse le peuple à rendre gloire à Dieu (Ac 4,21)[15]. Contrairement à ce qui s'est passé lors du procès de Jésus, où les chefs ont montré la même détermination, exprimée par trois fois[16], ils n'obtiennent pas gain de cause cette fois-ci. Ils doivent en effet tenir compte de la foule quand ils font part publiquement de leur réaction. Ils ne peuvent donc pas *condamner* Pierre et Jean comme ils l'auraient voulu. Les temps ont changé, une nouvelle ère s'ouvre, l'Évangile doit se propager.

Ainsi, alors que la réaction des chefs juifs à la franchise de Pierre et de Jean est finalement exclusivement négative, ils sont contraints de l'exposer de façon plus nuancée. Un nouveau mouvement a commencé, celui de la diffusion de l'Évangile, et Luc fait savoir dès le début que rien ne pourra l'arrêter.

AC 2,29 ; 4,13 : DEUX RÉACTIONS EMBLÉMATIQUES DE CELLES À VENIR

Luc passe d'Ac 2,29, où la franchise connote positivement le premier discours de Pierre, à 4,13, où elle suscite une opposition résolue. Il met ainsi en lumière deux types de réactions à la franchise : la première, enthousiaste et porteuse de sens dans la vie de ceux qui adhèrent au message ; la seconde, potentiellement violente, mais freinée par les circonstances extérieures.

S'il n'y aura plus que deux autres réactions positives (Ac 4,29.31 et 18,26), l'accueil et le rejet du message porté par le parrhêsiaste seront désormais toujours présents, jusqu'à la conclusion des Actes, où il semble que la donne change.

15 La réaction du peuple ne fait pas suite à la franchise de Pierre et de Jean, mais elle correspond à ce que la foule a perçu des événements, et de la guérison de l'infirme en particulier. Nous ne pouvons donc pas dire qu'il y a dans ce passage une réaction qui serait positive à la franchise.

16 *Cf.* Lc 23,18.21.23.

QUELQUES RÉACTIONS POSITIVES

Avant d'examiner la majorité des passages qui présentent des réactions à la fois positives et négatives à la franchise, penchons-nous sur deux autres épisodes où la réaction à la franchise est plutôt positive.

AC 4,29.31 : ENCORE DES MIRACLES ET UNE COMMUNAUTÉ QUI GRANDIT

Quand Pierre et Jean ont quitté les chefs juifs qui les ont menacés pour qu'ils ne parlent plus au nom de Jésus, ils rejoignent *les leurs*[17] (Ac 4,23). Tous ensemble, ils prient, *unanimes* (v. 24), notamment pour demander *de dire* [la] *Parole* [de Dieu] *en toute franchise*[18] (v. 29). La réponse dépasse leurs espérances, puisqu'ils ont non seulement des signes de l'approbation divine à leur égard, mais aussi une nouvelle onction de l'Esprit, et cette fameuse franchise pour dire la Parole de Dieu (v. 31).

Aucun autre détail n'est donné. Nous ne savons donc pas précisément quels seraient les potentiels auditeurs de ces parrhêsiastes, sauf par ce qu'en dit la prière dans laquelle, finalement, tout le monde est visé.

En revanche, Luc place un sommaire juste après (Ac 4,32-35). Il peut ainsi synthétiser, avec d'autres termes, ce qui vient d'être développé sous forme de récits. Au sein de ce sommaire, c'est le verset 33 qui peut faire écho au verset 31b, et suggérer que l'annonce parrhêsiastique est caractérisée par une grande puissance.

Pour ce qui nous intéresse, à savoir la réaction à la franchise qui vient d'être exercée en Ac 4,31, le sommaire redit l'unanimité des croyants (v. 32 ; *cf.* v. 24), non plus pour la prière, mais pour la mise en commun des biens. Autrement dit, la franchise a pour effet de renforcer l'amitié entre les membres de la communauté et, donc, si l'on se réfère à Philodème, de les rendre encore plus aptes à l'exercice de la franchise.

Ensuite, Luc rappelle notamment le miracle de l'infirme guéri (Ac 3,1-10), en évoquant dans son sommaire la *grande puissance* qui *marquait le témoignage rendu par les apôtres à la résurrection du Seigneur Jésus* (4,33). Mais peut-être fait-il aussi allusion à des actes de puissance, faisant suite

17 Notre traduction.
18 Notre traduction.

à la franchise exercée au v. 31. Il n'est en effet « pas interdit de penser que Luc entend par [la] *franchise*, aussi, leur activité de guérison, qu'il désigne du même terme "puissance" (3,12 ; 4,7 ; voir aussi 4,30). Le lien entre miracles et résurrection est symptomatique de la théologie lucanienne : Pâques n'est pas pour Luc un événement clos dans le temps, mais une initiative de Dieu dont les échos s'inscrivent dans le présent de la communauté ; l'auteur des Actes invite à saluer la fécondité de la Parole et les gestes miraculeux comme l'effet de la résurrection dans l'histoire[19] ». À cela s'ajoute ici l'annonce parrhêsiastique comme moyen par lequel se déploient les effets de la résurrection de Jésus dans le présent.

Nous aurions alors à la fois des signes miraculeux et une croissance communautaire au niveau de la qualité, car l'amitié est réellement vécue. Mais il y a aussi peut-être une augmentation en nombre de convertis[20]. En d'autres termes, il y a une double réaction à la franchise de Pierre et Jean. D'une part, les auditeurs en général sont au bénéfice de la *puissance* qui s'attache à eux, probablement notamment par le biais de miracles. D'autre part, l'Église est formée des auditeurs qui ont adhéré au message parrhêsiastique et a vocation à tracer sa route en tant que groupe constitué. Ce nouveau groupe expérimente la réalité d'une communauté parrhêsiastique, marquée par l'un des éléments caractéristiques de ce

19 D. Marguerat, *Les Actes des apôtres (1-12)*, vol. 1, Genève, Labor et Fides (CNT[N] Va), 2007, p. 169.

20 La séquence concernée par le sommaire d'Ac 4,32-35 est vaste, faisant référence à la fois à ce qui précède (par la mention de l'unité de cœur et d'esprit au v. 32, qui fait écho à l'unanimité du v. 24) et à la suite du récit, en introduisant la thématique du partage des biens, qui se poursuit au ch. 5. Pour ce qui est de la croissance en nombre de la communauté croyante, depuis Ac 3,1, récit qui débute juste après le premier grand sommaire (2,42-47), Luc parle d'abord uniquement de Pierre et de Jean (3,1-4,3). Puis il mentionne environ cinq mille personnes converties (4,4), sans qu'il ne soit possible de dire à quand remonte la réorientation de leur vie : soit à la suite du premier discours de Pierre au ch. 2, soit en réponse à celui prononcé après la guérison de l'infirme de la porte du Temple (ch. 3). Une fois Pierre et Jean relâchés par les chefs juifs, ils semblent rejoindre un groupe plus petit (4,23). Dans le sommaire, il est désormais question de *la multitude de ceux qui étaient devenus croyants* (v. 32). On passe ainsi d'un duo, à l'expression symbolique de « la bénédiction divine sur l'Église » par le biais des milliers de convertis à la Pentecôte (D. Marguerat, *Les Actes des apôtres [1-12]*, *op. cit.*, p. 143), pour revenir à un groupe indéterminé, mais plus petit, et davantage dans une proximité relationnelle, puisqu'il élève une prière unanime. Le tout se trouve résumé par l'expression d'une multitude, qui néanmoins « se résorbe dans l'unité » (D. Marguerat, *Les Actes des apôtres [1-12]*, *op. cit.*, p. 168). Autrement dit, l'accent de Luc dans cette section allant d'Ac 3,1 à 4,31 n'est peut-être pas tant sur la quantité (pourtant soulignée dans le récit au v. 4 et dans le sommaire au v. 32) que sur l'unité qui qualifie ce groupe (v. 24 et 32).

type de groupe, savoir l'amitié authentique. Cela ressemble fort à la conséquence d'une réponse à leur prière d'Ac 4,29…

AC 18,26 : LA PROGRESSION D'UN SEUL

La réaction à la franchise d'Apollos est d'un tout autre genre.

Quand Apollos parle franchement dans la synagogue d'Éphèse, Priscille et Aquilas sont parmi ses auditeurs (Ac 18,26). Ils vont réagir à son discours. Ils prennent en effet Apollos le parrhêsiaste avec eux et lui inculquent avec plus de précision le message qu'il doit transmettre[21].

En d'autres termes, nous avons là un processus qui, si l'on se réfère au *Sur la franchise*, correspond à l'instruction d'un parrhêsiaste par un autre, ici par deux autres. Luc souligne en effet l'exactitude avec laquelle Apollos parlait franchement (18,26) et le fait qu'il ne connaissait que le baptême de Jean (Ac 18,25). Mais il montre aussi l'évolution de son message. Il concerne d'abord Jésus (v. 25), puis présente Jésus en tant que Messie (v. 28), grâce à l'enseignement encore plus exact reçu de Priscille et Aquilas.

La réaction à la franchise qu'Apollos met en œuvre n'est donc pas une conversion de masse, ni même une interaction avec des Juifs ou des païens, contrairement à ce que nous verrons dans d'autres passages. Il s'agit plutôt de l'expérience de l'arroseur arrosé. Apollos, en effet, est doué pour parler en public. Il n'hésite donc pas à s'adresser avec franchise aux membres de la synagogue. En retour, il se trouve lui-même interpellé, de façon cependant tout à fait bienveillante, puisque Priscille et Aquilas l'emmènent chez eux. De cette manière, ils évitent de faire un scandale en remettant en cause publiquement l'enseignement ou l'enseignant. L'orateur brillant et bouillonnant qu'est Apollos n'est ainsi pas humilié. Il a en effet encore besoin de progresser, non sur le fondement de ses acquis et qualités, mais grâce à l'intervention de ceux qui sont du même rang que lui, eux-mêmes déjà formés à l'école paulinienne (*cf.* Ac 18,18). Apollos se trouve ainsi par là même pleinement reconnu en tant que parrhêsiaste. Il s'en va d'ailleurs à Corinthe aider

21 Comme bien d'autres avant et après lui, Haenchen se prononce quant au contenu de l'enseignement de Priscille et Aquilas, ajoutant que de nombreux exégètes pensent au baptême chrétien de l'Esprit (E. Haenchen, *The Acts of the Apostles. A Commentary*, Oxford, Basil Blackwell, 1982, p. 551). Il reste cependant nuancé, reconnaissant que le texte ne le dit pas.

une communauté de croyants, avec la bénédiction[22] de l'église qu'il laisse derrière lui à Éphèse (v. 27-28).

Une telle réaction à la franchise, débouchant sur une remise en question, même bienveillante, du parrhêsiaste, est unique dans les Actes (même si Philodème l'envisage, nous l'avons vu). D'où la question : pourquoi Luc prend-il le soin de faire figurer un tel récit, d'autant plus qu'Apollos disparaît ensuite ? Du point de vue de la franchise, on peut d'abord penser que Luc tient à montrer que les parrhêsiastes peuvent se succéder sans que le message ne soit pour autant transformé ou changé. Paul viendra en effet à Éphèse peu après, et il sera lui aussi un parrhêsiaste au sein de la synagogue (Ac 19,8). Et là, Luc nous fera voir les réactions de ses auditeurs, alors qu'il n'y en a pas au discours d'Apollos. Ensuite, nous pouvons souligner que Luc laisse aussi la parole à d'autres orateurs que Pierre puis Paul qui sont pourtant importants, sans que la mission initiale d'Ac 1,8 ne soit compromise. Enfin, Luc montre, grâce au récit d'Apollos, qui est un parrhêsiaste qui a encore besoin de progresser, que le parrhêsiaste est un disciple comme les autres. Il a certes ponctuellement une fonction particulière, le parrhêsiaste des Actes n'exerçant pas la franchise sans arrêt. Mais cela ne l'empêche nullement de devoir à la fois se conformer comme les autres à une doctrine[23], et se laisser enseigner. Il ne sait pas tout, et son appartenance à la communauté croyante le place dans un cadre bien déterminé. S'il en sort, il risque d'être repris, désavoué, voire pire[24]. Ainsi la présence d'Apollos dans

22 C'est ainsi que l'on peut comprendre le fait que la communauté éphésienne écrit une lettre pour recommander Apollos aux disciples de Corinthe.

23 Nous avons d'autres exemples dans les Actes où des ajustements sont nécessaires quant à la connaissance de la doctrine. Ainsi Pierre doit-il comprendre que le fait d'aller vers les nations a des implications concrètes au point de se rendre chez Corneille (Ac 10). À la suite de quoi, les autres apôtres et les frères de Jérusalem doivent eux aussi réajuster leurs convictions en fonction de cette nouvelle réalité (11,18). De même, le concile de Jérusalem est le reflet d'un débat théologique, qui amènera à une ligne doctrinale que tous devront respecter (ch. 15).

24 L'exemple le plus frappant de désaveu d'un comportement de disciple est probablement celui d'Ananias et Saphira qui paieront de leur vie le fait de s'être écartés des prescriptions (Ac 5,1-11). Mais, régulièrement, nous voyons des tensions au sein de la communauté croyante et naissante. Pensons simplement au traitement des veuves grecques (6,1-6), au cheminement de Simon le magicien devenu disciple (8,13.18-24) ou au désaccord concernant Jean-Marc (15,36-40). Ces événements se produisent alors que tout est en train de prendre forme, sans encore de structures très établies. Ils donnent lieu à des décisions qui feront date, avec des effets plus ou moins conséquents.

les Actes permet de souligner que le croyant parrhêsiaste n'est pas un électron libre, mais bien un membre à part entière de la communauté naissante. Il peut et doit être enseigné et repris si nécessaire, au même titre que les autres.

DES RÉACTIONS PRESQUE EXCLUSIVEMENT NÉGATIVES, MAIS AUSSI DE DISCRÈTES RÉACTIONS POSITIVES

Si les uns croissent, d'autres s'y refusent, avec plus ou moins de fermeté. Par deux fois, Luc présente ainsi des réactions à la franchise qui pourraient sembler exclusivement négatives à première lecture. Mais, dans d'autres passages que nous verrons plus loin, les réactions sont plus nuancées et disparates.

AC 9,27.28 : UN PARRHÊSIASTE QUI NE LAISSE PAS INDIFFÉRENT

Sur le chemin de Damas, Saul vient de se convertir à ce qu'il considérait jusqu'alors comme digne de persécution (*cf.* Ac 9,3-19a). Peu de temps après, il se rend à Jérusalem. Mais, par peur, personne ne veut l'accueillir, du fait que c'est un ancien persécuteur (v. 26). Barnabas le prend alors avec lui et raconte aux apôtres comment Saul s'est exprimé avec liberté de parole à Damas, au nom du Seigneur (v. 27). Mieux, Saul continue à parler franchement à Jérusalem (v. 28).

Si l'on se contente des deux versets évoquant la liberté de parole de Saul et du contexte immédiat, on en déduit que la réaction à la franchise est d'une violence inouïe. Les Hellénistes de Jérusalem, auxquels il s'adresse, veulent en effet le mettre à mort (Ac 9,29). Et il ne s'agit pas simplement d'une réaction impulsive, d'un coup de sang, mais bien d'un projet prémédité[25]. Ce ne serait d'ailleurs que justice. N'a-t-il pas voulu faire de même avec Étienne, ayant auparavant déjà approuvé son

25 Le verbe *chercher* (*eux cherchaient à le faire périr*) est conjugué de telle façon en grec que l'on peut penser qu'il y a à la fois une durée pour que leur projet prenne forme, et un effort pour le voir aboutir. Le sens du verbe en lui-même comporte l'idée d'« essayer de faire », ce qui en soi prend aussi nécessairement du temps (*cf.* J. P. Louw, E. A. Nida [éd.],

meurtre (8,1) ? Alors qu'il a adhéré à la même foi, ne mérite-t-il pas la même fin ?

Si l'on se contente de cette analyse, nous avons la vision d'une réaction uniquement négative, et même extrêmement violente à la franchise de Saul. D'autant plus que, si l'on remonte plus haut pour retrouver ce qui s'est passé à Damas (Ac 9,19b-25), les Juifs se sont aussi concertés pour faire mourir Saul (v. 23.24)[26].

Mais, à y regarder de plus près, la franchise de Saul produit également un tout autre genre de réaction, à la fois à Damas et à Jérusalem. C'est d'ailleurs ce qui va le sauver par deux fois. Son exercice de la franchise a en effet un impact non négligeable sur la communauté des croyants en Jésus, le Fils de Dieu, que Saul proclame à Damas (Ac 9,20). Les apôtres aussi ne sont pas indifférents, eux qui parlent au nom de Jésus (*cf.* par exemple 3,6), par lequel Saul aussi parle franchement, et à Damas (9,27), et à Jérusalem (v. 28). Qui aurait en effet pu imaginer que les croyants de Damas, qu'il voulait auparavant enchaîner (v. 2), ou que les disciples de Jérusalem, tous effrayés à l'idée de rencontrer ce persécuteur, iraient un jour se porter à son secours pour lui éviter d'être mis à mort à son tour[27] ? Saul ne convainc les disciples de la réalité de sa conversion que grâce au récit de Barnabas dans lequel l'exercice de la franchise à Damas a une part importante, et cela aboutit finalement à mettre sa vie en péril. De cette manière, il rejoint le groupe des « adeptes de la Voie » auquel il a voulu tant de mal (9,2). Mieux, Ananias d'abord (v. 17), puis les disciples de Jérusalem (v. 30) reconnaissent en lui un frère, et se font frères pour lui.

Nous avons donc une double réaction à la franchise de Saul. Celle qui saute aux yeux est la virulence des auditeurs du parrhêsiaste, qui veulent aller jusqu'à le faire mourir. C'est probablement la réaction que

Greek-English Lexicon of the New Testament Based on Semantic Domains, OakTree Software (Accordance) ; United Bible Societies, 1989, p. 662).

26 Notons que c'est toujours le même verbe qui est utilisé dans Ac 9,23.24.29 pour *mourir*, ce qui montre à quel point Saul est sur le point de devenir un nouvel Étienne. Le nom *meurtre*, qui est en grec de la même famille que *mourir*, est en effet utilisé à propos d'Étienne en 8,1. Paul devient donc quelqu'un qui ressemble au martyr qu'a été Étienne. Il va jusqu'à être le témoin christique par excellence (*cf.* Lc 22,2 ; 23,32 où le même verbe *mourir* est utilisé à propos de Jésus).

27 V. 26 ; *cf.* 8,1a.3 : un tel homme pouvait-il changer au point d'adhérer à ce qui ferait de lui un persécuté ? On comprend aisément les craintes de l'église naissante devant la perspective de l'accueil de celui qui est connu pour être un persécuteur.

l'on retient en premier, aussi parce qu'elle interrompt définitivement le processus parrhêsiastique. Mais il est également très impressionnant de constater que les croyants de Damas et de Jérusalem adoptent cet homme comme l'un de leurs frères, parce qu'il a mis sa franchise au service de l'évangile.

AC 26,26 : ÉVENTUELLEMENT OUI… MAIS FERMEMENT NON !

Plus loin Luc met de nouveau en scène, dans un autre épisode, une réaction finalement négative, qui aurait pu être tout autre.

Quand Paul est devant Festus et Agrippa, ce dernier en arrive à avouer : « *Il te faut peu, d'après ton raisonnement, pour faire de moi un chrétien !* » (Ac 26,28). Agrippa a bien saisi que le but de Paul est d'arriver à faire changer ses interlocuteurs, et lui en particulier. Il reconnaît ainsi, bien volontiers semble-t-il, l'efficacité de l'argumentation du parrhêsiaste et, par là même, de sa franchise. Cette réaction, apparemment positive au message de Paul, n'est cependant suivie d'aucun effet. Peur des conséquences ? Peur d'être à son tour pris pour un fou, Festus venant de conclure à la folie à propos de Paul (v. 24) ? Pourtant le parrhêsiaste affirme utiliser *un langage de vérité et de bon sens* (v. 25), ce qui devrait être pour Agrippa un encouragement à aller de l'avant. D'autant plus que, nous l'avons vu, Agrippa n'a montré jusque-là aucune animosité contre Paul. Il s'est même montré attentif à ce qu'il disait, et à sa personne.

Pourtant, il ne dépasse pas le stade de l'intérêt poli et s'en sort par une pirouette, maniant tout à la fois « sérieux et ironi[e :] Agrippa reconnaît la force persuasive du discours de Paul, mais s'y dérobe[28] » résolument. Cela n'entame en rien sa bienveillance à l'égard du parrhêsiaste. En effet, il ne condamne pas Paul. Il va même jusqu'à admettre qu'il aurait pu être relâché, s'il n'en avait appelé à César (Ac 26,32).

Certainement, le cadre (la salle d'audience, Ac 25,23a), l'assistance apparemment paisible (les officiers supérieurs et les notables de la ville, v. 23b)[29] et le statut de personnages illustres et puissants que sont

28 D. Marguerat, *Les Actes des apôtres (13-28)*, vol. 2, Genève, Labor et Fides (CNT[N] Vb), 2015, p. 341.

29 Nous pensons à une autre situation de jugement où un personnage illustre, devant une foule déchaînée, s'est vu contraint à aller contre sa propre volonté, ayant lui-même la conviction de l'innocence du prisonnier. Pilate a en effet condamné Jésus (Lc 23,24-25),

Festus et Agrippa peuvent expliquer la réaction somme toute feutrée d'Agrippa, à qui le discours parrhêsiastique est explicitement adressé (v. 26). Peut-être est-ce aussi une des raisons de sa résistance, qui finalement l'emporte sur son intérêt pour le message de Paul. Malgré le silence de l'assistance, la présence de celle-ci pourrait le contraindre à agir d'une manière conforme à son pouvoir, ce qui l'empêche peut-être de céder à ce que Paul demande.

Toujours est-il que nous avons là une double réaction à la franchise de Paul, double mais émanant d'un seul et même auditeur. Ce dernier, Agrippa, roi de son état, homme influent, puissant, respecté ou exigeant le respect pour ce qui est de sa place dans la société, se laisse interpeller par Paul, prisonnier de son état, sans que ce dernier dispose d'autre moyen d'influence que sa parole, et éventuellement son statut de citoyen romain. Voilà pour ce qui est visible par tous. Nous savons cependant par ailleurs que la franchise de Paul a des qualités particulières, notamment parce qu'elle est en relation étroite avec l'Esprit. Néanmoins, Agrippa ne cède pas, puisque le prisonnier le laisse libre de choisir lui-même la voie qu'il veut suivre, tout en lui conseillant de l'imiter, lui, le prisonnier, non en devenant lié à son tour, mais au contraire en embrassant une liberté fondée sur le Christ lui-même. Parce que c'est bien de cela qu'il s'agit en définitive : adhérer à ce que représente le nom du Christ ressuscité, et non pas simplement statuer sur le devenir d'un parrhêsiaste. Agrippa l'a effectivement bien compris, et ne changera pas d'avis sur la question.

Alors, réaction moins violente qu'à Damas ou à Jérusalem ? Dans la forme en tout cas… Mais, sur le fond, Agrippa est un homme divisé, tiraillé entre sa compréhension du choix devant lequel il se trouve et les conséquences qui s'ensuivraient s'il optait pour la liberté proposée par le parrhêsiaste.

À l'échelle d'un groupe constitué, une telle division prend une tout autre ampleur.

---

alors qu'il n'avait trouvé en lui rien qui méritait condamnation (v. 4.14) ou la mort (v. 22). La mise en parallèle de ces deux événements, tous deux rapportés par Luc, montre que le cadre apparemment solennel d'une salle d'audience ne garantit ni la sérénité des débats, ni l'indépendance du juge. En Ac 25-26, l'assistance est certes présente, puisque mentionnée au début du récit, mais elle est silencieuse et, donc, de moindre influence – ce qui n'est pas le cas pour le procès de Jésus.

LE CHOC DE RÉACTIONS CLIVÉES ET INTENSES

AC 13,46 : OPPOSITION ENTRE JOIE ET PERSÉCUTION

À Antioche de Pisidie, Paul et Barnabas ont la franchise de dire aux Juifs, déjà *pris de fureur* et *injurieux*[30], qu'ils vont désormais s'adresser aux païens (Ac 13,46). Deux réactions se dessinent alors, celle des païens et celle des Juifs.

Dans un premier temps, Luc décrit l'effet que la franchise de Paul et Barnabas a sur les païens. D'abord, ils se réjouissent (Ac 13,48), ce qui est une caractéristique propre aux disciples du Christ. Ensuite, presque comme le peuple après la guérison de l'infirme de la porte du Temple (Ac 4,21), ils *glorifiaient la parole du Seigneur* (13,48). Le peuple au ch. 4 glorifiait *Dieu*, alors qu'ici les païens glorifient la *parole du Seigneur*. Les deux expressions tendent à être équivalentes et mettent en lumière une compréhension grandissante de la personne de Jésus, le Christ. D'ailleurs l'enjeu est effectivement bien là : si Jésus est le Christ, alors un changement radical de vie s'impose en effet à ceux qui comprennent ce message. Les païens n'en demandent pas plus, et *tous ceux auxquels la vie éternelle était assignée*[31] deviennent croyants (13,48). La franchise de Paul et Barnabas a ainsi résolument atteint son but auprès des païens, qui l'accueillent tout à fait favorablement. Le sceau divin est d'ailleurs

30 Ac 13,45. Notons que les chefs juifs n'avaient rien trouvé à « répliquer » à la franchise de Pierre et à Jean (4,14). Désormais, les Juifs en viennent (aussi le même verbe grec *répliquer*) aux insultes, c'est-à-dire, pour reprendre le sens du verbe *blasphémer* dans ce contexte, qu'« il[s] attaque[nt] le fondement du contenu [du message de Paul et Barnabas], à savoir la proclamation du Messie » (H. W. Beyer, « Βλασφημέω, βλασφημία, βλάσφημος », in *TDNT*, vol. 1, p. 623). Leur colère n'est désormais plus freinée par la peur face au soutien populaire des apôtres, contrairement aux chefs juifs avec Pierre et Jean (*cf.* 4,21). Il faut dire que, du point de vue des Juifs, le danger est grand de voir cette doctrine messianique progresser, qui plus est aussi rapidement.

31 Notre traduction d'Ac 13,48. La TOB, parmi d'autres, traduit ce membre de phrase par « tous ceux qui se trouvaient destinés à la vie éternelle ». Marguerat précise qu'il s'agit d'« une tournure à ne pas trop presser en direction de la prédestination » et il donne des arguments dans sa note 69 (D. Marguerat, *Les Actes des apôtres (13-28)*, vol. 2, Genève, Labor et Fides [CNT[N] Vb], 2015, p. 55), auxquels nous adhérons. C'est pourquoi nous proposons une traduction qui ne fasse pas état d'une quelconque destinée prédéterminée, mais plutôt qui réponde à l'expression du v. 46, qui décrit les Juifs qui se jugent eux-mêmes *indignes de la vie éternelle*.

doublement apposé sur cette annonce aux non-Juifs, d'abord parce qu'ils deviennent croyants (v. 48), mais aussi parce que ces derniers sont *remplis de joie et d'Esprit saint* (v. 52).

Il n'en va pas de même pour les Juifs. Déjà très hostiles (Ac 13,45), ils agitent désormais les femmes de haut rang qui étaient *pieuses*[32] et les notables de la ville (v. 50a). Ils atteignent alors leur but, en provoquant et en entretenant une persécution à l'encontre de Paul et Barnabas (v. 50b). Luc laisse entendre que cette persécution est semblable à celle déclenchée après le meurtre d'Étienne (8,1), puisqu'il n'utilise ce terme qu'à ces deux endroits de son œuvre double. Les conséquences de la première opposition violente avaient été, en plus du meurtre d'Étienne, la dispersion des croyants, leur permettant ainsi de remplir le mandat, assigné en 1,8, d'atteindre les régions alentours. Mais les apôtres étaient restés à Jérusalem. Ici, il en va presque de même pour ce qui est des conséquences d'un point de vue global (l'Évangile va aller plus loin), mais c'est bien différent s'agissant des modalités pratiques. Ce sont en effet les parrhêsiastes qui sont chassés de la ville, alors que la communauté chrétienne reste sur place, tout en bénéficiant du soutien divin manifesté par la joie et l'Esprit saint reçus (13,52).

Nous avons donc deux réactions extrêmes à la franchise de Paul et Barnabas : d'une part, agitation et persécution ; d'autre part, glorification de Dieu, joie et présence de l'Esprit. D'un côté, des Juifs qui, au lieu d'atteindre leur objectif, permettent l'extension du territoire acquis à l'Évangile, puisque Paul et Barnabas vont continuer leur action dans une autre ville (Ac 14,1). De l'autre, « une église naissante, distincte de la synagogue[33] », et formée de païens, signe que l'évangile est en train de devenir une bonne nouvelle pour les nations (*cf.* Lc 24,47).

AC 14,3 : DES RÉACTIONS DE PLUS EN PLUS VIOLENTES… MAIS – OU PARCE QUE ? – L'ÉVANGILE PROGRESSE AUSSI

À Iconium il se passa la même chose qu'à Antioche de Pisidie (Ac 14,1), dit brièvement Luc. Mais quelle est cette *même chose* ? La catégorie sociale

32 Le terme utilisé pour décrire la piété de ces femmes renvoie à un groupe bien particulier de fidèles, à savoir des personnes intéressées par le judaïsme, mais n'appartenant pas au peuple d'Israël. Il ne s'agit donc bien évidemment pas de nouvelles croyantes au Christ, qui se seraient retournées contre Paul et Barnabas.

33 D. Marguerat, *Les Actes des apôtres (13-28)*, *op. cit.*, p. 56.

à laquelle appartiennent les persécuteurs ? La persécution ? La fondation d'une nouvelle église ? En fait, rien de tout cela. Tout est semblable et différent à la fois.

D'abord, pour ce qui est de l'église, elle est certes fondée à cette occasion. Cependant elle ne rassemble plus seulement les païens, comme le texte le suggère pour Antioche de Pisidie (Ac 13,48), mais elle réunit à Iconium *des Juifs et des Grecs en grand nombre* (14,1). Cette mixité a pour conséquence que ceux qui vont résister à la franchise sont eux aussi issus de différentes couches de la société.

Ainsi, des Juifs commencèrent à pousser, non plus des femmes judaïsantes (13,50), mais des païens à rejoindre leurs vues à propos des *frères*, allant jusqu'à faire du mal psychologiquement à leurs interlocuteurs (Ac 14,2)[34]. La première forme de maltraitance est ainsi exercée par des opposants au message évangélique à l'égard même de ceux qui pourraient avoir envie de réagir au message des apôtres.

Paul et Barnabas continuent cependant leur œuvre parrhêsiastique (Ac 14,3), ce qui a pour effet de diviser encore plus nettement et plus douloureusement la population[35]. Il y avait déjà deux blocs en opposition à Antioche de Pisidie, les Juifs d'un côté et les païens de l'autre. Mais, à Iconium, les camps qui prennent des positions opposées réunissent à la fois Juifs et païens. Si nous pouvons voir là la conséquence du progrès et du succès de l'évangile, qui suscite l'intérêt aussi bien chez les uns que chez les autres, Luc montre également que la situation devient plus dangereuse à mesure que toutes les couches de la société sont concernées.

Ainsi, l'opposition formée par les Juifs et les païens projette une action violente, allant jusqu'à la lapidation des apôtres (Ac 14,5). La formulation

34 Le verbe utilisé pour dire qu'*ils aigrirent* l'esprit des païens (notre traduction) est très général. Il signifie un mal fait à quelqu'un ou à quelque chose. L'action des Juifs à l'égard de ces païens est donc malveillante. Il semble même qu'il y ait une sorte de manipulation servant leur propre fin, qui est finalement d'atteindre les frères. À ce titre, ils sont tout le contraire de Pierre devant la foule de Jérusalem, juste après l'effusion de l'Esprit.

35 Le verbe pour exprimer ici la division est très rarement utilisé de manière métaphorique, quelle que soit la littérature considérée (grec ancien, LXX, Nouveau Testament), sauf pour les deux utilisations dans les Actes. Nous pourrions alors penser que la séparation dont il est ici question est un véritable déchirement, à la fois dans son effet (deux partis s'affrontent), et dans ses implications émotionnelles. La division est durable et l'appartenance à chacun des groupes, ceux qui sont pour les Juifs et ceux qui sont pour les apôtres, est exprimée en Ac 14,3 de manière à insister sur l'attachement et, donc, à accentuer l'ampleur du phénomène.

de Luc fait à nouveau écho au martyre d'Étienne, lui aussi lapidé. Le même verbe grec *lapider*[36] est en effet utilisé à la fois pour Étienne (Ac 7,58.59), et ici pour le projet des Juifs et des païens. Il n'apparaît pas ailleurs dans le livre des Actes. Cela étant, Luc l'utilise une autre fois dans son Évangile, en Lc 13,34, lorsque Jésus se lamente sur Jérusalem, la ville *qui tue les prophètes et lapide ceux qui lui sont envoyés*. Le lien établi entre ces trois textes, par le biais de la lapidation, permet de souligner deux points. D'une part, « Jérusalem » elle-même s'étend au-delà de son périmètre géographique, puisque son comportement de révolte persécutrice est désormais celui d'autres villes. Ainsi, tout comme la mission évangélique doit aller conquérir le monde (Ac 1,8), l'opposition qu'elle rencontre se répand elle aussi partout. D'autre part, Paul et Barnabas, tout comme Jésus et Étienne avant eux, s'inscrivent « dans toute une lignée de prophètes méconnus et assassinés[37] ». Autrement dit, il n'y a rien de surprenant à ce que l'Évangile provoque une résistance parfois acharnée. Les porteurs du message divin ont en effet toujours eu à faire face à des menaces plus ou moins concrètes, suscitées par leur message.

Paul et Barnabas sont d'ailleurs bien *conscients de la situation* (Ac 14,6) et ils décident de continuer leur voyage. En vis-à-vis des païens joyeux et remplis d'Esprit saint d'Ac 13,52, nous avons désormais l'Évangile qui se répand (14,7), de manière tout aussi sûre[38]. En d'autres termes, l'annonce de l'Évangile, qui prend ici une forme parrhêsiastique, n'est pas gênée par les obstacles qu'elle rencontre, bien au contraire.

Luc montre donc deux facettes d'une même réalité, l'une à Antioche de Pisidie, l'autre à Iconium. Tout à la fois, l'Église croît (13,52) et la Bonne Nouvelle se propage de façon continue (14,7). En parallèle, l'opposition se diffuse elle aussi dans toute la société, jusqu'à provoquer de graves troubles à l'ordre public.

---

36 Il y a en grec plusieurs verbes pour dire *lapider*. Luc aurait pu utiliser un synonyme, ce qu'il ne fait pas et ce qui permet donc de rapprocher ces deux textes.

37 C. L'Eplattenier, *Lecture de l'évangile de Luc*, Paris, Desclée, 1982, p. 157.

38 Les deux versets d'Ac 13,52 et d'Ac 14,7 sont écrits sous la forme de mini-sommaires. Cela permet à Luc de montrer que ce qu'il décrit a pris du temps pour avoir lieu.

AC 19,8 : ALORS QUE LES JUIFS S'ENDURCISSENT, UN NOUVEAU PEUPLE VOIT LE JOUR

À Éphèse, Paul, désormais seul, s'adresse aux membres de la synagogue et leur annonce en toute franchise le règne de Dieu (Ac 19,8). Résultat : certains vont dans la direction tout opposée[39] ! Ils se durcissent, comme l'antique peuple d'Israël, révolté et désobéissant (v. 9). De fait, Luc utilise les verbes mêmes que la LXX emploie pour décrire le comportement rebelle des Israélites par rapport à Dieu[40]. Autrement dit, la réaction de certains d'entre les Juifs apparaît ici à la fois comme la conséquence d'un jugement divin, le fait d'un comportement humain, et un avertissement, adressé au lecteur, de ne pas faire de même.

L'opposition se manifeste ici par des propos publics diffamatoires (Ac 19,9), une autre manière de faire du mal que celles que nous avons vues jusqu'ici. Après les menaces d'Ac 4, la persécution du ch. 13, le projet de lapidation du ch. 14, en reviendrait-on à des pratiques plus « civilisées » ? Il ne semble pas.

Paul prend en effet la mesure de la situation et décide de marquer la frontière entre l'acceptable et l'inacceptable, entre l'admissible et l'inadmissible. Car il ne s'agit pas simplement d'échanger des idées. L'enjeu est de la plus haute importance : on ne peut pas calomnier sans conséquence le contenu du message évangélique et, par là même, le Christ. C'est pourquoi Paul considère ses opposants comme ayant renoncé au salut, et il met à part les disciples, à la manière de Dieu se choisissant un peuple[41].

---

39 Si l'on veut essayer de rendre en français le jeu de mots présent en grec, on pourrait dire que Paul, voulant « persuader » (Ac 19,8), certains sont finalement « dissuadés » (v. 9). Mais le sens des verbes grecs est beaucoup plus fort que ceux ici choisis en français. Il s'agit plutôt, respectivement, de chercher à convaincre et de désobéir.

40 Le verbe de l'endurcissement, *endurcir*, est le verbe par excellence de la LXX pour exprimer l'endurcissement du peuple par rapport à Dieu. Qui plus est, il « contient la combinaison et l'interrelation entre l'endurcissement par Dieu et l'auto-endurcissement, la punition du péché par le péché, et le fait que les chrétiens, pour leur part, sont avertis contre l'endurcissement » (K. L. Schmidt, M. A. Schmidt, « Σκληρὺνω », in *TDNT*, vol. 5, p. 1030-1031). Pour ce qui est de la désobéissance, le verbe utilisé « est un terme théologique fort, dans la mesure où il désigne l'attitude pécheresse du peuple, qui, dans l'Ancien Testament, est essentiellement comprise comme une désobéissance contre Dieu. Le Nouveau Testament adopte cet usage. » (R. Bultmann, « Πείθω, πεποίθησις, πειθός, πειθώ, πεισμονή, πειθαρχέω, ἀπειθέω, ἀπείθεια », in *TDNT*, vol. 6, p. 10-11).

41 En utilisant le verbe *séparer*, Luc associe au geste de Paul ce qui se trouve « au cœur du Nouveau Testament, [à savoir] le principe d'un Dieu qui sépare, c'est-à-dire qui désigne

Nous avons donc à la fois les mouvements suivants : rupture avec le groupe d'opposants, rassemblement des disciples autour de la parole. Cela fait penser à des aimants dont les faces de charges identiques se repoussent. Ici, il s'en faudrait peut-être de peu pour passer d'un côté ou de l'autre. Pourtant chacun de ces groupes, qualifié comme un peuple rappelant l'Israël ancien (celui qui s'endurcit et celui qui est séparé du premier), est distinctement désigné comme étant soit rebelle, soit pris à part en vue d'une meilleure croissance.

L'ABSENCE DE RÉACTION (AC 28,31)

Paul est à Rome, dans un lieu où il est à la fois soumis à de lourdes contraintes (il est prisonnier) et libre de recevoir tous ceux qui viennent le voir (Ac 28,30). Sans surprise, il parle franchement, proclamant ce qui concerne le royaume de Dieu et enseignant au sujet du Seigneur, Jésus le Christ (v. 31).

En revanche, ce qui est étonnant, c'est l'absence de réactions à sa franchise. Nous avons vu jusqu'ici des réactions positives, assez discrètes somme toute par rapport à la virulence de l'opposition rencontrée. L'Évangile serait-il déjà vidé de ce qui était un scandale pour tant d'auditeurs ? Pourtant, le contenu du message de Paul semble être identique à ce qui a été prêché ailleurs. S'agirait-il alors pour Luc de montrer que l'on est au début d'une ère nouvelle, peut-être post-apostolique et post-parrhêsiastique, dans laquelle plus personne ne résistera violemment à la Bonne Nouvelle ? Il n'y a pas besoin de chercher loin dans l'histoire pour apporter à cette question une réponse absolument négative[42].

Nous pensons que l'expression *sans obstacle*[43] peut aider à répondre à la question relative à l'absence de réaction à la franchise de Paul dans ce

pour son service » (K. L. Schmidt, « Ὁρίζω, ἀφορίζω, ἀποδιορίζω, προορίζω », in *TDNT*, vol. 5, p. 454).

42 Voir par exemple H. R. Drobner, *Les Pères de l'Église. Sept siècles de littérature chrétienne*, trad. J. Festhauer, Paris, Desclée, 1999, p. 96-106, à propos des récits de martyres, qui ont vu le jour dès le Ier s. ap. J.-C.

43 L'expression *sans obstacle* est la traduction d'un seul mot grec. Ce dernier est composé d'un préfixe privatif et d'un mot qui veut dire « avec obstacle ». Le sens du mot est alors

passage. Marguerat rappelle que ce terme « désigne dans la littérature grecque une absence de contrainte ou d'empêchement. Il est polyvalent et s'applique au contexte politique comme au contexte religieux. On peut y lire autant une illustration des conditions pénitentiaires libérales offertes par le pouvoir romain (sens juridique) qu'une [affirmation] sur la liberté irrépressible de la Parole (sens théologique)[44]. »

Mais peut-être y a-t-il davantage. Si l'on songe que le message parrhêsiastique provoque forcément une réaction, positive ou négative, de conversion ou d'opposition violente (la conversion étant d'ailleurs elle-même une violence faite à soi-même assez inouïe, puisque tout ce qui existait auparavant se trouve renversé), l'absence d'obstacle signifiée par l'adverbe que nous traduisons par *sans obstacle* vient peut-être souligner que l'adversité rencontrée est sans importance. Non pas qu'elle soit négligeable, mais qu'elle n'est pas un frein suffisant pour empêcher quoi que ce soit. Contrairement aux chefs juifs empêchés d'aller au bout de leurs intentions par l'enthousiasme de la foule (*cf.* Ac 4,21), Paul et ses successeurs ne se laissent pas impressionner par les réactions à leur message parrhêsiastique. Envers et contre tout, même prisonnier, mais dans la constance d'un accueil bienveillant de tous (*cf.* 28,30), le parrhêsiaste a un message vital à délivrer, et rien ni personne ne peut réellement s'y opposer.

Est-ce à dire que l'histoire aurait pu s'arrêter avant, à cause des violences, mais que, maintenant, comme les choses sont plus calmes, l'Évangile va continuer de progresser ? Non, Luc souligne plutôt que, désormais, l'Église naissante se sait dépositaire d'un mandat missionnaire qui a pour seule limite l'extrémité de la terre (Ac 1,8), et non des réactions contraires plus ou moins perturbatrices.

Le fait que l'action finale de Paul soit *sans obstacle* indique aussi la persévérance du parrhêsiaste, qui n'est pas freiné par des menaces ou par des peurs. Non pas qu'il soit un surhomme. Mais l'effusion de l'Esprit est durable et continue d'accompagner le parrhêsiaste. Ce dernier est donc équipé pour faire face aux différentes situations qui se présentent à lui.

« sans obstacle ». Une construction semblable se trouve, par exemple, en français pour le mot « impossible », qui signifie « qui n'est pas possible », du fait du préfixe privatif « im- » mis devant l'adjectif « possible ».

44 D. Marguerat, *Les Actes des apôtres (13-28)*, vol. 2, Genève, Labor et Fides (CNT[N] Vb), 2015, p. 387.

On pourrait penser qu'il s'agit alors de la présentation d'une situation parrhêsiastique idéale, pour clore l'œuvre de Luc de manière éclatante. Mais, là encore, il s'agit plutôt d'ouvrir sur de nouveaux horizons, après avoir présenté les difficultés liées aux premières annonces de l'évangile, et à la croissance balbutiante des églises. Désormais les lignes directrices sont tracées et les difficultés concernant la réalité des cœurs sont connues. Et, affirme Luc, rien de tout cela n'est un obstacle.

DANS LES ACTES, BILAN CONCERNANT LES RÉACTIONS À LA FRANCHISE

Le moins que l'on puisse dire, c'est que la franchise dans les Actes divise. Elle suscite soit l'adhésion, soit le rejet. Il semble qu'il n'y ait pas de place pour l'indécision ou l'indifférence.

RÉACTIONS POSITIVES : RIEN DE MOINS QUE DES CONVERSIONS

Dès la première prise de parole parrhêsiastique du livre des Actes, trois mille personnes *accueillent* la *parole* de Pierre, le parrhêsiaste (Ac 2,40). Et il ne s'agit pas d'un feu de paille. Les nouveaux disciples sont en effet assidus à l'enseignement des apôtres (Ac 2,42)[45].

Plus tard, quand Saul entre en scène, il est précisé que *l'Église, grâce à l'appui du Saint Esprit, s'accroissait* (Ac 9,31). Ce résumé pourrait concerner l'ensemble de la séquence comprise entre le sommaire précédent (Ac 6,7) et celui-ci. Mais l'inclusion formée par la mention de la *peur/crainte* (9,26.31) incite aussi à le rattacher à ce qui précède, à savoir l'action parrhêsiastique de Saul. Dès lors, l'un des fruits indirects de la franchise de Saul est bien la croissance de la communauté croyante, l'Église. Conséquence « indirecte », parce que cette progression est attribuée à l'Esprit, ce qui est aussi une

45 Même si certains individus, a priori membres de cette foule de convertis, comme Ananias et Saphira (*cf.* Ac 4,32-5,11), prendront finalement une voie qui mène à leur perte, Luc prend soin de les exclure lui-même du groupe formé par *la multitude de ceux qui étaient devenus croyants* (4,32), formant désormais *toute l'Église* (5,11). La simple existence d'un récit consacré à leur désobéissance les met en effet à part des autres croyants.

manière d'en signifier l'aspect qualitativement positif. Qui plus est, et le fait est unique dans les Actes, la franchise de Saul a aussi pour effet de permettre et de consolider l'intégration du parrhêsiaste au sein du groupe de croyants, d'abord à Damas, puis à Jérusalem.

Le même phénomène, influençant la communauté des disciples, se produit à Antioche de Pisidie, quand Paul et Barnabas sont dans la synagogue et répondent avec franchise à l'opposition rencontrée (Ac 13,45-46). Leur prise de position permet aux *païens* (v. 46) de se démarquer et *tous ceux auxquels la vie éternelle était assignée devinrent croyants* (v. 48). Un double mouvement est ici visible : d'une part, l'adhésion des auditeurs qui croient, et, d'autre part, l'autorisation accordée à cette adhésion par Dieu lui-même, présent dans un verbe au passif divin. L'œuvre est d'ailleurs durable, puisque ces hommes, nouvellement convertis, sont bientôt des *disciples*, *remplis de joie et d'Esprit saint* (v. 52), ce dernier élément soulignant encore d'une autre manière l'action et l'onction de Dieu à leur égard.

À Iconium, Luc dit qu'*il se passa la même chose* (Ac 14,1) ! Cette transition peut laisser penser que les *Juifs* et les *Grecs en grand nombre* qui *devinrent croyants* le sont devenus grâce à la parole franche de Paul et Barnabas, par un effet de chevauchement de sens d'un passage sur l'autre[46].

À ces passages où les conversions sont des résultats positifs clairement exprimés, nous pouvons ajouter l'action parrhêsiastique d'Apollos (Ac 18,26). Son enseignement est en effet enraciné dans ce qu'il sait de *la Voie du Seigneur*, en relation avec Jésus (v. 25). Or, chez Luc, cette manière de désigner la soumission à la Voie concerne le salut. Les auditeurs doivent alors prendre position par rapport à ce qu'ils entendent. Ainsi, même si aucune conversion n'est rapportée (parce que le propos général du passage est de montrer un pan de la vie de la communauté croyante où l'on enseigne et où l'on est enseigné), ce changement dans la vie du public de la synagogue, appelé à reconnaître qui est Jésus, aurait révélé des conversions de fait, si Luc avait continué le récit et rapporté les conséquences du discours d'Apollos à Éphèse.

L'une des réactions à la franchise telle que Luc l'utilise est donc un changement radical de vie, avec une nouvelle éthique et une nouvelle appartenance. Le bouleversement engendré est tout à fait surprenant, et il n'est pas étonnant que tous les auditeurs ne soient pas prêts à pareille progression.

46 Les signes et prodiges opérés par les deux parrhêsiastes ne sont pas à ranger du côté des résultats de leur franchise. Ce sont plutôt des éléments qui leur donnent de la légitimité.

RÉACTIONS NÉGATIVES : VIOLENCES EN TOUS GENRES

La première violence rencontrée par les parrhêsiastes à la suite de leur franchise est verbale. Ainsi, Pierre et Jean, alors que les chefs du peuple viennent de constater leur franchise (Ac 4,13), provoquent un désir de contre-offensive, mais rien ne vient (*ils ne trouvaient pas de risposte*, v. 14) ! Rien immédiatement, certes, mais rapidement, les chefs s'organisent : *menaces* (v. 17), *interdictions* (v. 18) et *menaces* réitérées (v. 21). Luc est très clair dans son propos : la situation aurait pu être pire. Mais le peuple a contrebalancé ce que voulaient faire les chefs, en rendant gloire à Dieu pour la guérison miraculeuse opérée par les mains de Pierre (v. 21 ; *cf.* 3,6-8).

Saul, l'un des premiers persécuteurs de l'Église, récemment converti et nouveau venu en tant que tel à Jérusalem, fait face lui aussi à une opposition telle que l'on *cherche à le faire périr* (Ac 9,29).

Et cela continue à Antioche de Pisidie, où Paul et Barnabas sont persécutés et expulsés de la région (Ac 13,50). De même à Iconium où, après avoir fait face à la malveillance (14,2), ils rencontrent une violence qui enfle au point d'aboutir à un projet de lapidation (v. 5). Il y a bel et bien un enjeu concernant la vie et la mort dans la pratique de la franchise des Actes, y compris la mort physique pour le parrhêsiaste qui ne convainc pas !

En comparaison, Éphèse est une ville bien plus paisible pour Apollos (Ac 18,24-28), puis pour Paul (19,8-10). Les quelques diffamations du v. 9 ne font en effet pas reculer ce dernier, qui en a vu d'autres ! Les deux derniers passages où Paul exerce la franchise, alors qu'il est prisonnier (26,26 ; 28,31), ne sont pas le théâtre de violences autres que celles générées par les liens bien réels que le parrhêsiaste doit supporter[47]. Et encore, cette situation n'est pas le résultat direct de son exercice de la franchise, en tout cas pas dans ces récits des Actes.

Alors, pourquoi de tels extrêmes dans les réactions à la franchise, allant de conversions radicales à des désirs de meurtres ? Un aperçu du monde parrhêsiastique nous permettra de répondre à cette question.

---

47 *Cf.* Ac 26,29 où Paul souhaite à tout un chacun d'être comme lui, *hormis ces liens* (notre traduction) ! On peut comprendre que Paul aspire simplement à une vie plus paisible, pour lui-même et pour les autres. Ces chaînes lui sont en effet imposées, alors qu'il ne se sent (et se sait) contraint par rien ni personne, sauf par le Christ.

LE MONDE DE LA FRANCHISE

CHEZ PHILODÈME DE GADARA, PARLER DE « FRANCHISE », C'EST DÉPLOYER UN MONDE AU SEIN DE LA COMMUNAUTÉ ÉPICURIENNE

Après avoir examiné le *Sur la franchise* en fonction des différents thèmes (le parrhêsiaste, l'auditeur, etc.), il vaut la peine de s'intéresser à la manière dont il exprime certains aspects de la franchise en effectuant un détour du côté de la grammaire. Nous ferons ensuite une sorte de pas en arrière, pour avoir une image d'ensemble.

DÉTOUR PAR L'ANALYSE GRAMMATICALE

Le but du détour que nous allons effectuer n'est pas de tout dire, mais bien plutôt d'affiner l'analyse thématique par quelques apports s'appuyant sur le rôle que certains mots ont dans la phrase. Ainsi, lorsqu'un nom est sujet ou attribut du sujet de la phrase, il prend de l'importance pour l'exégète car *«* le nominatif[1] pose son objet pour lui seul, *de façon* absolue[2] *».* En français, l'expression qui est au nominatif en grec n'est pas forcément le sujet de la phrase, cela dépend du contexte, pour que la traduction soit compréhensible. La situation se présente en grec clairement en deux occasions, avec des noms construits sur la racine grecque qui veut dire *fran*chise. Notons qu'il faut, dans les deux fragments concernés, plusieurs mots en français pour en traduire un seul en grec.

La première fois, il est dit qu'ils ne parlent pas de tout leur cœur mais détruisent une apparence, celle d'être justement des amis de la

1 Le « nominatif » est la manière en grec de montrer qu'un mot est sujet ou attribut du sujet.

2 J. Humbert, *Syntaxe grecque*, Paris, Klincksieck (Collection de philologie classique II), 1960, p. 250 ; les italiques et les gras sont de l'auteur.

franchise. Mais, alors que le châtiment a eu lieu, ils comprennent que l'imitation est chose méprisée (197b)... Dans le Sur la franchise, l'amitié est ce qui soude la communauté épicurienne. C'est aussi un des éléments qui permet au parrhêsiaste d'être franc. Or, dans le fragment que nous venons de citer, les amis de la franchise sont en fait des mystificateurs qui, finalement, déçoivent grandement.

La seconde fois qu'une expression contenant la racine grecque qui veut dire *franchise* est au nominatif, c'est pour dire que les hommes illustres *soupçonnent ceux qui s'entretiennent avec eux sans détour de rechercher la gloire d'être appelés « hommes à la parole franche » et [...] considèrent une telle chose comme étant aussi faite par insolence* (204b)... L'on aurait pu s'attendre à ce que cette désignation d'*hommes à la parole franche* désigne les parrhêsiastes, comme une manière valorisante de les nommer, mais il n'en est rien. C'est au contraire le point de vue des hommes illustres qui s'exprime ainsi, eux qui soupçonnent ceux qui parlent franchement de rechercher la *gloire* dans leur manière d'être *sans détour*. Autant dire que, dans ce contexte, cette appellation d'*hommes à la parole franche* est plutôt péjorative. Philodème aurait pu en tirer parti, en montrant par exemple que le rejet de la franchise par les personnages en vue est bien la preuve de la qualité de ces *hommes à la parole franche*. Mais il ne nous est rien resté de tel.

Il y a un troisième texte à prendre en considération, car il contient une forme grecque proche du nominatif (un génitif absolu). Il est alors question de *la franchise acérée* qui *ressemble fort à l'injure* (167b). Ici, la *franchise* est certes posée comme un sujet du verbe, ce qui lui donne de l'importance aux yeux du commentateur du texte. Cela étant, elle est qualifiée d'*acérée* (littéralement « piquante ; amère ; aigre »), et elle est associée à l'*injure*. Le contexte du fragment décrit ceux qui agissent par malveillance, en particulier les *charlatans* qui déploient une pseudo-*amitié*, une fois que le « terrain » leur a été préparé par la *violence* (au moins verbale). Autrement dit, le fait que la franchise *acérée* s'avère une *injure* dans le cadre d'une relation malveillante sous couvert d'une amitié trompeuse rend évident qu'une telle franchise n'en porte que le nom, sans en proposer les bénéfices.

Nous constatons donc que la *franchise* agissant « seule » n'est plus de la franchise. En effet, l'amour de la franchise sans être soi-même franc (ce qui conduit à une imitation de façade), la pratique de la franchise en dehors du cadre sécurisant de la communauté épicurienne ou encore la franchise qui n'a pas en vue le bien des personnes concernées conduisent à des perversions de ce que devrait être la *franchise* bien comprise. En d'autres termes, la « franchise seule », comme elle se trouve l'être quand il s'agit d'un nominatif, ne fonctionne pas en tant que telle. Parce qu'elle nécessite chez Philodème un cadre fait d'amitié et de bienveillance, avec des interlocuteurs voulant vivre ces valeurs. Un auteur de l'antiquité a dit que parler franchement était à la portée de son pire ennemi. Mais, parler franchement pour faire du bien, voilà tout l'art dont parle Philodème.

CE QU'EST LA FRANCHISE

Comme nous l'avons vu dans l'analyse thématique du *Sur la franchise*, la notion de *franchise* convoque un monde au sein de la communauté épicurienne, avec ses personnages (le parrhêsiaste et ses auditeurs) qui interagissent pour grandir vers la maturité. Ainsi, le terme *franchise* désigne à la fois le processus dans sa globalité (*cf.* 182a et suivants) et la façon particulière de s'adresser à quelqu'un (*cf.* 73b).

Le but du parrhêsiaste est de *diriger la vigueur du caractère propre* de ses auditeurs. Autrement dit, il est question d'améliorer les attitudes, de faire grandir, au-delà de ce que peuvent apporter les *honneurs* du moment. C'est à une transformation des auditeurs que s'attache celui qui exerce la franchise (126b).

Une telle mise en œuvre de la franchise suppose le cadre spécifique de la communauté épicurienne où l'amitié et la bienveillance servent de fondement à la parole. D'ailleurs, même si elle est difficile à mettre en place, la franchise peut elle-même contribuer à ce qu'il y ait une plus grande amitié et davantage de bienveillance (130b). Si la difficulté est surmontée, un cercle vertueux s'enclenche, la franchise produisant de la bienveillance, cette dernière autorisant la première.

L'élément moteur de la franchise est l'avertissement, exprimé dans le manuel de bien des façons, avec un vocabulaire varié. Par voie de conséquence, celui qui est l'objet de la franchise est avant tout celui qui *s'est trompé* et dont on peut diagnostiquer le mal pour le traiter efficacement (171b).

Néanmoins, le rôle de chacun n'est pas figé. Il se pourrait ainsi que les auditeurs fassent preuve de franchise, par exemple pour exposer leurs fautes au parrhêsiaste (151a). Un autre cas de figure est examiné pour ce qui est de la relation du parrhêsiaste avec ses amis : peut-il tout leur dire à son sujet (162a) ? En allant encore plus avant, le manuel aborde la question de la franchise entre parrhêsiastes (189b).

Pour ce qui est du style du discours franc, la fermeté est parfois nécessaire, parce que la qualité des interlocuteurs impose une telle manière de faire (162b). D'autres fois, force est de constater que la franchise peut être détournée et devenir semblable à une injure. Les charlatans trouvent alors là une brèche par où s'engouffrer, profitant du désarroi des auditeurs qui se laissent berner par une pseudo-franchise (167b). La franchise, bien ou mal exercée, est donc utilisée pour convaincre les auditeurs en vue d'un changement. Elle ne cherche dès lors pas à *plaire*, contrairement à ce qu'ont l'habitude d'entendre les hommes illustres (204a). Autrement dit, l'exercice de la franchise oscille entre fermeté et adaptabilité au public visé (107b), sans devenir injure ou démagogie (182b).

Ainsi, lorsqu'il est question de « franchise », de « parler franchement » ou d'« user de franc-parler » dans le manuel *Sur la franchise* de l'épicurien Philodème de Gadara, c'est tout un monde qui est convoqué. Cet univers est dévoilé et explicitement articulé par l'auteur au sein de la communauté épicurienne.

Ceci étant établi, nous pouvons maintenant nous intéresser à la mise en œuvre, dans les Actes des Apôtres, de la franchise et la comparer avec ce que l'on observe dans le traité de Philodème.

LE MONDE DE LA FRANCHISE DANS LES ACTES DES APÔTRES AU SERVICE DE LA PROPAGATION DE L'ÉVANGILE

Nous avons examiné les textes des Actes où se trouve le vocabulaire de la *franchise*. Ce faisant, nous avons pu y trouver à chaque fois des thèmes proches de ceux présentés par Philodème, avec toutefois des nuances qui font toute l'originalité de l'œuvre lucanienne. Nous abordons maintenant la question sous l'angle du livre des Actes dans sa globalité, pour voir comment la franchise évolue au cœur même de l'ouvrage.

Nous irons d'abord d'un passage à l'autre, dans leur ordre d'apparition. Et nous mettrons en relief certains points déjà vus précédemment en fonction des thèmes concernés, mais ici regroupés, pour faire ressortir une vue d'ensemble. C'est ainsi que, au fil du parcours, nous verrons certains aspects déjà remarqués dans l'analyse thématique prendre de l'importance, alors qu'ils ne semblaient que peu présents. Ces éléments pourront désormais être affirmés plus nettement, suite à notre confrontation des passages les uns avec les autres. Certaines différences, variations ou omissions, non encore pleinement établies par l'analyse thématique, verront ainsi le jour.

Puis nous survolerons l'ensemble du livre des Actes pour dégager quel est le rôle de la franchise dans cet ouvrage.

FONDEMENTS ET NOUVELLES VALEURS : TROIS RÉCITS EMBLÉMATIQUES

Les deux premiers passages où apparaît la franchise font penser aux « cent jours » d'état de grâce qui font suite à une élection présidentielle. Car, dans un premier temps, tout se déroule bien, même très bien. Le groupe de croyants augmente en nombre de façon considérable, après que Pierre a pu exprimer ce qu'il faut croire de façon claire et argumentée. Rien ne laisse penser que les apôtres vont finalement rencontrer de l'opposition.

Pourtant, à quelque temps de là, dans le troisième récit, bien avant la fin de cette période d'état de grâce, les chefs juifs font preuve de résistance. Ils apparaissent comme les précurseurs de toute une série de violences à venir. Ce ne seront alors plus les chefs juifs qui agiront, mais des auditeurs plus ou moins en colère, quasiment partout où se rendent les parrhêsiastes.

Pour toutes ces raisons, ces trois premiers passages peuvent être considérés comme programmatiques et symptomatiques de la suite du livre des Actes, c'est-à-dire qu'ils annoncent le déroulement des chapitres suivants.

AC 2,29 : UNE FRANCHISE EXEMPLAIRE, QUI CONDUIT À LA CONVERSION DE MILLIERS

Alors que la dernière page de l'Évangile n'est pas encore sèche, et que l'Esprit vient à peine d'être répandu, Pierre se lance dans un discours où il fait appel à la franchise pour affirmer un inimaginable et un impensable !

L'inimaginable, c'est que Jésus, celui qui a tout juste été crucifié, c'est-à-dire qui est devenu moins que rien aux yeux de tous, est en fait paré d'un honneur hors de toute proportion, jusqu'à siéger à la droite de Dieu (Ac 2,34). L'impensable, c'est que ce même Jésus est en réalité Messie et Seigneur, de par la volonté divine (v. 36).

Tout dans ce récit se passe de façon idéale :

- les auditeurs représentent un Israël unifié et pris dans sa globalité ;
- l'analyse que font les uns et les autres des événements (ce que nous avons appelé l'analyse préalable) n'est parasitée par rien ;
- la démonstration du parrhêsiaste, pourtant particulièrement osée, devient un fondement solide pour chacun ;
- Pierre se présente comme un parrhêsiaste, respectueux de la foule et tout en retenue, contrairement à son portrait dans l'Évangile ;
- les réactions à la franchise sont toutes positives, allant jusqu'à de franches (*sic*) conversions ;
- l'église, formée en réponse à la franchise de Pierre, se confond pratiquement avec les auditeurs initiaux, tant les chiffres avancés sont faramineux.

Il y a, à peine visible, une toute petite ombre au tableau. L'origine de Pierre est en effet mentionnée, lui qui est un Galiléen. Alors que Luc soulignera plus tard ce que cela implique quant à sa réputation qui est alors mauvaise (*cf.* Ac 4,13), ici cela n'entraîne aucune conséquence.

Alors, est-ce que, pour autant, « tout va pour le mieux, dans le meilleur des mondes possibles » ? Non, Luc n'est pas candide, et il ne dresse pas un portrait idéalisé des débuts de l'Église. Il ne manquera d'ailleurs pas de raconter certaines tensions qui parcourent la jeune communauté croyante. Mais, ce premier temps, sans heurt ni violence, donne à Luc l'occasion de mettre en place les éléments qui seront constitutifs de ce que l'Église croit, y compris pour ce qui est de la manière de le faire entendre à ceux qui sont devant la décision d'y obéir ou non. Et cette manière s'appuie explicitement sur la franchise de son orateur, à savoir Pierre, qui endosse le rôle du parrhêsiaste de façon tout à fait assumée.

De plus, dès le début, le discours franc a pour effet que la bonne nouvelle annoncée se répand au-delà du parrhêsiaste et de ses proches, preuve en sont les conversions par milliers. Cette dynamique centrifuge est caractéristique de la geste lucanienne et tranche avec la franchise philodémienne qui se maintient de façon centripète au sein du groupe épicurien.

AC 4,13 : PREMIÈRE OPPOSITION ? LA FRANCHISE RESSURGIT, PRESQUE CONTRE SA VOLONTÉ

Alors que, pour l'instant, la communauté des croyants n'a rencontré aucune opposition – mis à part quelques moqueries face au parler en langues étrangères (Ac 2,13), quolibets qui n'ont apparemment pas eu de conséquences –, voilà que les chefs juifs interviennent avec toute l'autorité qui est la leur, emprisonnant Pierre et Jean (4,3). Il semble en effet que le cauchemar, que les chefs n'ont même pas envisagé, prenne forme sous leurs yeux, par l'intermédiaire de Pierre et de Jean : ce Jésus, dont ils se croyaient débarrassés une bonne fois pour toutes, voilà que deux ignares Galiléens le font revivre.

Alors que le personnage du parrhêsiaste d'Ac 4 se construit, devant les chefs juifs, en partie sur le crédit acquis par Pierre auprès du peuple en Ac 2, sa franchise est néanmoins cette fois-ci ouvertement méprisée. Pourtant, elle semble surgir comme si Pierre et Jean n'avaient pas eu conscience de l'exercer. Ce sont en effet les chefs qui la constatent et qui s'en étonnent, parce qu'ils savent d'où viennent ces parrhêsiastes, qui le sont apparemment malgré eux. Or tous les éléments de la franchise de Philodème sont bien présents. Il ne fait aucun doute que le lecteur peut rejoindre les chefs juifs quant aux conclusions qu'ils tirent à propos du fait que Pierre et Jean se comportent comme deux parrhêsiastes.

Qui plus est, la façon d'exercer cette franchise, quand bien même ils n'en seraient eux-mêmes pas conscients, est très détaillée par Luc. Il montre en effet que Pierre reprend tous les éléments de son contexte pour les réinterpréter ou les réorienter. Il poursuit ainsi son œuvre de réhabilitation de l'image de Jésus devenu Christ. Du même coup, il esquisse un portrait des croyants, quand il démontre qu'ils ont accès au nom et au pouvoir de Jésus.

Désormais, c'est non seulement le contenu du message de l'Église primitive qui est établi, mais aussi la stature des croyants qui est déployée, comme étant nourrie à la fois de l'Esprit et de la présence du Christ. Les chefs juifs ne sont d'ailleurs pas dupes, ils se rendent bien compte qu'il y a là un danger pour eux. C'est pourquoi, aussi, la résistance au message des apôtres voit le jour, d'abord sous forme de menaces et d'interdictions. Il ne faudra pas longtemps pour qu'elle se durcisse et pour que les croyants en viennent à craindre pour leur vie.

Ici, comme déjà en Actes 2 puis dans les autres récits, nous avons une différence fondamentale entre la franchise philodémienne et celle de Luc. La franchise lucanienne s'inscrit en effet dans une dynamique centrifuge et déborde le seul cadre d'une communauté bien délimitée, car elle est en fait au service de la diffusion de la Parole.

AC 4,29.31 : LA FRANCHISE, SOLUTION POUR ALLER DE L'AVANT DANS CETTE NOUVELLE FOI

Les deux récits précédents montraient le parrhêsiaste en prise soit avec le peuple (Ac 2), soit avec les chefs juifs (4,5-14). Ici nous avons un groupe de croyants, dont nous ne connaissons pas le nombre, qui s'adresse directement à Dieu. L'objet de leur prière est de demander de recevoir de la franchise pour continuer de dire la Parole de Dieu. En d'autres termes, malgré les dangers qu'ils pressentent, les parrhêsiastes décident de persévérer dans le nouveau chemin qui s'ouvre à eux, et ils s'engagent résolument à assumer le mandat missionnaire de Lc 24,47-48 et d'Ac 1,8 ; on retrouve ici la dynamique centrifuge, c'est-à-dire que la franchise est utilisée pour la propagation du message évangélique.

Pour arriver à ce résultat, Luc décrit leurs auditeurs comme étant finalement tout le monde. Devant l'ampleur de la tâche, la légitimité des parrhêsiastes repose directement sur leur dépendance à Dieu lui-même, auquel les parrhêsiastes se soumettent entièrement. La radicalité qui se dégage de ce portrait, alliée aux phénomènes extraordinaires qui ont vocation à faire apparaître que leur action se situe dans le prolongement même de celle de Jésus, nous pousse à voir dans ce récit le troisième volet d'un triptyque parrhêsiastique inaugural.

UN TRIPTYQUE PARRHÊSIASTIQUE INAUGURAL

Les trois premiers récits qui relatent des échanges parrhêsiastiques (Ac 2 ; au début et à la fin du ch. 4) ont un caractère particulier pour plusieurs raisons discernables par comparaison avec les autres passages du reste du livre des Actes : soit il manque certains ingrédients qui apparaîtront dans les récits à venir ; soit la vigueur et le développement des arguments contraste avec la suite ; soit la radicalité exprimée suggère, elle aussi, une valeur programmatique pour la suite.

Ainsi, l'absence totale d'opposition lors du premier discours de Pierre, juste après l'effusion de l'Esprit (Ac 2), est tout à fait surprenante. Il semble que parfois bien moins sera dit, avec pour résultat une opposition bien plus virulente ! Dès lors, on peut penser que le but premier de la présence de cette argumentation est justement de fournir un solide fondement théologique pour ce qui doit désormais être le contenu du message des envoyés : non plus le Règne de Dieu sans autre précision[3], mais la personne même de Jésus, Christ et Seigneur (2,36).

De même, le deuxième récit (Ac 4,5-14) a pour fonction de mettre en scène les « outils » qui seront dorénavant à la disposition des croyants pour remplir leur mandat missionnaire, tel qu'exprimé en 1,8 : non plus une tunique ou l'acceptation de l'hospitalité[4], mais la puissance du nom de Jésus (v. 10.12).

Enfin, le troisième récit (Ac 4,23-31) est l'engagement formel de la communauté de croyants vis-à-vis de ce que Jésus a ordonné. Le groupe de croyants, dans sa prière, pèse le pour, et surtout le contre, face à l'opposition rencontrée qui s'apparente à celle qui a mis Jésus à mort. Pourtant, malgré cela, elle prend la résolution de poursuivre sa route et demande à Dieu les moyens et le soutien nécessaires pour parvenir à l'objectif qu'elle s'est fixé : dire franchement sa Parole (v. 29).

À partir de ces trois facettes de la franchise – contenu, moyen et objectif –, comment Luc va-t-il continuer de l'utiliser ?

3 *Cf.* le message des envoyés de Lc 9,2 et 10,9.

4 *Cf.* Lc 9,3 et 10,7.

AC 9,27.28 : LA FRANCHISE COMME PREUVE DE BONNE FOI

Avec beaucoup de détails, Luc introduit en Ac 9 un nouveau personnage, Saul. Le récit dépasse ainsi désormais le cadre strict des premiers disciples qui ont connu Jésus, et des gens de Jérusalem qui leur ont fait confiance. Ce faisant, il commence déjà à montrer qu'aucun obstacle ne résiste à l'Évangile. En effet, « à cause de ce qu'il a fait, [Paul] est aussi éloigné des Juifs qui avaient été réceptifs à Jérusalem (Ac 2,37-42), que l'on peut l'être sans être un païen[5] » ! Probablement ne fallait-il rien de moins pour que les païens eux-mêmes finissent par être concernés, c'est-à-dire pour que *les extrémités de la terre* d'Ac 1,8 ne soient pas qu'une notion géographique[6], mais aussi un objectif qui vise à atteindre tout le monde, y compris les moindres[7]. Saul, en cela, est bien l'un des moindres, celui que la communauté de croyants n'a absolument pas envie d'accueillir en son sein.

D'ailleurs, Luc montre bien que la réaction de la communauté de Jérusalem à l'arrivée de Saul n'est pas qu'une défiance le concernant, mais s'apparente carrément à une défiance par rapport à l'agir divin orienté ultimement vers l'horizon défini en 1,8, et donc par rapport au renversement a priori inconcevable pour les disciples qui va conduire à l'accomplissement dynamique centrifuge posé à ce moment-là. C'est dire la force de l'opposition. Comment en effet imaginer partager quoi que ce soit avec un homme tel que Saul, lui qui respirait menaces et meurtres contre les disciples, il n'y a pas si longtemps que cela (Ac 9,1) ?

Dès lors, en plus du rôle de médiation joué par Barnabas, et pour que l'on puisse comprendre pourquoi les croyants cèdent finalement, Luc

5 B. R. Gaventa, *From Darkness to Light. Aspects of Conversion in the New Testament*, Philadelphia, Fortress Press (OBT 20), 1986, p. 67. Gaventa précise d'ailleurs que même les Samaritains et Corneille étaient plus proches de la foi que Saul, les premiers étant hérétiques – mais en relation avec la foi –, le second étant un « demi-Juif » (B. R. Gaventa, *From Darkness to Light*, *op. cit.*, p. 67).

6 C'est l'un des sens que peut revêtir l'expression *extrémités de la terre* (*cf.* J. P. Louw, E. A. Nida (éd.), *Greek-English Lexicon of the New Testament Based on Semantic Domains*, OakTree Software (Accordance) ; United Bible Societies, 1989, p. 611).

7 C'est l'autre sens que peut revêtir l'expression *extrémités de la terre* (*cf.* J. P. Louw, E. A. Nida (éd.), *Greek-English Lexicon*, *op. cit.*, p. 740).

met en scène la manière dont Saul va réagir à la suite de sa conversion. Et il le fait avec beaucoup de soin, et avec des arguments percutants. Tout d'abord, Luc montre Saul se mettant à parler avec franchise autour de lui. Nulle mention d'analyse préalable, cela semble couler de source, comme s'il était tout à fait naturel pour Saul, récemment introduit dans cette nouvelle vie, d'annoncer l'Évangile. Qui plus est, à Damas, la franchise se fait *au nom de Jésus* (Ac 9,27). Cette formulation est unique dans les Actes. Aucun autre parrhêsiaste ne s'exprime de cette façon. Certainement parce qu'aucun autre n'a eu – et n'aura – besoin d'un tel appui, n'ayant pas un arrière-plan aussi désastreux que celui de Saul. Il s'agit ainsi de montrer que la franchise de Paul est bien exercée au nom de Jésus, puis au nom du Seigneur, ce qui accrédite la réalité de son retournement inattendu. Enfin, le parrhêsiaste est montré comme étant dur à la tâche, ce qui est aussi la preuve de la réalité de son engagement. Il ne s'agit en effet pas d'un feu de paille, qui cesserait à la première averse venue. Bien au contraire, voilà le parrhêsiaste immédiatement face à une opposition qui rappelle ses meilleures (ou pires) heures de persécuteur. Cela ne le fera pourtant pas dévier de sa ligne de conduite. Car, arrivé à Jérusalem, il continue de parler franchement *au nom du Seigneur* (v. 28), récoltant le même type de réactions violentes.

Dernière étrangeté du récit par rapport aux autres passages : aucune conversion n'est relatée en réponse à la franchise de Saul. Pas même un petit groupe de nouveaux croyants, quelles qu'auraient pu être leurs origines. Ni d'ailleurs d'attestation divine pour appuyer l'action du futur apôtre. En revanche, que ce soit pour les uns ou pour les autres, pour les croyants ou pour les Hellénistes, la franchise de Saul sert à authentifier la personne qu'il est devenu, un disciple de ce Jésus qu'il persécutait (*cf.* Ac 9,5), désormais déterminé à propager son Évangile. Ainsi, autant son attitude lui attire les foudres de ses auditeurs, autant elle sera son passeport pour être accepté par la communauté croyante de Jérusalem. Au point que, finalement, il y trouvera des *frères* (v. 30), qui veilleront à ce qu'il échappe à ses anciens alliés, devenus ses persécuteurs.

Ce récit se situe à un tournant dans le livre des Actes, entre le triptyque inaugural de la franchise de Pierre et le déploiement de la franchise de Paul. Luc introduit le personnage de Saul, qui deviendra Paul, celui par qui l'Évangile atteindra les nations, une fois que Pierre aura constaté la réalité du phénomène de l'effusion de l'Esprit sur les non-Juifs (Ac 10).

Désormais, la voie est ouverte pour que la communauté croyante accueille même ceux qui n'avaient a priori pas leur place parmi elle. Pour cela, il a fallu vaincre des réticences, non seulement de logique humaine (qui réchaufferait un serpent en son sein ?), mais aussi une forme de résistance à l'œuvre de Dieu lui-même, malgré l'ordre (1,8) pourtant déjà accepté (4,29-30). L'enjeu était de taille. De l'attitude de Saul et de la communauté croyante dépend en effet la suite de la progression de l'Évangile. Mais l'examen est réussi, et le déroulé de l'épisode trace une feuille de route pour la suite. Ainsi, Saul rencontre une opposition nourrie, et le message parrhêsiastique ira toujours de pair avec une résistance plus ou moins acharnée, au point que Luc finira par ne plus y faire attention. La communauté croyante et son vis-à-vis, ceux qui s'y opposent, vont d'ailleurs connaître de moins en moins de frontières en devenant de plus en plus hétérogènes quant à l'origine de leurs membres, car les extrémités de la terre finiront par se trouver réunies en deux peuples, en tension l'un avec l'autre, voire même en opposition. Saul, lui, trouve finalement une nouvelle famille de frères et, comme tous les autres parrhêsiastes, il pourra toujours compter sur eux. Avec des nuances, et en reprenant les aspects de la franchise que Luc n'a pas mentionnés ici (analyse préalable, fondation d'une communauté de croyants) pour accentuer la force de l'engagement de Saul, il est désormais possible d'affirmer que les autres récits vont développer chacun de ces points, jusqu'à ce qu'il ne reste plus que l'essentiel, en conclusion du livre.

AC 13,46 ; 14,3 ; 19,8 : LA FRANCHISE COMME IL SE DOIT

Plus de doutes quant à l'authenticité de l'engagement de Paul, désormais accompagné de Barnabas[8]. D'abord à Antioche de Pisidie (Ac 13,44-52), puis à Iconium (14,1-7), la franchise est en effet utilisée pour annoncer la parole de Dieu. Tous les ingrédients sont réunis pour que tout se déroule comme prévu, sachant que le lecteur est maintenant

8 En Ac 13,13, c'est la première fois que Saul est appelé Paul par Luc, et aussi la première fois qu'il est nommé avant Barnabas au v. 43.

informé que l'opposition féroce fait partie d'une franchise comme il se doit chez Luc, c'est-à-dire de manière centrifuge, en direction de celles et ceux qui se trouvent en dehors de la communauté. Nous avons ainsi :

- une équipe de parrhêsiastes, hommes expérimentés, à qui les responsables de la synagogue ne vont pas hésiter à donner la parole (13,15.42 ; 14,1) ;
- une synagogue, lieu de prédilection du parrhêsiaste judéo-chrétien, dans laquelle il est invité à s'exprimer, aussi du fait de sa commune origine, au moins culturelle, avec les Juifs du lieu ; la prédication s'effectue ici, a priori, *ad intra* ;
- des auditeurs rassemblant soit toute la ville (13,44), soit des Grecs et des Juifs en grand nombre (14,1), ce qui marque la différence avec la franchise que l'on rencontre chez Philodème, du fait précisément de sa dynamique centrifuge ;
- une légitimité fondée sur les qualités personnelles des parrhêsiastes, sur le soutien divin (ils sont apôtres), et sur l'importance de leur message, qui n'est rien de moins que la parole de Dieu (13,46 ; 14,3) ;
- la fondation d'une nouvelle communauté, formée de croyants, mais qui revêt de nouveaux contours dès lors que des païens y prennent la place de juifs qui ont manifesté leur opposition (13,48-49.52 ; 14,1) ;
- une même réaction d'une partie des auditeurs : la violence (13,45.50 ; 14,2.4-5) ;
- une fuite finale des parrhêsiastes (13,51 ; 14,6).

La seule différence entre ces deux récits réside dans la manière d'exercer la franchise. À Antioche, Paul et Barnabas annoncent franchement la sanction faisant suite au rejet de leur message (Ac 13,46-47), alors qu'à Iconium ils persévèrent un certain temps (14,3). En mettant en évidence ces deux éléments, Luc peut ainsi souligner en premier lieu que rejeter le message parrhêsiastique revient à se placer sous le jugement divin et, surtout, à laisser la place à d'autres qui vont pouvoir s'adjoindre à la communauté, en fonction même de la dynamique centifuge initiée en Ac 1,8. En second lieu, malgré la réalité de l'inéluctable séparation qui se fera parmi les auditeurs, il convient de persévérer dans l'exercice parrhêsiastique. La fuite n'intervient en effet qu'une fois le danger devenu extrême, et non au constat du premier rejet, qui pourtant impliquera forcément une séparation.

Pourquoi deux récits quasiment identiques, qui ne font que renforcer, à quelques nuances près, les traits déjà rencontrés auparavant, Luc prenant en plus soin de souligner qu'à Iconium *il se passa la même chose* qu'à Antioche (Ac 14,1) ? C'est bien parce que deux récits peuvent suffire à asseoir sur une base solide le fait que la franchise des Actes contient ces éléments-là (tout comme Joseph fait valoir que deux rêves quasi identiques du Pharaon sont la preuve de la ferme décision de Dieu en Gn 41,32). Cependant, Luc ne s'en contente pas, et ajoute un troisième récit fort proche[9].

Ainsi, à Éphèse (Ac 19,8-10), Paul, cette fois seul, est un témoin de plus en plus expérimenté qui se rend à la synagogue où il a ses entrées du fait de son origine juive. Ses auditeurs ne sont pas décrits, mais la légitimité du parrhêsiaste repose sur les mêmes éléments qu'aux ch. 13 et 14. La résistance est toujours réelle, mais cette fois-ci plus subtile. Luc la décrit en effet de manière à pouvoir mettre l'accent sur l'émergence de deux peuples distincts, mais rappelant deux attitudes de l'Israël ancien. Enfin, la manière d'exercer la franchise de Paul à Éphèse rejoint celle qui a été la sienne avec Barnabas à Iconium, puisque la persévérance est une nouvelle fois de mise.

Ce ne sont donc pas deux récits quasi identiques que nous avons, mais trois. En d'autres termes, Luc, après avoir posé les fondements de la franchise dans son triptyque inaugural et quelque peu idéalisé, montre la franchise mise en œuvre dans différentes villes, cela dans le contexte du mandat missionnaire d'Ac 1,8. Les mêmes éléments se retrouvent à chaque fois, car ils forment le cadre dans lequel évolue le parrhêsiaste qui est fidèle à son appel : dire que Jésus est le Christ (ou annoncer la parole de Dieu ou encore le règne de Dieu, tout cela revient en définitive au même lorsque l'on considère le récit dans son ensemble), en s'appuyant sur la force divine, sachant que certains accepteront les changements qu'une adhésion au message implique, mais qu'une partie de leurs auditeurs s'y refusera et pourra réagir avec une grande violence. Par deux fois (ch. 13 et 14), les parrhêsiastes quittent la ville. La

9 Luc emploie au moins deux autres fois le même procédé. En Ac 10,9-16 et en 11,5-10 (qui est le récit par Pierre de ce qu'il a vécu au ch. 10), Luc décrit en effet comment l'apôtre a vu deux fois descendre du ciel une nappe avec des aliments impurs. Ces deux épisodes sont racontés avec plus ou moins de détails. Puis l'auteur ajoute *cela se produisit trois fois* (10,16 ; 11,10). Luc fait de même pour ses récits concernant la franchise, proposant trois épisodes fort proches en Ac 13, 14 et 19.

troisième fois (ch. 19), Paul reste à Éphèse assez longtemps, ce qui n'ira néanmoins pas sans difficultés. Mais, quelles que soient les réactions à la franchise, l'expansion de l'Évangile continue. La franchise sert ainsi de discours précurseur à la fondation d'une église, discours qui est consacré à l'annonce de l'Évangile à ceux qui ne l'ont pas encore entendu.

Le parrhêsiaste a donc un rôle pionnier, puisqu'il fait progresser l'annonce que Jésus est le Christ, avec toutes les implications que cela entraîne. L'on pourrait alors penser avoir affaire à une sorte de superhéros des Actes, mais il n'en est rien.

AC 18,26 : LA FRANCHISE D'UN DISCIPLE COMME LES AUTRES

Entre trois récits assez semblables quant à ce qu'ils expriment de la franchise (Ac 13 ; 14 ; 19), Luc insère l'épisode concernant Apollos à Éphèse. Certes, ce dernier parle franchement dans la synagogue (18,26), ce qui pourrait faire penser à la répétition de ce qui s'est passé par exemple avec Paul et Barnabas. Mais, malgré toutes les qualités personnelles du parrhêsiaste, il n'est fait état d'aucune conversion, et la communauté de croyants, même si elle est encore rattachée à la synagogue, existe avant sont arrivée.

En revanche, Apollos est remarqué par deux de ses auditeurs. Priscille et Aquilas le prennent en effet avec eux, simplement, pour lui présenter ce qui manquait à son exposé. Ce faisant, Luc montre qu'un parrhêsiaste n'est pas différent des autres disciples et qu'il a, lui aussi, besoin de progresser et qu'il en est capable, puisqu'il sera finalement un « évangéliste accompli[10] ».

De plus, ce récit montre aussi que le parrhêsiaste s'inscrit dans un ensemble qui le dépasse. Paul est passé à Éphèse avant Apollos et y a fondé une communauté (Ac 18,19). Cette dernière va prendre soin du parrhêsiaste nouveau venu, et même l'aider à grandir pour que son ministère prenne davantage d'ampleur. Puis Apollos va continuer sa

10 D. Marguerat, *Les Actes des apôtres (13-28)*, vol. 2, Genève, Labor et Fides (CNT[N] Vb), 2015, p. 190.

route, vers Corinthe (v. 27-28 ; 19,1), une autre ville où Paul a déjà œuvré (18,1-11). De même, Paul revient à Éphèse (19,8ss) et bénéficiera, implicitement, du fruit du travail effectué par Apollos.

En d'autres termes, le parrhêsiaste des Actes est un disciple comme les autres, même s'il est souvent à l'origine de la fondation d'une communauté de croyants[11]. Il a ainsi besoin du soutien de sa communauté, y compris pour ce qui est de sa propre progression, même théologique. Il est aussi un parmi d'autres, œuvrant pour sa part à ce que l'Évangile continue de progresser. Il s'inscrit ainsi dans un processus qui peut avoir commencé indépendamment de lui et qui continuera sans lui.

Luc complète son tableau par un épisode qui amène le parrhêsiaste hors de la synagogue.

AC 26,26 : LA FRANCHISE DE TOUS LES LANGAGES

Le résumé global du récit mettant en scène Paul avec Festus et Agrippa aurait aussi pu être, dans la perspective qui est ici la nôtre, « la franchise d'un prisonnier libre, qui a pour effet d'emprisonner l'auditeur ». Le parrhêsiaste fait en effet preuve d'une grande liberté d'expression, sans tenir compte de son statut de prisonnier. Il a pourtant toutes les raisons de se comporter de façon timide. À l'inverse, ses interlocuteurs sont amenés à réviser leur opinion sur lui. Agrippa va même être sur le point de reconnaître que Paul a raison, mais il ne franchit finalement pas le pas, que ce soit en raison de la fonction qu'il exerce, par peur du qu'en-dira-t-on ou pour quelque autre motif.

La franchise de Paul se caractérise aussi par son adaptabilité à ce que peut comprendre son auditeur. C'est d'ailleurs la seule fois où la franchise est exercée non pas à l'égard d'un groupe, mais d'un individu, en l'occurence le roi Agrippa (Ac 26,26). Ici encore, elle s'exerce *ad extra*, en vis-à-vis d'autorités païennes, comme en Actes 4,13 où l'on a affaire à des autorités juives. De plus, contrairement par exemple à Pierre devant la foule à Jérusalem (ch. 2), il ne se lance pas dans une exégèse de l'Ancien Testament. En revanche, il emploie le langage de la philosophie grecque,

11 *Cf.* Ac 2 ; 13 ; 14.

qui est compréhensible par Agrippa et son entourage, et qui représente un idéal de vie pour ces derniers.

Ce faisant, Luc montre que le message parrhêsiastique n'est pas conçu simplement pour la synagogue et qu'il n'est pas réservé aux Juifs ou à leurs sympathisants. Bien sûr, le mouvement général des Actes, dès Ac 1,8, tend vers une universalisation des auditeurs de l'évangile, et adapte aussi, par conséquent, le message à l'auditoire[12]. Mais, la franchise étant l'un des éléments du discours de l'apôtre et, finalement, quasiment le mot de la fin des Actes, il convenait que Luc donne une dimension universelle aussi au langage parrhêsiastique, ce qui apparaît déjà sous d'autres formes bien avant cet épisode.

Alors que les possibilités de la franchise semblent avoir été toutes exposées, avec cohérence puisque tous les thèmes sont repris avec constance, Luc apporte une conclusion qui, à l'image de son œuvre, est travaillée et riche de sens.

AC 28,31 : UNE FRANCHISE SUBLIMÉE

Quand Paul et l'Évangile parviennent dans la capitale de l'Empire romain[13], la franchise, elle aussi, arrive à son terme. Ou, pour être plus précis, Luc la présente dans une forme qui synthétise tout ce qu'il en a montré jusqu'à présent, et il ouvre des perspectives pour d'éventuels nouveaux développements. Autrement dit, certains éléments disparaissent (le parrhêsiaste ne se déplace plus, il n'y a plus de notion de communauté, il n'y a plus de réactions à la franchise)[14], au profit d'autres, déjà sous-jacents dans les différents récits, mais ici clairement exprimés.

12 Voir par exemple le discours de Paul aux Athéniens en Ac 17.

13 *Cf.* O. Flichy, *L'œuvre de Luc. L'Évangile et les Actes des Apôtres*, Paris, Cerf (CEv 114), 2000, p. 20, à propos du lien entre « l'extrémité de la terre » et « la capitale de l'Empire romain » ; *ibid.*, p. 28, à propos de « Rome [comme] le centre de la terre, la Ville dans laquelle se trouve une borne d'où rayonnent toutes les routes de l'Empire », une autre manière de souligner que l'arrivée de Paul à Rome est bien une conclusion ouverte de l'ensemble « Luc-Actes ».

14 Ce qui disparaît d'Ac 28,30-31 n'est pas programmatique. L'histoire de la pratique du christianisme primitif, puis celle de la chrétienté en général, est là pour montrer

Ainsi, le parrhêsiaste et l'auditeur sont désormais pleinement responsabilisés. Le premier se doit en effet de continuer son activité parrhêsiastique, alors que le second est libre de venir s'y confronter ou pas. L'auditeur échappe donc en quelque sorte au contrôle du parrhêsiaste, et en devient indépendant, ce qui est une différence tout à fait notable avec la franchise telle qu'elle est conçue chez Philodème.

Qui plus est, l'absence de communauté ne marque pas la fin de ce type de fonctionnement. Luc exprime plutôt par là, d'une autre manière qu'en supprimant le fait que le parrhêsiaste va à la rencontre de ses auditeurs, la pleine responsabilité de chacun et que, ce qui importe finalement plus que tout, c'est l'adhésion au message relatif au Royaume de Dieu et au Christ. Des mouvements de foule ont certes eu lieu en bien des récits où la franchise a été à l'œuvre. Et le parrhêsiaste s'est souvent retrouvé face à un groupe, qu'il lui soit acquis ou opposé. Mais l'essentiel n'est pas uniquement là. L'important est aussi ce que chacun est amené à faire, à croire, à accepter ou à rejeter. La manière dont Luc décrit cette dernière franchise absorbe ainsi à la fois le groupe et l'individu. L'auteur montre ainsi que l'important n'est plus la manière de transmettre ou de recevoir de message, mais l'adhésion à son contenu.

Enfin, si aucune réaction à la franchise de Paul n'est exposée, pas plus négative que positive, Luc donne une piste de réflexion en précisant que la franchise est caractérisée par le fait qu'elle se déroule *sans obstacle* (Ac 28,31). Non pour dire que, désormais, une autoroute s'ouvre devant l'Évangile. Mais pour affirmer qu'aucune opposition, de quelque ordre que ce soit, ne pourra plus empêcher l'expansion du message concernant le Règne de Dieu et le Seigneur Jésus Christ.

Ainsi, cette dernière franchise englobe toutes celles qui ont précédé, et elle est un envoi vers d'autres extrémités[15]. À l'image de Saul devenu Paul, du moindre devenu modèle, le lecteur peut désormais se reconnaître dans les activités parrhêsiastiques de la conclusion des Actes. Reprendra-t-il pour autant le flambeau qui lui est ainsi tendu ? L'Histoire raconte qu'il a effectivement emprunté cette voie.

---

que perdurent à la fois les itinérances (que ce soient des conducteurs d'assemblées, des paroissiens ou des doctrines), les communautés (sous bien des formes), et les réactions à l'Évangile (par des conversions ou, au contraire, par des persécutions). Mais Luc a un projet théologique en présentant sa conclusion de cette manière.

15 *Cf.* Ac 1,8.

LA FRANCHISE DES ACTES : CONSTANTE DANS SON ÉVOLUTION

Luc, dans son usage de la franchise, procède à deux mouvements apparemment contradictoires, qui se complètent pourtant harmonieusement.

La première élaboration de Luc consiste en effet à construire une franchise structurée d'éléments qui se répètent. Il donne ainsi des contours constants à ce qu'exprime cette notion. La répétition des thèmes d'un récit à l'autre, avec des nuances ici et là, démontre une cohérence permise par une connaissance approfondie des rouages de la franchise. Ainsi Luc n'utilise pas le vocabulaire de la franchise comme s'il s'agissait d'une vague manière de parler, ou d'une idée passe-partout interchangeable avec une autre, ou d'un terme neutre sans interaction avec son contexte. Au contraire, Luc procède avec précision. Consciemment ou non, tant la franchise était communément comprise à l'époque[16], il structure un récit où s'entrecroisent quasiment toujours les mêmes thèmes, dessinant ainsi une franchise au contenu caractéristique. La franchise rejoint en cela l'Évangile, lui aussi identique dans l'ensemble des Actes.

À cause de cette constance des éléments qui la composent, le second mouvement concernant la franchise met en évidence qu'elle peut être aisément adaptée à chaque récit. Ainsi, racontant les débuts de l'évangélisation, dans un temps où tout semble encore idéal, ou des situations en prise avec des circonstances plus adverses, Luc utilise la franchise pour montrer l'adaptabilité dont font preuve ceux qui ont accepté de répondre positivement au mandat d'Ac 1,8. Quels que soient les lieux, les défis, les oppositions ou les adhésions, la franchise leur permet d'annoncer ce qui compte le plus à leurs yeux : l'Évangile. Franchise et Évangile se rejoignent de nouveau, rencontrant des contextes fort variés, sans pour autant concéder quoi que ce soit aux circonstances.

La franchise des Actes est ainsi indissociable du message qu'elle véhicule. Elle est étroitement liée aux réactions que l'Évangile suscite, et elle se déploie grâce aux qualités exceptionnelles, notamment

16 Preuve en est l'absence d'explication donnée dans tout le Nouveau Testament alors que les termes *franchise* ou *parler franchement* y sont présents quarante-deux fois. La signification du vocabulaire parrhêsiastique devait probablement être évidente pour tous.

humaines et spirituelles (avec toujours la présence de l'Esprit saint) de ses parrhêsiastes.

Alors que nous avons vu sous différents angles – thématiques pour une grande part, puis en prenant le livre des Actes dans sa globalité – que la franchise de Luc offre une grande cohérence et occupe une place signifiante dans le récit des Actes, nous allons décrire le lien qu'elle a, ou qu'elle n'a pas, avec la franchise philodémienne.

LA FRANCHISE DES ACTES DES APÔTRES ET CELLE DU *SUR LA FRANCHISE*

Tout au long de notre étude, nous avons mis en relation la franchise des Actes avec celle de Philodème de Gadara. D'ailleurs, notre étude elle-même est construite d'après ce que nous avons discerné dans le *Sur la franchise*. Néanmoins, nous avons aussi rapidement constaté des écarts.

Pourtant, c'est parce que les thèmes dégagés du *Sur la franchise* pouvaient effectivement servir de grille de lecture des récits des Actes que nous avons pu mesurer ces variations. Reprenons dans l'ordre les thèmes philodémiens.

Pour ce qui est des acteurs de la franchise, le parrhêsiaste et l'auditeur sont bien évidemment présents dans tous les passages des Actes. Par contre, ce qui qualifie chacun diffère d'un auteur à l'autre. Le parrhêsiaste philodémien est caractérisé par son attachement à Épicure et par sa vie exemplaire. On ne peut guère dire qu'il en soit autrement pour le parrhêsiaste des Actes, en remplaçant toutefois, bien entendu, Épicure par Jésus le Christ ! Il faut toutefois ajouter tout ce qui concerne les caractéristiques personnelles du parrhêsiaste, que ce soit en positif (appartenance au judaïsme, ou encore, pour Apollos, l'éloquence) ou en négatif (réputation des Galiléens), et ce qu'il a reçu de Dieu (Saint-Esprit et mandat particulier, lié notamment à l'apostolat). Pour ce qui est de l'auditeur, la grande différence se situe au niveau de son degré d'adhésion au message du parrhêsiaste. L'auditeur philodémien est déjà en grande partie acquis à la cause épicurienne (il a choisi de rejoindre le groupe à l'écoute du parrhêsiaste), même s'il lui arrive d'y résister. Tel n'est pas le cas de l'auditeur des Actes : le parrhêsiaste semble « aller à la pêche », s'adressant au tout venant, sans savoir qui va réagir, et comment. Ce qui nous amène au thème suivant, le contexte propice à la franchise.

Chez Philodème de Gadara, le cadre d'exercice de la franchise est très clair : il y a, d'une part, une double légitimité (d'une génération à l'autre, d'Épicure jusqu'au lecteur ; et contemporaine, fondée sur l'exemplarité de la vie du parrhêsiaste pour le groupe qui l'entoure). D'autre part, une communauté amicale et bienveillante existe. L'addition des deux permet un exercice harmonieux et sécurisant de la franchise. Chez Luc, il en va tout autrement. La légitimité du parrhêsiaste et de son message plonge certes ses racines dans la relecture de textes de l'Ancien Testament. Mais elle est aussi prolongée par des manifestations théophaniques et par des dons spirituels particuliers, notamment liés à l'Esprit saint, tout en s'appuyant aussi sur les qualités propres à chacun des parrhêsiaste. Pour ce qui est de la « communauté » où la franchise a lieu, il s'agit plutôt d'un groupe plus ou moins homogène d'auditeurs. Une partie d'entre eux est souvent hostile et s'apparente davantage à ce que la communauté épicurienne considère comme lui étant extérieur qu'à la communauté philodémienne elle-même. En revanche, des croyants s'extraient souvent de ce groupe initial d'auditeurs. L'Église devient, pour les convertis qui la forment, une nouvelle famille. Alors que l'on pourrait s'attendre à ce que la franchise philodémienne y soit exercée, il n'en est cependant rien[17]. Ainsi, si la franchise philodémienne se conçoit comme devant se déployer en interne, au sein de la communauté, à laquelle on est libre de s'adjoindre sans qu'il y ait aucune forme de prosélytisme, la franchise des Actes est quant à elle au service d'une dynamique de la Parole et de l'Évangile qui a vocation à franchir toutes les frontières. D'un côté, on a une conception centripète du déploiement de la franchise ; de l'autre, on a en a une compréhension délibérément centrifuge.

---

17 Entre autres exemples, on aurait pu s'attendre à ce que Priscille et Aquilas exercent une franchise philodémienne à l'égard d'Apollos, pour l'aider à grandir dans sa compréhension du message à annoncer (Ac 18,26). De même, lors du Concile de Jérusalem (Ac 15), où il y a un désaccord entre les frères. Ou pour reprendre Ananias et Saphira (Ac 5). Mais Luc ne saisit aucune de ces occasions pour introduire le vocabulaire de la franchise. Il en est probablement ainsi parce que son projet est autre, non centré sur la vie des communautés en elle-même, mais sur la propagation de l'Évangile. D'ailleurs, tout à la fin de son œuvre (Ac 28,30-31), il n'est même plus question de communauté.

Pour ce qui est des objectifs de la franchise et de ses résultats, le manuel laissé par Philodème permet de s'en faire une idée. En revanche, le récit des Actes, du fait de son style littéraire différent du *Sur la franchise*, donne bien moins de détails à ce sujet. D'ailleurs, la seule fois où les parrhêsiastes des Actes s'attendent à une réaction de la part de leurs auditeurs, ils se trompent ! De fait, les objectifs et résultats de la franchise des Actes se confondent respectivement avec son contenu et avec les réactions qu'elle suscite.

Les deux thèmes suivants sont encore une fois traités par Luc d'une façon qui lui est propre. Ainsi, si Philodème parle de la faute ou, plus généralement, d'un comportement à changer comme étant ce qui fait réagir le parrhêsiaste, à la suite de quoi ce dernier va corriger l'auditeur, Luc ne se place pas dans cette optique. Il aurait certes pu le faire, car le rejet du message évangélique revenait à se révolter contre Dieu, ce qui est une faute du point de vue biblique. Mais il préfère mettre l'accent sur l'annonce de l'Évangile, c'est-à-dire sur la personne de Jésus à la fois Christ et Seigneur. De cette manière, Luc fait tourner les regards vers un nouvel horizon, tout comme il décrit certains auditeurs se tournant vers une nouvelle vie, qu'ils adoptent définitivement[18]. Alors que Philodème fait revenir son lecteur sur le passé, pour qu'il s'amende en vue d'une progression vers la maturité.

Bien que la franchise des Actes ne soit pas celle de Philodème, il nous semble qu'elle peut être mieux comprise et interprétée au travers de ce qui transparaît du manuel épicurien. Ce faisant, ce n'est pas une franchise entre gens d'une même communauté qui est mise au jour, scrutant le passé pour mieux vivre le présent, mais une franchise extensive, qui n'a pas d'a priori quant au public qu'elle vise et qui propose un changement immédiat et définitif en vue de la création ou de la croissance d'une communauté composée de croyants. Sans qu'il puisse être question de dépendance littéraire, Luc s'approprie ainsi certains des ressorts de la

18 Cela dit, l'annonce du message dans les Actes a aussi pour but une *metanoia*, un changement de perception des choses qui oriente certes vers une vie nouvelle mais invite aussi à une rupture avec un passé de rejet de la figure de Jésus et de ce que les Écritures disaient pourtant de lui (pour ce qui est des auditeurs juifs du message, notamment à Jérusalem) ou d'ignorance de ces mêmes Écritures et de celui qu'elles annonçaient (pour ce qui est des auditeurs païens). Cette rupture est conçue comme brutale, à l'occasion du processus de conversion, mais elle est comprise aussi de telle sorte qu'elle s'accompagne du pardon des péchés (voir Ac 2,38 mais aussi 26,17-18).

franchise telle qu'elle est présentée dans le traité de Philodème, cela dès lors que les thèmes qui la composent se rencontrent sous une forme ou une autre dans les Actes. Il adapte toutefois la pratique à son propos, qui n'est pas de décrire le fonctionnement interne centripète d'une communauté, mais de montrer l'expansion centrifuge sans frontière et *sans empêchement* du message évangélique.

CONCLUSION

Au terme de notre étude, nous avons établi que le mot « *franchise* » déploie tout un monde qui lui est propre, et bien davantage que simplement une propriété, un état ou un sentiment.

La franchise de Philodème décrit un processus codifié avec des attitudes qui sont à éviter ou, au contraire, encouragées. Elle met en relation celui qui exerce la franchise avec celui qui en est l'objet, le parrhêsiaste avec l'auditeur, pour que ce dernier gagne en maturité.

L'élément déclencheur de la démarche parrhêsiastique philodémienne est souvent la perception d'une faute. Cependant, l'objectif de la franchise n'est pas la pureté de celui qui en est l'objet, mais sa plus grande maturité. Il est, par conséquent, réducteur de limiter la franchise à la seule critique. C'est pourquoi nous avons choisi de rester au plus près du terme grec et de parler de *franchise*.

LE *SUR LA FRANCHISE* : HYPOTHÈSES VÉRIFIÉES

Alors que la *franchise* est une valeur ancienne dans le monde grec, avec une place de choix dans la cité, puis dans la sphère privée, jusqu'au domaine moral, la découverte du *Sur la franchise* de Philodème de Gadara permet d'en révéler de nouvelles facettes.

Le travail des chercheurs qui a permis de remettre les fragments dans l'ordre a représenté une avancée majeure pour ce qui est de la compréhension du manuel. Ce dernier nécessite cependant encore un travail d'édition conforme aux standards scientifiques actuels, dont nous avons eu un aperçu et dont nous avons pu bénéficier grâce à l'autorisation, que nous a accordée Henry, d'utiliser son ébauche d'édition d'une soixantaine de fragments. Lorsque l'édition sera définitivement fixée, il sera possible de donner de la franchise une interprétation plus assurée que celle que nous proposons.

Néanmoins, nous avons pris des précautions pour exclure les parties incomplètes du papyrus, et donc les moins fiables. L'analyse proposée pour chaque thème est aussi soutenue par un nombre suffisant d'éléments. Nous avons ainsi pu vérifier notre première hypothèse : le *Sur la franchise* est certes un manuel incomplet, mais il est possible d'en avoir une compréhension suffisante pour qu'il serve de point de comparaison avec une autre œuvre littéraire : c'est ce que nous avons fait avec les Actes des apôtres.

LES ACTES DES APÔTRES (ET L'ÉVANGILE DE LUC) : HYPOTHÈSES VÉRIFIÉES ET PERSPECTIVES

REPRISE SOUS CONDITION DE LA FRANCHISE PHILODÉMIENNE DANS LES ACTES DES APÔTRES

La confrontation des récits des Actes contenant le vocabulaire de la *franchise* avec le *Sur la franchise* nous a d'abord permis d'affirmer que l'ouvrage de Philodème de Gadara peut offrir une grille de lecture intéressante pour le livre des Actes des apôtres.

C'est ainsi que nous avons retrouvé dans ce dernier tous les thèmes, dans quasiment tous les passages concernés. Certes, Luc a son propre projet éditorial, c'est-à-dire qu'il poursuit son propre but en écrivant. Ce faisant, il utilise le vocabulaire de la *franchise* de la manière qui lui convient, sans tenir compte de toutes les exigences épicuriennes en la matière. Par exemple, la notion de communauté est très différente dans les deux ouvrages – elle est exclusive chez Philodème et formée du parrhêsiaste et des auditeurs, alors que chez Luc seule une partie des auditeurs adhéreront au message et formeront une communauté de croyants dans laquelle la franchise n'est pas exercée –; la franchise lucanienne est exercée en amont de la communauté de croyants, à l'égard de tout auditeur se trouvant à portée du discours. Il en va ainsi car tel est le sujet de Luc : raconter la naissance et la croissance de l'Église primitive par le biais de l'expansion de l'Évangile. Mais, quand bien même la *franchise* de l'un n'est pas le calque de celle de l'autre, la thématique de la communauté philodémienne en tant que cadre d'exercice de la *franchise* a permis d'entrer dans les textes de Luc d'une manière originale. Il en va de même pour tous les autres thèmes illustrés dans le traité philodémien, qui sont présents chez Luc, ce dernier les adaptant aux exigences de son récit.

Nous vérifions ainsi une autre de nos hypothèses, à savoir que Luc s'appuie bel et bien sur une *franchise* proche de celle reflétée par le *Sur la franchise.* Il le fait tout en atteignant ses objectifs théologiques. Il place ainsi ses récits parrhêsiastiques à des moments stratégiques de son livre. Il se sert d'abord de la *franchise* pour jeter un solide fondement (Ac 2 et 4) sur lequel reposera l'entreprise d'évangélisation dont il se fait fort de rendre compte. Puis, au tournant de son œuvre, il introduit le personnage de Saul (Ac 9), et la présence de la *franchise* permet de donner une stature sans pareille à celui qui deviendra l'acteur principal du reste du livre. Luc utilise ainsi la *franchise* comme l'un des éléments qui permet que le mandat d'Ac 1,8 soit rempli : Rome et les nations sont effectivement atteintes par l'Évangile. Il s'appuie notamment sur le fait que le parrhêsiaste est particulièrement apte à faire face à une variété de situations, tout en restant crédible même s'il est rejeté par une partie de son auditoire. Finalement, Luc entrouvre la porte pour que le lecteur lui-même se saisisse de la *franchise*, puisque rien ne peut désormais empêcher ni la proclamation du Règne de Dieu, ni l'enseignement de ce qui concerne le Seigneur Jésus Christ (Ac 28,31).

LUC, UN AUTEUR ET UN PARRHÊSIASTE ?

Se pose même la question de savoir si l'intention de Luc n'est pas de faire lui-même œuvre parrhêsiastique. Il caractérise en effet comme *exact* (Ac 18,25) le contenu de la *franchise* d'Apollos. C'est de cette manière qu'il décrit son propre projet au début de l'Évangile (Lc 1,3). À y regarder de plus près, nous discernons effectivement dans l'évangile des éléments rappelant la franchise, bien que le terme n'y soit pas présent.

Ainsi, Luc se donne une légitimité en s'inscrivant à la suite d'autres qui l'ont précédé, *depuis le commencement* de ces événements (Lc 1,2). Cette légitimation est d'ailleurs du même type que celle dont a bénéficié Saul puisque le même vocabulaire est employé pour dire que Luc fait un *récit* dans l'évangile et que Barnabas *raconte* ce qu'a fait Saul pour le faire admettre par les chrétiens de Jérusalem (Lc 1,1 et Ac 9,27). Ensuite, plusieurs éléments ayant trait à la perception des événements sont à relever. Il y a bien sûr la mention de ceux qui se trouvent à l'origine du récit, les *témoins oculaires* (Lc 1,2) qui, forcément, ont perçu au sens propre ce qui se déroulait littéralement sous leurs yeux. Nous venons de le dire, ils participent avant tout à la légitimation de l'auteur.

Puis il y a l'analyse que fait Luc : *il lui a semblé bon* de donner suite, d'abord, à ce qu'il a reçu de la part des premiers témoins, puis à ce qu'il a personnellement perçu et vérifié (Lc 1,3). Il s'agit bien typiquement là de l'analyse préalable faite par un parrhêsiaste philodémien. Enfin, la capacité de son interlocuteur à analyser la situation est elle aussi sollicitée, tout comme l'auditeur du parrhêsiaste philodémien évalue ce qui se présente à lui pour en tirer les conséquences : il doit en effet *reconnaître* la solidité de ce qui lui est présenté (v. 4). Or, justement, cette *solidité* que Théophile, le premier destinataire de Luc-Actes, doit vérifier, pourrait devenir pour lui le fondement d'une action nouvelle. Mais avant d'être convaincu quant à la conclusion qu'il doit tirer de ce qui lui est présenté dans l'évangile et dans les Actes, un long cheminement l'attend, d'abord avec Jésus, puis avec Pierre, et enfin avec Paul.

Ce faisant, il va voir émerger une pratique et un enseignement qui résument l'Évangile (Ac 1,1). L'aboutissement des Actes concerne en effet la proclamation du Royaume de Dieu et la transmission de ce qui concerne le Seigneur Jésus Christ (Ac 28,31).

Le but de ce cheminement est que le lecteur, et Théophile en premier, se reconnaisse dans le dernier parrhêsiaste présenté, c'est-à-dire Paul qui accueille tous ceux qui viennent. Il est en effet responsable de la continuité de la proclamation et de la transmission, agissant avec *franchise*, sachant qu'aucun obstacle ne deviendra un empêchement à la propagation de l'évangile.

Si l'on prend en compte ces différents éléments, présents en introduction, à la charnière et en conclusion de l'évangile de Luc et des Actes, un projet parrhêsiastique se dessine bel et bien. L'auteur se présente comme un disciple, qui s'est certes mis à l'écoute de ses prédécesseurs, mais qui a aussi vérifié le fondement sur lequel il s'appuie, au point qu'il peut endosser le rôle de celui qui exerce la franchise à l'égard de son lecteur. Ce dernier, quant à lui, est sollicité pour éprouver à son tour la solidité de ce qui lui est présenté au cours d'un long parcours de cinquante-deux chapitres, jusqu'à ce qu'il soit prêt à assumer lui aussi son statut de parrhêsiaste[1].

Une autre question se pose alors : qu'en est-il de la *franchise* dans l'Évangile de Luc ? Nous ouvrons deux pistes, laissant le soin à d'autres d'approfondir cette question. Dans un premier temps, outre ce que nous avons dit sur la présence de thématiques parrhêsiastiques dans le début de l'évangile, il faut noter que le vocabulaire de la *franchise* n'est pas utilisé dans l'Évangile de Luc. Nous remarquons cependant l'importance de la présence du nom *autorité*, ou du verbe *exercer l'autorité*, dans l'Évangile (dix-huit fois) par rapport aux Actes (sept fois), comme si, petit à petit, l'autorité cédait la place à la franchise.

D'autre part, Jésus est *rempli d'Esprit Saint* à son retour du désert où il a été éprouvé (Lc 4,1). Puis il assume pleinement cette situation, disant que l'Esprit du Seigneur est sur lui (v. 18), se déclarant par là même celui que Dieu a envoyé (*cf.* 4,21). Or, Pierre, après l'effusion de l'Esprit, affirmera que Jésus, le ressuscité, est celui qui a répandu l'Esprit (Ac 2,33), ce dernier étant pour les parrhêsiastes postpascaux une condition impérative pour qu'ils soient francs. Nous avons donc ici un lien possible entre Jésus et la franchise, Jésus étant à la source de ce qui permet la franchise.

On peut se demander dès lors si toute l'œuvre double à Théophile n'est pas à concevoir elle-même comme une œuvre ayant fonction parrhêsiastique dès lors qu'elle répercute le message de Jésus lui-même et de ses témoins, et a vocation à permettre à chacune et à chacun de vérifier la solidité des enseignements reçus (Lc 1,4), enseignements qui concernent précisément le Seigneur Jésus Christ et la proclamation du Royaume de Dieu qu'il a initiée et dans la dynamique de laquelle chacune ou chacun est invité à entrer (Ac 28,30-31).

1 Peut-être peut-on aller jusqu'à dire que le message lui-même, et, par extension l'œuvre double à Théophile, qui rapporte en quoi il consiste et comment il s'est déployé, se substituent finalement au parrhêsiaste philodémien, la finale des Actes pouvant tout à fait être lue dans cette perspective.

LIMITE ET ÉCUEIL POSSIBLE À NOTRE RECHERCHE

La principale limite de notre recherche tient au *Sur la franchise* lui-même à cause, d'une part, de l'état fortement dégradé du papyrus qui le contient et, d'autre part, de l'absence d'édition scientifique moderne fiable pour l'instant.

Nous avons essayé d'atténuer les effets négatifs liés à cette situation en élaborant une méthode nous permettant de trier dans les éditions existantes ce qui devait être pris en compte, et d'écarter ce qu'il valait mieux laisser de côté.

Pour ce qui est des écueils possibles, le principal aurait été d'avoir forcé le sens du texte biblique, pour y relever absolument des traces de franchise. J'étais prête à toutes les conclusions possibles, y compris à ce que le livre des Actes n'ait absolument rien à voir avec le *Sur la franchise* de Philodème de Gadara. Mais j'ai finalement obtenu des résultats concluants.

Pour m'assurer que je ne lisais pas les textes en dépit du bon sens, je me suis efforcée de justifier toutes mes affirmations par des appuis textuels. Ce faisant, nous avons pu avancer pas à pas, thème après thème, un passage après l'autre et, finalement, aboutir à la conclusion qu'une *franchise* du type de celle exposée dans l'œuvre philodémienne est utile pour mieux comprendre le livre des Actes des apôtres. Et, là où elle s'en éloigne, elle peut encore être évaluée à l'aune de la thématique philodémienne.

Il ne s'agit pas pour autant de rejeter tout autre système parrhêsiastique, ni même de dire que seule la *franchise* de Philodème, ou que seule une notion épicurienne de la *franchise*, aurait influencé l'auteur des Actes. En effet, nous l'avons vu, Luc propose un récit qui donne une couleur particulière au vocabulaire concernant la franchise. L'enjeu de ma recherche n'était pas d'examiner quelle part de telle conception de telle école philosophique, épicurienne ou autre, était prise en compte par Luc. J'ai donc concentré mon attention sur l'intérêt, finalement avéré, du manuel *Sur la franchise* pour décrypter la franchise dans les Actes des apôtres. Il y a ainsi nettement des rapprochements entre les notions des Actes et celles du *Sur la franchise* ou des adaptations de la franchise que Luc a faites pour répondre aux exigences de son récit et de son projet théologique. Cela étant, la recherche dans ce domaine ne fait que commencer.

NOUVELLES PERSPECTIVES

Le premier travail qui doit être fait, avant d'aller plus loin, est l'édition complète et définitive du *Sur la franchise* selon les standards scientifiques actuels. Une fois que cela sera acquis, plusieurs pistes s'ouvriront aux chercheurs. La compréhension alors affinée que l'on pourra en avoir viendra probablement confirmer qu'il est possible de le comparer à d'autres œuvres littéraires.

D'ailleurs, ayant analysé le *Sur la franchise* tel qu'il se présente aujourd'hui, et ayant déjà vérifié qu'il peut éclairer une autre œuvre littéraire, en l'occurrence les Actes des apôtres, la voie est désormais ouverte pour examiner d'autres textes contenant le champ lexical de la franchise, à la lumière de ce qu'en dit Philodème de Gadara. Les textes sont divers, allant notamment des historiens Diodore de Sicile et Flavius Josèphe au commentateur Philon d'Alexandrie : j'ai ainsi recensé près de quatre cents passages d'auteurs ayant écrit entre le premier siècle avant et le premier siècle après Jésus-Christ et employant le vocabulaire de la franchise.

Bien entendu, d'autres livres bibliques contiennent également le vocabulaire de la franchise. La *franchise* est présente quarante-deux fois dans le Nouveau Testament : une fois dans Marc (Mc 8,32), neuf fois dans Jean (Jn 7,4.13.26 ; 10,24 ; 11,14.54 ; 16,25.29 ; 18,20), quatorze fois dans les Actes (Ac 2,29 ; 4,13.29.31 ; 6,10 [Codex de Bèze] ; 9,27.28 ; 13,46 ; 14,3 ; 16,4 [Codex de Bèze] ; 18,26 ; 19,8 ; 26,26 ; 28,31), deux fois dans la seconde lettre aux Corinthiens (2 Cor 3,12 ; 7,4), trois fois dans Éphésiens (Eph 3,12 ; 6,19.20), une fois dans Philippiens (Ph 1,20), une fois dans Colossiens (Col 2,15), une fois dans la première lettre aux Thessaloniciens (1 Thess 2,2), une fois dans la première lettre à Timothée (1 Tim 3,13) et une fois dans Philémon (Phm 8), quatre fois dans la lettre aux Hébreux (He 3,6 ; 4,16 ; 10,19.35) et quatre fois dans la première épître de Jean (1 Jn 2,28 ; 3,21 ; 4,17 ; 5,14). Chaque passage mériterait d'être relu à la lumière du *Sur la franchise*, au moins pour vérifier si les différents auteurs du Nouveau Testament n'ont pas utilisé tout ou partie de la conception de la *franchise* que reflète le traité philodémien.

Enfin, pour ce qui est des Actes, il serait intéressant d'étudier les épisodes que j'ai passés sous silence, pour déterminer pourquoi Luc n'y associe pas la franchise, alors que certaines séquences sont proches de celles que nous avons commentées. Nous aurions alors une lecture plus complète du livre des Actes que celle que je propose, et il serait peut-être possible de mieux dessiner le projet de Luc en la matière. Et, comme je l'ai suggéré, une telle entreprise devrait aussi approfondir la lecture de l'Évangile de Luc.

UNE DERNIÈRE HYPOTHÈSE

Pour le premier lecteur du livre des Actes des apôtres, lire un récit contenant le vocabulaire de la *franchise* devait probablement immédiatement faire surgir un monde, avec ses acteurs, ses tenants et ses aboutissants. Cela devait être tellement évident que pas un seul auteur du Nouveau Testament n'a jugé utile d'expliquer de quoi il s'agissait, bien que les emplois soient nombreux et extrêmement variés : nous avons ainsi la *franchise* qui est en relation avec la fierté (2 Cor 7,4), ou celle qui s'oppose à la honte (Phil 1,20), ou la franchise qui expose les autorités et les pouvoirs (Col 2,15), ou encore la franchise acquise par le diacre au même titre qu'un beau rang (1 Tim 3,13) !

Or, vingt siècles plus tard, la *franchise* ne provoque plus aucune réaction chez le lecteur moderne qui, d'abord, ne peut bien souvent même plus la discerner dans les traductions qu'il lit. La TOB, par exemple, traduit le terme grec *franchise* vingt-trois fois par *assurance* (sur les quarante-deux fois où le terme apparaît dans le Nouveau Testament). Cependant, cette traduction par *assurance* pourrait correspondre à un autre terme (*exousia*) en grec. C'est là toute la difficulté lorsque l'on entreprend une traduction. D'autre part, certains contextes du Nouveau Testament semblent, pour l'instant, exiger d'autres interprétations. C'est ainsi que la TOB traduit avec l'idée de *s'affirmer* (Jn 7,4) ou de *hardiesse* (Ac 13,46 ; Eph 6,19.20), de *confiance* (2 Cor 7,4) ou de *liberté* (Eph 3,12 ; Phm 8) ! Et nous avons encore les notions de parler ou d'agir *ouvertement* (Mc 8,32 ; Jn 7,13.26 ; 10,24 ; 11,14.54 ; 16,25.29 ; 18,20) ou *publiquement* (Col 2,15). Avec une telle diversité de traductions, aucun lecteur francophone ne peut discerner qu'il y a toujours le même terme, *franchise*, dans ces différents passages. Et, quand bien même il le pourrait, il ne saurait qu'en penser.

Si notre hypothèse concernant l'évidence que représentait la *franchise* pour le lecteur antique est juste, et que cette *franchise* peut s'interpréter notamment à la lumière de l'épicurisme qui la pratiquait, il faudrait, à terme, revoir les traductions françaises de la Bible et leurs notes explicatives. Cela permettrait au lecteur d'aujourd'hui d'accéder lui aussi au monde de la *franchise*, et à tout ce qu'il recèle de richesses et de profondeur.

ANNEXE

Traduction du *Sur la franchise*[1]

Voici la traduction du *Sur la franchise.*

J'ai laissé :

– les [crochets] là où une partie de mot n'est pas entière dans le fragment mais néanmoins suffisamment présente pour que l'on puisse suggérer le terme en entier,

– les <chevrons> pour des mots qui ne sont pas dans le fragment mais qui aident à la compréhension du français.

D'autre part, j'ai aussi laissé les titres de sections (qui ne font pas partie de l'original, mais qui sont mon analyse du manuel), pour mettre en évidence la logique du *Sur la franchise.* La première section désigne des fragments incomplets au début du manuel : je les ai pas regroupés alors que le grec permet tout de même de voir des séparations au niveau de la structure, même si le sens nous échappe désormais. Il peut arriver qu'une section démarre au milieu d'un fragment.

L'on remarquera aussi aisément que tous les fragments ne sont pas traduits. Il en est ainsi car certains fragments « a », par exemple, sont trop abîmés ou inexistants. D'ailleurs, en d'autres endroits, il ne reste que quelques mots, ce qui rend la compréhension impossible. J'en ai néanmoins gardé trace, puisqu'ils existent.

1 Je suis redevable à Mme Suzanne Loverini Deleuze, agrégée de lettres classiques, pour la qualité de la traduction qu'elle a relue, corrigée et améliorée. Elle a accompli un important travail pour que le texte soit en français correct, ce qui était nécessaire et ce pour quoi je la remercie vivement. Bien entendu, je prends l'entière responsabilité de la traduction telle qu'elle est présentée ci-après.

FRAGMENTS INCOMPLETS

68b – … par une information à cause d'autres raisons et au fil du temps. C'est pourquoi aussi Épicure dit à Polyène, à l'appui d'un canon tout entier… pendant le temps… à leur sujet… ils sont différents pour ce qui est de parler franchement à ceux qui n'agissent pas.
Si, à la suite même de… avant… instrui[re]…
73b – Il arrive en effet aussi que certains n'aient pas conscience de leurs fautes ni ne distinguent ce qui est bon, ce qui [les] amène à la désobéissance. En général, l'homme sage et philosophe parle avec franchise parce que, établissant ses hypothèses par un langage raisonnable, il a montré avec fermeté…
76b – … un sage ne… pas à l'égard de ceux qui s'instruisent… il comprenne… ne… pas… la franchise ? Mais même le devoir est administré…
78b – … et ne pas… ni même aim[er] ou… mais flatt[er]…
85b – … des livres… ne… pas… à l'égard desquels en outre… en effet… ils – c'est-à-dire Léontée, Idoménée, Pythoclès et Hermarque – ont usé le plus de celle-ci[2], aussi comme tenant toutes sortes de ses…
86b – … ils présentent avec bonheur une image…
Et… ne jamais reconnaître… tout… présenter… quelque part, et au sujet du mépris que… et au sujet de la séparation des proches …
87b – … il sera ef[fra]yé… pour [t]i[r]er une conclusion, il fait ce qui ne <le> concerne pas et… [c'est pour]quoi… eux… [cela est demeuré i]gnoré … par eux… il s'est trom[pé] cer[tains]
90b – … et la… [nous] fui[rons] la vie en commun intégrale… conjectur[ant] à partir des… mais presque semblablement ne… pas…
92b –… et/même celui qui ne fait aucun cas de… mais grand cas de… Et ceux qui ont fait du bien au sage…
C'est pourquoi, comment… du salu[t] de ces… pas même Épicure… ?
94b – … inspirés par les paroles des hommes prononcées avec franchise. Il est permis, à partir de ce qui a été dit, d'aborder aussi la question de savoir comment doit se comporter à l'égard de la franchi[se]… à la franchise…

2 Peut-être est-il question ici de la franchise.

96b – <celui qui a vu ? celui qui a commis ?> la faute parlera franchement à celui qui a fait du tort. C'est pourquoi aussi, quand Léontée n'a pas laissé tomber la renommée des dieux à cause de Pythoclès, Épicure fait à ce dernier un reproche modéré et lui écrit la lettre dite « La brillante », commençant à partir de ce que Pythoclès…
97b – mais il augmentera la <franchise ? bienveillance ?> à l'égard de ceux qui sont plus forts parmi les sensibles et de ceux qui ont besoin de bien plus d'attention, mais il usera de la forme sévère de la franchise envers ceux qui sont forts et qui auraient de la peine à changer, même si l'on criait après eux.
98b – … en outre, il présente la… et la… et en comparaison des… du dehors…
101b – … <que ce soit> devant beaucoup ou devant tous, il convaincra les…
102b – non seulement des… mais aussi de ceux qui les chéri[ssent] et qui sont intelligents…
105b – C'est pourquoi est neuve la personne pour laquelle il a de l'affection et il s'y attache de manière tout à fait caractéristique… ils sont soignés plus facilement et plus agréablement… de ceux qui servent de guides … ils s'accordent[3] sur ce qu'ils font… Mais il y a des cas où il dira à quelques-uns des amis de parler et il recommande de…
106b – … Épicure… de Léontée… à Colotès. Puisque le sage transférera un jour sur lui-même une faute sans retenue parmi la jeunesse…
107b – <le sage>[4] exercera le plus souvent son art excellent et diversifié de cette façon. Cependant, il exercera parfois la liberté de parole sans artifice, en estimant qu'il faut courir ce risque dans le cas où <les jeunes gens> n'écouteraient pas autrement. Remarquez bien… ceux qui sont extraordinairement forts et… natu[re] du fait d'un progrès… par désir et…
108b – … réjouir… par la vigilance autour d'eux. Et, après cela, il exposera encore et encore même les choses qui vont avec <la franchise> et qui, difficiles, restent attachées aux personnes de qualité…

3 Il pourrait s'agir de ceux qui sont soignés et/ou de ceux qui servent de guides.

4 Pour ces premières lignes, j'utilise la traduction de M. Gigante, « Philodème : Sur la liberté de parole », *Actes du VIIIe congrès de l'association Guillaume Budé. Paris, 5-10 avril 1968*, Les Belles Lettres (Actes du congrès 8), 1969, p. 208. Je mets néanmoins entre chevrons les termes qui n'apparaissent pas dans le fragment, mais qui sont suggérés par Gigante pour une meilleure compréhension.

109b – … il fera cela à celui qui fait prévaloir la franchise. … le fait de se fatiguer… rien… plus… mais il sera découragé[5] et il ne prononcera pas toujours sans colère ses discours…
110b – … mais, ayant d'abord piqué au vif, il en viendra à faire des reproches contre la louange et, ensuite, il prendra sur lui…
111b – … et en général, après cela, il fera des reproches à celui-là qui tient des propos impies ; à l'inverse, après les mauvais traitements qui irritent celui qu'on avertit, à celui-là aussi il montrera cela clairement. Il arrive en effet que la faculté de réfléchir fasse défaut, selon que… ne… pas…
112b – … se lève pour parler, mais sans rire avec arrogance… les faiblesses… pensant qu'il est à la disposition de beaucoup…
113b – … pour qu'on se serve de la qualité à l'égard de… il n'y a pas de propriété particulière, pas même de ceux qui ont des sentiments[6]… de bienveillance. Quand il ne déçoit pas quelques-uns ou quand il montre très vivement son propre mécontentement, il n'oubliera pas le « bien-aimé » et, dis-je, le « cher ami »… et les personnes semblables, et…
114b – … et… alors qu'ils ont cessé quelque chose, passera-t-il aux… Comment … montrera-t-il… son… ? Et… dire… par franchise… un homme sage… à l'égard des amis, comme Épicure et Métrodore…
116b – seulement… véritablement… et parce que…
120b – … non seulement nous sommes alors incisifs, mais encore nous le faisons jusqu'à ce que nous ayons fait la preuve qu'ils sont purs. Et pour convaincre aussi par les…, mais pas seulement…, car ils ont supporté… la franchise…
121b – … alors qu'il emploie même… en général de tous. Et si la franchise se manifestait… [dav]ant[age] par d'autres, ne… pas ainsi grâce à [n]os… et si par la… manifestée…
122b – Ô enfant, rejette de même sans trouble une nourriture étrangère. Et s'ils n'ont pas leur content, quand ils ont reçu intégralement nourriture et secours appropriés autant qu'il était possible, mais s'ils essaient aussi d'injurier, en le tournant en dérision, et d'outrager le sage qui dépend d'eux…
123b – … il faut par nous… la nature… et de ce qui est immuable comme… à ceux qui cèdent… Sinon, alors… même méchant…, s'il

5 Le fragment 109b étant relativement incomplet, nous pouvons comprendre que le découragement touche celui qui fait face aussi bien à la faute… qu'à la franchise.

6 Il pourrait y avoir ici la place pour un adjectif.

arrive que… et en plus <s'>il se présente aux autres comme étant celui qui cherche querelle… et…
124b – … par des propos… du fait à la fois de leur…, de notre aide – [si du moins] ils pouvaient <être aidés> – et, encore, du pardon obtenu dans les cas où ils se sont trompés, en résumé, en cela Épicure résiste jusqu'au bout à Démocrite et à Héraclide, dans…
125b – … à cause du… à l'opposé, comme cette chose même seule… Mais pour ce qui est de la question de comment celui-là vivra sa vie, il ne vient à bout de rien… de cette façon… il utilise en outre très rarement… Et alors que, toute apostrophe est exclue, de même que… imprécation… absolument toute injure, aussi par absence de raison…
126b – … il transformera d'aussi grands <hommes> en dirigeant la vigueur de leur caractère propre vers d'autres honneurs, que l'à-propos et d'autres choses presque semblables leur donnent. Mais il serait vraisemblablement… si c'est très rare…
127b – … quand il met en lumière des faux pas et d'autres défauts avec dérision ou avec cette arrogance qui va vers plus de méchanceté, il prend soin de ceux qui sont avertis et des… […] capable de discernement à l'égard de celui qu'il a croisé et au milieu de ceux qu'il a rencontrés, il ne vise pas les méchants.
129b – … autres… qui a été en relation… ramenait la tête… il n'aurait pas dit… un autre… d'Alexandre de laquelle des deux façons… s'adresse[r], en langue grecque ou en langue étrangère, et par d'innombrables autres…
130b – … nous ne cherchons à gaspiller notre temps ni au moment opportun, ni …
<Il pourrait s'agir de la fin d'un développement sur le contexte propice à la franchise>
130b (suite) – Et comment, par la franchise, accroître à notre égard la bienveillance de ceux qui sont instruits par le moyen même de parler en toute liberté, c'est difficile, il l'a clairement montré.
131b – … en quelque sorte, alors qu'il observe celui qui éduque, il aura en horreur tous ceux qui sont dans le monde. Plaçons devant nos yeux la différence même qui existe entre un avertissement plein de sollicitude et une ironie qui, tout en étant agréable, est assez mordante pour tout un chacun. Et justement, en effet, quelques-uns sont séduits par celle-ci[7]…

7 Ce démonstratif désigne vraisemblablement l'ironie dont il vient juste d'être question.

132b – … ils font voir dans… qui fait défaut. Mais souvent… et ils expliquent l'acclamation… ne… pas… à toi… « Après je pense selon la raison ! » Aussi, auprès de tels hommes, chaque fois qu'ils les écoutent, d'autres viennent et…

133b – … et si nous montrons de manière sensée que, parmi les nombreuses et belles choses qui proviennent de l'amitié, rien n'est plus grand que le fait d'avoir quelqu'un à qui l'on dira ce que l'on a dans le cœur et qui écoutera quand on parle. En effet, la nature aspire vivement à révéler à quelques-uns ses pensées. Du reste…

134b – … que nous commencions… peut-être et que… à… de celui-ci. Ce que quelques-uns des auteurs comiques ont aussi imité, en faisant monter sur scène des hommes âgés qui meurent sans gloire et qui n'éprouvent aucune pitié pour leurs fils vieillissants.

135b – … mais <l'auditeur[8] fait> moins attention à son propre tort, lui qui est à la fois celui qui a encore un besoin important des choses du dehors et quelqu'un qui, par sa manière d'être – silencieuse – s'oppose à une chose et entrave l'autre… Mais il est accablé des autres choses et… par les…

136b – … des jeunes gens, certes certains sont irrités quand ils sont sur le point de subir un reproche, même s'ils sont vêtus à la mode grecque[9]. Prêtant donc attention à ceci, ils acceptent difficilement ce qui est dit avec franchise et, quand on les a raillés pour cela, certains ne peuvent plus supporter avec bienveillance d'écouter un maître.

---

8 L'ensemble de ce fragment décrit un auditeur. En effet, tous les derniers éléments (*a encore un besoin important des choses du dehors*, *s'oppose*, *entrave*) ne peuvent être attribués qu'à une personne encore en marche vers la maturité et non à un sage. Par ricochet, le premier élément (*<fait> moins attention à son propre tort*) concerne aussi un auditeur, puisque rien dans la phrase ne laisse penser que deux individus différents seraient ici décrits.

9 En 136b, il est question de *jeunes* […] *vêtus à la mode grecque*. Gigante, pour expliquer ce passage, cite notamment Aulu-Gelle : « Je vois […] une barbe et un manteau, le philosophe, je ne le vois pas encore » (Aulu-gelle, *Les nuits attiques. Tome II. Livres V-X*, Paris, Les Belles Lettres [CUFr], 1978, IX 2, 4, p. 115). Autrement dit, « l'habit ne fait pas le moine », et le fait d'être habillé à la mode grecque ne fait pas le philosophe (voir M. Gigante, *Ricerche Filodemee. Seconda edizione riveduta e accresciuta*, 2e éd., Napoli, Gaetano Macchiaroli [ParPassB 6], 1983, p. 99 n. 215).

SUR L'AVERTISSEMENT

UNE DÉFINITION DE L'AVERTISSEMENT

137b –… mais certains, qui avaient commencé depuis très longtemps, donnaient l'impression d'aller jusqu'à avertir – si jamais c'était possible –, comme d'autres ont semblé, soudainement et contre toute attente, guérir toute chose. Mais ce qui semble à tous comme ce qui sera utile, c'est la pique… et cela constitue…
138b –… et ni dire… de lui… la haine contre cela et être dans l'ignorance, ni… des… chacun au sujet de choses justes. Mais, disait-il, tu auras un bon ordre au milieu des autres et avec lui aussi le beau…
140b – … et ils se comporteront… mais ils se comportent… C'est pourquoi peut-être… ils sauvent… difficile, sinon aussi… à l'égard de beaucoup… et les… de beaucoup…
141b – … mais nous chercherons surtout à avertir, même si ce n'est pas d'une façon analogue au sage et au philosophe. Puis, quand quelqu'un parmi de tels hommes a été négligent, nous n'empêchons pas le blâme mais nous ne pensons pas qu'à cause d'un ancien faux pas, on soit tout simplement discrédité à l'égard de l'ensemble du groupe. … et à nous, ni…
142b – … et pensant que le fait d'être sauvés les uns par les autres est un viatique qui conduit à supporter avec facilité et à manifester une grande bienveillance.
Et, puisqu'ils ont jadis obéi aux plus inexpérimentés en ce qui concerne la manière d'être, il leur est utile et avantageux de supporter encore avec bonheur l'avertissement…

CE QU'IL NE FAUT PAS FAIRE EN AVERTISSANT

143b – … ni commencer à partir de son propre tort, ce qui arrive du fait de la plupart des lettrés, ni parler franchement avec arrogance et insistance, ni prononcer des paroles insolentes et déstabilisantes, dénigrantes ou […] même…
144b – … jamais des paroles capables de déstabiliser de fond en comble, ni d'une façon générale en élevant le ton.

Ni, enfin, en rappelant le passé à des gens en colère, parce que ces gens-là, qui sont souvent réprimandés, supporteront <le reproche> et ils supporteront d'être repris par de tels hommes.
Mais… en invitant convenablement à…

LA PART DU FAUTIF POUR QUE L'AVERTISSEMENT SOIT FRUCTUEUX

145b – … [de ne pas] devoir se livrer soi-même à ceux qui servent de guide et de s'approcher de ceux-là seuls, comme s'ils n'avaient pas en vue de se préparer à ce qui est bien. Et il est aussi parfaitement honteux qu'ils s'aident eux-mêmes à maîtriser quelque soin destiné au corps, même si on n'a pas besoin d'un médecin pour tout, mais pour ce qui est de l'âme, de ne pas essayer…
… surviennent les reproches, mais non ceux qui sont prononcés par ceux qui servent de guides. Et ceux qui étudient ensemble savent la multitude de bonnes choses que nous possédons et ils se présentent eux-mêmes pour être corrigés…
146a – Les choses, en effet,… et pas même en leur présence arrive la franchise…
146b – … sans faux détours ses propres fautes et parler d'une manière générale des déficiences.

CONSÉQUENCES DE LA MANIÈRE DONT LE SAGE EST PERÇU PAR LE PUBLIC VISÉ

146b (suite) – S'il a, en effet, considéré cet homme comme seul guide… <et comme> seul sauveur et si, en prononçant le « avec lui, comme compagnon[10] », il a permis que lui-même se soigne, comment ne va-t-il pas lui montrer ce qui nécessite un soin ?…
147b – … bienveillance…

10 Il est question dans le fragment 146b de l'invocation du « s'il m'accompagne » Il s'agit d'une citation de l'*Iliade* (« s'il m'accompagne, tous deux nous sortirions d'un brasier ardent, tant il sait, mieux qu'un autre, avoir d'idées », chant X 246-247) où Diomède dit qu'il réussira si Ulysse l'accompagne. De Witt explique ainsi que « les épicuriens, comme d'autres moralistes antiques, utilisaient des citations de poètes pour soutenir leurs doctrines particulières. Ici, le jeune épicurien recherchant la sagesse sous la direction du sage est comparé à Diomède, partant avec enthousiasme pour son aventure nocturne avec celui en qui il a confiance, son ami Ulysse » (Norman W. De Witt, « Organization and Procedure in Epicurean Groups », *CP* 31/3, 1936, p. 206).

Mais il est alors nécessaire d'agir secrètement d'une façon sans doute très inamicale, et celui qui ne fait ouvertement aucun rapport cache de toute évidence cela aussi au plus éminent de ses amis, et il ne gagnera rien à se cacher. En effet… ne… pas…
148b – … si ce n'est un avare ou un amant… purs… réfutant un discours… et, en plus, d'autres choses dans la même ligne.
Bien des amis intimes voudront aussi faire des révélations, sans même que celui qui sert de guide ne les interroge par sollicitude et, en général…
149b – … biens…

FACE AUX PERSONNES MÉCHANTES

149b (suite) – Si donc il en va ainsi de ceux-ci, comment n'en sera-t-il pas de même des mauvais ? Car, comme cela convient à cause du plaisir de ceux-là, ainsi cela convient aussi grâce à la compassion de ceux-ci, par laquelle nous sommes secourus.
Et, en effet, si… à leur sujet… si rien n'aura…
150b – … ils s'enflamment quand ils s'attachent aux mêmes hommes – c'est-à-dire à ceux qui ne les aiment pas, ne savent pas les corriger et ne persuaderont pas ceux qui sont bien meilleurs –, au lieu <d'être attachés> à celui qui est pur, qui aime tendrement, qui est meilleur et qui sait prendre soin d'eux si… sans obtenir de très beaux salaires…
151a – … ni tout… convie[nt]… il atteindra… de telles choses…

QUE FAIRE DE LA FAUTE ?

FAUT-IL EXPOSER SES FAUTES À CELUI QUI SERT DE GUIDE ?

151a (suite) – Si ceux qui sont en train d'être instruits exposent leurs propres fautes avec franchise à ceux qui servent de guide…
Et… on doit exposer…
151b – … nous en avertirons d'autres avec une grande confiance, même maintenant quand ont aussi brillé ceux qui sont devenus si sévères envers eux-mêmes.

Et le point principal et le plus important, c'est que nous obéirons à Épicure, selon qui nous avons choisi de vivre, comme aussi franc[...
152a – ... d'une part, des choses qu'on ne peut comprendre, inspirant la crainte, se dénouant souvent par les silences mêmes et sans rien faire, d'autre part, des choses en quelque sorte... par la grandeur...
152b – ... ce qui provoque le soupçon à l'égard du sage et, également, de celui qui sert de guide, a besoin de purification. Comment donc va-t-il haïr celui qui se trompe, sans que la situation soit désespérée, sachant qu'il n'est pas parfait et rappel[ant]...
153a – ... il a des sentiments... disposition... personne... philo[sophe] ... De fait, ... utilisant... sage (?)... refusant...
153b – ... nous, nous ordonnions... mais il est à craindre... de telles choses... nous, c'est pourquoi... de faire part des choses mises en doute. Certes, les...
154a – ... rester caché... sans restriction... compagnons... nous... sans restriction... pour eux-mêmes... à cause de quoi...
154b – ... parler franchement...
Ni... aimant le plaisir au point de faire l'apologie de la passion comme font certains des amants.
Ni... certains qui dînent avec <eux> refusent semblablement... la part, mais les choses dignes de considération et... manière d'être disposé, mais s'il examine à fond aussi...
155a – ... comme... je montre quelques-unes des maladies de certains lieux.

FAUT-IL OU NON TRAITER UNE FAUTE EN PRÉSENCE DE LA PERSONNE CONCERNÉE ?

155a (suite) – Et faut-il attribuer entièrement une faute à aucun de ceux qui vivent, ou cela prive-t-il assurément des bienfaits que procurent les avertissements et dont l'importance est si grande ? Mais les camara[des]... aux connaissances...
155b – ... afin qu'ils corrigent...
... et la pudeur... crainte de ne pas aussi...
156a – ... les autres... il est aussi... nous augmenterons... et de leurs... envers lui-même... vante[r]... cach[er]... fautes.
... qui procure un avantage utile... et...
156b – ... on loue Héraclide parce que, jugeant les reproches formulés à partir de ce qui va être évident comme moindres que le bénéfice

que l'on en retire, il avait l'habitude de révéler ses fautes à Épicure. Et Polyène aussi était tel, lui qui assurément aussi… à l'égard d'Épicure, alors qu'Apollonide était négligent.
157a –… mais il est devenu…
157b – … aussi nous avons évité la fausse honte.
Enfin, en effet, il ne considérera pas comme un calomniateur celui qui désire que l'ami obtienne une correction, il n'est pas tel, mais il le considérera comme attaché à ses amis – c'est qu'il sait en effet exactement la différence qu'il y a entre eux[11] –, et s'il n'y a pas d'échange, il le considérera à la fois comme inamical et aimant le mal…
158b – … davantage, en même temps qu'il observe que nous devenons aussi des accusateurs de nous-mêmes, quand nous nous sommes d'une certaine façon complètement trompés.
Mais ce qui fait que la plupart des gens s'efforcent d'agir avec douceur de peur d'être à leur tour calomniés[12] quand il leur faut s'attaquer à celui qui a des pensées…
159a – … avoir de la reconnaissance… sa honte. Mais, pour autant que cela dépende de chacun, il est insensé de ne pas entourer de sécurité ce qui est inamical et acéré. Car, si chacun fait ce calcul, il arrivera que celui qui sauve ne connaisse rien de personne et que tous remédient à tout de chacun. Cependant il faut que celui-ci soit sévèrement gardé… vouloir faire du tort… mis à nu…
159b – … mais… prenons la mesure, afin que nous devenions une bête sauvage à leur égard. En effet, cela ne concerne pas les…, ni les plus jeunes. Ne courons pas vers les maîtres pour paraître bienveillants à leur égard, en leur faisant connaître ce que quelqu'un a dit ou fait contre eux, et même ce qui concerne leurs amis intimes.
Ni…
160a – … il peut… être guéri par nous ou par un autre de ses compagnons d'étude.

---

11 Il s'agit de la différence entre le calomniateur et l'ami.

12 Il est bien évident que ceux qui exercent la franchise ne calomnient pas leur interlocuteur. Le « à leur tour » est ici trompeur et signifie peut-être que la franchise peut être mal interprétée et comprise comme de la calomnie. Or la calomnie a certes les atours de la franchise, car qu'elle semble décrire avec courage une situation. Mais elle agit hors du cadre de l'amitié et de la bienveillance. Pour reprendre un propos de Plutarque, un ennemi sait très bien reprocher des fautes (*cf.* Plutarque, *Adul. amic.* 74c) ; ajoutons, après la lecture de Philodème, que c'est tout l'art de l'ami que de permettre qu'il en sorte un bien.

Ne le faire ni continuellement ni contre tous.
Ni pour chaque faute et pour ce qui survient, ni sans qu'il soit nécessaire d'être présent, ni avec profusion, mais avec compassion…
160b – … nous supposons…

FAUT-IL S'ACCUSER DEVANT LES AUTRES[13] ?

160b (suite) – Étudions s'ils mettront en lumière ce qui les concerne eux-mêmes, les uns et les autres, devant ceux qui sont formés avec eux.
Il faut prendre des précautions pour reconnaître ses propres erreurs devant ceux qui sont formés avec soi. Quelques-uns, en effet, dépourvus d'une compréhension profonde, ne seront pas utiles, peut-être…
161a – … d'eux, ils ressemblent aux maîtres et sont en plus disposés avec bienveillance à notre égard, quand ils ont observé avec attention chaque chose qu'il faut supporter avec élégance. Car ils… sans hésitation, à cause de leur affection, et avec énergie, à cause de leur… il faut reculer…
161b – … et une tendresse à notre égard… n'en présentant pas.
Quelquefois en effet, ces <auditeurs>, en vérité plus utiles que ceux qui sont amicaux en paroles, préféreraient même plutôt mourir que de révéler à quelqu'un quelque chose qui ne devrait pas l'être.
Et, de même, au sujet des…
162a – … donner… en rapport avec ce qui a été dit.

LE PARRHÊSIASTE DOIT-IL ÊTRE FRANC DEVANT SES AMIS ?

162a (suite) – Étudions si un sage confie avec franchise ce qui le concerne à ses amis.
Ce qui est certes cherché par quelques-uns dans l'étude de ce sujet[14], à savoir si un sage confie avec franchise ce qui le concerne à ses amis, on cherche à savoir non convenablement, parce que… au sujet…

---

13 La sous-section 160b-162a concerne les auditeurs, puisqu'il est question de leur interaction avec *ceux qui s'instruisent avec eux* (160b). En effet, le préverbe en grec communique l'idée d'une participation de quelqu'un avec soi à la même action (il s'agit donc bien ici de quelqu'un qui est instruit et qui est en rapport avec d'autres personnes qui sont instruites avec lui), et non l'idée d'un possible décalage (il ne s'agit donc pas ici d'un sage qui serait en relation avec ceux qu'il instruit).

14 Bien que l'extrait 162a soit a priori ambigu et pourrait signifier que le sage parle franchement à propos soit d'un de ses disciples, soit de lui-même, j'opte pour la seconde lecture.

162b – … c'est avec franchise qu'ils placent ce qui les touche eux-mêmes en présence de ceux qui sont formés <avec eux> devant Épicure pour être corrigés.
Néanmoins, si c'est agréable à quelqu'un, qu'on se demande pourquoi, pour être corrigé des fautes que provoque la folie, celui qui se garde pur de tout n'apporterait rien…
163a – … franchi[se]… sage… pas à tous mais à quelques-uns. Et les choses qui sont dites à propos du manque de goût et celles… ce qu'il faut adapter.
163b – … de la réflexion… il ne nous semble pas devoir échouer, lui qui a été choisi pour une maturité de réflexion et d'intelligence.

(TRANSITION) – LE PARRHÊSIASTE PEUT SE TROMPER

163b (suite) – Mais selon que l'on peut à la fois ne pas atteindre le but et passer sur quelque chose qui ne peut être continuellement retenu par une personne… échouera aussi dans la franchise[15].
164a – … du jeune… s'irrit[ant]… mais souvent aussi à l'égard de… selon chacune des choses qui ont été dites… et une erreur arrive avec les plus grands médecins aussi à cause de… eux… seules… il devrait dire, ni ceux qui, une fois ou deux, n'ont pas atteint le but… en effet, quelquefois…
164b – … il a mis la main soit sur… soit sur ceux qui sont retenus par quelques autres dispositions au mal, ce qui est considéré comme

En effet, l'enchaînement des fragments de la section 162a-163bα s'y prête. Il semblerait que le problème derrière cette franchise du sage à propos de lui-même soit une possible perte de sa crédibilité, parce que seraient alors mis à jour des épisodes peu flatteurs. À cela, Philodème répond que l'on ne peut aider si l'on n'a pas soi-même commis de faute (162b) et que, de toute façon, l'actuelle maturité du sage est un gage de réussite (163bα). Par ailleurs, en 161b vient d'être abordé l'exemple d'auditeurs, certes inamicaux, mais allant jusqu'à préférer mourir plutôt que de révéler ce qui ne doit pas l'être. Il serait bien curieux que, juste après, en 162a, le sage se mette lui à dévoiler ce qui concernerait un autre. Pour toutes ces raisons, nous lisons les deux *ce qui le concerne* de 162a comme concernant le sage lui-même.

15 Malgré la relative bonne conservation de cette fin de fragment 163b, le sens est obscur. Je n'appuie donc aucun de mes commentaires sur cette partie.

un signe ; mais ce qui a été conjecturé en raisonnant bien n'arrive pas toujours comme il a été espéré, même si, en toute vraisemblance, on convient très exactement de ce qu'est un langage raisonnable… être d'accord parce que… il choisit de discuter à fond d'une question.
Et…
165a– … mais d'une part quelquefois de leur observation…, d'autre part quelquefois ce que [d']autres croient et… pour… nombreuses origines…
165b – … il est en colère à cause du fait même de pouvoir être en colère contre certains et il parlera franchement parce qu'il a fait en sorte de parler franchement à leur égard, alors qu'un faux pas arrive très souvent de façon équivoque.
Mais pourrait-on mettre au-dessus des autres un homme, si le meilleur peut décliner dans des circonstances extrêmes, quand il craint que quelque chose d'important ne survienne…
166a – … des autres… le but… sauvage… parle franchement en ce qui concerne les reproches… pas en toute occasion… est convaincu… la tentative… s'abstenir…
… ne… pas…

LA FRANCHISE

POURQUOI UN AUDITEUR PEUT-IL HAÏR UN PARRHÊSIASTE ?

166b – … mais il y a aussi des cas où il s'éloignera de la philosophie, et peut-être bien détestera-t-il aussi le sage ; quelquefois, il supportera, sans en retirer le moindre profit, alors que le sage a déterminé qu'il en retirerait.
Aussi, les conséquences, selon moi, surviennent pour de nombreuses raisons. Car, ou ils sont faibles, ou ils le sont devenus, à cause de la souffrance que provoque la franchise, …
167b – … et ont jug[é]… parler franchement… de tels hommes.

RECONNAÎTRE CE QUE LA FRANCHISE N'EST PAS

167b (suite) – Mais pour quelques-uns, comme la franchise acérée ressemble fort à l'injure, c'est comme s'ils étaient injuriés aussi par malveillance.
Pour beaucoup de gens, ce sont aussi des charlatans qui, en se chargeant d'eux après la violence, les détournent et les ensorcellent par toute une gamme de sentiments d'amitié.
168b – … il a causé du chagrin à celui qui est réprimandé sans preuve par ses proches, parce que quelques-uns ne sont même pas affligés sérieusement à cause de l'accusation.
Quelquefois, un succès a pris une autre forme ; souvent, il est devenu même évident à d'autres, alors qu'il n'est pas remarqué par celui qui sert de guide.
À moins aussi que, par hasard, une personne n'ait ignoré ce qui a été reçu ensemble…
169a – … survenir et… ou ceux qui sont fous[16]… d'une part, au-dessus… il sera confiant… d'autre part, échouant à cause de la franchise…
169b – … ou envier ou se moquer ou éprouver un de ces sentiments[17].
Mais le fait qu'il semble <bon> à d'autres que certains soient corrigés par eux est facile à mépriser.

LES CONSÉQUENCES DE L'ERREUR DE DIAGNOSTIC

169b (suite) – Sinon, le sage a aussi parfois parlé franchement alors que ses interlocuteurs n'avaient commis aucune faute, parce qu'il avait fait un raisonnement faux.
Et… franchise… peut-être… raisons…
170b – … et si… ne s'étant pas trompé… C'est à peu près comme si un médecin croit, à cause de symptômes raisonnables, qu'un homme – que voilà – a besoin d'une purge puis, par une interprétation erronée des symptômes, il ne purge plus jamais quand il est atteint d'une autre maladie.
Comme… et à cause de cela même… de nouveau… franchise…

16 L'expression par *ceux qui sont fous* est une locution signifiant littéralement « ceux qui boivent de l'hellébore ». Elle sert à désigner les fous, puisque l'hellébore était une plante utilisée dans l'Antiquité pour guérir la folie.

17 Envie, moquerie, etc.

171a – … de la franchise… conduisant… franchise… alors je ne me suis pas trompé, mais maintenant celui qui me saisit me jugera digne de franchise.
Sinon, par Zeus, il sera effrayé du fait que je n'ai en effet pas erré même tout dernièrement. Je dis… tomb[é]… jeune… foue[t]…

SUR LA NÉCESSITÉ DE S'Y REPRENDRE À PLUSIEURS FOIS

171b – … il usera de nouveau <de franchise> à l'égard du même homme. Mais si, alors qu'il s'est trompé, il n'a pas prêté l'oreille à la franchise, il lui parlera de nouveau franchement.
Un médecin, en effet, qui, sur la même maladie, n'a obtenu aucun résultat au moyen d'un clystère, recommence à purger.
C'est pour cela qu'il parlera de nouveau franchement, parce qu'auparavant il n'est venu à bout de rien, et il fera cela encore et encore, afin que, si ce n'est maintenant, <ce soit> au moins plus tard…
172a – … parler franchement… dire… honteux… certes dompt[ant] des poulains… dompt[eur] d'être humain… désobéissance du jeune homme au sujet de…
Donc, en effet, il… être découragé par… celui/ce qui a cessé.
Beauc[oup]… capa[ble]…
172b – … il usera de… avoir ainsi atteint, mais souvent, de manière contraire. Et, parfois, ayant même fait, soit… la fois précédente, soit la deuxiè[me] fois mais, vraisemblablement, la troisième fois mènera à la maturité.
Et s'il a désobéi, alors à l'acmé de sa passion, maintenant, quand elle s'est relâchée, il sera ramené.
Et il a désobéi parce que … les choses contraires… ment[ant]…
173a – … et là, au milieu de beaucoup d'amis… la franchise et de nouveau…
Et au milieu de ceux dont il n'avait pas besoin…, mais il se tiendra au milieu de ceux dont il a subi le reproche.
Bien plus, alors que l'un des autres devient impossible à examiner avant d'être abandonné – incurable –, après cela… il a été sensé, alors que le pressentiment est devenu raisonnablement…
173b – … mais plus tard, il renoncera et obéira à l'avertissement.
Accablé alors par les sentiments d'orgueil ou qui sont en général un obstacle, il sera ensuite soulagé et écoutera.

S'il a alors éprouvé des sentiments pervertis, il n'en éprouvera plus aujourd'hui.
Et auparavant…, il n'a pas fait… d'une manière égarée, plus tard il a été pris en flagrant délit…
174a – … ceux qui sont corrigés…
Et ces choses certes à l'égard de… et il a été dit de parler franchement encore et encore.
Mais qu'il soit prêt, car même… ce qui convient à l'affirmation… de soi-même… celui qui sert de guide… en étant poli, tendrement attaché aux amis et…
174b – … en même temps… qui sera ainsi augmentée, en résumé celle[18] qui vient des autres et de ceux qui sont témoins de sa constance, mais qui sera diminuée, s'il s'abstient de secourir avec promptitude celui qui échoue.

LA FRANCHISE À L'ÉGARD DE CEUX QUI NE LA SUPPORTENT PAS

174b (suite) – Étudions s'il parle franchement à ceux qui ne supportent pas un langage franc.
Et à celui…
175a – … manière d'[être]… hont[eux]… plus grand… apprivoi[ser]… avec persévérance des personnes en vue d'une ami[tié]… ils secourent avec habileté ceux qui sont indifférents à être soignés…
Si…

LA FRANCHISE EST UN ART PLEIN DE NUANCES QUI ASSOCIE LOUANGES ET EXHORTATIONS

175b – … en résumé, alors que la bonne méthode – telle que nous la présentons – a toute une gamme de nuances, qu'elle est mêlée d'abondantes louanges et qu'elle exhorte à agir conformément aux qualités que l'on a, comment ne pas rappeler de telles actions ?
Et à l'égard des… donnés… pour un langage franc…
176b – … à l'égard de ceux qui, aussi bien pour ce qui est des arguments raisonnables, s'attendent à ne pas…, imitant les docteurs qui guérissent

18 Henry suggère qu'il s'agit de la bonne volonté, de l'amitié ou de l'admiration (W. B. Henry, « Re : Péri Parrhêsias », 30 avril 2014).

celui dont on pense raisonnablement qu'il ne sera pas délivré de la maladie et, de même, il exhorte aussi ceux qui… raisonnablement…
177a – … crain[t]… stagnation… un peu éprouver de soulagement… empêch[er]… mal, ne… achèv[ement]… avert…
177b – … souvent… deven[ant] incurable… quelque chose aussi jusque… vers les amis et surtout vers ceux qui servent de guide.

LES RELATIONS ENTRE LE PARRHÊSIASTE ET CEUX QUI SONT EN COLÈRE CONTRE LUI

177b (suite) – Comment aura-t-il des relations avec ceux qui sont en colère à son égard à cause de sa franchise ?
Lors donc il arrive, quand le sage a parlé franchement, que quelques-uns soient disposés avec colère à son égard ; s'ils ont une colère qui persiste…
178a – … usant de… parce que… l'homme qui tient compagnie avec une véritable… est bien supérieur à un troupeau de disciples ailés.
D'autre part, s'<il s'agit de la colère[19]> qui est supportable et qui a une fin prévisible, il ne s'irrite pas à son tour d'une colère pleine de haine, mais de celle qui blâme les sottises.
178b – … pareillement, ayant observé… celui qui est formé… il aurait honte. Il supportera ce qui arrive avec mesure et non comme si cela n'avait pas de raison d'être, car il sait à l'avance qu'il est naturel que beaucoup de jeunes gens secouent le joug et il se repose sur les autres manières que nous employons pour ce qui est de la question de comment…
À l'égard de…
179a – … franchise… et maintenant… il enseignera ces choses… atteindre comme…
179b – … c'est pourquoi aussi Épicure écrit à Idoménée de former le vœu de vivre jusqu'à ce temps-ci.
Et il montrera en parallèle[20] combien furent nombreux ceux qui se sont misérablement perdus, étant privés de tout parce que celui qui était engagé dans une relation franche a agi ainsi, et combien grand ce que…

---

19 Dans le grec, le substantif est sous-entendu. Mais, étant donné le contexte (voir aussi 177b), il s'agit vraisemblablement de la colère.

20 Muller comprend que, dans ce fragment 179b, il s'agit d'Épicure qui *montrera* à Idoménée le sort de certains qui peuvent être privés de tout (voir D. Delattre, J. Pigeaud, *Les Épicuriens*, Paris, Gallimard [Bibliothèque de la Pléiade], 2010, p. 191 section 21). Mais c'est ne pas tenir compte du contexte du fragment, puisqu'en 179a se trouve un autre

180a – … par errance s'abstenir du châtiment jusqu'à ce que, soit ils cessent de…, soit ils sont autorisés à évoluer dans un autre sens…
Si, au contraire… la faiblesse… il recevra des louanges qui soulagent avec des rappels modérés.
Et les choses qui accompagnent…
180b – … puisque… être disposé, de même qu'Épicure… a dit à Apollonide, de telle sorte qu'aussi… s'approprier.
Beaucoup… de grands… de même que ceux qui se sont indignés d'un traitement injuste…
181a – … et il est amené à la perfection…

COMMENT DIFFÉRENCIER CELUI QUI SUPPORTE AVEC BONHEUR LA FRANCHISE DE CELUI QUI FEINT

181a (suite) – Comment reconnaîtrons-nous celui qui supporte avec bonheur un langage franc et celui qui feint ?
Nous reconnaîtrons donc celui qui supporte avec bonheur la franchise et celui qui feint pour nous appliquer à discerner si un imposteur était parmi nous.
Si…
181b – … supportait.
Si… il présente les signes de celui qui est plein de colère, s'il est exalté par les chants mais s'il est plus tard amical à notre égard, s'il s'efforce d'être bienveillant, s'il a supprimé des griefs allégués… parvenu à perfection, et s'il… à la fois à notre égard et à l'égard… remerc[…]
182a – … fuyant… s'il est plutôt généreux.

LA NATURE DE CELUI QUI PARLE FRANCHEMENT, ADAPTÉE OU PERVERSE

182a (suite) – Si… au sujet de… [e]ntendant la franchise… être disposé… nous avons exposé… celui qui parle franchement à partir d'une manière d'être de bon aloi et celui qui parle franchement en étant de mauvais aloi.

---

futur (*il enseignera*) qui laisse penser qu'une même personne *enseignera* (179a) puis *montrera* (179b), Épicure et Idoménée étant alors cités pour appuyer ce qui sera enseigné, plutôt que servant d'amorce pour décrire ce qui sera montré. De plus, le papyrus comporte une espace entre les deux phrases, ce qui vient corroborer l'hypothèse selon laquelle la seconde partie de 179b aborde un autre sujet.

Mais il est aussi possible de distinguer la nature de celui qui est franc à partir d'une manière d'être de bon aloi et celle de celui qui est au contraire pervers. Et quelques-uns…
182b – … tous ceux qui sont à l'occasion bienveillants, intelligents, sans cesse appliqués à la philosophie, avec de grandes qualités d'âme, indifférents à la gloire et refusant surtout toute démagogie, purs de jalousie, ne prononçant que des paroles appropriées, ne s'emportant pas au point d'injurier, de prendre des grands airs, de déprécier ou de faire du tort, n'us[ant] ni de… et de… habiles à flatter…
183a – … ni en n'étant plus maître de sa langue, ni en se plaignant de son sort (ne… pas… être irrité… même si quelqu'un fait un peu de tort), ni susceptible, ni dur, ni cruel.
Mais celui qui a usé de moyens opposés le fait à partir de la perversité.

LES PARRHÊSIASTES

L'INCLINATION DU PARRHÊSIASTE, ENTRE DISCERNEMENT ET PERVERSION

183a (suite) – Mais si quelqu'un cherche à savoir si le sage est plus enclin à l'une ou l'autre sorte…
183b – Si l'on s'enquiert de ce qu'il fait le plus volontiers, on cherche quelque chose d'évident. Il est en effet évident qu'il pratique une [sorte] avec un très grand plaisir, mais qu'il supporte l'autre avec déplaisir, comme si c'était même de l'absinthe.
Et si l'on demande laquelle des deux sortes il préfère pratiquer, nous dirons « ni l'une ni l'autre ». … de pousser à la franchise dans tous les cas.
Et si l'on demande laquelle des deux sortes il se propose de devoir…
184a – … à ce sujet, ce qui a été dit est suffisant.

DIFFÉRENCES ENTRE PARRHÊSIASTES

184a (suite) – Mais, alors que l'on…, si des sages peuvent être différents aussi les uns des autres en ce qui concerne la franchise, cela doit être dit, car il n'y aura certes pas de telles différences au sujet de…

184b – … dans la philosophie, comme… de ceux qui dirigent des chœurs. L'un est irascible et comme un chien à l'égard de tous sans exception, comme quelques autres le sont de nouveau. L'autre est toujours mou. L'un est bienveillant sur tout ; l'autre ne parle pas avec une franchise totale selon le sujet. Tous, en effet, éprouvent semblablement de l'amitié aussi selon le mérite de chacun et <tous> voient à la fois les fautes et les… à cause de…

185a – … <que ce soit> à l'égard de celui qui a été troublé, à l'égard de celui qui est diminué, à l'égard de celui qui est écarté avec persistance, à l'égard d'un autre très discret ou encore <à l'égard> d'un autre très inflexible, entre mille, ils[21] différeront à la fois les uns des autres et d'eux-mêmes à un moment ou à un autre.

185b – … il sait très intimement… de traits communs à l'égard de chacun en particulier et ceux qui sont parvenus à la perfection… Et, à son tour, il sait qu'ils sont issus de pare[nts] très courtisans ou ont été élevés… par ces personnes qui étaient franches comme il convient à l'égard des plus humbles. Il sait… d'égal… beauc[oup]… et la famille qu'ils ont eue et la…

186a – … de telle sorte qu'ils useront hardiment de franchise pour corriger la paresse et la procrastination. C'est pourquoi, pour ce qui est des hommes très scrupuleux[22], comment…, étant en difficulté par rapport aux choses propres à… et à l'amitié, aussi jusqu'à l'imitation exacte, sur le long terme, de ceux qui ont servi de guides ? Avec véhémence…

186b – … mais servir de guides ou avoir servi de guides… ils ne seront différents <ni> de…, ni de Métrodore ; le supérieur, en effet, utilisera manifestement une très généreuse…

De plus, ceux qui ont acquis au fil du temps une connaissance sur beaucoup plus de choses que ceux qui ne l'ont pas acquise <ont une franchise> bien plus remarquable. Pour autant… ils utiliseront…

187a – … et il est devenu évident, à partir de ce qui a été dit, que tous seront différents, l'un beaucoup, l'autre peu, chacun en particulier,

21 Il s'agit ici des parrhêsiastes qui sont tous différents les uns des autres. En effet, ils sont montrés dans leurs rapports avec les auditeurs, à l'aide de la préposition grecque signifiant *à l'égard de.*

22 Le contexte ne permet pas de trancher quant à la désignation de ces hommes : ils pourraient être des parrhêsiastes, des auditeurs ou encore des auditeurs voulant devenir des parrhêsiastes.

comme un jeune garçon est différent d'une femme en toute occasion et des vieillards seront pareillement différents des jeunes hommes.
Mais, même si l'un a plutôt des principes, comme le dit Métrodore à propos de Polyène, en préférant s'immiscer par une relation amicale, se montrant particulièrement agréable, et encore plus digne de foi que…
187b – … ils seront différents… très peu… alors que les agissements sont les mêmes.
Même si l'un a très peu besoin de franchise, l'autre a été sauvé par celle-ci ; l'un apportera moins, l'autre un peu plus de ce qui lui a permis d'atteindre la maturité. C'est pourquoi, aussi, Polyène n'en a pas précisément besoin ni…
188a – … parce qu'un homme plus âgé, un maître ou un père ne doit pas intercaler dans le discours des attaques verbales, qui sont certes à la disposition des sages, comme certains les y joignent aussi à leur inventaire. Et il est devenu évident, d'après ce que l'on a dit, qu'<il faut avertir> aussi bien ceux qui dominent que le peuple, chacun en particulier…
188b – … ils seront différents… de quelques-uns. Il faut, en effet, seulement adapter la plupart de ce qui a été dit à pareils discours francs. Et c'est une affaire pour ceux qui travaillent avec concision que de répondre exactement à toute forme, de même que ceux qui traiteraient chacune imparfaitement… un sage sera disposé, alors que quelques-uns sont francs, à…

LA FRANCHISE ENTRE PARRHÊSIASTES

189a – … quelquefois aussi un sage à l'égard d'un sage. Et si le sage est bien reconnu et homme arrivé à la perfection, il se trouve face à un homme arrivé à la perfection parce qu'un homme parfait, même méconnu, est rapidement reconnu comme sage par rapport à un homme méconnu, et comme philosophe et comme lettré. Parce qu'un sage, recevant louanges ou attaques verbales au sujet de lui-même…
189b – … et peut-être bien que quelques-uns <parmi les parrhêsiastes >, qui éprouvent aussi une vive affection d'ordre privé <pour un autre sage> ou qui veulent en éprouver une, voudraient lui parler franchement. Si, précisément, les sages se reconnaissent les uns les autres, ils seront avec plaisir rappelés les uns par les autres, comme aussi par eux-mêmes, dans ce que nous avons fait voir clairement ; et ils se piqueront au vif eux-mêmes d'une piqûre… et ils verront la récompense…

190a – … il embrassera d'un seul coup d'œil faiblesse ou aversion qui se présentent à lui et les causes qui l'ont conduit à raisonner faux. Il les montrera à celui-là et il le persuadera, et cela même contribuera beaucoup à la reconnaissance de la perfection des uns et des autres. Non…
190b – … mais parce que de nombreuses situations arrivent à la fois pour des raisons blâmables et <d'autres> non blâmables, il supposera que… est arrivé pour des raisons blâmables. Parce qu'il arrive qu'un sage n'ait pas encore compris une situation, étant induit en erreur par des généralités, on peut alors s'attendre à ce que celui qui a subi un reproche soupçonne qu'est sage celui qui pense en fait s'être trompé… il maudit la cause… lui-même…
191a – … cependant, si un philosophe ou un lettré, un de ceux qui ont été instruits par lui, lui parle franchement ave[c] mesure selon…, et non en colère comme Zeus contre Capanée[23], mais pensant au contraire que ceci est la manière d'être des f[ous] et… de ceux qui sont parvenus à la perfection…
191b – … [par exemple une pers]onne supportera-t-elle dès maintenant la franchise ? Il ne parlera pas et… dissuad[e ?], ajoutant « pas… celle-ci, comme étant parmi les hommes, et celles qui me haïront sont raisonnables » ; mais il supportera aussi courageusement, il accueillera favorablement la bienveillance – à partir de laquelle il a fait entrevoir ce qui semblait quelquefois utile –, il sera reconnaissant pour cela et il conjecturera que le philo[sophe] a persuadé…
192a – … discerner clairement ce qui est grand, souvent par un rappel ou, comme on dit, par autorité, sans considérer trop rapidement comme « erreurs » ce qui s'apparente au médiocre… Certes, s'il ne peut admir[er] un sage…

23 La référence faite à Capanée rappelle la colère de Zeus, en réaction à ce qu'il a considéré comme un affront de la part de Capanée, l'un des chefs argiens de la guerre des sept chefs (Apollodore, *La Bibliothèque d'Apollodore*, Paris, Les Belles Lettres [ALUB 443], 1991, p. 97 § 3, 6, 7).

L'AUDITEUR CHERCHE DES MODÈLES, A DES OUTILS POUR LES ÉVALUER ET DEVIENT ENSEIGNANT À SON TOUR. ENTRE BIENFAITS ET PIÈGES

INTERACTIONS ENTRE L'AUDITEUR ET LE PARRHÊSIASTE

192b – Quiconque sera attentif… et parmi de simples particuliers, s'ils sont parents ou ont un rapport de ce genre. C'est par les coutumes transmises, par la reconnaissance et l'honneur qui se passent de paroles qu'il aimera aussi davantage la bienveillance ; et, de toute façon, il changera le préjugé…
193a – [f]aut[e]… en vérité, aussi, il néglige grandement la condescendance… Et si <les auditeurs> ne font part certes d'aucune de ces choses qu'ils savent par un autre et même par quelqu'un de la maison, par Zeus, le <sage> permettra maintenant qu'un jour ils s'expriment…
193b – … et il leur rendra évident que, vivant avec eux, il les supporte. Méson est en effet désagréable ; revenu à la raison, il détourne du lieu. Il ne se résignera pas vraiment à la franchise de ceux qu'il instruit, ni, étant lui-même agréablement plongé dans la torpeur… avoir du penchant pour ceux-là…
194a – … et soupçonnant le mépris peu à peu… aussi par affection… les… démesurément, quand ceux qui ont progressé reprennent à leur compte… manières de s'expri[mer].

PIÈGE DES INTERACTIONS DE L'AUDITEUR AVEC LES AUTRES ET LE PARRHÊSIASTE

194a (suite) – Mais vraisemblablement aussi, par honte, il se détournera pour éviter le sage, pressentant la… parmi les autres amis et étant fidèle à l'imitation.

APPORTS DE L'AUDITEUR QUI SE MET À EXERCER LA FRANCHISE ; LES BIENFAITS ET LES PIÈGES QUI DÉCOULENT DE CET EXERCICE

194b – Il a fourni de grandes choses aussi au genre <de la franchise>, de même qu'il a rendu délibératif le statut de la franchise aussi au sujet

d'actions de ce genre, c'est-à-dire ne pas accorder de faveur tout à fait facilement, ni croire promptement ou au sujet de quoi que ce soit de cette sorte. Tout en tenant ferme et en louant la sollicitude, il enseignera qu'il est juste…
195a – … mais ne pas ramener dans sa vie d'autres… toujours… même de ceux qui sont tellement inférieurs, et rappeler qui il est et à qui il parle par exhortation.
Et il faut accepter des choses analogues même au sujet de celui qui est grand et qui en vient à… philosophie ; on croit aussi en effet que celui-ci… ce qu'il faut mépriser des choses du dehors…
195b – … et il accueillera le rappel avec une entière gratitude, lui qui a mis en avant ce qui a été prononcé sur la franchise et sur ceux qui l'utilisent comme il convient.
Quand certains points ont été examinés en ce qui concerne le sujet, c'est-à-dire à partir de quelle cause ils arrivent, les <auditeurs> qui sont passés des points les plus importants à ceux-là attendent celui qui demande…

PIÈGE POUR L'AUDITEUR QUI EST ATTIRÉ PAR LE FAIT D'EXERCER LA FRANCHISE

196a – … ils sont affligés, car ils croient que rien de ce qu'ils soupçonnent qui advient et arrivera par un autre n'est et n'adviendra par eux. Mais il serait aussi avantageux de parcourir chaque point en détail. Et le fait de la faute ne les afflige pas tellement…
196b – … entendre… ils ont besoin des autres, mais encore… rien n'échoue, ils les ont conduits à une seconde chance, les ayant corrigés. Et alors même leur entêtement est agaçant, lui qui consiste à la fois à ne pas percevoir leurs fautes… et à croire qu'eux, qui ont certes subi un reproche par d'autres, ne… pas pour la plus grande part.

DEUX MANIÈRES POUR LES AUDITEURS D'ÊTRE FRANCS

197a – … lui qui a eu un entretien en toute franchise, sans atteindre le but, il regarde au contraire comme rien ceux qui eux-mêmes savent mieux ce qui les concerne. Mais d'autres[24], se considérant aussi eux-mêmes

24 Ces « autres » sont des auditeurs devenus suffisamment mûrs pour se mettre à exercer eux-mêmes la *franchise*. Une telle interprétation s'appuie sur le contexte général du

comme plus intelligents, leur font un reproche à la fois avec douceur et pour leur plaisir. Et la plupart… dur[ement]… par les…

POUR ÉVITER LA FRANCHISE, LE PIÈGE DE L'IMITATION

197b – … il leur est désagréable de voir ceux qui parlent franchement. … comme quand ils sont contraints à cause de l'emploi de paroles de mauvais augure de dîner ensemble. Mais quelquefois ils [in]vitent certes à ne pas…
198a – … mais quand ils observent leur coupable manière d'être, ils sont piqués au vif.
De même qu'il y a des gens qui appellent d'habiles médecins pour une opération quand il s'en remettent au petit scalpel pour ceux qui sont malades, de même, pour ces gens-là, quand la piqûre que cause la franchise se produit devant leurs yeux pour ceux qui pensent qu'ils ne commettront aucune faute, ou qu'ils demeureront ignorés même s'ils se sont souvent trompés, ils appellent <le sage> à avertir…

PIÈGE POUR CEUX QUI ONT VOULU IMITER LA FRANCHISE

198b – … ceux qui présentent aussi tout ce que nous conseillons à la fois à eux seuls et en temps utile et à partir de la bienveillance. Et alors, se considérant comme étant dans une position d'honneur, ils sont fâchés. Et tandis qu'auparavant ils regardent l'avantage qui vient de la franchise, ensuite ils sont troublés et n'en voient plus <le bénéfice> pour de nombreuses raisons, comme quelques-uns qui se moquent, qui ne supportent pas d'autres…
199a – … seulement… il excite assurément à une raillerie quelconque… menant à terme…, il est furieux… et, instruisant le sage, il aime quelquefois ce genre de vie-ci.
La raison de cela ? Si, pour parler, ils n'éprouvent pas de désirs contrariants, ce qui leur permet de dire assurément intégralement ce qui leur semble, pour ce qui est d'agir, ils sont cruellement irritants, de telle sorte qu'il leur est impossible de rester fidèle à ceux qu'ils louaient…
199b – … ils n'acceptent pas de discours utiles, et ils parlent seulement à cause de leur ambition de gloire, comme s'ils n'achetaient pas les discours, mais les recevaient sans peine des profondeurs du ciel. Mais

---

fragment, 192b-200b décrivant l'activité de ces auditeurs déjà avancés en maturité.

quand ce qui est fatigué est tourmenté, ils bondissent, incapables par eux-mêmes de garder l'imitation. Et parfois ils pensent que ces gens-là aussi sont quelquefois avertis comme il convient, tandis qu'eux-mêmes, contrairement à la raison, ne se sont pas trompés…
200a – … à la suite de quoi ils disent… par la franchise en général. Et ce qui est utile… eux-mêmes clairement… ils surveillent. … sont-ils encore plus… à parler franchement ? Soit… des hommes plus intelligents… penser…, ils croient être pour eux-mêmes… franchise… reproch[ant] à d'autres…
200b – … avertir d'autres, mais qu'il commette des actes dignes de châtiment mérite mépris et condamnation. Et ceux qui jugent bon de pratiquer un acte d'amitié se réjouissent, puisqu'ils ne sont avertis en rien, d'être dégagés de toute faute. En effet, si… ne pas voir et déplacer… des autres…

PARTICULARITÉS DE CERTAINS AUDITEURS

L'INTELLIGENCE DES AUDITEURS

201a – … lesquels d'entre eux sont les plus intelligents et, alors, aussi des maîtres parmi eux… ? … ils croient être seulement dominés dans les discours au sujet d'une question de controverse, mais dans la manière d'être et le fait d'embrasser d'un seul coup d'œil les meilleures choses et surtout les choses dans la vie, être eux-mêmes bien meilleurs.
201b – … et ils croient qu'ils sont tout à fait différents : comme Timocrate qui disait à la fois aimer son frère comme personne et le haïr comme personne. Ainsi, les âmes, qui sont souvent sans savoir distinguer ce qui est avantageux, éprouvent de nombreux sentiments et font de nombreuses choses contraires.
Et il y a des cas où, distinctement, ils ont l'impression d'être plus sensés que d'autres et des cas où, confusément, …
202a – … et souvent aussi ceux qui ont été troublés par le reproche ne voient pas le… Mais quelquefois ils croient qu'ils raisonnent mal et qu'ils font un reproche à des gens qui ne se sont pas trompés, ou qu'ils négligent quelque chose de ce qui est aussi négligé par un sage, ou qu'ils sont plutôt intelligents, mais n'aiment pas, haïssent, jalousent ou…

202b – … de façon à amoindrir et soigner, et ajouter quelque bienfait parmi ceux que donnent la franchise. Il n'aboutit à rien d'appeler plus intelligents et sages ceux qui donnent des leçons pour ne pas être mordus, mais ceux qui sont éloignés de certains maux, comme les désirs mauvais et les doux plaisirs…
203a – … <les âmes> croient recevoir davantage d'injures <que d'autres>, être davantage accablées par l'absence de gloire, elles soupçonnent davantage de méchancetés sur ceux qui avertissent – en général toutes choses à cause de quoi quelques-unes sont mordues – et elles éprouvent davantage de troubles.
Mais elles sont aussi à la fois particulièrement arrogantes, vraiment vaines et plutôt désireuses de gloire…
203b – … la faiblesse de la [nature] <de l'âme> est prise en pitié, obtient le pardon et n'est pas insultée intentionnellement de la part de ceux qui sont plus forts. C'est pourquoi aussi elles en viennent aussitôt aux larmes, croyant être frappées de mépris.

LA RÉSISTANCE DES HOMMES ILLUSTRES

203b (suite) – Pourquoi, alors que les autres sont dans des conditions égales, supportent-ils moins, du fait de leurs avantages et de leurs réputations, … ? Parce qu'ils croient que ceux qui sont plus heureux et plus sensés…
204a – … ils n'acceptent pas volontiers ceux qui les convainquent <d'une faute>, parce qu'ils croient que beaucoup leur font un reproche par jalousie et parce qu'ils sont en quelque sorte habitués à ce que tous s'entretiennent avec eux pour leur plaire ; c'est pourquoi l'imprévu les bouleverse…
204b – … ils seront dans l'impasse ; et certains, que cette situation effraie, acceptent la franchise.
Et, devant l'évidence de la chose, tout en admettant mieux voir leurs fautes sont… Ils soupçonnent ceux qui s'entretiennent avec eux sans détour de rechercher la gloire d'être appelés « hommes à la parole franche » et ils considèrent une telle chose comme étant aussi faite par insolence… eux-mêmes. Et les rois… en général peuvent… à l'égard de ceux qui ont été mentionnés…
205a – … et ils considèrent le reproche comme de l'insubordination. Et voici ce qu'ils veulent et ce qu'ils pensent : il est avantageux qu'ils soient maîtres de tout et qu'ils maintiennent et soumettent tout.

LA RÉSISTANCE DES HOMMES ÂGÉS

205a (suite) – Pourquoi les hommes très âgés sont-ils davantage mécontents ?
C'est qu'ils croient être plus intelligents à cause de leur âge et ils pensent que quelques-uns vont jusqu'à la franchise par mépris de leur faiblesse et… une grande…
205b – … ils se sont trompés et, admirés et honorés par le plus grand nombre, <les vieillards> trouvent étrange de subir un reproche de la part de certains hommes et, jugeant que la vieillesse est digne d'honneurs, ils prennent garde à ne pas en être privés, quand ils s'en sont montrés indignes. Et le <dicton>, « les vieillards sont deux fois des enfants », leur colle à la peau et les heurte, eux qui craignent de… ne… pas…

EMPLACEMENT POUR LE TITRE

208a – De Philodème. D'après un abrégé des travaux exécutés sur les caractères et les mœurs, tiré des études de Zénon dont le thème est la franchise.

BIBLIOGRAPHIE

APOLLODORE, *La Bibliothèque d'Apollodore*, Paris, Les Belles Lettres (ALUB 443), 1991.

ARISTÉE, *Lettre d'Aristée à Philocrate*, trad. A. Pelletier, Paris, Cerf (SC. Série annexe de Textes non-chrétiens 89), 1962.

AULU-GELLE, *Les nuits attiques. Tome II. Livres V-X*, Paris, Les Belles Lettres (CUFr), 1978.

BARRETT, C. K., *A Critical and Exegetical Commentary on the Acts of the Apostles. Preliminary Introduction and Commentary on Acts I-XIV*, vol. 1, Edinburgh, T&T Clark (ICC), 1994.

BAUERNFEIND, Otto, *Kommentar und Studien zur Apostelgeschichte*, Tübingen, J.C.B. Mohr (WUNT 22), 1980.

BEYER, Hermann Wolfgang, « Βλασφημέω, βλασφημία, βλάσφημος », in *TDNT*, vol. 1, p. 621-625.

BOCK, Darrell L., *Acts*, Grand Rapids, Baker Academic (BETNT), 2007.

BOOT, J. C. G, *Notice sur les manuscrits trouvés à Herculanum*, Amsterdam, Johannes Müller, 1841.

BOUTTIER, Michel, « Sur la *parrhesia* dans le Nouveau Testament », in *Parola e spirito. Studi in onore di Settimio Cipriani*, sous la dir. de Cesare Casale MARCHESELLI, t. 1, Brescia, Paideia, 1982, p. 611.

BRUCE, F. F., *The Acts of the Apostles. The Greek Text with Introduction and Commentary*, 3e éd. revue et augmentée, Grand Rapids, William B. Eerdmans Publishing, 1990.

BULTMANN, Rudolf, « Πείθω, πεποίθησις, πειθός, πειθώ, πεισμονή, πειθαρχέω, ἀπειθέω, ἀπείθεια », in *TDNT*, vol. 6, p. 1-11.

CLAY, Diskin, « Philodemus on the Plain Speaking of the Other Philo sophers », in J. T. Fitzgerald, D. Obbink, G. S. Holland (dir.), in *Philodemus and the New Testament World*, Brill, Leiden and Boston (NT.S CXI), 2004, p. 55-71

CORTI, Egon C, Vie, mort et résurrection d'Herculanum et de Pompéi, Paris, Payot ; Rivages, 1995.

DE WITT, Norman W., « Epicurean Contubernium », Transactions and Proceedings of the American Philological Association (1936/67), p. 55-63.

DE WITT, Norman W., « Organization and Procedure in Epicurean Groups », *Classical Philology* 31/3, 1936, p. 205-211.

DE WITT, Norman W., « Parresiastic Poems of Horace », in *Classical Philology*, 30/4, 1935, p. 312-319.

DEBRUNNER, Albert, KLEINKNECHT, Eduard, PROCKSCH, Otto *et al.*, « Λέγω, λόγος, ῥῆμα, λαλέω, λόγιος, λόγιον, ἄλογος, λογικός, λογομαξέω, λογομαχία, ἐκλέγομαι, ἐκλογή, ἐκλεκτός », in *TDNT*, vol. 4, p. 69-192.

DELATTRE, Daniel, « Reconstruire virtuellement les livres carbonisés d'Herculanum : premier bilan d'une orientation prometteuse de la recherche », *Cronache Ercolanesi* 40 (2010), p. 191-214.

DELATTRE, Daniel, PIGEAUD, Jackie, *Les Épicuriens*, Paris, Gallimard (Bibliothèque de la Pléiade), 2010.

DELLING, Gerhard, « Τρεῖς, τρίς, τρίτος », in *TDNT*, vol. 8, p. 216-225.

DROBNER, Hubertus R., *Les Pères de l'Église. Sept siècles de littérature chrétienne*, trad. J. Festhauer, Paris, Desclée, 1999.

DUPONT, Jacques, *Nouvelles études sur les Actes des apôtres*, Paris, Cerf (LecDiv 118), 1984.

ELLIOTT, John H, « Temple Versus Household in Luke-Acts : A Contrast in Social Institutions », in Jerome H. NEYREY (éd.), *The Social World of Luke-Acts. Models for Interpretation*, 3e éd, Peabody, Hendrickson Publisher, 2008, p. 211-240.

FITZMYER, Joseph A., *The Acts of the Apostles. New Translation with Introduction and Commentary*, New York *et al.*, Doubleday (AncB 31), 1998.

FLICHY, Odile, *L'œuvre de Luc. L'Évangile et les Actes des Apôtres*, Paris, Cerf (CEv 114), 2000.

FONROBERT, Charlotte Elisheva, JAFFEE, Martin S, « Frontmatter », in C. E. Fonrobert et M. S. Jaffee (éd.), *The Cambridge Companion to the Talmud and Rabbinic Literature*, Cambridge Companions to Philosophy, Religion and Culture (Online), Cambridge, Cambridge University Press, 2007, p. I-XXVI.

FRÉVILLE, Alfred Valentin – pseudonyme de Driou, *Herculanum et Pompeia*, Limoges, Barbou Frères, 1872.

GAVENTA, Beverly Roberts, *From Darkness to Light. Aspects of Conversion in the New Testament*, Philadelphia, Fortress Press (OBT 20), 1986.

GIGANTE, Marcello, « Philodème : Sur la liberté de parole » dans *Actes du VIIIe congrès de Association Guillaume Budé. Paris, 5-10 avril 1968*, Paris, Les Belles Lettres (Actes du congrès 8), 1969.

GIGANTE, Marcello, *Ricerche Filodemee. Seconda edizione riveduta e accresciuta*, ParPassB 6, 2e éd., Napoli, Gaetano Macchiaroli, 1983.

GIOVACCHINI, Julie, « La nouvelle reconstruction du rouleau du *Franc-parler* de Philodème permet-elle encore de postuler l'existence d'une παρρησια spécifiquement épicurienne ? », in A. Antony, G. Arrighetti, M. I. Bertagna et Daniel Delattre (éd.), *Miscellanea Papyrologica Herculanensia. Volumen 1*, Pisa – Roma, Fabrizio Serra Editore (BSA 93), 2010, p. 293-314.

GRAPPE, Christian, *Initiation au monde du Nouveau Testament*, Genève, Labor et Fides (MoBi[Ge] 63), 2010.

GUÉGUEN, Nicolas, *Psychologie des prénoms pour mieux comprendre comment ils influencent notre vie*, Paris, Dunod (100 petites expériences de psychologie), 2008.

HAENCHEN, Ernst, *The Acts of the Apostles. A Commentary*, Oxford, Basil Blackwell, 1982.

HUMBERT, Jean, *Syntaxe grecque*, Paris, Klincksieck (Collection de philologie classique II), 1960.

JOHNSON, Luke Timothy, *The Acts of the Apostles*, Collegeville, The Liturgical Press (Sacra Pagina Series 5), 1992.

KISTEMAKER, Simon J, *Exposition of the Acts of the Apostles*, Grand Rapids, Baker Book House (New Testament Commentary), 1990.

KLEINKNECHT, Eduard, « Πνεῦμα », in *TDNT*, vol. 6, p. 332-451.

KRODEL, Gerhard A, *Acts*, Minneapolis, Augsburg Publishing House (ACNT), 1986.

L'EPLATTENIER, Charles, *Lecture de l'évangile de Luc*, Paris, Desclée, 1982.

L'EPLATTENIER, Charles, *Les Actes des Apôtres*, Genève, Labor et Fides (La Bible, porte-Parole), 1987.

LAUDENBACH, Benoît, *Les Lettres de Chion d'Héraclée et la littérature épistolaire antique. Analyse textuelle et traduction*, mémoire de master, Rennes II, 2001, disponible sur http://laudenb.free.fr/travaux/Chion.html (consulté le 9 juin 2016).

LÉONARD, Philippe, BILLON, Gérard, « Pierre et Paul, lecteurs de l'Écriture selon Luc », in *Relecture des Actes des Apôtres*, Paris, Cerf (CEv 128), 2004, p. 29-39.

LOUW, Johannes P, NIDA, Eugene A. (éd.), *Greek-English Lexicon of the New Testament Based on Semantic Domains*, OakTree Software (Accordance) ; United Bible Societies, 1989.

MAGNIEN, Victor, LACROIX, Maurice, *Dictionnaire grec-français*, Paris, Belin, 2002.

MALHERBE, Abraham J., « Hellenistic Moralists and the New Testament », in *ANRW*, vol. 26.1, Walter de Gruyter, Berlin et New York, 1992, p. 267-333.

MALINA, Bruce J., NEYREY, Jerome H., « Conflict in Luke-Acts : Labelling and Deviance Theory », in J. H. Neyrey (éd.), *The Social World of Luke-Acts. Models for Interpretation*, 3e éd., Peabody, Hendrickson Publisher, 2008, p. 97-122.

MALINA, Bruce J., NEYREY, Jerome H., « First-Century Personality : Dyadic, not Individual », in Jerome H. Neyrey (éd.), *The Social World of Luke-Acts. Models for Interpretation*, 3e éd, Peabody, Hendrickson Publisher, 2008, p. 67-96.

MALINA, Bruce J., NEYREY, Jerome H., « Honor and Shame in Luke-Acts : Pivotal Values of the Mediterranean World », in J. H. Neyrey (éd.), *The Social*

World of Luke-Acts. Models for Interpretation, 3e éd, Peabody, Hendrickson Publisher, 2008, p. 25-65.

MARGUERAT, Daniel, *La première histoire du christianisme*, Genève – Paris, Labor et Fides – Cerf (LecDiv 180), 1999.

MARGUERAT, Daniel, *Les Actes des apôtres (1-12)*, vol. 1, Genève, Labor et Fides (CNT[N] Va), 2007.

MARGUERAT, Daniel, *Les Actes des apôtres (13-28)*, vol. 2, Genève, Labor et Fides (CNT[N] Vb), 2015.

MCVANN, Mark, « Rituals of Status Transformation in Luke-Acts : the Case of Jesus the Prophet », in J. H. Neyrey (éd.), *The Social World of Luke-Acts. Models for Interpretation*, 3e éd, Peabody, Hendrickson Publisher, 2008, p. 333-360.

NEYREY, Jerome H., « Ceremonies in Luke-Acts : the Case of Meals and Table Fellowship », in J. H. Neyrey (éd.), *The Social World of Luke-Acts. Models for Interpretation*, 3e éd, Peabody, Hendrickson Publisher, 2008, p. 361-387.

NEYREY, Jerome H, « The Symbolic Universe of Luke-Acts : "They Turn the World I n side Done" », in J. H. Neyrey (éd.), *The Social World of Luke-Acts. Models for Interpretation*, 3e éd, Peabody, Hendrickson Publisher, 2008, p. 217-304.

NEYREY, Jerome H., *Honor and Shame in the Gospel of Matthew*, Louisville, Westminster John Knox Press, 1998.

PRÉAUX, Claire, *Le monde hellénistique : la Grèce et l'Orient de la mort d'Alexandre à la conquête romaine de la Grèce 323-146 av. J.-C*, Paris, Presses Universitaires de France (Nouvelle Clio. L'histoire et ses problèmes 6 bis, vol. 2), 1978.

RAPSKE, Brian, *The Book of Acts in its First Century Setting. The Book of Acts and Paul in Roman Custody*, vol. 3, Grand Rapids – Carlisle, William B. Eerdmans – The Paternoster Press, 1994.

RENGSTORF, Karl Heinrich, « Ἀποστέλλω (πέμπω), ἐξαποστέλλω, ἀπόστολος, ψευδαπόστολος, ἀποστολή », in *TDNT*, vol. 1, p. 398-447.

SCHAEDER, Hans Heinrich, « Ναζαρηνός, Ναζωραῖος », *TDNT*, vol. 4, p. 874-879.

SCHMIDT, Karl Ludwig, « Ὁρίζω, ἀφορίζω, ἀποδιορίζω, προορίζω », in *TDNT*, vol. 5, p. 452-456.

SCHMIDT, Karl Ludwig, SCHMIDT, Martin Anton, « Σκληρύνω », in *TDNT*, vol. 5, p. 1030-1031.

SCHNECKENBURGER, Benoît, *Épicure*, Paris, Ellipses (Apprendre à philosopher avec), 2011.

WALLACE, Daniel, *Grammaire grecque. Manuel de syntaxe pour l'exégèse du Nouveau Testament*, trad. L. Lehmann, Charols, Excelsis (Ouvrages de référence), 2015.

ZUMSTEIN, Jean, « L'apôtre comme martyr dans les actes de Luc : essai de lecture globale », *Revue de théologie et de philosophie* 112 (1980/4), p. 371-390.

INDEX DES AUTEURS CITÉS

Apollodore : 309
Aristée : 51-52, 55, 66
Aulu-Gelle : 292

Bauernfeind, Otto : 65, 210, 229
Beyer, Hermann Wolfgang : 242
Billon, Gérard : 173
Bock, Darrell L. : 61
Boot, J. C. G. : 23-25
Bouttier, Michel : 11-12
Bruce, F. F. : 109
Bultmann, Rudolf : 246

Clay, Diskin : 13
Corti, Egon C. : 21, 25

Debrunner, Albert : 180
Delattre, Daniel : 10, 16, 23, 26-29, 304
Delling, Gerhard : 232
De Witt, Norman W. : 10, 13-14, 193-194, 294
Drobner, Hubertus R. : 247
Dupont, Jacques : 48

Elliott, John H. : 115

Fitzmyer, Joseph A. : 48, 109, 113, 170, 173, 176-177, 215
Flichy, Odile : 269
Fonrobert, Charlotte Elisheva : 64
Fréville, Alfred Valentin – pseudonyme de Driou : 23-24

Gaventa, Beverly Roberts : 174, 262
Gigante, Marcello : 27, 34, 40, 73, 289, 292
Giovacchini, Julie : 27, 195
Guéguen, Nicolas : 55

Haenchen, Ernst : 236
Humbert, Jean : 54, 253

Jaffee, Martin S. : 64
Johnson, Luke Timothy : 48

Kistemaker, Simon J. : 58
Kleinknecht, Eduard : 101, 180
Krodel, Gerhard A. : 130

Lacroix, Maurice : 182, 227
Laudenbach, Benoît : 214
Léonard, Philippe : 173
L'Eplattenier, Charles : 48, 50, 52, 245
Louw, Johannes P. : 47, 109, 121, 153, 182, 238, 262

Magnien, Victor : 182, 227
Malherbe, Abraham J. : 13-14
Malina, Bruce J. : 51, 64, 169-172
Marguerat, Daniel : 51, 55-56, 60, 66-67, 96, 98, 108-109, 122-123, 152, 156, 178-180, 183, 199, 201, 203, 205, 215, 231-232, 235, 240, 242-243, 248, 267
McVann, Mark : 170

Neyrey, Jerome H. : 51, 64, 113, 115, 169-172
Nida, Eugene A. : 47, 109, 121, 153, 182, 238, 262

PIGEAUD, Jackie : 28, 304
PRÉAUX, Claire : 67, 206
PROCKSCH, Otto : 180

RAPSKE, Brian : 69
RENGSTORF, Karl Heinrich : 102

SCHAEDER, Hans Heinrich : 172
SCHMIDT, Karl Ludwig : 246-247
SCHMIDT, Martin Anton : 246
SCHNECKENBURGER, Benoît : 87

WALLACE, Daniel : 145

ZUMSTEIN, Jean : 61

INDEX DES CITATIONS DU *SUR LA FRANCHISE*

68b : 77, 85, 288
73b : 33, 37, 39, 129, 133, 137, 139, 141, 255, 288
76b : 288
78b : 91, 288
85b : 85, 288
86b : 288
87b : 288
90b : 288
92b : 37, 85, 288
94b : 219, 288
96b : 77, 85, 192, 289
97b : 71, 186, 289
98b : 289
101b : 142, 187, 289
102b : 289
105b : 90, 194, 289
106b : 33, 37, 75, 85, 160-161, 167, 188, 289
107b : 78, 141, 160, 186, 188, 192, 221, 256, 289
108b : 139, 289
109b : 161, 167, 221, 290
110b : 290
111b : 77, 160-161, 167, 192, 290
112b : 191, 290
113b : 90, 142, 191, 290
114b : 290
116b : 290
120b : 141, 191, 290
121b : 290
122b : 34, 37, 42, 73, 137, 221, 290
123b : 290
124b : 291
125b : 77, 127, 291
126b : 255, 291
127b : 41, 133, 139, 142, 160-161, 167, 194, 291
129b : 291
130b : 72, 92, 128, 139, 141, 255, 291
131b : 42, 73, 88, 93, 135, 138, 142, 160-161, 167, 191, 291
132b : 88, 292
133b : 88, 91, 141, 292
135b : 89, 135, 141, 163, 167, 221, 292
136b : 43, 78, 89, 93, 222, 292
137b : 41, 128, 160-161, 167, 186, 194, 293
138b : 293
140b : 293
141b : 34, 37, 39, 74, 88, 136, 161, 185, 293
142b : 89, 93, 128, 135, 219, 293
143b : 40, 161-162, 164, 191, 293
144b : 161-162, 164, 191, 293
145b : 38, 41, 164, 167, 194, 294
146a : 38, 74, 89, 164-165, 167, 191, 294
146b : 41, 44, 133, 140, 142-143, 294
147b : 91, 143, 164-165, 167, 188, 294
148b : 38, 91, 93, 141, 161, 167, 188, 295
149b : 93, 193-194, 295
150b : 92, 162, 167, 188, 194, 222, 295
151a : 38, 72, 135, 164, 255, 295
151b : 72, 85, 93, 129, 164-165, 167, 209, 295
152a : 165, 296

152b : 34, 37-39, 91, 136, 139, 161, 167, 296
153a : 296
153b : 296
154a : 296
154b : 296
155a : 40-41, 74, 159, 164-165, 167, 296
155b : 40, 296
156a : 40, 296
156b : 40, 87, 133, 159, 165, 167, 296
157a : 40, 297
157b : 40, 90-91, 139, 166, 297
158b : 40-41, 44, 89, 93, 166, 188, 192, 222, 297
159a : 40-41, 44, 89, 92, 134, 166, 195, 297
159b : 40, 75, 135, 162, 167, 193, 297
160a : 40, 74, 93, 193, 195, 297
160b : 40, 72, 74, 77, 135, 164-165, 167, 298
161a : 40, 91, 94, 139, 298
161b : 92, 143, 165, 167, 298-299
162a : 92, 136, 165, 256, 298-299
162b : 34-35, 37, 72, 86, 161, 167, 256, 299
163a : 35, 299
163b : 77, 127, 299
164a : 42, 127, 195, 299
164b : 127, 139, 140, 222, 299
165a : 300
165b : 127, 300
166a : 300
166b : 35, 37, 39, 92, 128, 196, 222, 300
167b : 92, 94, 196, 254, 256, 300-301
168b : 38, 88, 128, 143, 223-224, 301
169a : 301
169b : 34, 37, 139, 162, 167, 196, 301
170b : 42, 140, 195, 301
171a : 302
171b : 195, 223-224, 255, 302
172a : 42, 75, 302
172b : 73, 128, 189, 302
173a : 302
173b : 73, 78, 128, 219, 302-303
174a : 39, 90, 303
174b : 78, 195, 223, 303
175a : 303
175b : 142, 185, 219, 303
176b : 42, 140, 219, 303-304
177a : 304
177b : 35, 37, 193, 223-224, 304
178a : 35, 37, 77, 88, 91, 186, 192-193, 223-224, 304
178b : 35, 75, 140, 223-224, 304
179a : 42, 304-305
179b : 128-129, 142, 304-305
180a : 305
180b : 305
181a : 71, 139, 186, 220, 223-224, 305
181b : 93, 128, 139, 220, 305
182a : 35, 37, 134, 223-224, 255, 305
182b : 35, 37, 39, 76, 185-186, 223-224, 256, 306
183a : 35, 37, 134, 185-186, 223-224, 306
183b : 36-37, 134, 306
184a : 36-37, 163, 167, 306
184b : 36-37, 89-90, 94, 139, 163, 167, 187, 307
185a : 36-37, 51, 71, 163, 187, 193, 307
185b : 76, 85, 139, 193, 307
186a : 39, 90, 187, 193, 307
186b : 43, 307
187a : 36-37, 75, 86, 90, 192, 307-308
187b : 36, 38, 78, 220, 308
188a : 36, 40, 43, 75-76, 142, 187, 308
188b : 187, 308
189a : 36, 38-40, 189, 308
189b : 37, 78, 90, 129, 142, 189, 220, 256, 308
190a : 37-38, 140, 142, 189, 224, 309
190b : 37, 189, 224, 309
191a : 39-40, 193, 309
191b : 94, 188, 309
192a : 189, 219, 309
192b : 93, 140-141, 310, 312
193a : 89, 136, 310, 312
193b : 43, 85, 89, 224, 310, 312
194a : 37, 74, 88, 128-129, 136, 166, 225, 310, 312

194b : 42, 44, 190, 192, 196, 220, 310-312
195a : 88, 134, 311-312
195b : 37, 220, 311-312
196a : 90, 137, 166, 311-312
196b : 137, 311-312
197a : 77, 136, 190, 196, 311-312
197b : 128, 189, 196, 226, 254, 312
198a : 42, 134, 143, 196, 312
198b : 134, 226, 312
199a : 37-39, 43, 74, 128, 137, 226, 312
199b : 197, 226, 312-313
200a : 312-313
200b : 92, 141, 160, 312-313
201a : 40, 44, 136, 162, 190, 313
201b : 77-78, 92, 94, 137, 313
202a : 44, 137, 162, 190, 313
202b : 44, 190, 314
203a : 224, 314
203b : 76, 138, 224, 314
204a : 76, 138, 162, 225, 256, 314
204b : 76, 138, 225, 254, 314
205a : 75-77, 225, 314-315
205b : 76, 138, 225, 315
208a : 86, 143, 315

TABLE DES MATIÈRES

ABRÉVIATIONS 7

À PROPOS DE LA FRANCHISE 9

Le terme παρρησια – *franchise* 9

La franchise dans le *Sur la franchise* 10

L'intérêt et l'enjeu de l'étude de la franchise de Philodème de Gadara, en rapport avec les écrits du Nouveau Testament . . . 13

Exploitation du *Sur la franchise* jusqu'ici 13

Nouvelles perspectives concernant l'exploitation du *Sur la franchise* 14

Deux ouvrages en vis-à-vis 16

Le manuel du *Sur la franchise* de Philodème de Gadara 16

Le récit des Actes des apôtres 18

HISTOIRE ET CONTENU DU PAPYRUS À GRANDS TRAITS 21

Histoire du papyrus 21

Un cataclysme en 79 de notre ère 22

Découverte du site archéologique au XVIIIe s. 23

Ouvrir les rouleaux 24

Éditions et premières traductions 26

Reconstruction du papyrus *Sur la franchise* 28

Contenu du papyrus 29

La forme du manuel 29

Les différentes thématiques du *Sur la franchise* 30

LE PARRHÊSIASTE 33

Chez Philodème de Gadara 33

Le sage 33

Celui qui sert de guide 38
Le philosophe 39
Le lettré 39
Le maître 40
Le médecin 41
Autres manières de désigner
le parrhêsiaste qui dirige l'école philosophique 42
Quand celui qui est l'objet
de la franchise devient lui-même un parrhêsiaste 43
Le parrhêsiaste philodémien 44

Dans les Actes, à propos des parrhêsiastes
Pierre et Jean et... 45
Ac 2,29 : Pierre parle à la foule lors de la Pentecôte 46
Ac 4,13 : Pierre et Jean se défendent
devant les responsables du peuple 47
Ac 4,29.31 : une prière pour avoir de la franchise 47

Dans les Actes, à propos des parrhêsiastes
Paul et Barnabas et Apollos 49
Ac 9,27.28 : Saul, le nouveau converti 50
Ac 13,46 et 14,3 : Paul et Barnabas,
une équipe de parrhêsiastes 50
Ac 18,26 : Apollos, l'Égyptien instruit,
mais ne connaissant pas encore toute la doctrine 51
Ac 19,8 : Paul, seul maître à bord 52
Ac 26,26 : Paul, un prisonnier en toute liberté ! 53
Ac 28,31 : Paul, « l'évangéliste idéal »
ou le parrhêsiaste par excellence 56

Le parrhêsiaste des Actes
par rapport au parrhêsiaste de Philodème 57

Quelques caractéristiques propres au parrhêsiaste des Actes . . . 58
Rôle du Saint-Esprit 58
Surtout des apôtres, mais pas des philosophes 61
Converti récent et parrhêsiaste ? 62
Le parrhêsiaste, inculte ou cultivé ? 63
Un ou des parrhêsiastes ? 66
Itinérance ou sédentarité du parrhêsiaste ? 67

Un parrhêsiaste peut-il être un prisonnier ?
Ou un esclave ? Ou un exilé ? 68

LES AUDITEURS 71
Chez Philodème de Gadara 71
Celui qui est formé… comme un navire que l'on équipe . . . 72
Celui qui est formé…
comme un enfant que l'on éduque 73
Celui qui est formé… comme un être qui peut obéir 73
Seul ou en groupe 74
Les jeunes 75
Les hommes âgés, les personnages illustres et les femmes . . . 75
L'intelligence de celui qui est l'objet de la franchise 77
Le public visé, composé d'auditeurs 77
Dans les Actes, les auditeurs de Pierre (et Jean et…) 78
Ac 2,29 : tous, absolument tous les Israélites 79
Ac 4,13 : les grands du peuple
et finalement tous les hommes 79
Ac 4,29.31 : personne ? Non, tout le monde ! 81
Point sur les auditeurs de Pierre (et de Jean et…) 81
Dans les Actes, les auditeurs
de Paul (parfois avec Barnabas) et d'Apollos 82
Le portrait de l'auditeur des Actes
est multiforme et englobe tout le monde 83

LE CONTEXTE DE LA FRANCHISE 85
Chez Philodème de Gadara,
la légitimation comme cadre théorique 85
Chez Philodème de Gadara,
le cadre relationnel propice à la franchise 87
Les signes et fonctions
de la communauté dans le *Sur la franchise* 87
Intérieur / extérieur 88
Sentiment d'appartenance 88
Avantages et inconvénients de la vie communautaire 89
L'amitié 90

La bienveillance et la sollicitude 92
Un cadre bien délimité 94
Dans les Actes, la légitimation de Pierre (et Jean et…) 95
Ac 2,29 : une légitimation plurielle 95
Ac 4,13 : une légitimité en creux 97
Ac 4,29.31 : une lignée directe et une totale soumission ... 98
Un point sur la légitimation de Pierre (et de Jean et…) ... 98
Dasn les Actes, la légitimation de Paul (et d'Apollos) 99
Légitimation grâce à la qualité du message transmis 99
Légitimation grâce à un soutien divin 101
Légitimation grâce à des qualités humaines 102
Un point sur la légitimation de Paul
(et d'Apollos) par rapport à celle de Pierre 104
La légitimation des Actes comparée à celle de Philodème ... 105
Dans les Actes, le parrhêsiaste lucanien
et ses auditeurs ne forment pas une communauté
au sens philodémien du terme 105
Ac 2,29 : une identité commune 106
Ac 4,13 : un même besoin de salut 106
Ac 4,29.31 : un rapport contemporain
avec la volonté de Dieu 107
Ac 13,46 ; 14,3 ; 18,26 ; 19,8 ; 26,26 :
le parrhêsiaste rejoint physiquement ses auditeurs 108
Ac 28,31 : le parrhêsiaste accueille ses auditeurs 109
Point sur la relation entre
par le parrhêsiaste des Actes et ses auditeurs 110
Dans les Actes, la véritable communauté du parrhêsiaste 111
Ac 2,29 : une nouvelle communauté
qui est divinement constituée 111
Ac 4,13 : une nouvelle communauté qui est valorisée 112
Ac 4,29.31 : une nouvelle communauté qui est unie 114
Ac 13,46 ; 14,3 ; 18,26 ; 19,8 : fondation
de nouvelles communautés distinctes de la synagogue ... 115
Ac 26,26 : l'émergence d'une nouvelle communauté,
une tendance lourde 118

Point sur la nouvelle communauté qui s'affranchit de l'auditoire du parrhêsiaste 118
Le cas d'Ac 9,27.28 : les multiples facettes du contexte propice à la franchise 119
Ac 9,26a : un désir d'appartenance frustré, la communauté se refusant au parrhêsiaste et, par là même, lui déniant toute légitimité 121
Ac 9,26a : une peur qui conduit à s'opposer à Dieu lui-même et qui exclut le parrhêsiaste 122
Ac 9,27 : une légitimation par le biais d'un médiateur et de son récit 123
Ac 9,28-29 : deux groupes totalement distincts au contact du même parrhêsiaste 124
Ce qu'Ac 9,27.28 nous apprend sur le contexte propice à la franchise 125
Point sur le contexte propice à la franchise dans les Actes des apôtres 126

LES RÉSULTATS ET L'OBJECTIF DE LA FRANCHISE 127
Chez Philodème de Gadara 127
L'échec 127
Les effets positifs de la franchise 128
L'objectif à atteindre 129
Dans les Actes 129
L'objectif de la franchise dans les Actes des apôtres 130
Pour une fois qu'ils s'attendaient à un résultat… 130
Dans les Actes, une franchise sans queue ni tête ? 131

SAVOIR AVANT TOUT 133
Chez Philodème de Gadara 133
Ce qui est analysé 133
Observer 134
L'observation de la part des auditeurs 134
Les auditeurs observent le parrhêsiaste 136
Les conséquences négatives de l'analyse préalable des auditeurs 137

Les conséquences positives de l'analyse préalable des auditeurs 138
L'analyse préalable de la part du parrhêsiaste 139
Apport de la métaphore médicale pour l'analyse préalable 140
Le parrhêsiaste observe le comportement des auditeurs . . . 141
Le parrhêsiaste fait part de ce qui est observé 141
La complexité et les limites des analyses préalables 143
Dans Ac 2, tous savent 144
Les auditeurs 144
David 145
Dieu 145
Pierre, le parrhêsiaste 145
Nous tous en sommes témoins 146
Tous ne savent finalement pas si bien que cela dans les Actes 146
Ac 4,13 : quand des auditeurs malintentionnés s'égarent 146
Ac 18,26 : quand un parrhêsiaste zélé a des lacunes 147
Ac 26,26 : avoir cherché à savoir n'est pas suffisant pour tirer les bonnes conclusions 148
Où est le problème si tous ne savent pas si bien que cela ? 149
Ac 4,29.31 : les effets d'un diagnostic unanime 150
Ac 26,26 : une conversion éclairée conduit à des actes éclairants 151
Dans les Actes, quand un même événement conduit à des diagnostics et à des réactions opposés 152
Ac 13,46 : fureur contre la foule *vs* division avec quelques-uns 153
Ac 14,3 : violence *vs* fuite 154
Ac 19,8 : dissuasion *vs* persuasion 155
Ac 26,26 : incrédulité *vs* savoir 156
Ac 28,31 : accepter la réalité et aller de l'avant 156
Point sur l'analyse préalable dans les Actes des apôtres 157

PARLER FRANCHEMENT, POUR DIRE QUOI ? 159

Chez Philodème de Gadara : le contenu de la franchise revient à parler de la réaction à la faute 159

Attitudes positives face à la faute 160

Attitudes négatives face à la faute 161

Réaction du parrhêsiaste face à la faute 163

Réactions générales ou ordinaires du fautif face à la faute 163

Autoaccusation du fautif 164

Dénonciation 165

Dangers liés à la manière dont les auditeurs réagissent à la faute 166

La réaction à la faute : une étape dans le processus de franchise 167

Dans les Actes : le contenu de la franchise revient à parler de Jésus 168

Les premiers fondamentaux dans les Actes : redorer le blason de Jésus 169

Ac 2,29 : Jésus, que tous connaissent, est ressuscité et revêtu d'un honneur incomparable 170

Ac 4,13 : Jésus, devenu essentiel après avoir été méprisé . . . 172

Les autres fondamentaux dans les Actes : dire qui est le Christ et quelle est sa puissance 174

Ac 2,29 : un propos raisonnable et inspiré, mais bouleversant, en disant qui est le Messie 174

Ac 4,13 : révéler la puissance du nom de Jésus 175

Différentes facettes des fondamentaux 176

Ac 9,27.28 ; 18,26 ; 19,8 ; 26,26 ; 28,31 : Jésus sous toutes les formes 176

Annoncer le Règne de Dieu (Ac 19,8 ; Ac 28,31) 178

Utiliser correctement la parole de Dieu, malgré les menaces et la violence (Ac 4,29.Ac 4,31 ; Ac 13,46) 179

Dans les Actes, parler franchement pour provoquer des changements de vie 181

Ac 13,46 ; Ac 14,3 ; Ac 18,26 :
une nouvelle vie hors de la synagogue 181
Ac 26,26 : une vérité que tous peuvent comprendre 182
Le contenu de la franchise est tellement choquant
qu'il ne peut produire que des réactions extrêmes 184

L'ART ET LA MANIÈRE DE LA FRANCHISE 185
Chez Philodème de Gadara 185
S'adapter aux auditeurs 186
Premier élément facilitateur : un cadre qui convient 187
Deuxième élément facilitateur :
aller jusqu'au bout de la démarche 188
Troisième élément facilitateur :
la franchise entre parrhêsiastes 189
Quatrième élément facilitateur :
quand l'auditeur prend la place du parrhêsiaste 190
À éviter 191
Style verbal 191
De la mesure 192
Une thérapie ? 193
Dérives possibles 196
Dans les Actes, quand le parrhêsiaste
prend souvent son temps 197
Ac 9,27.28 : du début à la fin, un effort continu 198
Ac 14,3 : une durée incertaine,
mais une franchise persévérante à coup sûr 199
Ac 18,26 : une franchise qui doit s'arrêter 199
Ac 19,8 : une franchise qui dure
et qui prend de l'ampleur 200
Ac 28,31 : le temps quasiment sans limites 201
Pourquoi autant de temps ? 202
Un contexte qui exige de la persévérance (Ac 4,29.31) 202
Dans les Actes, quand le parrhêsiaste
réinterprète les données 204
Ac 4,13 : Pierre explique à nouveau le passé
et réinterprète les textes 204

Ac 26,26 : Paul réinterprète sa vie 208
Ac 2,29 : Pierre propose son exégèse de textes de l'Ancien Testament 209
Des réinterprétations au service des auditeurs 210
Dans les Actes, quand le parrhêsiaste exerce la franchise purement et simplement 211
Ac 2,29 ; 26,26 : le parrhêsiaste parle franchement, un point c'est tout ! 211
Ac 9,27.28 : Saul, parrhêsiaste au nom de Jésus 214
Ac 13,46 : Paul et Barnabas annoncent franchement la sanction 217
La manière d'exercer la franchise dans les Actes : différentes formes de franchise exigées par l'attitude des auditeurs 218

LA RÉACTION À LA FRANCHISE 219
Chez Philodème de Gadara, de progrès en progrès 219
Chez Philodème de Gadara, apparition de résistances 221
Désobéissance ; colère ; raillerie et blasphème, voire maltraitance ; mutisme 221
Problèmes de discernement 222
Patience mise à l'épreuve 223
Cas particulier des âmes, des hommes illustres et des hommes très âgés 224
Une dérive dénoncée par Philodème : l'imitation 225
Du *Sur la franchise* aux Actes 226
Au commencement des Actes, des conversions par milliers (Ac 2,29) ! 227
Ac 4,13 : de démunie à menaçante, la résistance s'organise 228
Devant Pierre et Jean, ils sont démunis 228
À huis clos, les événements sont formulés en fonction des propos de Pierre 230
Officiellement, que tout cela cesse, combien de fois faut-il le répéter ? 231
Du positif malgré tout 233

Ac 2,29 ; 4,13 :
deux réactions emblématiques de celles à venir 233
Quelques réactions positives 234
Ac 4,29.31 : encore des miracles
et une communauté qui grandit 234
Ac 18,26 : la progression d'un seul 236
Des réactions presque exclusivement négatives,
mais aussi de discrètes réactions positives 238
Ac 9,27.28 : un parrhêsiaste qui ne laisse pas indifférent . . . 238
Ac 26,26 : éventuellement oui… mais fermement non ! . . . 240
Le choc de réactions clivées et intenses 242
Ac 13,46 : opposition entre joie et persécution 242
Ac 14,3 : des réactions de plus en plus violentes…
mais – ou parce que ? – l'Évangile progresse aussi 243
Ac 19,8 : alors que les Juifs s'endurcissent,
un nouveau peuple voit le jour 246
L'absence de réaction (Ac 28,31) 247
Dans les Actes, bilan concernant les réactions à la franchise . . . 249
Réactions positives : rien de moins que des conversions . . . 249
Réactions négatives : violences en tous genres 251

LE MONDE DE LA FRANCHISE 253
Chez Philodème de Gadara,
parler de « franchise », c'est déployer un monde
au sein de la communauté épicurienne 253
Détour par l'analyse grammaticale 253
Ce qu'est la franchise 255
Le monde de la franchise dans les Actes des apôtres
au service de la propagation de l'Évangile 256
Fondements et nouvelles valeurs :
trois récits emblématiques 257
Ac 2,29 : une franchise exemplaire,
qui conduit à la conversion de milliers 258
Ac 4,13 : première opposition ?
La franchise ressurgit, presque contre sa volonté 259

Ac 4,29.31 : la franchise, solution pour aller de l'avant dans cette nouvelle foi 260
Un triptyque parrhêsiastique inaugural 261
Ac 9,27.28 : la franchise comme preuve de bonne foi 262
Ac 13,46 ; 14,3 ; 19,8 : la franchise comme il se doit 264
Ac 18,26 : la franchise d'un disciple comme les autres 267
Ac 26,26 : la franchise de tous les langages 268
Ac 28,31 : une franchise sublimée 269
La franchise des Actes : constante dans son évolution 271
La franchise des Actes des apôtres et celle du *Sur la franchise* 272

CONCLUSION 277

ANNEXE
Traduction du *Sur la franchise* 287

BIBLIOGRAPHIE 317

INDEX DES AUTEURS CITÉS 321

INDEX DES CITATIONS DU *SUR LA FRANCHISE* 323

IMPRIM'VERT®

Achevé d'imprimer par Corlet,
Condé-en-Normandie (Calvados), en janvier 2022
N° d'impression : 174405 - dépôt légal : janvier 2022
Imprimé en France